本书得到国家社科基金项目资助

上海合作组织

执法安全合作实务

张　杰／著

法律出版社
LAW PRESS · CHINA
北京

图书在版编目(CIP)数据

上海合作组织执法安全合作实务 / 张杰著. -- 北京：法律出版社，2023
ISBN 978 - 7 - 5197 - 7457 - 8

Ⅰ. ①上… Ⅱ. ①张… Ⅲ. ①上海合作组织 - 公安机关 - 行政执法 - 国际合作 - 研究 Ⅳ. ①D814.1 ②D997.9

中国版本图书馆 CIP 数据核字(2022)第 251414 号

上海合作组织执法安全合作实务
SHANGHAI HEZUO ZUZHI ZHIFA ANQUAN HEZUO SHIWU

张　杰　著

策划编辑　许　睿
责任编辑　许　睿
装帧设计　鲍龙卉

出版发行　法律出版社
编辑统筹　司法实务出版分社
责任校对　王　丰
责任印制　胡晓雅
经　　销　新华书店

开本　710 毫米 × 1000 毫米　1/16
印张　17.5　　**字数**　296 千
版本　2023 年 12 月第 1 版
印次　2023 年 12 月第 1 次印刷
印刷　唐山玺诚印务有限公司

地址：北京市丰台区莲花池西里 7 号(100073)
网址：www.lawpress.com.cn
投稿邮箱：info@lawpress.com.cn
举报盗版邮箱：jbwq@lawpress.com.cn

销售电话：010 - 83938349
客服电话：010 - 83938350
咨询电话：010 - 63939796

书号：ISBN 978 - 7 - 5197 - 7457 - 8　　**定价**：88.00 元

主要涉及国家全称、简称对照表

全　称	简　称
中华人民共和国	中国
哈萨克斯坦共和国	哈萨克斯坦
吉尔吉斯共和国	吉尔吉斯斯坦
俄罗斯联邦	俄罗斯
塔吉克斯坦共和国	塔吉克斯坦
乌兹别克斯坦共和国	乌兹别克斯坦
印度共和国	印度
巴基斯坦伊斯兰共和国	巴基斯坦
伊朗伊斯兰共和国	伊朗
阿富汗伊斯兰共和国	阿富汗
白俄罗斯共和国	白俄罗斯
蒙古国	蒙古
亚美尼亚共和国	亚美尼亚
缅甸联邦共和国	缅甸
尼泊尔联邦民主共和国	尼泊尔
阿拉伯联合酋长国	阿联酋
沙特阿拉伯王国	沙特阿拉伯
土耳其共和国	土耳其
斯里兰卡民主社会主义共和国	斯里兰卡

目录
Contents

图目录

表目录

引　言

上海合作组织(以下简称上合组织)已成为国际关系的重要建设性力量,在有效应对新的挑战与威胁方面潜力巨大,在维护地区稳定与安全方面发挥着重要作用。成员国深化了组织框架内政治、安全、经贸、人文等领域的合作,维护共同利益,保障地区治安秩序的和平与安全。

上合组织作为一个区域性国际组织,是欧亚大陆上独一无二的组织,覆盖了后苏联中亚地区的多国合作区域,在国际关系理论和实践上进行了重要创新,开辟了区域合作的新模式,已经成为世界上较大的区域互动体之一。在地区和世界都发生了深刻变化的全新发展时期,上合组织作为政府间地区性组织,获得了国际广泛认可,常常被视为可靠的、可预期的合作伙伴。它的出现是国际格局发生深刻变化的结果:两极体系的崩溃、欧亚中心独立国家的出现、非传统安全的挑战和跨国犯罪威胁地区治安秩序。当然,21 世纪初期,国家作为国际关系行为体承担更多的责任和义务,各国政府遵守国际公约的执行力变强。国际组织作为第三方介入跨国犯罪问题的治理,发挥协调作用,其权威性和合法性被更多的国家政府认可。与此同时,国际关系正处于深度转型、新的政治经济中心影响增强、以多极化为基础的世界秩序形成、区域治理水平不断提升、发展中国家地位不断增强的阶段,在这种情况下,上合组织为构建相互尊重、公平正义、平等互利、合作共赢的新型国际关系作出重要贡献。上合组织成立于 2001 年,截至 2023 年 7 月包括 9 个成员国:中华人民共和国、哈萨克斯坦共和国、吉尔吉斯共和国、俄罗斯联邦、塔吉克斯坦共和国、乌兹别克斯坦共和国、印度共和国、巴基斯坦伊斯兰共和国、伊朗伊斯兰共和国;3 个观察员:阿富汗伊斯兰共和国、白俄罗斯共和国、蒙古国;14 个对话伙伴:阿塞拜疆共和国、亚美尼亚共和国、巴林王国、阿拉伯埃及共和国、柬埔寨王国、卡塔尔国、科威特国、马尔代夫共和国、缅甸联邦共和国、尼泊尔联邦民主共和国、阿拉伯联合酋长国、沙特阿拉伯王国、土耳其共和国、斯里兰卡民主社会主义共和国。9 个成员国面积共为 3572 万平方公里,占欧亚大陆总面积的 61%,人口、能源储备占世界的近一半。2019 年,8 个成员国的国内生产总值(GDP)超过全球 GDP 的 22%,达到 19.38 万亿美元,远高于欧盟的 15.63 万亿美元[1],而且以每年 12% 的速度增长[2],对世界经济和安全具有重要影响。上合组织已成为国际关系的重要积极因素,是现代国际关系体系中具有影响力和负责任的参与者。

上合组织的国际影响力不仅取决于参与国的总人口之众多和领土面积之巨大,还取决于两个核大国、联合国安理会常任理事国——中国和俄罗斯在上合组织框架内进行的战略对话。

国际社会的形成是自愿的过程。上合组织成员之间的利益不同,甚至截然相反。政权存续是上合组织主要成员之间合作的基础,但非本组织可持续发展的基础。他们保持自身特定的利益,不对其他国家和地区构成挑战和威胁。上合组织包括联合国安理会的两个常任理事国(中国和俄罗斯),四个有核国家。

目前,无论国内还是国外鲜有从执法安全合作视角进行研究的成果。欧美学者主要从上合组织的制度分析、政体分析、功能主义等角度研究,俄罗斯和中亚国家的学者研究上合组织方面问题的学术成果比欧美的研究成果数量多。哈萨克斯坦总统战略研究所出版的《上海合作组织和中亚安全问题》一书主要是针对该组织给中亚带来的作用及影响进行研究。俄罗斯学者季塔连科、库济克主编的《2050 年:中国—俄罗斯共同发展战略》和乌兹别克斯坦政治研究中心出版的《中亚能源趋势和前景》则基于中俄关系对上合组织的发展前景和未来发展方向加以阐述。莫斯科国际关系学院的米哈伊尔·特罗伊茨基考察了俄罗斯在上合组织中的作用。此外,研究上合组织的学术成果还有俄罗斯亚·弗·卢金的《俄国熊看中国龙:17—20 世纪中国在俄罗斯的形象》、哈萨克斯坦卡·托卡耶夫的《中亚之鹰的外交战略》和《哈萨克斯坦:从中亚到世界》。堪萨斯大学副教授、中亚安全问题研究专家玛丽亚·奥梅丽切娃从政治心理学、社会运动理论等角度出发,对中亚各国在反恐政策和反恐国际合作方面的异同进行比较研究,这深化了对中亚恐怖主义现象的理解,也有助于促进中亚安全

---

〔1〕 Смотреть В течение всего этого года будут проходить юбилейные мероприятия в честь ШОС, объединяющей более трех миллиардов людей. Страна – председатель подготовила обширный план в честь 20 – летия. ,https://az.sputniknews.ru/20210615/ShOS – dvadtsat – let – bezopasnosti – i – razvitiya – 427220179.html.

〔2〕 Смотреть О некоторых итогах юбилейного саммита ШОС в Душанбе,2021.9.21,https://russtrat.ru/comments/21 – sentyabrya – 2021 – 0010 – 6178. –21. сентябрь.

问题与相关社会科学理论之间的对话。2001 年前后，俄罗斯、美国等大国在中亚地区的博弈达到新的高度，上合组织的成立，成为政府间区域性国际组织，而中亚是上合组织多边合作进程中的一个核心区域，这些激发了我国学者对中亚问题的研究热情，围绕该议题的研究就此展开。2015 年指导性文件《推动共建丝绸之路经济带和 21 世纪海上丝绸之路的愿景和行动》的发布开启了"一带一路"倡议，该倡议是在中国领导人出访中亚国家时首次提出的，前所未有地推动了大型资本基础设施项目建设，加速了无限的社会、经济和政治发展进程，国内学术界对中亚地区的关注急剧上升，相关研究成果不断涌现，研究上取得了明显进展。

上合组织执法安全合作问题的研究是基于多学科的交叉研究，以法学、国际政治学理论为基础，还涉及两大新的一级学科，即公安学和国别学科领域，这使本选题的讨论具有一定的创新价值。本书还从新视角——人文主义出发，与公安学、国别学、法学、国际政治学相互交融，既看重上合组织覆盖的主要地理地缘范围的传统含义，也关注国别区域的新视角。区域不是一成不变的，文明区域本身不一定完全与现代相冲突，还可能是不同时期的差异。中亚区域的时空感、文明的时代感、历史连续体的边疆感处于动态变化之中。中亚作为历史连续体，有被预设和外部捏合之意。1991 年苏联解体后，中亚国家成为独立国家和独立的政治角色，建构的历史比较短，是相对较新的年轻的地区国家[1]，仍处于体制结构形成的阶段，各自发展的差异性较大。中亚地区历史比较复杂，地处欧亚地区通达之地和多元文明交汇之处，在世界政治格局中具有重要的地位，毗邻中国、俄罗斯、伊朗、阿富汗等大国和形势动荡之地，在国际关系体系中对文化和历史身份的追求扮演重要角色，在世界政治中将自己表现为一个连贯的区域集团。所有中亚国家都包含五个领域议程：安全、经济（跨境合作）、人力资本、生态、水和能源合作。该地区蕴藏着丰富的石油、天然气等自然资源，涉及利益重大。由于能源资源的可获得性、处于欧亚经济联盟和"丝绸之路经济带"的优越地理位置等诸多因素，中亚地区成为世界各主要行为体高度重视和积极参与其中的地区。

在"一带一路"倡议下，上合组织的中亚成员国对中国的意义很大，因为它们是通往西方国家陆路交通的第一站。该地区的治安秩序与安全关系到"一带

---

〔1〕 See Horsman, *Themes in Official Discourses on Terrorism in Central*, Asia, Third World Quarterly, Vol. 26 :1, p. 199 – 213 (2005).

一路”的平稳建设。2000 年代初,中国与中亚关系扩展为战略性地区安全伙伴关系。当前国际格局深度调整的背景下,中亚地区国家出现诸多新变化:国内政治权力交接出现新情况,政权过渡出现新问题;突如其来的新冠肺炎疫情和第四次工业革命浪潮倒逼中亚国家进行改革;大国陆续推出本国的中亚战略和策略,不断向该地区投入战略资源;又因它靠近不稳定的阿富汗,跨国犯罪形势复杂,受到地缘非传统安全形势的不利影响。

上合组织所在地区主要的国际利益冲突的参与者包括俄罗斯、中国和美西方国家。[1] 大国之间通过合作不断寻求利益平衡。中亚作为“后苏联空间”,是地区安全领域一个极具潜力的新区域,具有军事政治潜力,其大国权威在增长,优先事项和利益正在发生变化。

中亚国家在地理上是“欧亚”腹地,一般将该地区定义为“欧亚”。然而,中亚与欧洲和亚太地区的分界线、合作的界限尚不十分清晰。学界对中亚地理范围的说法因人而异,难以有统一认识。在不同历史时期的文明交互影响下,中亚地理范围发生了较大变化。一般把阿姆河、锡尔河流域的几个前苏联地区中亚加盟共和国看成是中亚;当把与之毗邻的地区也包括在内时,一般称为大中亚。本书所指的中亚地区是哈萨克斯坦、吉尔吉斯斯坦、乌兹别克斯坦以及塔吉克斯坦国家所覆盖的地区以及与之毗邻的周边地区,但不排除某个特定地区的某些国家可能会融入邻近地区的安全概念。另一个问题与“欧亚主义”经常被视作与地缘政治的立场有关,这进一步体现了这个空间在世界进程中的特殊性。这一地区的跨国犯罪活动的变化在上合组织所在地区具有典型性和代表性。

上合组织的一个重要目标是确保整个组织空间的安全与稳定,其框架下的执法安全合作在确保中亚国家的区域安全和全球安全方面发挥着关键作用。在把中亚这一特定区域作为本书讨论重点内容的基础上,聚焦地区治安秩序治理。上合组织涉及的地区长期受到恐怖组织、毒品犯罪、武器走私等非传统安全的困扰,直接影响我国周边安全和国家利益,上合组织其他成员国境内也都

[1] Смотреть А. А. Трусова, М. С. Черняев, Угроза терроризма в Центральной Азии: предпосылки, направления, проблемы региональной безопасности, Постсоветские исследования. Т. 3. №6 (2020).

存在不同程度的非传统安全问题[1]。近些年,这些犯罪出现了新的特征和变化趋势,预防、发现和控制跨国有组织犯罪的难度加大。

因此,本书以上合组织覆盖的中亚区域的跨国犯罪等非传统安全问题的发展背景和方向为切入点,并分析相关的影响因素。在认识中亚国家的过程中,当代中亚国家也在进行自身的历史叙述。虽然上合组织再度扩大,但对该组织来说,中亚仍应是上合组织的"核心区",地缘上它连接南亚、中俄的心脏地带,也是大国角力的重点地区。中国越来越认识到可持续发展及国家稳定受到中亚各国的发展和稳定的影响,中亚已从中国外交政策的外围地区转变为关键地区。中亚的稳定和可持续发展有助于降低中国西部边境发生秩序骚乱的可能性,为新兴的欧亚供应链提供基础。同时,印度所推进的"北—南"交通走廊也指向中亚。上合组织沿着以中亚为中心的地缘拓展,与接壤或相邻国家在地理、安全、经济上有密切的利益相关性。了解和认识这些民族、国家叙事风格及其整体非传统安全观念,将有助于人们更好地理解这一区域内部国家当下和未来一个时期的自我安全定位与发展走向。在将中亚视为一个区域的过程中,考虑到历史的连续性,它的时空范围并非一成不变的,无法以当前中亚各国的国家疆域去界定整个中亚的疆域范围,有必要更全面地考量本区域的非传统安全的动态变化过程,不仅要关注当代中亚的整体变迁,还应对这一区域在不同时段的具体范围进行较为明确的界定,从而知晓和理解中亚在人类安全历史的不同时期所扮演的角色及其跟周边区域的独特关系,是中亚地区及其内部国家在构筑自身连续性空间过程中的主体与边界所在。在这个过程中也可以认识到治安秩序要素在中亚安全空间外溢的问题,它所指代的不仅是关于欧亚大陆既有互动与执法合作的历史与现实,其当代内涵更是对整个欧亚东西方维护治安秩序的交流与互动的整体建构,这在某种程度上形塑了周边地缘安全与国别区域安全的新视野。这种视野展现的是中国认知当下与未来世界的治安秩序的新框架。

安全问题将在未来很长的一段时期内存在,且随时处于爆发的临界状态,如果不进行主动干预和预防,调整安全应对理念,将严重影响我国及其周边国

〔1〕 从1970年至2016年上合组织的8个成员国内共发生了27389起恐怖袭击事件。See *National Consortium for the Study of Terrorism and Responses to Terrorism*, Global Terrorism Database, https://www.start.umd.edu/gtd.(研究恐怖主义犯罪的权威数据库收录了自1970年以来全球范围内的恐怖袭击事件)

家的治安秩序和利益安全。上合组织合作的效率关系到中国乃至上合组织地区的安全与秩序，在组织框架下进一步探讨维护上合组织地区安全和发展问题，重构地区应对治安秩序安全的脉络与框架十分必要。

本书以执法安全领域的治理进程为重点考察对象，围绕上合组织地区非传统安全形势的发展问题，探讨执法安全合作的发展内涵与规律，研究和分析可优化上合组织执法安全合作的对策。研究各国警察就地区乃至全球治理非传统安全问题的机制运行规律，旨在阐述国际执法安全合作的理论，并结合国际警务的实践问题，为地区安全治理寻找解决途径。

与此同时，上合组织国家是中国的周边国家，周边学最近几年开始成为中国国际问题研究与外交实践的新视角。基于邻国、“一带一路”、国别区域、周边国家等多元的概念，构建地区执法安全合作的框架与路径体系，是时代所需要的，上合组织框架下执法安全合作的理论与实践为这些议程提供了丰富的思想和参考。

第一章

上合组织地区治安秩序与跨国犯罪发展

“跨国犯罪”是指犯罪的主体或行为事实带有跨境因素，即犯罪主体、行为、客体、结果等方面有一项跨越边境[1]，是发生在多个独立司法区域内并对社会造成严重危害的三人以上的联合行为活动。只要行为主体的策划、危害手段、危害后果在发生、事后逃跑与赃款赃物转移等诸多环节中有一项跨越了不同法域的边界或需要通过司法协助之途径，才可实现惩罚的罪行均属于跨国犯罪[2]。

“跨国犯罪”强调三个人以上作为犯罪主体实施的、范围涉及两个以上国家的犯罪。“跨国性”需要符合以下条件：(1)在一个以上国家实施的犯罪；(2)虽在一国实施，但其准备、策划、指挥或控制的实质性部分发生在另一国的犯罪；(3)犯罪在一国实施，但涉及在一个以上国家从事犯罪活动的有组织犯罪集团；或(4)犯罪在一国实施，但对于另一国有重大影响。国际刑警组织前秘书长、法学博士安德烈·博萨从法理角度对跨国犯罪的定义是：这是一种反社会的行为，其准备、实行或者结果发生地涉及不少于两个国家，使至少两个以上国家对其行为有刑事处罚权[3]。

跨国有组织犯罪(transnational organized crime)是指由三人及以上所组成的，以直接或间接获得金钱或其他物质利益而一致行动的有组织结构的集团，在一个以上国家实施或虽在一国实施，但其准备、筹划、指挥或控制的实质性部分发生在另一国的犯罪行为。跨国有组织犯罪是指每个人都分配有专门任务，

---

[1] 参见杨方泉：《论内地与港澳台跨境犯罪二分法及其意义》，载《政法学刊》1997年第4期。

[2] 参见马进保：《跨境犯罪概念质疑》，载王牧主编：《犯罪学论丛》第3卷，中国检察出版社2005年版，第224～229页。

[3] 参见[法]安德烈·博萨：《多重性跨国犯罪》，冯锐译，载《环球法律评论》1992年第3期。

带有严格的控制形式，在国际范围内从事严重犯罪活动，对政界、媒体、政府、司法权力或经济能施加影响，从事获取利益和(或)获取权力的跨国犯罪活动，具有组织活动的严密性、犯罪行为的交叉性、组织行为的目的性。“有组织犯罪”是指刑事司法意义上的犯罪。“组织”一词源于希腊文“Organon”和法文“Organiser”，原意为“工具、手段、方法”。“组织”在《辞海》中的解释为：“按照一定的目的、任务和形式加以编制。”《现代汉语词典》解释为“安排分散的人与事物，使其具有一定系统性和整体性；按照一定的宗旨和系统建立起来的集体”[1]。“有组织”一词包含四个要素：一是数量要素，即三人以上的集体；二是名称要素，即必须有组织名称；三是形式要素，即必须有稳固的组织形式；四是目的要素，即任何组织都应有确切的目的、任务和宗旨。有组织犯罪作为一种极其严重的犯罪现象，受到世界各国的高度重视。联合国大会 2000 年 11 月 15 日第 55 届会议通过的《联合国打击跨国有组织犯罪公约》(2003 年 10 月 23 日对中国生效)第 3 条第 2 款就跨境犯罪作出解释：在一个以上国家实施的犯罪；虽在一国实施，但其准备、筹划、指挥或控制的实质性部分发生在另一国的犯罪；犯罪在一国实施，但涉及在一个以上国家从事犯罪活动的有组织犯罪集团；犯罪在一国实施，但对于另一国有重大影响。

跨国有组织犯罪的构成要素包括主体要素、客体要素、主观方面、客观方面。主体要素包括：(1)至少三人以上，成员较为固定。(2)成员有刑事责任能力。(3)有必要的组织形式。客体要素一般包括国际社会共同利益，各国主权，社会公共安全，国家、社会、集体、个人财产安全与个人的人身与生命安全。主观方面拥有共同的犯罪故意，即行为人明知他们的犯罪行为会发生危害后果，仍然希望或放任这种结果发生的心理状态。客观方面具有共同的犯罪行为，即为实现危害结果，有组织地实施彼此相关、相互结合的超越一国领域的犯罪行为。

一、跨国恐怖主义与毒品犯罪活动的关联性与可转换性

1998 年 Felson 和 Clarke 提出新机会理论(new opportunity theory)，将日常活动理论、犯罪形态理论及理性选择理论整合为新机会理论，即机会可以衍生下一个机会，犯罪者与环境结合会交织出新的机会，同时，社会和科技的改变会产生新的机会。

---

[1] 《现代汉语词典》，商务印书馆 1978 年版，第 356 页。

上合组织地区面临的非传统安全形势比较复杂,各种犯罪组织协作关系紧密,犯罪功能多重,活动目标趋同。上合组织成员国境内均存在不同程度的跨国犯罪问题,存在恐怖主义、分裂主义、极端主义活动,非法贩运枪支、弹药、麻醉药品、精神药物及易制毒化学品的走私活动等以有组织犯罪的形态呈现,非法移民、经济犯罪活动也呈现一定的跨国性。这些活动危及地区经济、社会、政治的平稳发展,给上合组织成员国的安全与稳定造成一定的隐患。参见图 1、图 2。

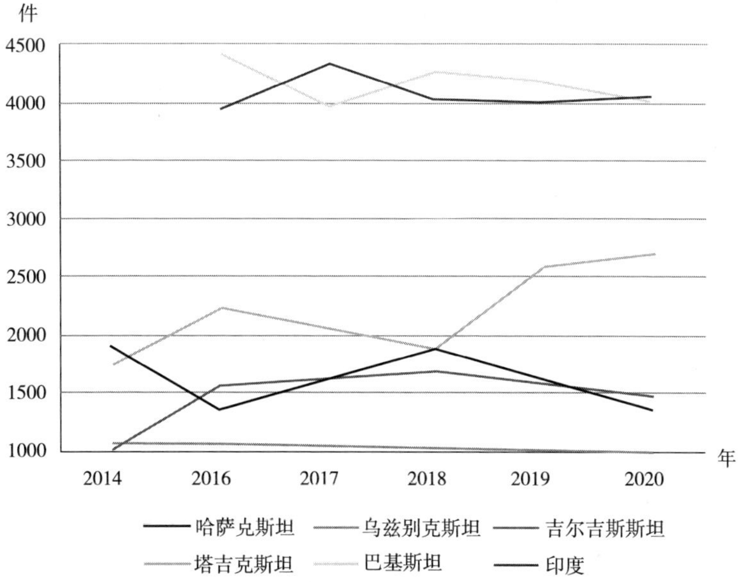

图 1　2014—2020 年中亚、南亚中部分上合组织成员国家恐怖活动量变化

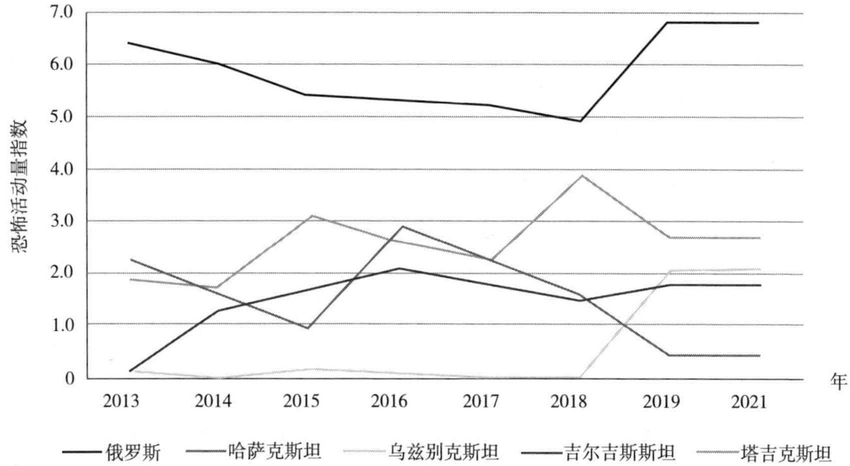

图 2　2013—2021 年 5 个上合组织成员国的恐怖主义指数发展曲线

跨国犯罪组织是非政府组织的一种。全球化提高了非政府组织的效力，而信息革命导致网络结构的数量和影响力增加。当今的跨国有组织犯罪主要以网络结构为空间，用微不足道的资源获得无限的机会来贿赂政府官员、招募支持者。

这并不排除跨国有组织犯罪腐化官员的洪流可能将中亚国家机关的效能引入危险境地，甚至组织武装力量抵抗当局并推翻政府的可能性。[1]

中亚学者对有组织犯罪的认识基本上趋同：有组织地为共同目的、为产生某种效应而形成的充分连接在一起的刑事犯罪的统一体，在寻求从一个社会层面到另一个社会层面的过渡中，无须特殊力量和更高的物质保障，通过不同头领和成员的相似的自我利益追求的世界观而联合活动。

中亚国家独立后，由于缺乏统一的管理，跨国犯罪甚嚣尘上，除恐怖主义犯罪外，人口贩卖、毒品走私和非法偷渡等一系列问题屡禁不止，在中亚地区形成一定势力，武装力量具有一定的现代化水准。

跨国犯罪组织把触角伸到中亚地区，与该地跨国犯罪组织相互勾结，使犯罪网络得到发展，犯罪策划、犯罪人员分配、犯罪工具的制造和实施表现出明显的国际性分工趋势，包括地域分工和行业分工。无论是贩毒、走私，还是贩卖人口，其根本目的是追逐更大的经济利益，攫取更多的财富。当然，各国犯罪因地缘差异而发展有别，并逐步呈现新的特征和变化趋势。有些跨国有组织犯罪集团积极插手政治或追求权势，以达到其目的，维持自身的存在和发展。绝大多数中亚跨国有组织犯罪集团通过多种犯罪活动取得犯罪收益、积累财富，从而获得在地区调动资金以开展更大规模犯罪的能力。

20 世纪 90 年代初，跨国犯罪集团活跃起来，影响力有所提高，对金融和银行机构等重要经济部门产生负面影响，大量影子资本产生。这些团伙侵入国家机构，在立法、行政和管理领域游说重权部门，植入便于获利的条件，确保通过于己有利的决策，参与煽动极端主义，挑起政治、民族和宗教冲突，恐怖主义团伙与贩毒团伙相伴而生。这些团伙在解决内部冲突上有较强的组织纪律，对不服从者有相应惩罚手段，一般按首领指示，有专人实施对不服从者的惩罚，尤其是以有前科特征的人构成的犯罪组织更善于对内使用“行为法典”。这些团伙

---

[1] Смотреть Дата публикации：Что угрожает национальной безопасности Казахстана? МИРИ МЫ, ПРАВДАИОБЪЕКТИВНОСТЬ，https：//www. worldandwe. com/ru/page/Chto_ugrozhaet_nacionalnoy_bezopasnosti_Kazahstana. html.（13. марта 2013）.

有相对稳定的管理制度，配备各行业专家，典型的犯罪组织还设有组织者、同谋者和实施者，精心策划，对被逮捕前后的场景预设相应的转移、藏匿和隐蔽方法。

总体而言，中亚地区犯罪组织具有竞争性、跨国性和渗透性特征，但组织内外关系尚不坚固，有组织犯罪从20世纪末处于自我静态发展阶段，到21世纪规模尚不大。虽然专业化程度从较弱状态有所增强，但影响力尚在局部，危险性尚可控，中亚地区特有的社会属性赋予了有组织犯罪巨大的潜在危险性。

它的危险性和严重性主要体现在跨境交易方面。据联合国专家称，大约20%的阿富汗鸦片制剂越过土库曼斯坦、塔吉克斯坦和乌兹别克斯坦，然后通过哈萨克斯坦进入世界市场。在新冠疫情期间，毒品贩运"少次多量"，出现大宗毒品货物。伊朗边界的毒品贩运并没有减少，2020年上半年缉获近600吨毒品，但扣押行动的数量减少了16%[2]。同时，巴基斯坦在2020年前五个月缉获的海洛因和非法吗啡的数量比2019年截获的全部数量多27%。然而与同期相比，缉获毒品案件的数量却减少了65%。

中亚地区的毒品犯罪、恐怖主义犯罪朝着跨国界化、关联密切化方向发展，且非传统安全与传统安全问题交织，安全隐患威胁中国边疆安定。中国西部的发展对紧邻的中亚产生吸引力，商业的往来、文化的交流与犯罪的相互渗透等现象相伴而生。吉尔吉斯斯坦前反恐中心领导图鲁斯贝克曾指出，在集体安全条约成员国和上合组织成员国地缘内活动的恐怖组织共有50个。

中亚是个众多民族共同生活的地区，犯罪组织的基层组织成员一般都按照同一民族或氏族的规律结合，由此形成带有族群特征的团伙与组织，且彼此之间有竞争的关系。民族的跨国性基于自然的民族属性和血缘关系的联系性而形成，相当数量的犯罪团伙的成员是按照纯粹的民族（种族、氏族、部族）、同乡、甚至家庭背景组合而成。此外，阿富汗西北边境的"部落地区"形势多变，民族众多，人员复杂，与巴基斯坦等各国公民聚集而居，不同民族通婚现象频见。中亚各国政治生活中，"部族"扮演了至关重要的角色，涉及政治动员、资源分配、权力争夺等。以家庭部落构成的犯罪团伙大多以宗教、氏族或种族形式构成，他们依赖血缘关系在中亚地区跨国界活动。苏联解体后，血缘关系相连的同一家庭成员可能分布在不同中亚国家，形成特有的坚固的跨中亚国界的社会关系。单一民族构成的犯罪团伙很快会和其他同民族或同血缘的群体联合起来。犯罪活动按照不同种族产生了犯罪种类的分工，通常派有声誉的亲信出面协调团伙内部关系和分派任务。

苏联的历史对多民族构成的犯罪团伙进行跨国活动建立了另一个坚固的交流基础——俄语。尽管中亚国家公开表示过发展民族语言,但是限于历史上各国之间具有很强的相互依赖性,在文化、经济等许多因素上产生的相互制约性,哈萨克斯坦、吉尔吉斯斯坦、塔吉克斯坦等在相当的历史时期内仍然未摆脱对俄语的依赖。例如,2001 年抓获的吉尔吉斯斯坦 26 人跨国贩毒团伙,涉及的人员有:乌兹别克斯坦人、塔吉克斯坦人、俄罗斯人、哈萨克斯坦人、土库曼斯坦人和阿富汗人,他们在沟通上几乎没有语言的障碍。

因此,中亚的跨国有组织犯罪团伙的发展受苏联和俄罗斯的影响较大,除其犯罪组织的形成和活动的特征与俄罗斯的相似外,一些犯罪成员的结合也是以俄罗斯人为主体。例如,中亚各国有一种类型的犯罪组织是专门以俄罗斯人为头目的。

中亚国家独立以来,国界透明度和确认力度不高,成为独联体中多数国家遗留下来悬而未决的问题。各国彼此边界确认尚停留在行政管理上,缺乏实质性防御体系,这使有组织犯罪在跨国界地滋生。由于国家开放政策和薄弱的移民监察力度,各种跨国犯罪和有组织贩卖人口、非法移民问题严重。非法入境的移民有 80% 是从尼泊尔、阿富汗、巴基斯坦、斯里兰卡、印度、孟加拉等国,途径中亚国家进入美国、俄罗斯、加拿大和欧洲等地。由于国家证件防伪技术较低,外交领事部门和内务部护照签证机关腐败现象滋生,助长了跨国犯罪组织长期利用本国公民伪造证件或发达国家入境签证的行为。各种身份的犯罪主体闯入中亚,毒贩和远在国外的毒品加工商打通关系,直接和吸毒者及其设在中亚的分支机构联系,建立了经中亚、俄罗斯、波罗的海和欧洲各国的运输通道。个别国家政权机构参与犯罪的现象使犯罪形势复杂化、隐蔽化,具有较长的潜伏性。一些机构进口生产烈性毒品原料的合法文件是国家毒品监察委提供的,这些烈性物质是有组织犯罪团伙生产半合成毒品的重要原料。

中亚有组织犯罪具有较长的潜伏期,这不仅和腐败有关系,也和地理特征有关。中亚山地居多,多山路,塔吉克斯坦号称“山地之国”,90% 都是高山,一些地区道路的 2/3 路段坐落在海拔高达 3000 米的地方,连接乌兹别克斯坦和吉尔吉斯斯坦,从霍罗各通往奥什、安集延的公路有 2/3 在海拔 3000 米之上。如此地势和道路易成为犯罪组织的窝藏之地,被其当作绕过强力部门巡逻岗哨的路线,其通过这些道路运送毒品,把武器、爆炸物质也运进中亚地区,使之成为一道从阿富汗而来的毒品运送屏障和犯罪分子藏身的天然屏障。

自然条件和人们的生存需求相辅相成。中亚地区素有“得天独厚”的大麻种植条件。早在20世纪80年代中期就有走私毒品的现象，当时村里的农庄吃手抓饭，饭里面甚至放大麻来调味；小偷来偷东西的时候，吃多了大麻素，中毒死掉了。当时有许多来自化学系的大学生，他们背着包，到中亚地区的楚河一带采摘大麻，然后卖钱。中亚国家地处金新月[1]辐射地带，自然条件利于天然大麻的生长，难以有其他收入的当地平民为生存而种植大麻[2]。毒品工业随着苏联解体逐渐发展起来，这里为世界各国提供了大约15%的医用鸦片。中亚地区的野生大麻生长广泛。乌兹别克斯坦东部、哈萨克斯坦、吉尔吉斯斯坦的楚河流域等地区是大麻、罂粟的主要产地，曾提供了苏联80%的合法鸦片，占世界的16%。罂粟种植在塔吉克斯坦极为普遍，尤其在巴达赫尚自治州和帕米尔山区[3]。目前，大麻素和印度大麻种植对农民产生巨大吸引力，楚河山谷、伊塞克州成了大麻的重要产地。当地居民专门搜集野生大麻，用压制和粉碎办法加工大麻素，之后再批发。中亚总体经济发展滞缓，百姓贫穷不堪、衣食难补，毒品作物成为生存的手段。种植毒品作物和贩毒在吉尔吉斯斯坦的一些农村地区曾经是一种较普遍现象。《世界毒品报告2021》数据显示，鸦片在全球范围内的流行程度指数中，欧亚最高，中亚、南亚次之，进一步体现出毒品在该地区流通程度之广[4]。每年有大量的毒品通过走私进入中亚国家，给这些国家、地区和边境安全，以及政治、社会、人文领域的有序发展带来现实威胁。从2001年至2010年，阿富汗约有350万鸦片种植者[5]，鸦片产量增加了39倍[6]。2011年塔吉克斯坦破获中亚国家历史上最大宗毒品走私案，一次性缴获了560公斤毒品。近20年来，俄罗斯国家吸毒者人数增加了近20倍，每年新增吸毒者8万人，平均每天新增220人。哈萨克斯坦吸毒人数年均增长率为24%，吉尔

---

[1] 主要指阿富汗、巴基斯坦、伊朗三国交界的三角地带，被称作“三不管”之地。

[2] 参见 http://ru.sputniknews-uz.com/incidents/20170208/4768536/narkodiler-28-kg-gashisha.html。

[3] 参见黄明华：《当代毒品问题的地理研究》，载《铁道师院学报(自然科学版)》1995年第1期。

[4] 参见《〈世界毒品报告〉：新冠大流行加剧毒品风险年轻人低估大麻危险性》，载联合国新闻网，https://news.un.org/zh/story/2021/06/1086722。

[5] 参见上合组织秘书长：《解决阿富汗问题不能只靠武力》，载俄罗斯新闻网，http://rusnews.cn/guojiyaowen/guoji_sco/20110222/42992501.html。

[6] 参见《俄罗斯高官建议在吉建基地　打击阿富汗毒品走私》，载 http://www.taihainet.com/news/txnews/gjnews/sh/2010-06-23/547280.html。

吉斯斯坦为12%,乌兹别克斯坦为11%。据联合国统计,吉尔吉斯斯坦实际吸毒人数已达10万人,乌兹别克斯坦为20万人[1]。

跨国有组织犯罪的发展特征呈现多重性、多样性和共生性。犯罪活动的多重性与共生性是指自然人或犯罪组织同时参加或从事不同种类的犯罪活动,彼此建立满足犯罪活动的依赖关系。共生是一种源于生物或社会的现象[2],它的概念最初出现在德贝里在1879年的定义中:由于某种物质联系,多个物种在同一环境下共同生活[3]。共生是指若干单元在共同的环境中基于同存模式构建起相关联系、相互转换的密切关系,彼此间存在能量流动,资源的或交互、或合作、或竞争关系。在对犯罪组织的解释中,共生性和多重性、多样性具有相关性质。科技与通信的社会化应用和普及持续地改变着社会结构和交往秩序,催生了新兴的社会合作模式,也引发了犯罪的结构性变迁。传统犯罪中,相互独立的犯罪组织伴随社会数字化逐渐演变为界限不清、彼此影响、相互支持的组织网络。中亚地区既是毒品跨国贩卖的要地,也是阿富汗地区毒品走私运往欧洲的主要通道[4],又是"三股势力"的觊觎之地。最近几年,恐怖主义发生了新的变化,威胁方式从示威型向杀伤型转变,扩张方式从传统方式向网络虚拟空间发展,指挥结构从轮骨状向网格状转型,其动态演变、成因、渗透方式、发展走向发生了新变化,并伴随中小组织的兴起而相互影响和趋同性发展。该地区毒品泛滥,与恐怖主义形成了相互交织的发展状态,对我国构成间接威胁。大家都知晓的"金三角"地区得到了中国乃至世界各国禁毒力量较多的关注。而"金新月"地区的毒品因高大的天山山脉阻隔难以进入中国,在21世纪第一个十年间并未得到相关部门足够的关注。同时,毒恐结合的形势对地区安全形成了较大的破坏力[5]。2010年吉尔吉斯斯坦发生"颜色革命"后,问题更加严峻起来。该贩毒路线途经的地缘不但是重要的恐怖主义策源地,还藏有贩毒而得的巨大资金补给和人力资源以及推翻现行政治制度的政治野心[6]。2011年上

---

[1] 参见张文伟:《上海合作组织禁毒安全合作》,载《俄罗斯学刊》2016年第5期。

[2] 参见袁纯清:《共生理论——兼论小型经济》,经济科学出版社1998年版,第5页。

[3] 参见吴泓、顾朝林:《基于共生理论的区域旅游竞合研究——以淮海经济区为例》,载《经济地理》2004年第1期。

[4] 参见孙壮志:《中亚地区安全的热点问题与走势分析》,载《中亚问题研究》2011年第2期。

[5] Смотреть Ганиев Т. А., Карякин В. В,: Военно – политическая обстановка в Исламской Республике Афганистаниее влияние на безопасность Центрально – Азиатского региона, СНГ // Архонт ,8(2018), S. 12 –20.

[6] 参见俄罗斯新闻网,http://sputniknews.cn/,访问日期:2010年6月21日。

合组织秘书长伊马纳利耶夫曾指出，阿富汗紧张局势加剧了周边地区恐怖主义、毒品走私以及跨国犯罪的与日俱增的威胁[1]。

21世纪初，阿富汗的毒品70%由独联体南部各国运出，30%由伊朗运出，塔吉克斯坦、土库曼斯坦和乌兹别克斯坦是阿富汗毒品主要转运国，转运量在一半以上。阿富汗年均贩卖海洛因375吨，其中每年约100吨（近30%）硬毒品经乌兹别克斯坦和塔吉克斯坦的北部边境到达俄罗斯、欧洲。[2] 毒贩赖以生存的交通线在中亚地区得到发展，跨国走私组织将该地发展成为运输通道[3]。俄罗斯大约90%的海洛因由贩毒集团从阿富汗经中亚运入，被塔吉克斯坦、乌兹别克斯坦等国海关和边防成功查获的仅占流出毒品的2%左右。2017年毒品犯罪案在各类犯罪案的总量中占5.67%。2017年吉尔吉斯斯坦内务部、国家安全委员会（以下简称国安委）、海关、边防总局执法机关缴获毒品14.6吨，同比下降19.37%。

多重性特征是指犯罪主体的角色根据现实需要而转换，它体现在跨国有组织犯罪通过"以毒养恐""以恐贩毒"的"毒恐合流"方式交织在一起。恐怖主义活动、武器走私、毒品犯罪、人口贩卖、有组织犯罪等多种势力勾结，彼此建立紧密的联系，并将贩毒走私、武器走私等犯罪收益作为其他活动赖以发展的融资渠道。跨国犯罪活动的多重性是指一个犯罪主体既从事恐怖活动，又从事贩毒或走私活动等两种或以上的犯罪活动；在恐怖主义活动、贩卖毒品等活动中以单个人或团伙为主体，兼具恐怖分子、贩毒分子、种植大麻者等多个角色；一个跨国案件往往是其他重大案件的案源。

欧洲等地的犯罪也存在犯罪主体及其活动的多重性与共生性特征。德国刑法学家盖茨克曾谈到，现实社会中，一个人今天从事恐怖主义活动，明天可能去从事贩毒活动。

一个自然人或者组织何时从事何种犯罪带有必然中的偶发性、偶然中的必然性。中亚地区人口稀少，家族成员多，裙带关系庞大。一人分饰"两角儿"分别与不同组织合作从事犯罪活动。这促进了个人、组织行为体多重角色扮演，

---

[1] 参见上合组织秘书长：《解决阿富汗问题不能只靠武力》，载俄罗斯新闻网，http://sputniknews.cn/20110222/42992501.html。

[2] 参见 http://ru.sputniknews-uz.com/incidents/20170208/4768536/narkodiler-28-kg-gashisha.html。

[3] 参见上合组织秘书长：《解决阿富汗问题不能只靠武力》，载俄罗斯新闻网，http://sputniknews.cn/20110222/42992501.html。

犯罪主体间形成相互依赖的互助共生关系、可转换的角色，滋养了犯罪组织生存活动能力，为其扩张奠定了基础。犯罪活动的多重性、共生性关系以及相互可转化的特征，使恐怖活动、跨国走私、贩卖人口、毒品交易等活动向更有组织化的方向发展，对社会造成多重破坏[1]。

中亚地区不同犯罪组织之间相互可转化性和互助性的特征显著。中亚地区有组织犯罪的威胁性主要源于该地区特有的一些犯罪组织的多重特性，它主要表现在不同类型的有组织犯罪与恐怖主义犯罪的相互转换，尤其是毒品犯罪与恐怖主义相互交织。

毒恐结合是该地区跨国犯罪组织内在发展的必然规律和策略[2]。从资源的竞争形态来看，犯罪分为收益型犯罪与资源消耗型犯罪，且二者之间具有多重的共生关系。恐怖主义是高度需要“人力”、资金、信息的资源消耗型犯罪，而走私毒品、贩卖人口为高收益型犯罪，两种类型的犯罪组织具有相互利用、相互补充的合作关系，以获得恐怖活动资金。2016 年 5 月，俄罗斯总参谋部情报总局副局长谢尔盖·阿法纳西耶夫认为，恐怖分子通过控制通往欧洲的毒品走私路线来获得恐怖活动的资金[3]。一些贩毒集团模仿拉丁美洲贩毒集团的联合活动范式，用贩毒资金滋养恐怖主义活动。中亚恐怖威胁的增加与毒品贩运的增加更为相关。[4] 一些贩毒组织和恐怖组织一样，拥有丰富的政治斗争经验[5]，不同的犯罪团伙互助借力，犯罪主体的角色根据现实需要而转换。以“乌兹别克伊斯兰运动”组织为例，它从事毒品走私活动异常活跃。大部分叛乱分子需要这种利润丰厚、积累财富迅速的敛财渠道。贩毒活动每年为中亚地区“三股势力”搜集的资金有 470 亿 ~500 亿美元。

一般而言，有组织犯罪比恐怖主义犯罪的经济性目的更明确，区分更明显，而中亚地区的恐怖主义犯罪和有组织的犯罪的目的时常是相互交织的。二者具有的转换关系的客观属性主要表现在：有组织的犯罪组织在形态、结构、特征

---

[1] Смотреть М. Р. Арунова, ШОСИ афганская проблема, Научное издание, 2012, S. 23.

[2] 毒恐结合指的是恐怖主义与毒品犯罪相结合。

[3] В последнее время “Исламское государство” наращивает усилия на центральноазиатском направлении, создавая сеть лагерей подготовки боевиков в Афганистане и других странах региона, http://ru.sputnik-tj.com/analytics/20160428/1019425930.html.

[4] Смотреть Ганиев Т. А., Карякин В. В, Военно-политическая обстановка в Исламской Республике Афганистан и ее влияние на безопасность Центрально-Азиатского региона, СНГ // Архонт 8 2018. №5(8). С, S. 12-20.

[5] Смотреть М. Р. Арунова, ШОСИ афганская проблема, Научное издание, 2012, S. 23.

和目的上与恐怖主义组织有许多相同之处，有时甚至表现出一体化，或者同一组织和团体从事多重犯罪，尤其是毒品犯罪和恐怖主义犯罪更多地交织在一起进行。

二者强大的经济需求不谋而合，中亚地区在有组织犯罪的概念认定上基本相同：它通过暴力达到获取经济利益的目的。而这一点也是中亚地区恐怖分子追求其他目的的必用手段。

中亚地区人口基数少，这决定了犯罪组织的成员基数较少，在犯罪组织人员数量构成上，一般认为 3 ~ 4 人即可达到成立数目。这些组织专业化程度较弱，影响力限于局部，迫使恐怖分子采取了特殊的活动策略——组成数量的原则是在人数允许的情况下，恐怖分子头领将组织分割成最小的团体，只要能独立行动就可以分开存在，且有继续分化之趋势。既可联合又可独立行动，使组织在遭遇任何打击后，其再生力很强，无论哪一部分被抓捕，都不影响其他部分继续活动的能力。这种组织构成估计会在相当长的时间内保持。

犯罪组织对社会中坚人力资源的掠夺性巨大。首先，犯罪组织成员中以男性为主，女性不超过 5% 。男性不但是社会的主要劳力，而且也成为各类犯罪组织和团伙成员中的主力。犯罪组织成员的年龄集中在 40 岁左右，均是中坚力量。这加深了各种犯罪体对社会人力资源的非合理占有和剥夺，显示了对社会发展主力的分割和削弱，它促使一个特定的犯罪体形成具有从事多种类犯罪行为的属性。其次，在中亚地区，犯罪主体性别的构成变化显现女性突出的趋势特征。从犯罪学的角度讲，男性与女性犯罪种类取决于团伙的目的、动机、能力、道德和兴趣。中亚国家独立之初，在大经济环境趋恶的前提下，社会总体男女比例不均衡。比较突出的吉尔吉斯斯坦，男女比例是 1 比 5，男性较少。更多女性从事过去男性从事的重体力劳动，在违法犯罪方面，开始从事恐怖主义犯罪和贩毒等活动。有时犯罪团伙专门利用妇女从护法人员和侦查员处获得信息。

跨国犯罪主体构成呈现家族化、女性化、低龄化、低文化特征。俄罗斯也面临如此问题。2017 年 8 月 19 日秋明州苏尔谷兹恐袭案的主犯为当地 19 岁的青年人，他的父亲也是极端主义分子和激进主义的追随者。社会构成特点赋予了犯罪组织相似的活动机制。中亚国家普遍存在国家领土不大、人口稀少、家族庞大的特点。这使信息流动和传播迅速，迫使犯罪组织较早地建立了较为成熟的秘密传递信息的方式。社会“亲帮亲”现象突出，有时超出了社会、法律规范的控制。例如,与强力部门个别警察密切勾结,不但增加了犯罪的有组织性和预谋性,而且增强了其反侦查能力。犯罪组织的成员与拘留所、押送队人员和被拘留、逮捕人员及劳教人员依赖亲戚关系建立利用关系,物色同谋,获得情报;帮助成员隐蔽犯罪活动,延长犯罪隐蔽期和潜伏期。

虽然中亚地区的有组织犯罪发展程度不高,但因不同种类的犯罪的相互转化性增加了犯罪的威胁力,尤其毒品犯罪为恐怖主义犯罪创造了更大的可能性和更充分的发展条件,恐怖主义活动资金来源更加依赖于贩毒活动[1],犯罪的预防形势更加复杂。不同种类犯罪组织之间的转换一般经历了利用关系—融合—独立—各自带有双重属性的过程。该地区犯罪组织的经济目的趋同。除哈萨克斯坦的经济状况相对稳定,其他各国社会贫困,经济体非常少,资金获得的途径比较单一,犯罪组织通过暴力、讹诈手段大量敛财,获取经济利益的目的和恐怖主义犯罪强大的资金需求不谋而合。有组织犯罪组织和恐怖主义组织融资途径的相似性极高。有的组织得到了外国的恐怖主义组织的资助,新近发展的尚不成熟的恐怖主义团伙比较薄弱,因此对以贩毒获得资金的方式的依赖性非常高,拥有的"企业"、经营载体很多从事贩毒走私的生意。

毒品贩卖最近几年是中亚有组织犯罪组织的主要活动方式,帮国际恐怖主义组织调动武器、毒品和资金,和国际恐怖主义组织"乌兹别克伊斯兰运动"、国家禁止的教权主义党"伊斯兰黑斯普塔赫利尔"等组织合作,开始成为国际恐怖主义和地区极端主义融资的重要渠道。在相互协助中,恐怖分子试图直接开展培训,从事武器走私等有利于补给资金的活动。通常,阿富汗每年有24%的海洛因(约40吨)通过中亚地区运往俄罗斯和欧洲,途中8~10吨海洛因被中亚国家内部消化和吸食掉,这吸引了该地区公民从事贩毒生意,恶化了犯罪形势。恐怖主义和毒品活动双重特征的形成,正是中亚有组织犯罪对该地区及世界的巨大威胁所在。一些跨国案件往往是重大恐怖主义案件的案源,这使中亚刑事侦查面临挑战,对各国交叉合作与协调性提出了高要求。

恐怖主义与毒品犯罪在相互转化的动力上存在强与弱、主动与被动的区别。一般情况是,恐怖主义从事毒品犯罪的动力强于后者向前者的转化动力。中亚地区民族政治上的自决没能及时帮助国家摆脱经济上的贫困,各种犯罪类型中多以暴力犯罪为手段,以经济利益为主要目的,构成各种犯罪类型的相互

---

[1] М. Р. Арунова ШОС И афганская проблема, Москва, 2012, Научное издание, стр. 23.

转化的前提。

招募对象的经济基础、道德水平、视野和兴趣等潜质性因素，以及体力能力、使用武器技术能力等受到犯罪组织的关注和暗中考察。犯罪组织利用当地的现实条件，以经济利益为诱饵，吸引在社会中处境艰难、毫无精神寄托和经济来源之人，以及贫困农村迁入城市的人。各种犯罪团伙专门吸引集极端思想、贫穷等特质于一身，而世界观尚未成形的年轻人。

犯罪活动的涉经济性与暴力性交织，反映出社会贫困程度较高和摆脱贫困的强烈心理。50%以上的盗窃等刑事案件涉及暴力犯罪，如匪徒抢劫、杀人、使用有害健康物质、盗窃儿童、袭击和贩毒等，经济数额很小的案件往往也涉及暴力杀人的行为。

贫困、失业、部分人口边缘化之类的问题引起中亚社会不满〔1〕，大量无业的、受教育程度不高的年轻人为摆脱贫困加入国际移民迁徙的潮流中。2021年，吉尔吉斯斯坦国家安全委员会曾抓获宗教极端主义组织“伊斯兰解放党”6名头目，该组织被禁止在吉尔吉斯斯坦活动。根据《吉尔吉斯共和国刑法》第314条的规定，国安委以“组织成立极端主义组织”罪对他们展开调查，头目中有5人是吉尔吉斯斯坦巴特肯州人，1人来自塔吉克斯坦，年龄最大的出生于1974年。搜查住所时，发现了他们窝藏的极端主义的书籍、小册子、传单、笔记本、电子媒体资料等。〔2〕

二、移民跨国迁徙与非法移民问题

世界各国对“移民”的理解，一般包含两个层面的争论：一个是关于移民是否包含在国内范围的迁移；另一个是短期居留和停留是否也被包括在移民的概念范围之内。

俄罗斯法律界认为，非法移民是指逃避东道国当局的登记，违反居留条款，以非法方式越境的外国人。只要超出了签证的期限，就被称作非法移民，把非法出入境行为也划到非法移民范畴，非法移民范畴和取义更广泛。

移民安全与跨国犯罪产生了密切关系。移民作为流动人口，无论是国内的

---

〔1〕 Смотреть Тулеев М. С., Международный терроризм в странах Центральной Азии: региональные особенности, Вестник КазНПУ, https://articlekz.com/article/18220.(18. май 2020).

〔2〕 参见《吉国安委抓获一极端组织多名领导人》，载吉尔吉斯斯坦国家通讯社网，http://cn.kabar.kg/news/cn11-10-2021-2/。

移民还是国际移民,往往被认为是影响秩序安全的重要群体。治安管理中往往把流动性人口作为主要的管理对象。最近若干年,劳动力移民大量向外流出,形成新的移民流动动力。各国国际移民管理目标多重化——既服务于移民的流动迁徙活动,又预防跨国犯罪等国家非传统安全领域的问题。犯罪活动不会因打击而消亡,只会发生跨越国界的地理转移。哈萨克斯坦将"不受控制的移民活动"视为国家安全面临的主要威胁。俄罗斯也存在此见识者。最近几年,移民回流与非传统安全风险外溢反复在上合组织地区不同程度地上演。有关中亚出境移民在目的国从事犯罪活动案件的报道增加,在新冠疫情暴发前后,跨境移民的迁徙与回流成为主要的移民活动状态,带来一些社会问题。随着季节变化,非法移民有转变为哈萨克斯坦境内难民营的风险,一旦国家对边境领土的控制力减弱,不排除个别地方有陷入"黎巴嫩化"的风险[1]。

回流成为21世纪移民输出和移民输入的重要特征之一。塔吉克斯坦、乌兹别克斯坦、哈萨克斯坦面临的回流压力较大,从土耳其、叙利亚回流的问题比较严峻,塔吉克斯坦和乌兹别克斯坦边境上的某些居民被迫成为难民。难民的洪流因在俄罗斯南部边境地区形成,中亚各国高层警惕性大增,提防预期加重。

首先,在2019—2022年由于新冠肺炎疫情暴发,世界范围内的跨国移民呈现低谷。签证中断、口岸关闭、航班停飞等一系列的限制措施使俄罗斯的国际移民人数骤减,劳动力市场供应雪上加霜。对外输出劳务是乌兹别克斯坦的国策,尽管该国劳动力输出目的国以俄罗斯为主,但疫情的暴发,曾积压大量劳动力无法出境。原定的50万劳务移民无法按时到位,导致一些劳动力从境外回流本国。

乌兹别克斯坦在移民管理上一直比较谨慎和严格,而哈萨克斯坦和塔吉克斯坦对移民管理和回流问题的监控相对放松。塔吉克斯坦政府的掌控能力非常弱。塔吉克斯坦2015年颁布的《刑法》第401条"自愿放弃到境外非法参加武装冲突的人员可以免除刑事责任,不悔改的人则将被监禁12年至20年"。2016年,60名公民回流到塔吉克斯坦政府投案,但并未排除他们手中持有武器力。

其次,中亚跨国移民迁徙目的国趋同。俄罗斯移民中占据第一位的是中亚

---

[1] Смотреть Дата публикации, Что угрожает национальной безопасности Казахстана? МИРИМЫ, ПРАВДАИОБЪЕКТИВНОСТЬ, https://www. worldandwe. com/ru/page/Chto_ugrozhaet_nacionalnoy_bezopasnosti_Kazahstana. html. (13. марта 2013).

外籍工人〔1〕。早在2001年,俄罗斯曾出现过急需劳动力的情况,缺口达到300万~600万人。2005—2017年,因地区社会经济发展不利,尤其是2011年之后卢布贬值,俄罗斯外国移民总量下降〔2〕。最近几年受经济制裁影响,俄罗斯经济下行,使不远万里来此务工的中亚青年人难以找到就业岗位,部分中亚移民向沙特阿拉伯等国家迁徙。另一部分移民不那么幸运〔3〕,未能找到就业岗位被迫返回俄罗斯或中亚,截至2018年年底,移民增长(到达和离开人数之间的差异)仅为12.49万人。这显然无法弥补人口的自然下降数值〔4〕。

为了能获得更准确的跨境移民数据,俄罗斯政府采取了一系列措施:1. 在2017年11月,俄罗斯统计局(Rosstat)曾更新统计工具;2. 俄罗斯安全局FSB开始依法监测进入俄罗斯的外国公民人数,这是21世纪近20年来的第一次〔5〕;3. 俄罗斯安全局边防局2019年以来开始重视以工作为事由入境的外国公民的人数统计工作。

最近五年,俄罗斯外国劳动力移民的数量大幅度减少,加上本国人口出生率下降、死亡率上升,劳动力资源一直处于不足的状态。根据FSB边境服务系统数据显示,2019年上半年有240万外国人宣称以就业为目的进入俄罗斯〔6〕。

俄罗斯和中亚各国的移民跨国迁移活动在疫情暴发之前已经呈现下降趋势,2020年新冠疫情的暴发更是加重了这一趋势,导致国家出现了劳动力骤减的危急情况。俄罗斯内务部关于联邦移徙状况的数据显示,2020年1月至5月

---

〔1〕 Смотреть Анастасия Мельникова Все материалы, Кто в России помогает международному терроризмуМигранты из стран ближнего зарубежья стоят в очереди в одном из отделений УФМС по городу Москве, Риа Hoboctи, https://ria. ru/society/20170422/1492818238. html. (22. апрель 2017).

〔2〕 Смотреть Rosstat, Миграция населения в России: тенденции, проблемы, пути решения, in: Roscongress. org V. 30. 7. 2018.

〔3〕 Смотреть Кризис разворачивает миграцию из Средней Азии, И упрощает вербовочную работу исламских радикалов, Russican Pulce, http://www. liveinternet. ruwww. russianpulse. ru/continental-ist/2016/05/15/1531830 – krizis – razvorachivaet – migratsiyu – iz – sredney – azii – i – uproschaet – verbovochnuyu – rabotu – islamskih – radikalov.

〔4〕 Смотреть ЮЛИЯ СТАРОСТИНА, ФСБ впервые за 20 лет раскрыла число приехавших работать иностранцев, Юлия Старостина, https://yandex. ru/turbo/rbc. ru/s/economics/16/08/2019/5d5560979a7947af4fa8a883.

〔5〕 Смотреть ЮЛИЯ СТАРОСТИНА, ФСБ впервые за 20 лет раскрыла число приехавших работать иностранцев, Юлия Старостина, https://yandex. ru/turbo/rbc. ru/s/economics/16/08/2019/5d5560979a7947af4fa8a883.

〔6〕 该数据是俄罗斯联邦安全局FSB监测边境服务局的关于外国公民进入俄罗斯指标数据统计出来的。

共注册登记了4,546,978名外国公民和无国籍人,其中包括了以旅游、商务旅行和医学治疗为目的的人。此外,2020年1月至6月以商务、工作、旅游、学习、过境旅行、永久居留、私人事务、车辆服务等为事由进入俄罗斯的外国人总数达1500万。

独联体国家的公民仍然是旅居俄罗斯的外国移民的主要来源,在俄罗斯就业的外国人绝大多数来自独联体国家。2022年第一季度在俄罗斯就业的外国人中最多的是来自乌兹别克斯坦的公民,[1]总数达154.5万人;位居第二的是塔吉克斯坦公民95.3万人,其后是吉尔吉斯斯坦公民26.5万人,哈萨克斯坦公民10.53万人。来自非独联体国家的以就业为事由入境的,依次是吉尔吉斯斯坦公民26.5万人,乌克兰公民16.46万人,哈萨克斯坦公民10.53万人。在俄罗斯,来自非独联体国家的以就业为事由的外国人规模比独联体国家公民少许多。

作为外国移民的来源主体,来自独联体国家的短期停留者总量从2016年开始持续降低,俄罗斯劳动力缺口持续增大,入境的外国人的数量低于出境的俄国公民的人数。2018年抵达俄罗斯的外国人有565,685人,其中来自塔吉克斯坦的公民36,901人,来自哈萨克斯坦的公民45,625人,尤其来自乌兹别克斯坦的公民比2014年的131,725人减少了近6成,仅55,378人。赴俄罗斯的独联体公民中数量减少最多的是乌克兰公民——从2016年的178,274人减少到2018年的13,776人。与此同时,从乌克兰返回俄罗斯的俄籍公民数量增多,从2016年的59,455人上升至2018年的122,954人。这反映出回流成为当前俄罗斯国际移民迁徙的特征,同时也揭示了国家间的关系对移民跨国跨境迁徙的方向产生重要甚至决定性影响。尤其当两国外交关系、政治关系呈现负面和消极状态时,公民选择回流到原国籍国的情况会增多。总体来看,来自独联体国家的短期停留者的数量依然在俄罗斯整个外国移民数量中占据多数。可见,经济的发展是主导牵动移民流动的决定性因素。

最后,人口贩卖和非法移民密切相关。从贩卖人口的角度来分析犯罪世界对国际劳动力移民人口的影响。贩卖人口活动,可以追溯到奴隶制时代。随着西方启蒙思想的兴起,人类社会开始重视人道与人权事务,18世纪起一些欧洲国家开始在其国内法条文或国际法的相关条约上明文禁止奴隶的买卖。

---

〔1〕 俄罗斯外籍务工人员中近一半来自乌兹别克斯坦,中国驻乌兹别克斯坦大使馆经济商务处网,http://uz.mofcom.gov.cn/article/jmxw/202208/20220803340224.shtml。

贩运人口是一个概括性罪名,概念源自国际法,最早于 2000 年《联合国打击跨国有组织犯罪公约》的补充议定书《联合国打击跨国有组织犯罪公约关于预防、禁止和惩治贩运人口特别是妇女和儿童行为的补充议定书》之中提出,该议定书第 3 条中以"剥削意图"、"犯罪手法"及"人流处置行为"三大要件来建构贩运人口的定义,并将"贩运人口"认定为刑事犯罪的国际定义[1]。

非法移民与被贩运的人口经常使用相同的交通走廊。根据调查,贩运人口已经是继毒品犯罪与武器走私之后,全球第三大跨境非法贸易的犯罪活动。贩运人口同时伴随着中亚地区的武器走私市场、难民营等问题。猖獗扩张的犯罪背后,贩运人口的犯罪团伙有时与执法部门的腐败分子暗中配合,腐蚀执法机构。[2] 因贩运人口活动的高度隐蔽性,难以评估它对国家安全造成的威胁。[3] 在边界透明的条件下,完全阻断非法移民似乎不可能[4]。地缘的特殊性使中亚成为全球贩运人口和移民偷渡的中心。

贩运人口犯罪的形势较为严峻,被列为联合国打击的 17 种国际犯罪之一。2016 年恐怖分子通过控制通往欧洲的非法移民[5],从事贩运人口的活动。最近几年贩运人口成为中亚地区犯罪集团获利的介质。哈萨克斯坦成为被贩运人的中转地,这里每年贩运人口案件不少于 400 起。2015 年,塔吉克斯坦被登记在案的贩运人口案达 59 起;乌兹别克斯坦进入调查程序的案件有 696 起,被立为刑事案件的 372 起,被判刑者 460 人,被贩卖的受害公民达 924 人,其中 784 人被远贩至国外。[6] 国际移民组织数据显示,2016 年上半年吉尔吉斯斯坦

---

[1] 参见《联合国打击跨国有组织犯罪公约关于预防、禁止和惩治贩运人口特别是妇女和儿童行为的补充议定书》,载中华人民共和国公安部网 2021 年 7 月 22 日,https://www.mps.gov.cn/n2255079/n6865805/n7355741/n7912606/c8012770/content.ntml。

[2] Смотреть Дата публикации,Что угрожает национальной безопасности Казахстана? МИР ИМЫ,ПРАВДАИОБЪЕКТИВНОСТЬ,https://www.worldandwe.com/ru/page/Chto_ugrozhaet_nacionalnoy_bezopasnosti_Kazahstana.html.(марта. 13 2013).

[3] Смотреть Дата публикации,Что угрожает национальной безопасности Казахстана? МИР ИМЫ,ПРАВДАИОБЪЕКТИВНОСТЬ,https://www.worldandwe.com/ru/page/Chto_ugrozhaet_nacionalnoy_bezopasnosti_Kazahstana.html.(марта. 13 2013).

[4] Смотреть Дата публикации,Что угрожает национальной безопасности Казахстана? МИР ИМЫ,ПРАВДАИОБЪЕКТИВНОСТЬ,https://www.worldandwe.com/ru/page/Chto_ugrozhaet_nacionalnoy_bezopasnosti_Kazahstana.html.(марта. 13 2013).

[5] Смотреть В последнее время "Исламское государство" наращивает усилия на центральноазиатском направлении, создавая сеть лагерей подготовки боевиков в Афганистане и других странах региона. http://ru.sputnik-tj.com/analytics/20160428/1019425930.html.

[6] Зайнаб Дост, Проблемы и вызовы в борьбе сторговлей людьми в Центральной Азии, Диалог Ииивилизация. 2017.01.18.

贩卖人口案件有175起。被贩卖的中亚人口中,妇女和儿童主要被迫从事性活动,男性则作为户外工作的苦力。2016年乌克兰特种部队就抓获了贩卖女性到土耳其卖淫的犯罪团伙,并与马来西亚武装警方联合行动,解救了17名被贩卖的女性公民。被贩卖的一般都是在国内无稳定的工作收入、未受过高等教育、生活在偏远地区而被迫做苦力的人。从性别比例来看,中亚国家18—34岁的男性劳动力被贩卖的风险比较大。联合国打击有组织犯罪和贩卖毒品的数据显示,2016年中亚地区发现的被贩卖人口的63%是男性,31%为女性,男女儿童分别占4%和2%。他们一般会被送到哈萨克斯坦、俄罗斯和乌克兰等国,在那里从事建筑、石油、农业、贸易和食品加工、森林作业、工业和纺织品等工作。一个被贩卖到哈萨克斯坦种瓜的乌兹别克斯坦人说道,他每个月可获得500美元的工资。贩卖人口成为恐怖组织在内的各种犯罪组织获得利润的途径。2015年塔吉克斯坦国家机关发表声明说,非政府组织和国际组织对56名被贩卖人提供了援助。

三、跨国洗钱与非法融资活动

中亚地区的跨国犯罪处于不断吸收其他地区的先进手段,摒弃本地传统方案的阶段。仅从犯罪活动的融资途径看,跨国犯罪呈现了传统与新型并用的态势。融资是任何社会活动附带的固有特征,跨国犯罪活动亦如此。中亚地区非法融资问题较为严峻,融资途径多元,包括正规金融机构转账、汇款,非营利组织资助等,还有盗卖石油、走私、捞取人质赎金、贩毒、贩卖人口等途径,或以更隐蔽方式间接扶持组织参与经济活动,使其获得收入。在中东地区,影子经济控制和支撑着社会商业的发展,社会工业萧条、商业滞缓时,社会经济的支柱产业往往成为犯罪组织洗钱的掩体,而打击洗钱犯罪的机制较弱,现金交易是当今不断走向开放的地区货币交易的主流,逃避税务成为该地区普遍特征。

中亚的新型跨境融资大量效仿了索马里青年党的融资途径,该党控制砂糖物流链条,以征得高额保护费用作为恐怖活动融资,还把卖给肯尼亚木炭得来的收益用于恐怖活动。可见,对物流中的供应商与买家的合规性查验应成为执法部门防范恐怖主义融资的关键。上合组织国家之间的交通运输便利化、贸易便利化增强,加强物流、运输安全的执法安全合作非常必要。

利用国际市场的融资服务输送资金,犯罪组织除买卖石油、在非洲走私外,还通过劫持人质捞取赎金和腐蚀政权敛财。犯罪组织通过网络利用境外第三方支付平台筹集资金,建立融资的空间和渠道,以规避线下策划的风险。

恐怖主义、地区贩毒、武装冲突、洗钱等给中亚的安全带来了巨大的威胁。全球化进程使资本的跨境流动加快,助推跨国洗钱用于地区跨国犯罪活动,多元化的金融或非金融渠道为跨国犯罪组织的资金筹集和转移提供了便利,犯罪组织渗透活动的背后,都有各种资金的暗中支持。科技的发展、信息的共享及其在银行业务中的应用,导致恐怖组织融资能力已经发生极大的变化,新型的、更易于获取的金融工具被恐怖组织广泛使用。这是跨国犯罪活动难以有效应对的重要原因之一。

从表 1 中可以看出 10 个主要发展中国家的非法资金流出状况是逐年上升的。

表 1　10 个发展中国家非法资金流出情况

排名	国家	数额(亿美元)
1	墨西哥	429
2	马来西亚	337
3	南非	102
4	印度	98
5	土耳其	84
6	哥伦比亚	74
7	匈牙利	65
8	孟加拉	59
9	菲律宾	51
10	智利	41

数据来源:Global Financial Integrity (GFI): Illicit Financial Flows to and from 148 Developing Countries: 2006 - 2015, https://gfintegrity.org/report/2019 - iff - update/。

表 2　部分发展中国家非法流出资金占国家贸易总额百分比排名

排名	国家	占比(%)
1	莫桑比克	48.1
2	马拉维	44.1
3	赞比亚	43

续表

排名	国家	占比(%)
4	洪都拉斯	39.7
5	纳米比亚	38.7
6	缅甸	30.8

数据来源:Global Financial Integrity (GFI): Illicit Financial Flows to and from 148 Developing Countries: 2006 - 2015, https://gfintegrity.org/report/2019 - iff - update/。

恐怖主义融资途径多元而复杂。中亚地区恐怖主义融资活动猖獗,资金来源路径多元,主要包括盗卖石油、走私、掳取人质赎金、贩毒、贩卖人口、外部资助组织参与经济活动的收入,融资渠道则包括正规金融机构转账、汇款、非营利组织资助等。

网络的开放为非法融资提供了降低成本的条件。中亚国家比中国更早地开放了互联网空间。早在2004年,吉尔吉斯斯坦网络电话的资费已经远低于中国的越洋电话资费,是中国的几十分之一,使洗钱与融资活动变得猖獗。

四、新型跨国犯罪问题

从网络安全与网络犯罪的扩张领域观察,网络空间成为该地区社会活动不可缺少的组成部分。犯罪组织依托技术研发在网络空间扩张,在全球的协调能力增强。在网络空间的扩张是新型跨国犯罪的重要表现。犯罪组织在技术研发与应用方面展开了较量,他们比某些守法的社会群体更深程度地利用着网络科技的成果:搞网络黑客攻击等多维度袭击,将网络武器化,一度有发起网络“空间攻击战”之意味。犯罪分子高度重视网络及其相关技术,利用人类文明的成果来反对人类的文明,招揽技术人才,吸引广罗大众,将网络技术化,提升网络技术的创新,积极研发和应用科技进步的成果。各色新兴的犯罪团伙通过网络、跨国联合行动增强全球协调能力,网络空间给世界各地犯罪活动提供了相互效仿的可能。如犯罪组织招募和遴选用于发动网络战的技术人员,专门成立专司网络战的行动小组,以提高网络战的实力和利用网络空间的充分度。例如,使用比加密电话、邮件更安全的游戏机PS4进行联络,更加有组织、成体系地利用网络工具进行招募、宣传和培训,利用自己研发的应用软件、匿名社交平台、即时通信软件等,开展心理战、宣传战。网络空间缩短了过去传统面对面招募、培训新人的时间。其能够在短期内迅速发展和扩张得益于对互联网、社交媒体的极致使用和对高科技的利用。

犯罪组织避开了现实空间所不能解决的障碍和难点，利用科技突破国家地理边界，把犯罪活动扩散到更大范围的地区，加速了对世界不同角落的侵蚀。网络犯罪的治理逐渐成为全球议题。

中亚国家对网络空间监控缺乏经验。传统上，中亚国家的清真寺和纳马什汗人（祈祷室）是恐怖组织招募极端分子的线下空间[1]。2016 年，哈萨克斯坦国安委的人员说，某些犯罪组织充分借助网络加速了在中亚的扩张，招募与训练活动呈现积极化。2017 年 10 月 4 日，俄罗斯安全局局长说，极端组织在伊拉克和叙利亚受挫之后，建立了新的全球恐怖主义网络，有针对性地在中东以外不稳定地区加强渗透，制造新热点，利用互联网建立新的通信渠道。

恐怖组织把网络空间既当工具、又作平台，网上网下联合拓展空间。他们将网络上的电子音视频通过剪辑、后期制作制成电子产品，在网络传递；或储藏在 U 盘等介质中，跨国携带，线上线下同时传播涉恐电子音视频。恐怖组织通过网络空间扩张阵地，在全球范围制造恐慌、自我宣传并扩大影响，威胁、牵制、分散对手的各种资源，刺激潜在的群体使之激进化，招募新人，鼓动其就地发动“独狼式”袭击。大量的恐怖主义渗透活动的社会轨迹从线下的现实世界转到线上的网络空间。微信群、网络群、聊天空间、网络社区等新兴的社交媒体非常之多元，这给恐怖主义提供了传播恐怖主义思想、预谋和策划活动的场所。境内外“三股势力”利用互联网、QQ、Face book 等新兴工具传播涉及宗教极端思想和暴力恐怖的音视频。

虽然执法部门早已实施网络监管，但依然被技术人员找到漏洞。以巴黎暴恐事件为例，已有专家怀疑此事是利用了网络游戏空间中使用暴力的、召集性的语言的合情性，巧妙躲过了网络监管。目前一些网络游戏的安全证书存在漏洞，其中的情景与现实暴恐活动的语言有高度相似性，不易被网络监管人员觉察。例如，地处不同站点的用户发言：“我们这个家族，明天要去攻打某某城。”这有可能是暴恐分子真的利用网络游戏空间演绎真实版战争。中国境内查获的多起暴恐案的嫌犯都受过网络暴恐音视频的诱导煽动。网络虚拟空间中的策划、传播、招募、参加人数、人员身份、地点等线索的查缉比现实中更难，加之

---

〔1〕 Д. В. Малышев（Malyshev Dmitry Valerievic0h），Сирийский Кризис и угроза радикализации Центральной Азии，Проблемы европейсккой безопасности，2017г.

跨越国境,应对和预防非常复杂[1]。

哈萨克斯坦网络安全在全球网络安全指数中排名上升,2018 年排名第 82 位;2019 年上升了 42 位——排在第 40 位,仅次于俄罗斯(第 26 位),与爱尔兰(第 38 位)、以色列(第 39 位)、印度尼西亚(第 41 位)、葡萄牙(第 42 位)和摩纳哥(第 43 位)并列相邻。该指数的领先者是英国(第 1 位)、美国(第 2 位)和法国(第 3 位),拉脱维亚位于第 4 位,爱沙尼亚位于第 5 位。乌兹别克斯坦排名第 52 位,乌克兰排名第 54 位,白俄罗斯排名第 69 位,塔吉克斯坦排名第 107 位,吉尔吉斯斯坦排名第 111 位[2]。

总之,跨国犯罪活动的行为主体具有更典型的多元性,传统与新型交织发展和存在。犯罪的跨国性一方面体现在地理上跨越两个或两个以上的国家,另一方面体现在参与跨国犯罪的主体包括来自多个国家的公民。这便于跨国犯罪的跨境勾连。各种犯罪团伙据守边境交接处,一国打击犯罪的高压态势不会使犯罪彻底消失,而会引起犯罪活动外溢,越境寻找空间。社会治安状况在地缘范围内彼此影响。例如,叙利亚的战乱,影响着南亚和中亚的社会秩序,一些极端分子从中亚地区赴叙利亚参战,经过战乱,回到阿富汗、中亚等地活动,甚至向中国西北边境渗透。中亚地区的恐怖组织生存的伸缩空间和缓冲地区较大,世界 80% 的恐怖袭击事件发生在从高加索到中亚以及南亚的阿富汗和巴基斯坦一带。犯罪组织的活动与周边混乱的治安形势交织,其发展的地理空间可延伸至南亚的阿富汗和巴基斯坦。塔吉克斯坦和乌兹别克斯坦一直支持阿富汗北部联盟对塔利班的斗争。中亚各国都将阿富汗视为恐怖主义、犯罪和毒品贩运的基地。乌兹别克斯坦和塔吉克斯坦在这方面被认为是最严重的,这主要是由于两国与阿富汗有共同边界。巴基斯坦政府控制的米拉厘(音译)地区(北瓦济里斯坦中心地带)的城市中活跃着一个由中亚国家和北高加索国家来的人员组成的组织。不大的米拉厘地区有两万个穆斯林学校,他们拒绝非穆斯林进入,这些学校里有 4000 多人受到武装战斗的训练[3]。

犯罪组织的招募、计划所实施的地理范围之广度不受该组织所处的地理位

---

〔1〕 参见曹志恒、毛咏、王大霖、赵春晖:《乌鲁木齐"7·5"事件追踪:谁是幕后黑手》,载中国新闻网, https://www.chinanews.com.cn/gn/news/2009/07-13/177226.shtml。

〔2〕 Смотреть Как развивается кибербезопасность Казахстана, 28 октября, 2019, https://strategy2050.kz/ru/news/kak-razvivaetsya-kiberbezopasnost-kazakhstana/.

〔3〕 Смотреть Андрей Грозин. Исламское государство и Центральная Азия, январь. 1, 2016, http://www.materik.ru.

置限制;同时,犯罪组织的相互交织关系和互为吸收的可能性,使他们针对的目标更宽泛。从叙利亚等地返回的人员不见得一回来就拿起武器反对自己的政府,然而从这时起,与政府对抗的活动就开始了。

犯罪组织在一个地理范围(中亚地区)招募、培训、融资所涉及对象并非限于在该地活动的人,犯罪势力威胁的范围并不等于其活动的势力范围。我国周边多为经济发展有限、治理犯罪能力有待提高的国家和地区,毫无疑问,由于中亚社会的高度开放性和自由性,该地区的治安秩序受到了跨国犯罪的高度渗透。

中亚地区的跨国犯罪形成了三种发展态势:(1)以费尔干纳山谷为代表的地缘因素是跨国犯罪形成和发展的根本因素;(2)外生性因素,人们受外界极端主义思潮的影响不断深入;(3)中亚劳动力移民出境迁徙过程中受到各种跨国犯罪组织势力的渗透,对外部地缘和世界构成一定的现实威胁。

此外,新冠疫情驱使贩毒模式转变,如增加使用海上货运进行大型运送,或使用私人飞机作为运送工具等。因此,部分地区尤其是专门种植毒品的国家出现经济衰退,导致有更多人选择投身种植或制毒行业,增加当地市民染上毒瘾的风险,尤其是吸食大麻。

因此,与周边国家的警务合作应加强,与之开展多元形式的合作,不仅要在条约框架内合作,还应拓展合作领域,如大力增加跨国警务培训和警务援助等。

第二章

上合组织地区执法合作的发展基础与状况

在多元化的国际社会中，一个国家社会可以从不同的方面表现自己。上合组织是一个永久性的政府间国际组织，它的成员有着避免任何形式的内政干涉、维护国家作为唯一合法主体的地位的多元主义价值观。国际法是相对和平共处和各单位之间实施最低程度的合作的参照。因此，使这些利益和价值得以有效维护的基本规则是相互承认主权和不干涉的原则。多元主义的国际社会是以更灵活的方式界定各单位的主权特征，允许从经济到安全的更多领域进行实质性的合作，保护趋同的共同项目的环境。

中国与上合组织成员国哈萨克斯坦、吉尔吉斯斯坦、塔吉克斯坦三国有3300公里的共同边界线，中哈边界1700多公里，中吉边界有1096公里，中塔边界400多公里，有11个口岸向中亚国家开放。[1]

一、执法安全合作的内涵与运行规律

上合组织执法安全合作蓬勃发展，是组织的核心职能和工作重心，同时是上合组织框架下多边合作的重要组成部分，至今已具备坚实的国际法律基础、完善的组织机构和一系列务实的合作机制，受到了国际社会的广泛关注。

（一）执法安全合作的多重含义

执法安全合作（law enforcement cooperation）包含了警务合作。一般来说，中国语境下只要涉及警务部门参与的都可理解为国际警务合作。刑事司法合作中涉及的搜查、抓捕、取证等工作，在中国主要由警务部门承担，而在其他国

---

〔1〕 参见杨明华：《中亚跨国有组织犯罪研究》，新疆大学2006年硕士学位论文，相关内容。

家有的由司法部门承担，有的则由检察部门承担。因此，刑事司法合作可以视为广义上的国际警务合作。国际社会中的警务合作的范畴要窄于中国现行的警务合作的范畴。换句话说，中国语义中的警务合作的范畴更大，即将警察视为执法者。国外学者 Robertson 提出国际警务合作是一种超越国家和地缘政治边界，全面共享犯罪信息和手段的动态行为。基于全球治理视角下的制度设计理论，警务合作进程可分为四个涉及不同行为体且相互关联的机制层面：第一，涉及宪法与协议的遵守、立法和法律的协调、权利以及警务伦理等问题。第二，涉及执法和警务机构的运作结构、操作流程与程序。第三，涉及具体执法行为，包括对特定犯罪的调查、预防和对特定犯罪类型的管控以及信息交换。第四，国际刑事管辖权制度的实践。

刑事管辖权的制度调整与司法处置永远以国家利益为基点。早期的刑事管辖权是国家以属地为基本连接因素的自我权力设定，全球化的现实中，各国不约而同地不得不求诸其他国家的配合，开始以更加灵活和务实的态度对待他国的刑事管辖权，让渡自身的部分管辖权，彼此尊重，以实现本国管辖权范围的实质性扩张，进而更好地实现对本国利益的保护。因此，对传统管辖权制度突破和放弃严格意义上的刑法属地主义，逐步接受新兴的刑事管辖规则是大势所趋。中国在国际合作中也面临改善刑事管辖权的保守和防卫性的要求，应积极赋予刑事管辖权更多弹性，为司法实践提供更灵活性的处置手段。当然，国际管辖权冲突非纯粹的法律问题，也涉及政治考量，如一国的国际地位、话语权、政治意志等。国际组织益于就此开展协调与协作，从而解决管辖权冲突。

“执法安全合作”一词首次出现在官方的“上合组织执法安全合作”的表述中兼顾苏联国家和中国的主管机构权属的设置，充分考虑了各国反恐职能主管机关设置的差异性。它最初使用是出于对各成员国反恐业务管辖职能分属各国的公安部门、内务部门、安全部门的客观事实的考虑。俄罗斯和中亚国家根据恐怖主义案件危害国家安全还是危害个人安全来划分案件管辖部门，一般把危害国家安全的恐怖主义案件的管辖权划归到安全部门，而把针对个人实施恐怖主义行为的案件划归到内务部门管辖。中亚国家独立后极大地延续了苏联的遗产，他们和俄罗斯的主管部门设置相似，即针对国家安全的恐怖主义问题的主管部门是本国安全部门，针对个人、个体恐怖袭击案件的主管部门是内政部门。据此，向上合组织地区反恐机构执委会派遣的反恐代表主要来自本国反恐主管部门——国安委（或安全部门），中国派出的代表主要来自本国反恐主管部门——公安部门。因此,从机构设置上,“执法”代表中国反恐主管部门职能表述的简称,“安全”代表其他成员国反恐主管部门的职能表述的简称。将中国语境下“执法”一词扩展为执法安全,涵盖了各国体系职能交叉的权宜之称谓。“执法安全”的主体主要指各成员国参与反恐,禁毒,打击贩卖人口、走私等跨国犯罪或新型跨国犯罪的职能部门,一般是各国的警察,隶属的部门为各国公安部门、安全部门(或内政部门)以及司法部门、检察部门等。由此可见,执法安全合作即执法合作,是各国相应的职能部门间就业务交流的需要而进行的合作。执法安全合作包含了警务、司法、安全和检察等部门就治理跨国犯罪领域而开展的合作。在中国场域下,用“警务执法合作”一词[1],它包括了上合组织最初关注的反恐领域的合作,也包括后来扩展的禁毒,打击走私、非法移民等领域的合作范畴。总体而言,执法安全合作是执法领域和安全领域的合作。

另一种基于词源的理解是指执法为工具和手段,安全为目的。“安全”的学术意义不止于此,它作为国际政治领域的基础概念之一,长期以来在学界存在广泛的争论。作为一种状态,“安全”一般被认为是“免于遭受外部威胁、恐吓和危险;而作为一种能力,则是指在不得不面临外部威胁时,能够以合理的代价保护自身”[2]。1994 年联合国开发计划署发表的《人类发展报告》提出,“人类安全”包括“免于恐惧的自由”和“免于匮乏的自由”两个维度。马哈伯·乌尔·哈克指出,“世界正进入一个新的时代,安全概念被理解为:人民的安全,即所有人在所有地方的安全(在家里、工作中、社区和各类环境等)”[3]。国家是实现安全的主体这一基本事实未发生变化,然而安全治理主体增加了,国际组织是重要的新角色。巴里·布赞等学者针对安全概念采用层次分析的方法提出了分析框架,纵向上涵盖了国际社会、国家、个人三个层次,国际组织是国际社会这一层次的重要体现和载体。国家之间的相互依赖已经达到了前所未有的程度,过度追求自身的利益,不利于地区安全的维护。随着非传统安全挑战,国家行为体与非国家行为体相互交织组成应对的主体。

上合组织明确把维护地区安全与秩序的稳定作为优先发展方向,安全合作框架是该组织的根本基础。《上海合作组织宪章》确定的优先事项是确保地区安全,打击恐怖主义、极端主义和毒品犯罪,现如今,解决确保地区安全问题的

---

[1] 警务合作的范畴更加宽泛,其中包括警务系统的干部、人才之间的交流、往来、互访等。

[2] 参见张超、吴白乙:《“泛安全化陷阱”及其跨越》,载《国际展望》2022 年第 2 期。

[3] 参见张超、吴白乙:《“泛安全化陷阱”及其跨越》,载《国际展望》2022 年第 2 期。

范畴在扩大，包含了打击有组织犯罪、网络犯罪、跨境走私、非法移民以及其他具有跨境性质的违法犯罪活动，如上合组织成员国在互联网管控和打击网络犯罪领域的合作提上日程。上述问题在本质上属于非传统安全领域，是成员国执法机关职权及管辖的范畴和对象。

非传统安全问题涉及的范围广，主要的表现形式是非军事问题，但其危害性并不亚于甚至大于军事战争。在现代情况下，非传统安全问题越来越凸显，并且具有很强的区域性特征。在此不妨先以欧洲为例。为完善不同司法管辖区区域安全治理与警务合作，欧盟于 2015 年提出了欧洲安全议程，涉及恐怖主义、极端主义、非法移民、有组织犯罪、走私与偷运、网络犯罪六个领域的治理，由申根信息系统、安全信息交流网络应用、欧洲犯罪记录信息系统组成的欧盟信息系统，充分展示了其强大的地区国家协同合作功能。欧洲"刑事司法区"执法合作路径的建设被视为一种"规范生成"的过程。执法行为体间具有相似的文化和历史，类似的警务结构、执法机构和共同合作意愿。

上合组织的发展带来的历史性变化，首先是成员国面对的非传统安全领域具有高度的相似性，从而推动了各国早期由应对传统安全威胁转变为应对非传统威胁。1996 年，中国、俄罗斯、哈萨克斯坦、吉尔吉斯斯坦和塔吉克斯坦五国国家元首签署了加强边境地区军事信任协议，1997 年又签署了边境地区相互裁减武装力量协议。这两项基于与边境安全和军事互信有关的协议建立了和平友好区的边界——长 7300 公里，宽 200 公里。鲍里斯·叶利钦曾指出，这是亚太地区规模空前的创新价值，五国边界因此成为和平、相互理解与合作的领土。"上海五国"[1]建立了世界其他国家和地区和平解决边界问题的典范，随后，"上海五国"向上合组织发展过渡，完成了全面的体制改组，将合作重点转向应对非传统安全威胁。

从国际组织克服的对象看，上合组织以危害国家安全、颠覆政权为目的的恐怖主义犯罪、毒品犯罪等为主要攻克对象，与犯罪集团展开国际斗争，必然离不开国际政治的发展、规范生成过程。上合组织成员国之间比欧洲国家之间有更加显著的文化、宗教、法律制度、警务制度等差异，这些差异更容易驱使行为体在执法合作中采取保护各自利益的行为，采用不同执法理念、工作程序。因此，上合组织与欧洲安全议程作为一种载体，在整合资源、生成规范的功能方面

---

〔1〕 "上海五国"，是上海合作组织的前身。成员国为中国、俄罗斯、哈萨克斯坦、吉尔吉斯斯坦和塔吉克斯坦。

有一定相似性,既为区域执法合作提供组织、法律和技术上的保障,同时排除了众多制约因素:多边行为体法律体系不统一,特别是刑事实体法和刑事程序法的差异。上合组织的执法安全合作是法制应对、国际政治关系发展等多重路线发展的结果。

国际组织的成员单位是国家。国家的形成和发展,作为一种现代独特的人类交往方式,经历了复杂的演化发展过程。从被边界封闭的欧洲宗主城堡到现代申根空间,从特殊的亚洲发展道路、欧亚游牧国家形式到欧亚经济联盟、亚太经合组织等现代国际法律空间〔1〕,国内关系的全球化伴随国家和法律体系的统一和普遍化。双边协定正在被国家间的多边关系、当今单极和多极世界、现代国家间关系的"属性"所取代。

古罗马的法律在今天仍然适用,但有些活动领域并未被传统法律所涵盖。随着全球化发展,"国家与法律"的概念正在经历现代化和变革。现代国家正在成为全球世界不可分割的一部分,面临跨国犯罪等种种问题,不可能在自己的边界和问题内孤立起来。通过加入各种联盟开展各国合作和协调配合,国家失去了部分主权,同时变得相互依赖。现在已经很难想象中断这个过程的后果。在这种背景下,"国家—法律现象"作为其全球化和一体化的结果而出现,包括各种地区性的组织、普遍联合项目的形成。国家间关系的研究在今天扮演着特别重要的角色,也随之出现了经济、文化、安全、国防等领域的各种组织。

国家和法律是带有能动性的人之产物。国家一体化与国际法律规制密切相关,它被理解为以国际法律行为为基础的国家联合。同时,公认的国际法规范和原则在国际社会的国家参与者关系中具有重要作用。在当前的现实中,国家之间的互动是必要的,国际条约和协定的规范必须在国家立法中被执行。1945 年的《联合国宪章》规定了国家间合作的原则以及认真履行所承担的国际义务的原则。应该看到法治在构建世界新秩序中的重要性,现代世界中国家的多边活动需要它们的法律监管。国际法对国家法律体系的影响越来越大,为了国家之间能够有效互动,它们需要融入更大的国家间协会,有必要利用这种联系来保护国家利益和国家领土完整。上合组织执法安全合作是国家间关系研究的重要典范。它完全适用于"国家间法律机制"的概念,但是,实施过程可能因多种原因而受到阻碍,需要与之配合。首先,是政治意愿。为了国家的发展,

---

〔1〕 Смотреть Токтобаев Болот Токтомышевич, Развитие межгосударственного правового механизма по укреплению безопасности странТекст научной статьи по специальности ,Право, (2016).

及时通过重要文件是必要的。其次,要加强国家间在文化领域的联系,建立相互理解和认可的法治环境。最后,合作无疑是一种人力资源,它将创造和带来新的法律[1],需对新法本土化。

上合组织作为多边合作机制,开创了新型国家关系安全发展的新理念。起初,上合组织就非传统安全领域的合作,是在区域内共同采取行动打击恐怖主义、分裂主义和极端主义行为。从那时起,与会国在打击极端主义、毒品犯罪、有组织犯罪方面达成共识,建立了区域反恐机构,之后又签署了长期睦邻友好合作条约。

国际合作,从地理范围上论包括地区性的和全球性的;从性质上划分为功能性和结构性的;从形式上看国际合作涵盖了双边、多边、地区组织、国际组织等多种框架形式的合作。地理、性质与形式是国际合作构成的三大要件。

地理上,地缘链接,即地理连接,本身造就了区域的自然性基础,山川、河流、海域、空域等都具有天然的区域性链接特征。历史表明,地理条件对人类活动、权力形成、文明发展等起着十分重要的作用甚至是支配作用。区域的国家属性是对地缘自然性的政治分割,国界曾为经济活动及人类行动自由的重大障碍。边境对执法人员而言,仍为主要的执法界限,当涉及跨境执法时,通常须寻求国际司法互助[2]。尽管地域被分割但也"藕断丝连",因而存在资源的共域和共享问题。全球化的发展使区域进一步发生变化,把区域置于开放的全球框架之下,使之成为全球的区域。传统形态的司法互助通常须经历烦琐的行政及司法程序,当然时而无法彰显犯罪追诉成效,遂逐渐发展出诸如"国际刑警组织""上合组织"等新型形态,同时,建构"跨境合作"及"简化司法互助"也已成为近年进行国际犯罪追诉合作的发展重点。不同地区的区域安全概念的形式化和制度化程度也不同,包括区域组织、合同、条约、军控领域的制度、建立信任措施、相互支持机制等,这种制度化最成熟的是欧洲安全概念、拉美安全概念,上合组织覆盖的欧亚、中亚区域安全概念则是逐步形成的。

形式上,不论是双边的、多边的,还是国际组织框架下的,参与主体是各国从事国际执法安全合作领域的事务主管部门。双边、多边合作是两国或者两个

---

[1] Смотреть Токтобаев Болот Токтомышевич, Развитие межгосударственного правового механизма по укреплению безопасности странТекст научной статьи по специальности ,Право, (2016).

[2] See Helmut Satzge, *International Judicial Cooperation in Criminal Matters – The European Path as a Model?*, 300 The Taiwan Law Review 76, 77 (2020).

以上若干行为主体针对彼此共同关心的议程而开展的专门系统性的合作,更便于满足各国个性化诉求。双边合作强调相互分享或彼此共享,双边合作中的案件协查请求包含的相关要素至少应涉及对方的某个要素。双边警务合作奠定了多边合作、国际组织等多种类型的国际警务合作基础。国际组织在相对稳定的框架下开展的多边合作有别于双边合作,其重要标志为:一是具有组织的章程、约定或协定;二是参与主体三个以上,以包容性、可调整性、互动性等特质为前提。地区性国际组织的政策有较为集中的地缘辐射范围,如欧洲警察组织主要覆盖欧洲地区的国家。

性质上,纵观全球,国际警务组织存在功能或结构的同一性质。有一些国际组织不限定地理范围,而是专门就某一领域展开合作。当然,有的侧重于功能性的,有的致力于结构性的发展。功能性的国际组织,强调该组织通过某种合作方式所发挥的作用和平台价值,比较典型的组织如欧洲警察组织,其参与者均是欧洲国家的警察部门,其功能的专门性、对应性更专一。除功能性的国际组织外,还有组织侧重于结构性的发展。结构性组织强调组织的各个部分的结构搭配关系。比如,反洗钱金融行动特别工作组是世界上最具影响力的反恐怖主义融资、反洗钱的国际组织,警务机关也参与其中的跨国反洗钱合作,因此金融特别行动工作组也可被看作具有治理跨国犯罪问题的性质,我国的公安部门参与相关活动,但仅是参加单位之一。

上合组织在地理、性质与形式三要素指引下有更具象的含义。它从事的地区执法安全合作实践,显示了它是专注于执法安全领域的地区性国际组织,实现目标的方式和功能具有高度的专业性和统一性,发展目标与安全目标并驾齐驱。首先,它基于地理相邻形成了区域性组织。区域性组织是位于一个地理区域内并有兴趣协调国家之间的外交政策、对外法律关系的合作组织。这奠定了上合组织现代结构的一些体制机制的基础。在很短的时间内,上合组织成功地形成了一个有效的结构,一个对潜在参与者有吸引力的新的法律基础,为组织激发了强大的潜力,构建新地区安全架构,成为亚洲和世界政治的主要参与者,以及维护亚洲和平与稳定的重要平台。其次,功能上该组织属于国际警务合作组织,执法安全合作是该组织所具有的众多功能之一,对该组织而言是奠基性的、基础性的。该组织框架下既包含警务合作、司法合作,也包含经济合作、能源合作和贸易合作等,上合组织框架内除设立秘书处之外,还设立了唯一的业务性常设机构,即上合组织地区反恐机构,该机构在各国的主管机关安全部门或公安部门设有执法安全事务办公室，是专业从事执法安全合作的业务性机构，也是负责收集和共享情报信息的协调机构。这足见上合组织具有典型的国际警务合作的功能与性质。最后，形式上，该组织的反恐机构本质上是一个地区性的国际警务组织。成立之初，它以执法安全机构为主要的参与主体，实施双边合作、多边合作，也与其他地区性组织、全球性组织等开展多重的执法安全合作。

上合组织地区执法安全合作是国际警务合作发展的重要实践。国际警务合作是指地理相邻或相近的成员国的警察机构或公安（内政）、安全主管机关之间根据本国法律、所签订的条约、参加的国际公约及本组织相关法律，或在协商一致的基础上，为打击地区恐怖主义等跨国犯罪，在本组织框架内开展的跨国侦查、演习、缉捕与遣返犯罪分子及犯罪嫌疑人，情报信息交流与互换，人才培养，交流与学术研讨等活动，并与非成员国、国际组织等在惩治国际犯罪的事务中维护国际社会秩序而相互提供援助、协助、配合，它是跨越国界的警察事务的交流。上合组织为地区执法安全合作提供了便利有效的载体，它不限于双边、多边以及多种形式的合作，也不限于就各类案（事）件采取共同行动和联合措施，还包括就武装力量的使用、信息和技术的交流与互换、战略与战术制定等问题进行的磋商。

通过地区组织专门开展执法安全合作，是目前世界各国比较热衷的合作形式。组织的优势在于可将多个跨领域资源投入到既定目标的实现进程中，如通过国际警务、军事手段、人文等途径应对跨国犯罪等实现对非传统安全的治理。保罗·肯尼迪在描绘21世纪的黑暗前景时曾宣称，应对和处理跨越国界的全球性和区域性的挑战，非单一民族国家所能解决的，需不再将全球看作割裂的各部分，而是一个统一的整体，将其一部分权力移交给全球性或区域性的国际组织。[1]

上合组织是较早建立的专司反恐的地区组织之一，反恐合作是上合组织执法合作最初涉及的领域，并从最初的单一性反恐目标逐步扩大到禁毒、打击走私、治理国际非法移民活动、保护信息安全、维护网络安全、打击网络恐怖主义等新型跨国有组织犯罪、边防合作、大型活动安保合作、保护外国投资移民和机构、企业的合法权益和安全等新的领域合作，在演习、警务交流、警务信息情报

---

〔1〕 See Kennedy P. , *Preparing for Twenty – First Century*, New York, Vintage Books Press, 1993.

互换等许多领域已经实现常态化合作。上述每个合作领域有各自相对独立的内涵,同时彼此互为手段,相辅相成。

(二)国际执法安全合作运行规律解析

由于政治经济、社会发展的不平衡,不同地区和国家的国际警务合作发展处于不同的阶段,它可能属于制度性合作或者非制度性合作,或兼而有之却各有侧重。长期以来,国际警务合作主要演绎了一个从非制度性合作向制度性合作的发展过程,亦即成本降低的过程,并从非开放时代的以各国自我利益为标准,发展到开放时代以公共利益为标准。

作为政府公共投资行为,成本 Y 有时被忽略不计了。因此单一考虑如何降低成本 Y,并不奏效,还须加大对警务合作制度 X 的投入,使效益 M 获得绝对增长。

国际执法安全合作是不断突破各国法制、文化等差异而互换资源的特定过程。法制时代依然不可忽略别国政策调整、政治因素等,从而使双方都获益。警务合作存在成本和效益关系,无论是制度性合作,还是非制度性合作,利益与成本构成的关系适用于表 3 所示公式。警务合作的运行构成某种固化的关系体的集合。

表 3 国际警务合作运行规律解析

合作种类	合作公式	关系解析	运行过程	实践中的不足	决定性因素
制度性合作	制度 X(X 大于 0)、成本 Y(Y 大于 0)、效益 M 三者之间的关系为:X/Y = M	制度 X 与效益 M 正相关,成本 Y 与效益 M 负相关	合作双方有条约则视为制度性合作,合作只能个案论,导致分母 Y 增大,效益 M 降低	目前中国在引渡制度下开展的追捕犯罪分子的合作比较有限	各方签署或加入的条约、公约,例如,引渡条约、司法协助、双方约定
非制度性合作	非制度 X(X 大于 0 或小于 0)、成本 Y(Y 大于 0)、效益 M 三者之间的关系为:XY = M	非制度 X,与效益 M 关系不稳定,成本 Y 与效益 M 关系不稳定 制度性因素呈积极(为正数)时,可获得效益,且取决于成本投入的多寡	犯罪嫌疑人逃往国与本国设有制度 X(引渡、赃款没收方面的协议条约、刑事司法协助等),合作只能个案论,导致分母 Y 增大,效益 M 降低	一般靠双边或多边交往过程逐步确立认可的规则,如判处某刑事犯罪分子非法出入境,而将其驱逐出境,进行变相引渡,避开引渡烦琐的程序	自然因素、价值信念、风俗习惯、伦理道德、文化传统、意识形态、法制熟知程度

执法安全合作运行体系包括动力运行体系、利益运行体系和关系运行体系。成本和效益的关系(公式)适用于执法安全合作运行体系的解释,它包含了动力体系、利益体系和关系体系,该体系支撑国际执法安全合作机制的运行,指导警务合作实践,获得更大的效益。

1.动力运行体系

警察是地区执法安全合作的中坚力量。运行体系的动力源自不同主权国家自愿、自觉共同遵守所约定规则的意志。上合组织是促进国内警务国际化、国际警务国内化的重要舞台。警察是国际警务的行为主体,是服务于政治需要的国家机器,因而国际警务是服务于国际政治、外交、社会的机器。地区组织的执法合作机制的运行还依赖成员国警务系统以外的运行体系的支持,即其他相关部门的相互配合与协作。必要时,中国人民银行等金融机构,最高人民法院、最高人民检察院等司法机关,外交、公安等部门以不同的法律地位参与国际组织的执法合作进程,相互配合、各司其职,推动国际组织发挥效用。

国际执法安全合作的初始意愿是建立在利益取舍之上的。当今时代,随着各国对公共安全的重视程度提高,作为维护地区非传统安全的重要手段,国际警务日趋重要,各国都必须站在全球立场考虑问题,不再简单思考个人、群体、特定群体的利益,于是产生了公共经济学,并出现了公共安全理论。公共安全理论给一国的国际警务合作带来了全新的衡量标准,即不仅要维护国内社会秩序,而且要保护本国在境外的利益与公民的安全。

国际执法安全合作的动力从非开放时代的以自我利益为标准发展到了开放时代以公共利益为标准。之前各国治理行动彼此高度分散,但犯罪分子从单打独斗到联合,也促使国际警务合作方式从双边到多边、从多边到地区组织,再从地区组织到国际组织,合作形式不断升级。

政治因素也是推动合作的重要动力源。尽管法治化是国家所追求的目标,但有人认为,国际条约是可遵守可不遵守的,对一国不利的条约就是坏的条约。条约签署与否与国家自我利益的考量、让渡以及差异突破情况等有关。与中国签署引渡条约的国家除西班牙和法国为发达国家外,主要是发展中国家。合作的运行机制既要能满足条约框架内国际合作的客观需要,又要能打破因缺乏条约而导致的停滞合作状态。因此,现实中无法回避国际警务合作的政治性特征。在开展刑事案件的跨国侦查合作时,政治化现象时而出现,甚至可能超越引渡、刑事司法协助等制度的力量而成为主宰合作的关键[1]。国际执法安全合作不是完全的非政治属性表达和纯粹的立法形式宣示,利益影响着一国对外交往的政策。国际政治依然表现出各国对利益分配的争夺,国际执法安全合作不可避免地面临政治权衡与妥协。因为这一处境的可变性、合作与否的不可预期性与执法行为的依据——法律所要求的公正性相互矛盾,所以国际执法安全合作受具有执行国家意志的政治性和维护法律尊严的合法性之双重属性的制约。

2. 利益运行体系

国际组织主要基于利益构建治理体系,尽管在一定程度上受到国际关系中权力分配的影响,但是其一旦建立且运行,往往具有独立性和自主性,而为其成员谋取利益是国际组织得以维系和发展的基础。[2] 国际执法安全合作中的利益体参与的最小单位是权力高度分散后的警察,其分散在彼此相互竞争又相互独立的、具有的不同犯罪形势的主权国家之中。这些分散的最小单位或若干单位的集合体在全球范围内(或地区,或双边、多边)形成有机的交换体系[3],这是国际执法安全合作产生的基础。并非所有成员国都做好了遵守规则的准备。当本国利益与他国利益发生冲突时,警察个体或若干警察集合体,首先会维护本国利益,即便是在地区组织、国际组织框架内的警务,也首先满足主权国家内部的强制机器的功能。例如,"二战"爆发后原本彼此合作的警察停止合作,并为各自国家利益而战。主权国家利益并非等同于世界利益。全球化使各国关系更密切,一方面使各国利益重叠,另一方面也使各国因利益再分配和利益分割产生激烈碰撞。共同利益是国家协调体系得以形成的原因,共有观念有助于利益的协调。[4]

即便没有组织约束,只要有共同利益存在,合作也会产生。"不信任"因素可能阻碍合作进程。它除来自国际政治斗争外,还来自对利益的分配和信息的不确定性的顾虑。国际执法安全合作既是各国警察在利益面前不断博弈和妥协的过程,又是治理犯罪的主体与犯罪世界的博弈与交锋的过程,其行动准则是以最小的代价换取最大的利益。历史上,顺利的遣返合作的背后总有妥协。

[1] 参见张宇燕、李增刚:《国际经济政治学》,上海人民出版社 2008 年版,第 181 页。

[2] Смотреть А. Ф. КЛИМЕНКО. Стартегия развития, Шанхайской организации сотрудничества: проблема, обороны и безопасности, ИДВ РАН, (2009).

[3] 参见张宇燕、李增刚:《国际经济政治学》,上海人民出版社 2008 年版,第 181 ~ 201 页。

[4] 参见曾向红:《恐怖主义的全球治理:机制及其评估》,载《中国社会科学》2017 年第 12 期。

余振东从美国遣返归案，成为中美跨国追捕与遣返合作史上的典范。此案能引起美国重视和积极配合，得益于“美国当时急切地要促成中美执法合作联合联络小组事宜”之需。

3. 关系运行体系

关系体包含治理犯罪的主体间的关系体，也包括治理主体与犯罪世界之间的关系体。治理犯罪的主体之间的关系体包括制度性合作模型的关系体和非制度性合作模型的关系体，见表 3。合作的逻辑起点在国际警务合作实践中没有统一的标准，此时双边、多边或组织框架下的条约可以解决部分问题。但当无条约时，中国与法制较完备的欧美国家合作，往往既不是切蛋糕的人，也不是先分到蛋糕的人。犯罪分子找寻着与中国未签署条约的国家，并将之作为潜逃目的国，这给遣返合作带来无尽的麻烦。

国际执法安全合作是一种特定类型的资源交换，它在让渡利益、消除各国差异的基础上不得不考虑他国法律、政策、政治因素，从而使双方利益不受损。[1] 在这一过程中，各方关心的已经不是“能获益否”，而是“谁获益更多”[2]。制衡关系体运行的要素包括：法律制度、国家利益、地区利益等。解决问题的普遍途径包括：a 暂时退让—b 调整法律—c 建立新的合作秩序。

一般而言，a 暂时退让—b 更改法律—c 建立新的合作秩序三者彼此之间的关系符合如下规律：规范性从 a 到 c 呈由低到高；脆弱性从 a 到 c 呈由弱到强；达成可能性从 a 到 c 呈由易到难。具体情形如下：依据国际法的普遍管辖原则，打击国际犯罪时，遇到 a、b 两种情况：a 暂时退让易达成，a 是低成本高效益，即 $X/Y=M$ 中，Y 为易变量，Y 降低，M 易增大。B 调整法律，$X/Y=M$，X（制度）为易变量，若把握好处置原则，会提高 M 效益。

依据被保护管辖原则，表 4 中的 C 类警务合作的资源更加紧缺。中国公民和企业在境外利益遭受突发性袭击时（大规模骚扰中资企业和公民被打、砸、抢），现有条约、互惠关系、警务外交原则缺乏跨境处突的行为准则。除驻在国可能存在的社会、政治、经济的风险外，自身所受的危险因素也在发生变化。可见，国际警务目标转型以及国际警务创新迫在眉睫。海外利益的安全保护是近些年的重大议题。把以人为本、执法为民的理念延伸至境外，则需要将保护海外利益与公民安全的事务纳入警务合作的目标范畴中。

---

〔1〕 参见［美］海伦·米尔纳：《利益、制度与信息》，曲博译，上海人民出版社 2010 年版，第 6 页。

〔2〕 参见张宇燕、李增刚：《国际经济政治学》，上海人民出版社 2008 年版，第 120 页。

表 4　我国针对犯罪行为特征而开展国际警务合作的种类

<table>
<tr><th>情形</th><th>依据犯罪行为特征开展相应警务合作的种类</th><th>处置原则</th><th colspan="2">情形与特征</th></tr>
<tr><td>A</td><td>联合国规定的国际犯罪</td><td>普遍管辖原则</td><td colspan="2">不受发生地限制,各国有普遍管辖权</td></tr>
<tr><td rowspan="6">B</td><td rowspan="6">跨国(境)犯罪:
1. 跨中国与邻国(境)的犯罪;
2. 跨中国与非相邻国家的犯罪</td><td rowspan="6">1. 国籍管辖原则与领土管辖原则;
2. 在条约基础上开展制度性警务合作;
3. 无条约情况下开展非制度性合作;
4. 警务会晤</td><td rowspan="2">犯罪结果发生地</td><td>犯罪嫌疑人的国籍国</td></tr>
<tr><td>犯罪嫌疑人的国籍国之外的国家</td></tr>
<tr><td rowspan="2">嫌疑人所在地</td><td>中国</td></tr>
<tr><td>他国</td></tr>
<tr><td rowspan="2">犯罪人国籍国</td><td>中国</td></tr>
<tr><td>他国(或无国籍)</td></tr>
<tr><td>C</td><td>中国企业和公民在境外安全受威胁的情况</td><td>1. 保护管辖原则;
2. 国际警务转型;
3. 国际警务创新</td><td colspan="2">1. 犯罪嫌疑人为中国籍人;
2. 犯罪嫌疑人为外国人;
3. 犯罪嫌疑人为无国籍人</td></tr>
<tr><td>D</td><td>中国公民在境外犯罪</td><td>1. 国籍管辖原则与领土管辖原则;
2. 警务会晤</td><td colspan="2">传统视野下的治理对象</td></tr>
<tr><td>E</td><td>维和警务</td><td>遵守联合国规定</td><td colspan="2">担当国际责任,提高国家形象</td></tr>
</table>

表4中A、B、C、D、E情形下所依据的国际法原则和警务机制。X/Y = M,X(制度)、Y(成本)都成为易变量,X的易变性,保护海外利益与公民安全的法律制度缺失,相应的警务外交和警务合作实践缺乏行动依据。Y的易变性体现在国家尚不得而知从何种途径着手来有效降低成本投入,M较难获得。以上为警务合作各种要素的博弈。

二、上合组织地区执法安全合作成效与作用

上合组织不仅在反恐领域发挥了重要作用,在禁毒、打击有组织犯罪等领域也发挥了重要的作用,其价值逐步得到国际社会的认可。组织成立时,成员国国家元首一致认为,它将有助于推动世界多极化和国际关系民主化。该组织

在世界上较大的地区之一建立了区域安全的多边机制[1]，是冷战结束以来第一个一体化的欧亚国际组织。自成立以来，上合组织已成为欧亚大陆地缘政治“变革”的重要组成部分，它具有浓重的欧亚身份，拥有一个自上而下的机制。它的成立令人确切地认识到，在现代条件下，多极全球治理的要素是在区域层面形成的。上合组织根据地缘政治形势，形成以地区国家为主体的应对非传统安全问题的一体化结构，并建立多种形式的多边磋商和协议机制，确保地区治理犯罪问题的协调机制顺畅运行。它努力建立一个民主、公平的国际关系架构，以多边合作方式为基础，平等考虑所有参与者治理跨国犯罪的能力、策略，在解决国际和地区安全的紧迫问题时已成为非军事集团组织建立确保国际安全体系的典范。在组织框架内，安全会议秘书会议（以下简称安秘会）和公安内长会议机制日臻成熟，逐步建立起国防部长会议机制、最高法院院长会议机制、总检察长会议机制等。这些机制已成为成员国探讨国际和地区安全形势、应对安全领域共同威胁和挑战、打击跨国犯罪的有效平台，推动开展卓有成效的双多边安全合作，为成员国深入安全合作提供了坚实的机制保障。

在上合组织的帮助下，通过签署条约，长期存在的边界争端得到解决，尤其是中国与中亚国家的边界非军事化，成员国领土争端紧张局势得到缓解。苏联遗留下来的环境问题，各共和国之间的种族分裂，为应对不稳定和地区冲突，各国在若干国际会议上表达的焦虑等，均在联合国的有关“中亚上述问题”的文件中普遍提及与关注。2014 年，吉尔吉斯斯坦和塔吉克斯坦之间长期存在的边界争端短暂爆发，边境警卫交火。该事件是由吉尔吉斯斯坦打算在边界争议地区修建一条道路引发的。之后局势升级，两国都派兵保卫边境[2]。三天后，比什凯克从杜尚别召回了大使，吉尔吉斯斯坦和塔吉克斯坦政府在媒体上相互指责。随着更多边境事件的发生，争端有可能发展为更广泛的冲突。2014 年塔吉克斯坦总统埃莫马利·拉赫蒙和吉尔吉斯斯坦总统阿尔马兹别克·阿坦巴耶夫在塔吉克斯坦杜尚别举行上合组织峰会上开展了双边会谈[3]，同意共同防止紧张局势升级。峰会在塔吉克斯坦举行的实际意义重大，因为这次是自 2008

---

[1] See Alimov R. K. Tadzhikistan i Kitaj, *Kursom Strategicheskogo Partnerstva*, Izdatel'stvo：Ves' mir, 2014, S. 384.

[2] See *Tensions Grow on Kyrgyz Tajik Border Following Recent Armed Conflict*, BBC Monitoring, 17 January 2014.

[3] See *Bishkek, Dushanbe Should Find Compromise to Solve Problems in Bilateral Relations – Kyrgyz Ambassador to Tajikistan*, AKIpress News Agency, 25 September 2014.

年以来拉赫蒙首次接待吉尔吉斯斯坦同行。上合组织内部发挥了缓和成员国之间边界冲突的作用。2015 年 7 月,上合组织峰会通过了《上海合作组织成员国边境问题合作与互动协定》[1]。在该文件中,上合组织成员国建立了简化边界问题合作的框架,包括与上合组织成员国部门负责人举行年度会议,以协调边界协议的实施[2]。这在很大程度上要归功于中国的努力。

上合组织在当代世界既有"提升国家间凝聚力"的积极意义,又扮演着某些地区的调节器、安全的稳定剂、某一过程的过渡角色;它既是积极因素的催化剂,又是消极因素的散热器,是一个制定维持地区治安秩序的战略和决策的组织,其经验和做法为地区经济活动提供安全秩序的保障。该组织以"开放的、非排他性的多边安全合作机制",把有相似安全利益诉求的成员国联结到一起,这种合作形式避免了主权、国家等概念和功能被弱化,保障了主权国家不被犯罪领域的认定所侵害。

上合组织是最早的专门以反恐为要务的执法安全合作载体,2004 年成立的常设机构——地区反恐机构是地区执法安全领域沟通的轴心,现已成为该组织的标签。根据《上海合作组织宪章》和元首理事会达成的共识,地区反恐机构负责人交接已制度化,机构负责人由各成员国公民轮流担任,每两年改选一次。常设机构的设置便利了各国警察跨国侦查、取证、缉拿逃犯及预防犯罪的警务活动,促进各国执法机关就警务情报、犯罪情报、案件合作、追捕犯罪嫌疑人等事务的密切合作。地区反恐机构作为履行上述责任的国际常设机构,保证了国际合作的顺利推进,促进主管部门间彼此建立深入的合作关系。各成员国的公安(内政或安全)部门之间由此突破了国内机构壁垒,以犯罪问题为导向而提高了部门交叉沟通的可能性,为综合性应对多种跨国犯罪发挥着不可或缺的作用,上合组织也因此具有了成熟的国际执法安全合作的机制。

恐怖活动、毒品走私、网络犯罪等新型犯罪,超越了传统战争所包含的范围。上合组织执法安全合作的价值在于它设定了上述一系列复杂而精细化的功能,在以反恐、禁毒、打击新型跨国网络犯罪等一系列行动为目标的各国主管部门间的合作中,涉及与劫持人质者谈判、查找网络证据和线索、封锁恐怖主义融资链条等,不仅依赖武装力量,还需要精细化作业,需要各国警务行动的配

---

[1] See Muhammad Munir, *Outcome of SCO Summit*, Pakistan Observer, 22 July 2015.

[2] See *Agreement on Cooperation and Interaction of the Member States of the Shanghai Cooperation Organization on Border Issues*, Ufa, 10 July 2015.

合、合作，为预防跨国犯罪而采取前置性措施和行动，实战部门需协调一致统一抓捕，精准侦查窝藏于民众中的策划、预谋的犯罪活动，以期有效应对边境有界而网络无界的时代趋势。执法合作突破了过去双边、多边警务合作模式下的限定，于有限地缘范围的重复性单向联系，实现了多行为主体共享警务资源的合作机制。

各国反恐体系、禁毒体系有所区别，主管机关在本国机构体系中所处位置和拥有权限各不相同，开展国际合作的渠道有不畅之处。地区组织的意义在于它规避了因各国机构设置的不同、管辖权的不对应性、法律制度的差异而导致的协作障碍，节省了不必要的重复投入，为求同存异、趋利避害、资源共享、共克犯罪提供了可能性。各国主管机关就每一意向进行对口部门之间交叉的反复沟通、互换文件、书面讨论和磋商，警察间对彼此法制的认知程度得到系统性增进，优化国与国之间的双边和多边交流、文件往来、对口协商、信息传递等冗繁的过程，以往烦琐而重复的程序逐步形成清晰、简化的路径，各成员国主管部门共同依照框架下的法律、议题、目标、方式等执行任务。在完善应急机制条例、打击网络恐怖主义犯罪、加强边防合作和联合执法、巩固禁毒合作机制、完善大型国际活动安保机制等方面达成多项共识。国际组织得到发展和进步。

上合组织积极应对地区毒恐结合、网络恐怖主义、毒品、贩卖人口等非传统安全问题，维护治安秩序的成果显著。上合组织协助遏制了成员国领土上发生的数百起恐怖袭击；数十个恐怖主义团体的领导人已被本组织成员国特殊部门拘留或惩处[1]。各成员国警务部门或安全部门在地区反恐机构框架内，就预防、打击国际恐怖主义、遏制恐怖主义融资活动、防止大规模杀伤性武器的扩散等问题进行密切合作；在打击跨国有组织犯罪、毒品犯罪、贩卖人口、网络犯罪和维护大型活动秩序方面进行了双边和多边合作；通过召开关于反恐的官方会议或学术会议、发布涉及反恐问题的宣言和政策文件、定期举行反恐演习活动，加强成员国在反恐问题上的协调和合作，对成员国境内及周边地区的恐怖主义进行有效打击。[2] 中亚地区恐怖主义的发展形势变得可控。

有效的国际合作提供了资源互补与平衡的条件，尤其在反恐、禁毒等经

---

〔1〕 Смотреть Искандаров Акбаршо, Безопасность и нитеграция в центральной Азии: Роль ОДКБ И ШОС, ЖУРНАЛ, Центральная Азия и Кавказ, (2013).

〔2〕 See Stephen Aris, *The Shanghai Cooperation Organization: Tackling the Three Evils Aregional Response to Non – Traditional Regional Response to Non – Traditional Security Challenges or an Anti – Western Bloc?*, Europe – Asia Studies, Vol. 51:3, p. 457 – 482(2009).

验落地、方案制定、科技措施等方面有效地平衡资源，强化了互补性，为稳定地区安全发挥作用，得到了成员国认可，利用上合组织治理跨国犯罪的意愿上升。

中亚国家都意识到反恐、禁毒是本地区发展经济的唯一出路，认为组织的合作关乎反恐、禁毒之成败。中亚国家的领导人和一些专家、学者在各种公开的国际场合多次发声，认可和肯定上合组织的作用，并对其抱有期待，表示愿意加强在该组织框架内的合作，呼吁在打击跨国犯罪上能获得国际社会的广泛而务实的支持，并积极为此提出建议。2022 年，吉尔吉斯斯坦政治学家托克托古尔·卡克切克耶夫认为，其国家与上合组织伙伴发展双边和多边合作，获得更多收益，这是经过验证的长期政策，而不是民族或地区的政策。上合组织在反恐、禁毒两大领域成果显著。在反恐领域的主要成果包括如下几个方面。

(1)上合组织成员国为打击恐怖主义、分裂主义、极端主义在国家间协调方面形成了共同政策和相对统一的机制，确保上合组织成员国发挥反恐潜力。确保对恐怖主义、分裂主义和极端主义的惩罚不可避免，改善在打击恐怖主义、分裂主义和极端主义方面进行合作的法律基础。

(2)制定和执行打击恐怖主义、分裂主义和极端主义的洲际措施体系；制定旨在加强边境和海关管制的法律，采取其他措施以防止恐怖分子、分离主义分子和极端分子渗透到上合组织成员国的领土内，反对任何形式的资助恐怖主义、分裂主义和极端主义的行为，并防止恐怖主义的跨国融资活动。

(3)为打击恐怖主义、分裂主义和极端主义的斗争提供科学、技术、信息的分析支持。

(4)防止恐怖分子、分裂主义和极端分子获得大规模杀伤性武器，放射性物质、有毒物质和其他危险物质及其运载工具，遏制其获得生产材料和技术。保护关于国家重要命脉的关键性基础设施和所有类型的运输工具免遭恐怖袭击；防范威胁本地和全球计算机网络的恐怖主义行为。

(5)上合组织协调参与国际组织和国际论坛打击恐怖主义、分裂主义和极端主义，为团结国际社会而努力，以形成统一的打击恐怖主义、分裂主义和极端主义的全球战略；在打击恐怖主义方面向第三国提供援助；交流与传播联合打击恐怖主义、分裂主义和极端主义的经验；为上合组织成员国主管当局开展人员培训、再培训和进阶培训；增进与民间社会和媒体的互动，加强打击恐怖主义、分裂主义和极端主义的宣传,培养公众反恐的意识和斗争的觉悟。

(6)形成多元化的反恐合作形式,主要包括:采取协调的预防措施;采取协调一致的行动搜索措施和调查行动;开展联合反恐活动;交流业务搜索,建立专门的数据库和通信系统(包括封闭系统)的信息;提供法律援助;组织和进行联合反恐演习;进行人员的培训;开展反恐斗争的经验和方法的文献互换和交流;探讨在这一领域的联合科学研究。

2016年上合组织秘书长阿利莫夫在人民大学演讲中提到,2010—2015年五年中上合组织成员国内相关部门预先遏制了28次恐怖事件的预谋活动,成功地阻止了65次恐怖主义和分裂主义事件、400多次恐怖分子的培训活动,逮捕了3000多名恐怖主义活动的参与者,同时制止了多起跨境武器贩运活动等。各成员国在上合组织框架内的安全合作已经达到前所未有的水平,尤其在预防恐怖活动发生、跨国追捕、遣返逃犯方面取得了较大成效。2013年至2017年的数据显示,上合组织成员国有关机构共制止600多起具有恐怖主义性质的犯罪活动,摧毁武装分子500多个培训基地,抓获2000多名国际恐怖组织成员,缴获1000多件自制爆炸装置、50多吨爆炸物、1万多支枪支及100多万发子弹。[1] 其中,2015年成员国制止了167起具有恐怖主义和极端主义特征的犯罪活动,被判处刑事责任的达200多人,消灭了150个恐怖分子,缴获了上千份资料、200个飞机爆炸装置和1500个武器。情报信息交流机制的改善,促进了侦查活动的具体实施。

最近几年,中亚地区大的暴恐事件和刑事案件较少。根据全球恐怖主义指数[2]对163个国家进行考察,其中上合组织的主要成员国从2013年到2021年每个年度的全球恐怖主义指数都呈现了降低态势(详见图3至图11),另外,图12显示,上合组织成员国从2013到2021年的全球恐怖主义指数整体呈逐年降低趋势。

---

〔1〕 参见丁晓星:《上合组织在维护地区安全方面的作用》,载《现代世界警察》2021年第7期。

〔2〕 全球恐怖主义指数是由四个指标,即事故、死亡人数、伤害和财产损失组成的综合指标。为了衡量恐怖主义的影响,采用了五年加权平均值。其中恐怖主义指数的总分是10分,参加排名的国家共计163个。

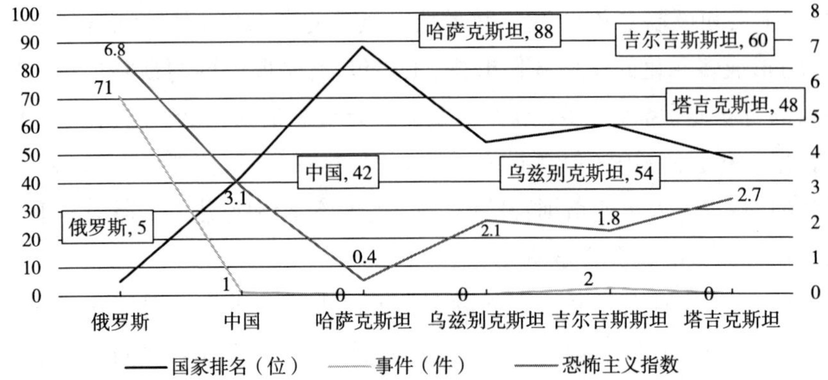

图 3　2021 年上合组织主要国家全球恐怖主义指数

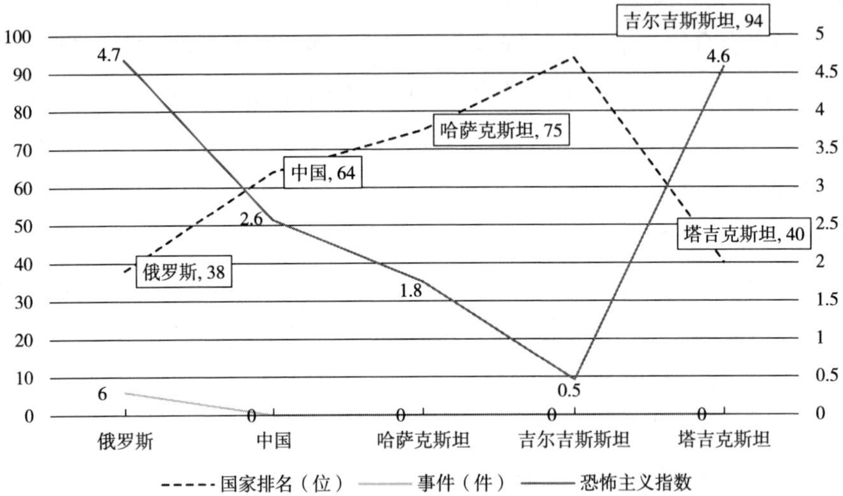

图 4　2020 年上合组织主要国家全球恐怖主义指数

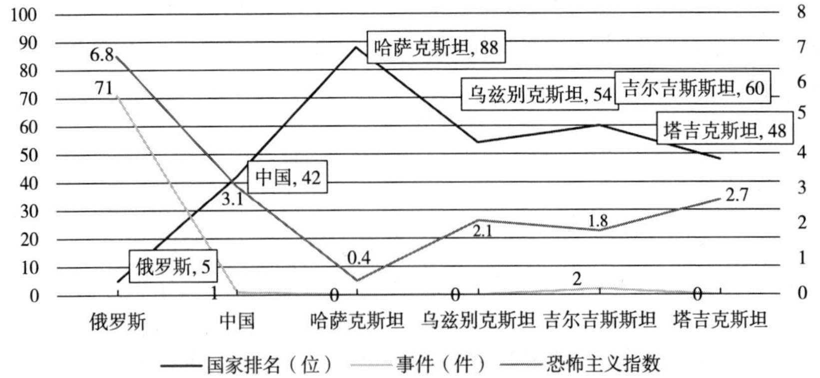

图 5　2019 年上合组织主要国家全球恐怖主义指数

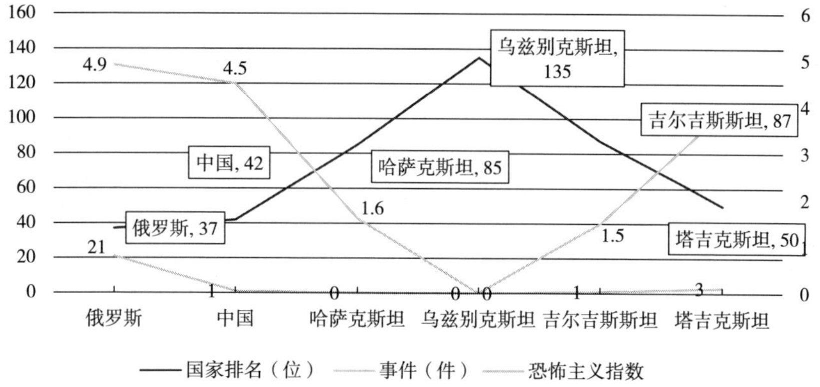

图 6　2018 年上合组织主要国家全球恐怖主义指数

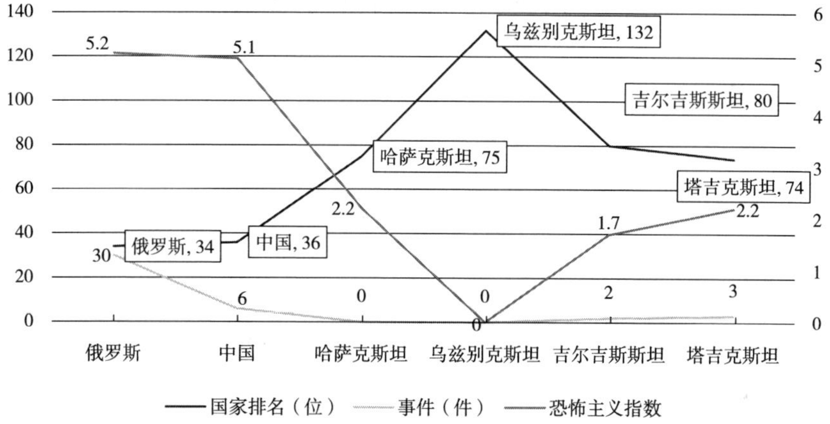

图 7　2017 年上合组织主要国家全球恐怖主义指数

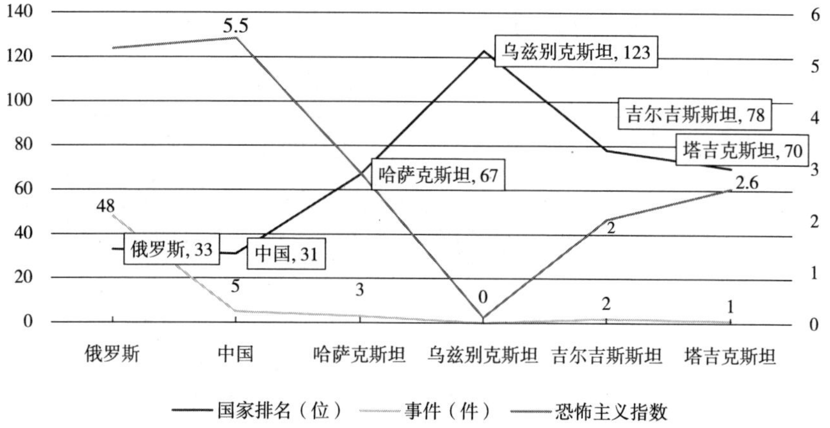

图 8　2016 年上合组织主要国家全球恐怖主义指数

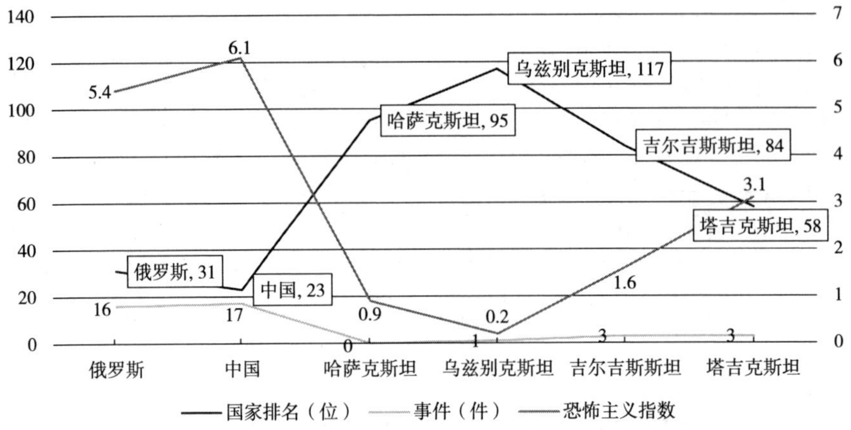

图 9　2015 年上合组织主要国家全球恐怖主义指数

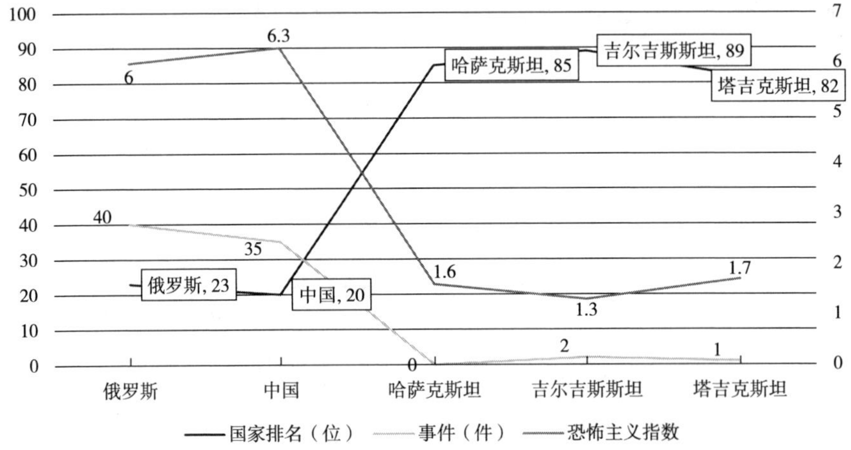

图 10　2014 年上合组织主要国家全球恐怖主义指数

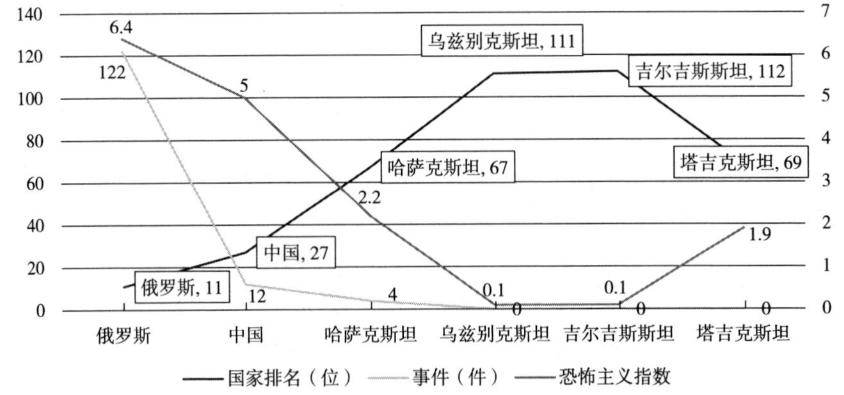

图 11　2013 年上合组织主要国家全球恐怖主义指数

图 3 至图 11 显示单个国家情况，而图 12、13、14、15 是 2013—2021 年间各成员国的全球恐怖主义指数总体情况。从中可见，中亚国家的恐怖主义指数不均等，差异比较大，各国的恐怖主义发展情况虽然受到一定程度的遏制（见图 13、14），总体呈现稳中有降的良好态势，但偶尔会形势突变，政治格局的动荡性依旧存在（见图 15）。这说明反恐道路仍然漫长。其中，哈萨克斯坦、吉尔吉斯斯坦的恐怖主义指数显示，其恐怖主义活动呈降低的态势，哈萨克斯坦稳中有降，从 2013 年开始到 2019 年逐步降低了恐怖主义威胁，全球恐怖主义指数分别为 2.239（2013 年）、1.586（2014 年）、0.929（2015 年）、2.937（2016 年）、2.228（2017 年）、1.566（2018 年）、0.382（2019 年）。

图 12　2013—2021 年上合组织主要国家全球恐怖主义指数

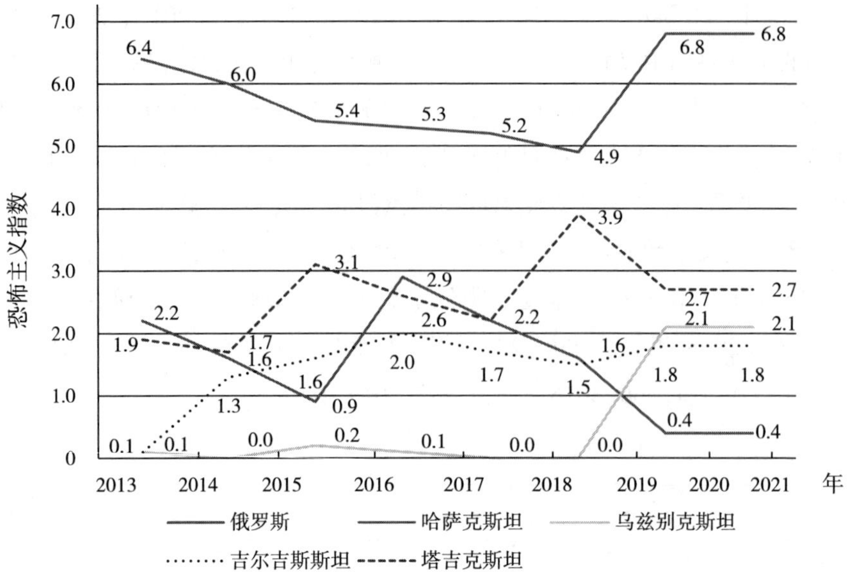

图 13　2013—2021 年俄罗斯、中亚各国恐怖主义指数发展曲线

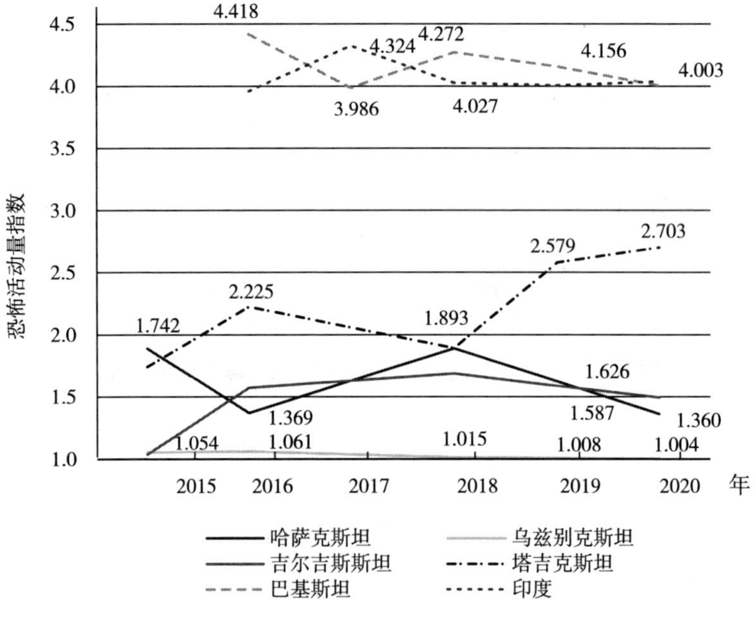

图 14　2015—2020 年中亚和南亚部分国家恐怖活动量指数变化

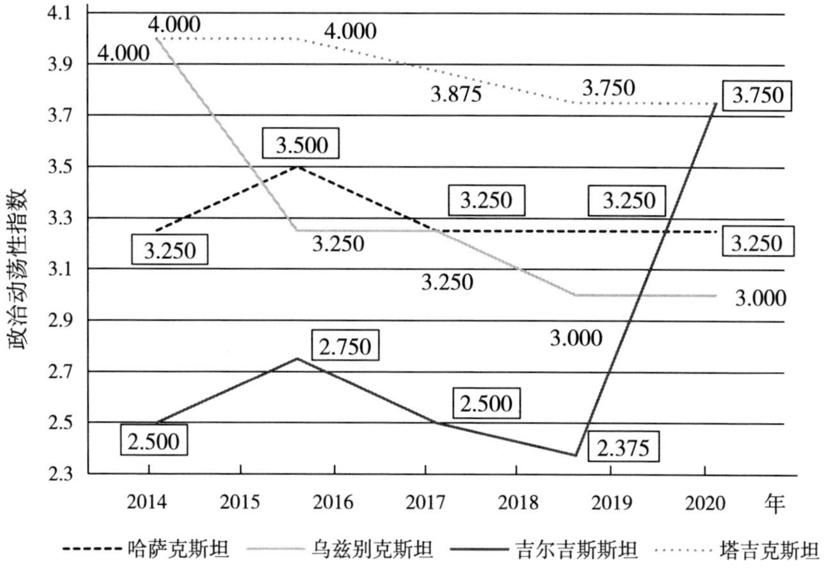

图 15　2014—2020 年各国政治动荡性指数变化

吉尔吉斯斯坦的恐怖主义指数的排名从 2013 年的 112 位变至 2019 年的 60 位。2013 年至 2019 年 7 年间，吉尔吉斯斯坦在全球恐怖主义指数的排位分别为 112 位，89 位，84 位，78 位，80 位，87 位，60 位。其他各国的恐怖主义指数也纷纷呈现逐年下降的趋势。由此可见，上合组织地区国家的恐怖主义袭击的风险呈现降低的态势。

乌兹别克斯坦的总体形势好于其他国家，从 2015 年至 2018 年恐怖主义指数持续下降，全球恐怖主义指数分别为0. 153（2015 年）、0. 076（2016 年）、0. 038（2017 年）、0. 019（2018 年），显示出逐步趋好态势。不过，2019 年乌兹别克斯坦出现突然增长的情况，指数达到 2. 087。

从另一个视角全球和平指数[1]看，也能反映出该地区秩序和安全逐年趋于稳定态势。图 15、16、17、18 分别显示出哈萨克斯坦、乌兹别克斯坦、吉尔吉斯斯坦和塔吉克斯坦中亚四国的全球和平指数。图 20、21 可以看到巴基斯坦和印度的全球和平指数。其中可以看到，各国从 2014 年到 2020 年间的恐怖活动指数均呈现逐年降低趋势，而政治局势的动荡性和不安定性也在逐年降低。

---

〔1〕 全球和平指数是一套用作测量指定国家或地区的和平程度的指标，是澳大利亚企业家、慈善家史蒂夫·基利亚（Steve Killelea）的创意发明。指数引用联合国以及国际组织的资料，包括国家军费、国家因组织性冲突死亡人数。该指数是衡量国家和平程度的综合指数，由 23 个定量和定性指标组成，每个指标的权重为 1—5，分数越低，国家越和平。参加排名的国家共计 163 个。

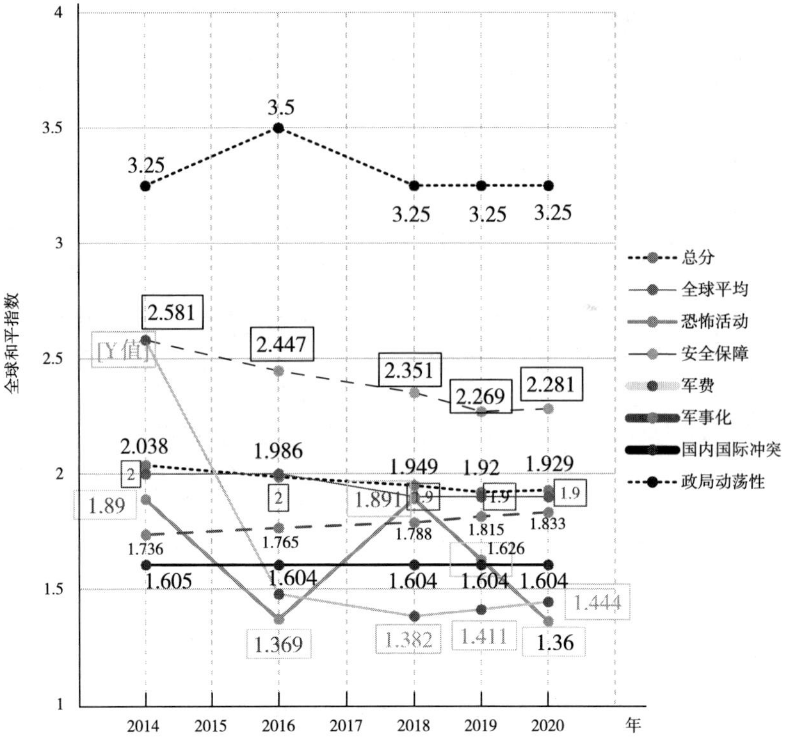

图 16　2014—2020 年哈萨克斯坦全球和平指数

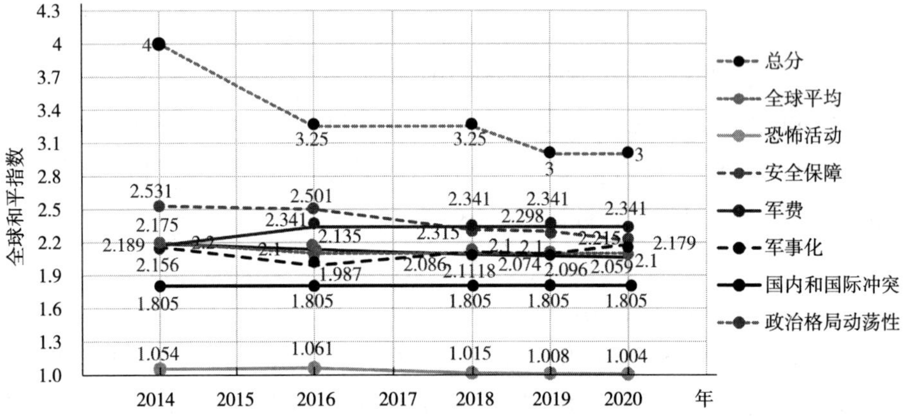

图 17　2014—2020 年乌兹别克斯坦全球和平指数

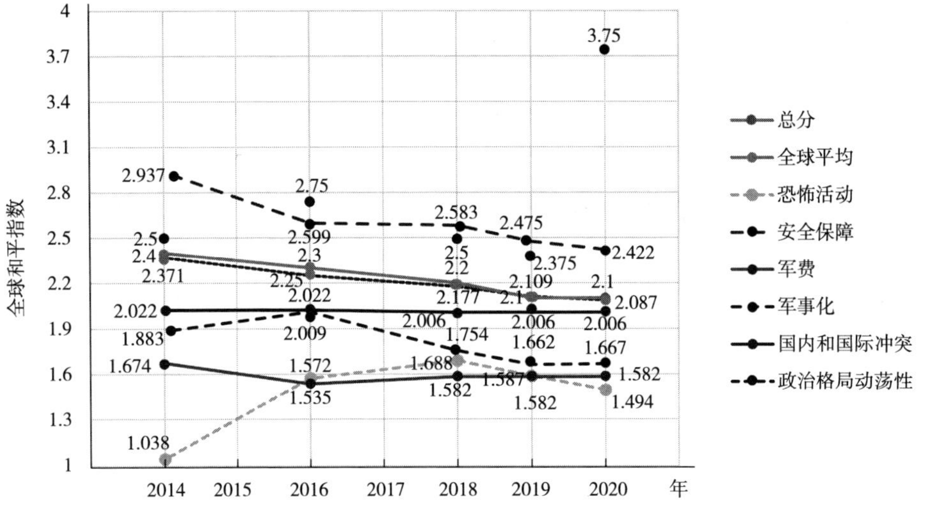

图 18　2014—2020 年吉尔吉斯斯坦全球和平指数

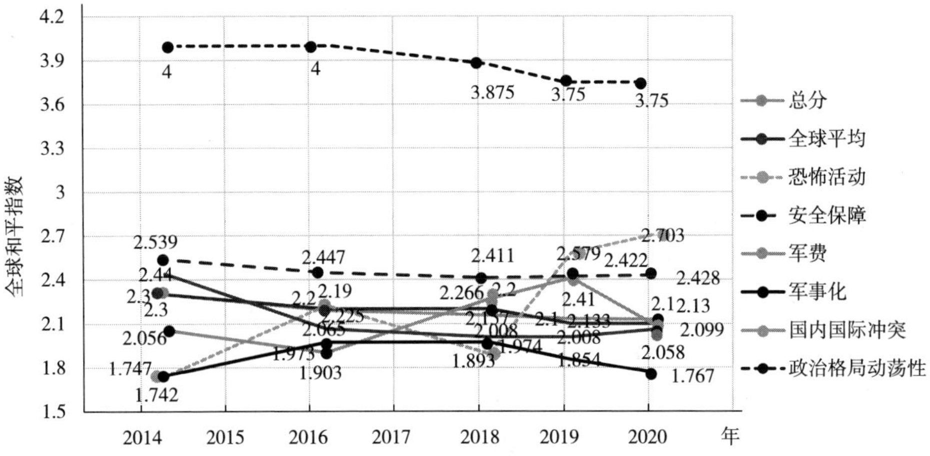

图 19　2014—2020 年塔吉克斯坦全球和平指数

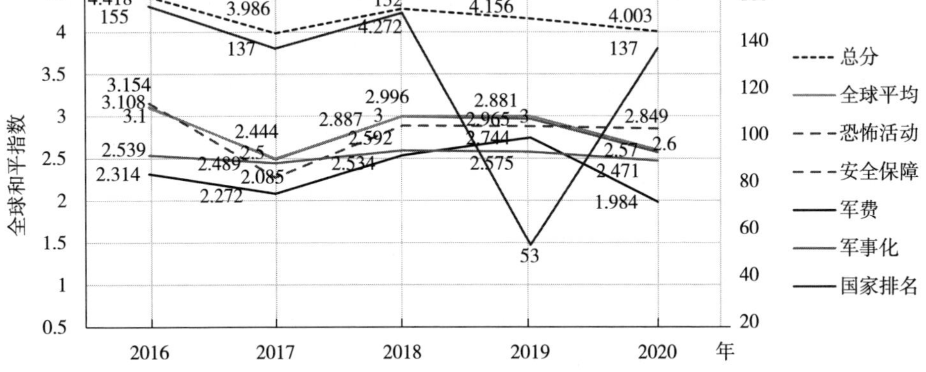

图 20　2016—2020 年巴基斯坦全球和平指数

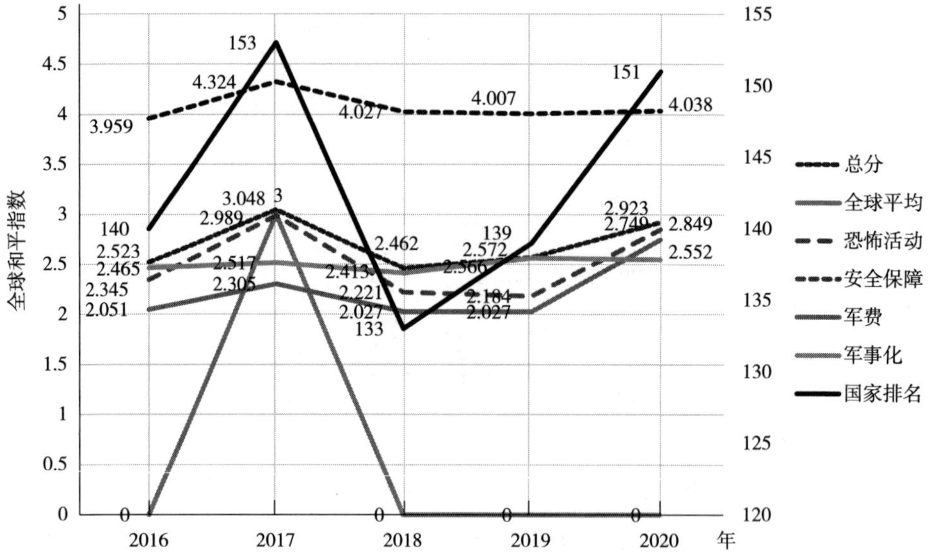

图 21　2016—2020 年印度全球和平指数

在禁毒合作领域,上合组织也取得了一定的成绩。禁毒合作与反恐进程不可分割,两者都是执法安全合作的重要组成部分。打击非法麻醉品贸易是该组织合作的优先方向之一。上合组织成立初期乃至 21 世纪初的第一个十年,并未对禁毒合作产生足够的重视,合作仅仅停留在讨论中,当时仅签署了个别文件,如《上海合作组织成员国和阿富汗伊斯兰共和国打击恐怖主义、毒品走私和有组织犯罪行动计划》和《上海合作组织成员国和阿富汗伊斯兰共和国关于打击恐怖主义、毒品走私和有组织犯罪的声明》(以下简称上合与阿富汗声明)[1]。中亚国家对上合组织开展国际禁毒的呼声和期望从始至终都非常高。2004 年地区反恐机构建立以来,该组织对跨国毒品走私问题产生关注。因为反恐机构的五个成员国的主管机关都是本国安全部门,安全部门在其本国也是禁毒业务主管部门。2004 年 6 月 17 日,在塔吉克斯坦倡议下,成员国在上合组织框架内签署了关于打击非法贩运麻醉药品、精神药物及其前体的协定。天山山脉阻隔了大部分金新月毒品进入中国,然而大量毒品通过中亚输出且毒害中亚社会,令这里的地缘安全环境更加复杂。2006 年上合组织宣布计划打击国际毒品走私活动,合作逐步进入务实阶段,在法律基础建设方面取得了较好进展,签订了大量禁毒合作的法律文件,禁毒合作的法律基础得到深化。这彰显了上合

〔1〕 该声明表明,上合组织同包括联合国、集体安全条约组织、欧盟、独联体、欧安组织、北约和“亚信”论坛在内的各有关专家、国际和地区组织就打击恐怖主义、毒品走私和有组织犯罪问题开展合作。

组织充分考量地区共同安全的价值观。2009 年 10 月，上合组织地区反恐机构理事会制定了与观察员国主管机关合作意向书草案，加强了与联合国毒品和犯罪问题办公室、中亚地区禁毒信息协调中心等机构的以法律基础构建的合作。这些做法有利于消除反恐合作单一性造成的不平衡。在 21 世纪 20 年代，上合组织在地区和全球层面的作用和影响力显著提升。上合组织制定了坚实的禁毒合作法律基础，建立了上合组织禁毒三级协作机制，以开展联合行动，与其他国际和地区组织合作，每隔四年制定并落实禁毒战略。2011 年 6 月成员国元首在阿斯塔纳峰会上批准了《2011—2016 年上合组织成员国禁毒战略》及《落实行动计划》，旨在提高共同打击上合组织空间毒品威胁的有效性，明确了成员国在应对阿富汗毒品威胁、禁毒预防教育、解毒康复、国际合作等领域的相关措施及落实机制，为成员国禁毒合作指明了方向。这些文件对金新月地区毒品犯罪的打击相当重要。2011 年至 2016 年上半年，上合组织成员国共缴获 69 吨海洛因、17 吨鸦片，约 350 吨大麻和 28 吨大麻膏。这一时期，上合组织成员国仅海洛因缴获量便占全球毒品缴获总量的 14%。[1]

在全球毒品形势恶化背景下，协调应对非法贩运毒品问题，维护现行国际禁毒体制、联合国三大禁毒公约是非常必要的。2018 年 5 月，上合组织成员国禁毒部门高官会议讨论了联合打击麻醉品非法贩运和毒品预防领域的文件草案，赞同《上海合作组织预防麻醉药品和精神药品滥用构想（草案）》。[2] 2018 年 6 月，青岛举行的上合组织成员国元首理事会第十八次会议批准了《2018—2023 年上合组织成员国禁毒战略》[3]。2019 年 4 月 25 日，在乔尔蓬阿塔举行的上合组织成员国禁毒部门领导人第九次会议围绕上合组织禁毒合作机制化进程、地区反毒形势、成员国反毒政策及经验等议题展开讨论，批准《〈2018—2023 年上合组织成员国禁毒战略〉2019—2020 年落实措施计划》。[4] 这些文件显示了上合组织坚持禁毒的决心。2020 年 3 月 2 日，在维也纳举行麻醉药品

〔1〕 参见《上合组织成员国"让世界没有毒品"国际禁毒行动在阿斯塔纳启动——五千民众齐聚"哈萨克斯坦"冰上运动馆共同见证》，载上海合作组织网，http://chn.sectsco.org/news/20170419/256406.html。

〔2〕 参见李进峰主编：《上海合作组织黄皮书：上海合作组织发展报告（2019）》，社会科学文献出版社 2019 年版，第 299～311 页。

〔3〕 参见曹旭：《浅议上海合作组织框架下禁毒合作现状与发展对策》，载《山西警察学院学报》2018 年第 4 期。

〔4〕 参见李进峰主编：《上海合作组织黄皮书：上海合作组织发展报告（2020）》，社会科学文献出版社 2020 年版，第 248～259 页。

委员会第63届会议中，上合组织秘书长弗拉基米尔·诺罗夫会见了哈萨克斯坦内务部缉毒司司长、警察少将特列根·马特肯诺夫。双方就本地区形势、实施《2017—2022年上合组织成员国禁毒战略》及其《落实行动计划》、深化主管部门在打击毒品及其前体非法贩运领域的合作等问题深入交换了意见。[1] 完善禁毒合作体系的提案，交流信息和方法，举行禁毒会议、研讨会、圆桌会和培训活动，上合组织禁毒合作成果得到联合国的高度评价。[2] 联合国是上合组织在打击毒品威胁方面的关键伙伴。上合组织认识到联合国的作用极其重要，要与联合国积极合作，打击暗网之上的毒品贩运联合活动[3]。

此外，上合组织成员国在2019年7月8日—12日依据《2018—2023年上合组织成员国禁毒战略》在境内开展了"蛛网"国际禁毒行动。[4] 参与该行动的国家和部门不仅包括该组织成员国及观察员国阿富汗，还包括集体安全条约组织、联合国毒品和犯罪问题办公室、中亚区域信息和协调中心等国际组织。该行动涉及的职能部门和人员众多，包括禁毒主管部门、内政（公共安全）机构、国家安全机构、海关和边防局的代表。这体现了上合组织在治理非传统安全问题领域的广泛调动能力和高效协调的可能性。该行动为共同打击毒品威胁和制定有效措施提供了良好的平台，有助于加强上合组织地区及周边地区的国际安全与稳定。[5]

"蛛网"行动早在2017年起开始酝酿，上合组织成员国"让世界没有毒品"国际禁毒行动启动仪式在阿斯塔纳"哈萨克斯坦冰上运动馆"举行，5000名民众参加了启动仪式。时任上合组织秘书长阿利莫夫和哈萨克斯坦内务部打击毒品贸易与监控毒品流通局局长库谢托夫出席，他们表示，上合组织国际禁毒行动在包括阿斯塔纳在内的哈萨克斯坦所有地区开展。活动旨在团结六国民众，打击吸毒和贩毒行为。此次行动组织了一系列针对中学生和大专院校学生

---

〔1〕 参见《上合组织秘书长会见哈萨克斯坦内务部缉毒司司长》，载上海合作组织网，http://chn.sectsco.org/news/20200302/637818.html。

〔2〕 参见《"让世界没有毒品"——上合组织成员国国际禁毒行动首次成果吹风会在阿斯塔纳举行》，载上海合作组织网，http://chn.sectsco.org/news/20170419/256187.html。

〔3〕 参见《上合组织秘书长会见哈萨克斯坦内务部缉毒司司长》，载上海合作组织官网，http://chn.sectsco.org/news/20200302/637818.html。

〔4〕 参见李进峰主编：《上海合作组织黄皮书：上海合作组织发展报告（2020）》，社会科学文献出版社2020年版，第248~259页。

〔5〕 参见《上合组织地区禁毒斗争迈上新台阶：举行"蛛网"国际禁毒行动》，载上海合作组织网，http://chn.sectsco.org/news/20190712/565534.html。

的活动，包括针对高年级中学生的互动课程，向他们介绍毒品的危害和使用毒品的法律后果。哈萨克斯坦优秀运动员、电影和娱乐明星出席活动，呼吁上合组织国家的年轻人保持健康的生活方式，共同建设繁荣社会。活动选在上合组织相关成员国境内进行，旨在防止毒品非法扩散和滥用，减少毒品非法贸易对民众健康、社会稳定和国家安全造成的影响，协助各国国家主管机关、民间社会机构和新闻媒体开展预防工作。

哈萨克斯坦内务部副部长拉希德·扎库波夫认为，每个染毒家庭都经历着死亡与不幸，希望国际禁毒行动能凝聚力量，消除毒品威胁。毒品贸易为国际社会带来全球性的挑战。在一些国家，毒品已成为全国性灾难。从中学、大学到企业单位都要与执法部门开展协作。阿利莫夫表示，执法部门有责任与毒品侵蚀与毒品威胁做坚决斗争。

《上海合作组织成员国元首比什凯克宣言》指出，2019 年 7 月 8 日至 12 日在上合组织框架内举行“蛛网”禁毒行动的倡议十分重要。[1] 参与者开展了切断精神活性物质、合成毒品和其他毒品供应和分销渠道（包括互联网和电子支付系统等）的行动。[2] “蛛网”行动的主要目标是切实切断上合组织成员国境内合成毒品和新精神活性物质的供应和分销渠道，采取措施防止贩毒活动中使用互联网资源和虚拟支付系统，提高主管机关打击毒品贩运联合行动的成效。上合组织禁毒行动国际协调总部（以下简称国际协调总部）设在阿拉木图的中亚打击非法贩运麻醉药品、精神药物及其前体信息协调中心（以下简称中亚区域信息和协调中心）。国际协调总部成员包括上合组织成员国高级执法人员和上合组织秘书处代表，负责每天协调、统计和组织上合组织地区的禁毒活动。成员国、观察员国阿富汗的禁毒主管部门、内政（公共安全）机构、国家安全机构、海关和边防局代表，以及集体安全条约组织、毒品和犯罪问题办公室、中亚区域信息和协调中心等国际组织的代表也参与了此活动。该行动在上合组织境内共查获毒品 6422 公斤，各国执法机关共缴获贩毒犯罪所得超过 68834 美元，查明了 1359 起与贩毒有关的犯罪案件，其中包括 108 起团伙犯罪、85 起毒

---

〔1〕 参见《上合组织地区禁毒斗争迈上新台阶：举行“蛛网”国际禁毒行动》，载上海合作组织网，http://chn.sectsco.org/news/20190712/565534.html。

〔2〕 参见《上合组织秘书长会见哈萨克斯坦内务部缉毒司司长》，载上海合作组织网，http://chn.sectsco.org/news/20200302/637818.html。

品走私犯罪,还有9起案件是通过邮件查明的情况,抓获涉毒人员3241人。[1]

除反恐、禁毒合作成果外,上合组织为治理贩卖人口犯罪,防止其成为恐怖主义融资渠道方面也取得成效。目前,在输入被贩卖人口的发展中国家普遍存在法律定义漏洞、案件起诉率低、专门的警察组织规模小、警察组织领导者对人口贩运严重度的认知不足、警察组织无正式防制人口贩运行为、警察不愿采取预警式策略及警察机关未对人口贩运采取特别侦查手段等共同问题。成员国继续完善打击贩卖人口的立法,一些国家已把贩卖人口的活动直接定为犯罪行为。

2016年5月,乌兹别克斯坦特种部队惩处了向土耳其贩卖女性的犯罪团伙,并与马来西亚武装警察合作,解救了17名被贩卖的乌兹别克斯坦女性公民[2]。现实中也出现过少量罗马尼亚、津巴布韦、吉尔吉斯斯坦等国家的妇女被贩运到中国强迫卖淫和强迫劳动的案例[3]。

三、执法安全合作的合法性和程序性

国家间的执法安全合作的法律依据体系包括国内法规范与国际法规范,其中国内法一般包括根本法、基本法、专门法司法解释以及行政规范,国际法规包括国际公约和双边条约。国家的形成和发展,作为一种现代而独特的人类交往方式,经历了复杂的演化发展路径。从被边界封闭的欧洲宗主城堡到现代申根空间,从特殊的亚洲发展道路、欧亚游牧国家形式到欧亚经济联盟、亚太经合组织等现代国际法律空间,国内关系的全球化伴随国家和法律体系的统一化和普遍化。双边协定多发展为多边关系,地区安全合作正在经历一个现代化和变革的过程。国家孤立发展是不可能的,特别是西方国家走资本主义发展道路,迫切需要新的领土和新的销售市场。在这方面,制裁和反制裁的实施对国家极为不利,会因此减缓经济增长。

随着全球化进程加快,现代国家正面临种种问题,且不可能在自己的边界和体系内孤立解决。通过加入各种联盟,国家失去了部分主权,同时变得相互依赖。现在已经很难想象中断全球化进程的后果。一些国家的发展经验告诉

---

[1] 参见《上合组织地区禁毒斗争迈上新台阶:举行“蛛网”国际禁毒行动》,载上海合作组织网,http://chn.sectsco.org/news/20190712/565534.html。

[2] Зайнаб Дост, Проблемы и вызовы в борьбе сторговлей людьми в Центральной Азии, Диалог Иивилизация v.18.1.2017.

[3] 参见魏怡然:《打击跨国人口贩运的国际法律制度研究》,法律出版社2019年版,第194页。

我们，这条路会导致崩溃。在这种背景下，第一个"国家—法律现象"作为其全球化和一体化的结果而出现，如各种洲际协会、普遍联合项目、国际组织等。国家间关系的研究在今天扮演着特别重要的角色。在这一领域，出现了经济、文化、执法等各种组织。这完全适用于"国家间法律机制"的概念。现代世界中国家的多边活动需要法律监管，国际法对国家法律体系的影响越来越大，应该看到法治在构建世界新秩序中的重要性。

合法性和程序性从组织成立之日起就被视为组织发展的标准和原则。国际组织基本组成单位是国家，合作运行的程序性和合法性得到极大的体现。国家和法律是人的产物，国际条约和协定的规范必须在国家立法中执行，但此过程可能因多种原因而受到阻碍。首先是政治意愿。为了国家的发展，及时通过重要文件是必要的，它构建了新的法律框架，加强了国家间在执法合作领域的联系。这无疑是一种人力资源的重组。上合组织建立了以稳固的执法安全合作为合作主旨的法律框架以及有效的互动机制，为上合组织的执法安全合作的合法性和程序性奠定了基础。

《上海合作组织成立宣言》签署三年后，上合组织形成了一个垂直组织结构，它包括国家元首、政府、外交政策服务委员会、部门部委和部门负责人、国家协调员的定期会议以及专家和工作组会议。上合组织最高决策机构是国家元首理事会。它每年开会一次，就组织的所有重要问题作出决定和指示。理事会会议的主席由国家元首及下一次会议的组织者执行。2003 年 5 月 29 日，在莫斯科举行的上合组织成员国元首会议批准了规范上合组织法定机构活动的文件，签署了上合组织预算编制和执行程序协议。该组织作为一个涉及多元的国际组织，逐步发展建立了约 30 个实际的合作机制，其中包含一系列的地区执法安全合作机制。

(一)执法安全合作机制及法律体系的构建

治安秩序治理现代化作为国家治理体系和治理能力现代化的一个重要组成部分，它表现为在协议制定的基础上兼顾各方利益，开展双边及多边合作，注重地区发展的合作共赢，发挥区域整治合作的优势，推动情报分析、信息共享的法律基础构建。法律协约是法律约定的泛指，是国际合作的基础和依据。法律协约是国际法的范畴。国际法现实主义认为，国际法主要是大国意志的体现，是国际力量对比的结果，大国有能力将自己的立场、观点摆到国际法中，并有能力将法制朝着利于自己的方向进行解释。在经济实力达到一定层次的基础上，需要通过国际法提出主张,塑造和建立规则。自古以来,法的构建是随着实践的碰撞而不断更新和完善的。国际法与国内法的关系包含一元论和二元论。一元论主张国际法和国内法同属于一个法律体系,但两者之间存在谁优先的问题,进而有国际法优先说和国内法优先说两种学说。二元论主张国际法和国内法的“平行说”或“对立说”,即国际法和国内法是平等或对立的两个不同的法律体系,各具特点,各有适用范围,国际法不能适用于国内,若要使国际法在国内适用,必须通过某种国家行为将其“转化”为国内法。从国内法与国际法的关系看,前者有原则规定,要求国内法作出具体规定;国家不能用国内法的规定来改变国际法的现有原则、规则和规章制度;然而,为实施国内法,有时须在国内法上对国际法原则、规则、规章和制度加以规定。后者,国际法被认为是国内法一部分,因而在国内具有法律效力,但不能干预国家按照主权原则所制定的国内法。当国际法与国内法发生冲突时,有的国家认为国际法是本国法一部分,或在宪法上作出规定,或认为国际法高于国内法。有些国家规定,条约和国内法具有同等效力,也有国家宪法或法律明文规定条约的效力高于国内法。因条约较为复杂,有些条约在国内具有执行效力,有些则需通过国内法才有效力。

对于国际法在国内的适用和地位,我国《宪法》无明确规定。从一些涉及条约适用的国内立法看,包括条约的直接适用、条约与相关国内法并行适用、条约须经国内立法转化才能适用几种情况。部分法律对条约事项未作出任何规定,对国际法在国内适用的问题上,我国倾向于采取“转化”形式,即为执行国际条约的规定,另行制定国内法;或参照国际条约制定、修改国内法,使之符合国际条约的规定。

协约式合作机制促进一系列共同价值观得到认可,在合作的各国之间存在共性的条件下,条约逐步将共同的价值观发展成为规范,即成员遵守的社会和法律规范,使之成为日常可接受行为的一部分。

世界经济一体化要求各个国家的国内法与国际惯例接轨;而法律在本质上体现国家性,要保护本国的国家利益。因此法律的发展面临着价值选择的冲突和矛盾,也必然存在一系列悖论:法的全球化与地方化(本土化)、法的“统一性”与“多样性”。[1] 与他国的执法安全合作包括与之在国际组织框架内依据一定的法律基础的合作,即便两国外交关系很好,涉及执法安全合作时,也是法

〔1〕 参见舒国滢:《在法律的边缘》(第2版),中国法制出版社2016年版,第38页。

律基础越完备越有利于合作的开展,成功的机会就越大,效率也更高;否则,会陷入合作的被动,因先前无合作条约基础而使遣返、追捕的联合行动与合作期变得十分漫长。

上合组织发展的漫长历程,始终伴随法律基础的不断建立与完善,逐步形成协约式合作机制,上合组织框架下合作的合法性得到强化。相关法律文件一般以声明、宣言、公约等形式表现,签署涉及安全领域的重要文件达 300 多份,在反恐、禁毒、安保、边防、网安等领域的合作取得了丰硕成果,为地区执法安全合作建立了坚实的基础,且促进了各成员国国内立法的完善,为确保成员国的公民和境内其他人免受恐怖主义、分裂主义和极端主义的威胁而提高上合组织成员国治理跨国犯罪的能力,完善地区共同治理非传统安全问题的方法;改善上合组织成员国打击跨国犯罪领域的立法,逐步促使上合组织成员国形成对跨国有组织犯罪应对的统一认识。

上合组织自建立以来以维护地区安全为目标,通过协约式机制助力该组织积极扩大预防和治理本地区非传统安全犯罪的范围和地理空间,战略上强化维护地区执法安全的价值定位,全面系统地构建了线上线下治理新型跨国犯罪、反恐、禁毒等综合的安全命运共同体。具体条约见表 5。

表 5　上合组织框架下涉及执法安全合作的主要条约

签署日期	主要公约名称
2001 年 6 月 15 日	《打击恐怖主义、分裂主义和极端主义上海公约》
2002 年 6 月 7 日	《上海合作组织宪章》
2002 年 6 月 7 日	《上海合作组织成员国关于地区反恐怖机构的协定》
2004 年 6 月 17 日	《上海合作组织成员国关于合作打击非法贩运麻醉药品、精神药物及其前体的协议》
2006 年 6 月 15 日	《关于在上海合作组织成员国境内组织和举行联合反恐行动的程序协定》
2006 年 6 月 15 日	《关于在上海合作组织成员国境内参与恐怖主义、分裂主义和极端主义活动人员渗透渠道的协同查明和切断协定》
2006 年 6 月 15 日	《关于在上海合作组织成员国境内组织和举行联合反恐行动的程序协定》
2006 年 6 月 15 日	《上海合作组织成员国元首关于国际信息安全的声明》
2007 年 6 月 27 日	《上海合作组织成员国关于举行联合军事演习的协定》

续表

签署日期	主要公约名称
2008 年 8 月 28 日	《上海合作组织成员国政府间合作打击非法贩运武器、弹药和爆炸物品的协定》
2009 年 3 月 27 日	《上海合作组织成员国和阿富汗伊斯兰共和国关于打击恐怖主义、毒品走私和有组织犯罪的声明》
2009 年 5 月 18 日	《上海合作组织成员国首次公安内务部长会议关于打击跨国犯罪的联合声明》
2009 年 6 月 16 日	《上海合作组织成员国反恐专业人员培训协定》
2009 年 6 月 16 日	《上海合作组织反恐怖主义公约》
2010 年 6 月 11 日	《上海合作组织成员国政府间合作打击犯罪协定》
2012 年 6 月 7 日	《上海合作组织关于应对威胁本地区和平、安全与稳定事态的政治外交措施及机制条例》
2013 年 9 月 6 日	《首次上海合作组织成员国司法部长会议联合声明》
2015 年 7 月 10 日	《上海合作组织成员国边防合作协定》
2017 年 6 月 9 日	《上海合作组织反极端主义公约》
2018 年 6 月 9 日—10 日	《上海合作组织成员国海关关于利用莫斯科地区情报联络中心案件数据库执法平台渠道全天候联络站开展信息互助的规程》
2018 年 6 月 10 日	《上海合作组织成员国元首关于在上海合作组织地区共同应对流行病威胁的声明》
2020 年 11 月 10 日	《上海合作组织成员国元首理事会关于打击利用互联网等渠道传播恐怖主义、分裂主义和极端主义思想的声明》
2020 年 11 月 10 日	《上海合作组织成员国元首理事会关于应对毒品威胁的声明》

法与执法是相互促进发展的。两者在国际执法安全合作发展的各个阶段历经检验。

(二)会晤式机制(会议式机制)提高组织运行的程序性

会议机制狭义上可以理解为会晤机制。上合组织的最高机构是本组织成员国元首理事会。《上海合作组织宪章》第 4 条第 1 款中提到多种内涵的会议：国家元首会议、政府首脑(总理)会议、外交部长会议、各部门领导人会议、国家协调员理事会等。从形式上会晤包括双边会晤、边境会晤。会晤机制的内涵和外延根据地区发展的需要逐步呈现务实化和具体化，极大地赋予了诸如公安部、安全部等各国执法安全部门、外交部等部门高层人员紧密交流和沟通的机会，给高层商讨决策问题提供了平台，为共同决策重大事项提供了条件。

在2001年自组织成立以来，会议机制便成为上合组织执法安全合作的主流机制和方式。[1] 2001年上海峰会，我国和俄罗斯、哈萨克斯坦、吉尔吉斯斯坦、塔吉克斯坦、乌兹别克斯坦六国共同签署了《上海合作组织成立宣言》，表示为遏制恐怖主义，非法贩卖武器、毒品，非法移民和其他犯罪活动，将制定相应的多边合作文件。该法律文件首次表明组织解决的重点问题之一是打击跨国犯罪。2002年6月7日，成员国首脑在圣彼得堡签署的《上海合作组织宪章》第1条明确强调"共同打击一切形式的恐怖主义、分裂主义和极端主义，打击非法贩卖毒品、武器和其他跨国犯罪活动，以及非法移民"。上述文件建立了该组织用以开展执法安全合作的组织架构和法律基础。2004年上合组织国家外交部签署合作议定书，形成上合组织国家在主要国际问题上的共同观点，即有必要形成关于中亚安全、亚太地区有效集体安全体系，就打击国际恐怖主义、极端主义、跨国有组织犯罪、非法军火贩毒等主要议题进行多层次磋商[2]。

上合组织成员国安秘会机制是上合组织核心首要的机制。安秘会机制于2004年6月建立，是上合组织协调和磋商安全合作的重要机制。执法安全合作的质量和水平的显著提高，得益于"安秘会"在合作中的富有成效的协调指挥。一般而言，各成员国参加安秘会的主要机构是各国的安全会议机构。2016年4月13日至14日，上合组织成员国安全会议秘书第十一次会议就本组织所在地区的安全与稳定形势、反恐、打击非法贩运武器和禁毒合作、完善协作机制等问题进行了讨论。不论是上合组织的安秘会还是理事会，抑或上合组织与其他组织和国家的会议，所涉及的主题一般紧跟国际安全形势的前沿变化。会晤机制促进了成员国目标的加速实现，从而带动上合组织各领域合作深入，践行"上海精神"，坚守成立之时"安全维护"之初心。

上合组织建立了执法机构、边防机构，设置了国防部长、外交部长和紧急情况部长会议，以协调安全与发展的问题。2009年，上合组织建立了公安内务部长会议机制、禁毒部门领导人会议机制，实现了各国执法安全机关近距离、点对点的合作。之后在公安内务部长会议框架下签署了《公安内务部长联合声明》，

---

〔1〕 参见张恒龙主编：《"一带一路"与中亚的繁荣稳定》，上海大学出版社2017年版，第106页。

〔2〕 Sharipov Sh. Sh. Ustanovlenie i ukreplenie torgovo – ekonomicheskih, nauchno – tekhnicheskih i kul'turnyh otnoshenij mezhdu Tadzhikistanom i Kitajskoj Narodnoj Respublikoj (1991 – 2008 gg.): avtoref... kand. istor. nauk. Dushanbe: (2010), S. 7.

达成了诸多以"打击跨国犯罪、反洗钱以及保障石油和天然气管道安全"等问题为主的决议[1]。此外,国防部长会晤机制、总检察长会晤机制、最高法院院长的会晤机制等的价值在于:一是签订重要的协议或者公约;二是作为决策层的会晤会议。上述机制成为上合组织活动的主要方式,为地区执法安全合作的发展提供了可能。

(三)协约机制与协约类型优化

国际合作所依据的法律形式是多元的,包括备忘录、协议、议定书、双边条约、多边条约、国际公约等,互惠原则也是广义的协约。当然,执法安全合作的形式是灵活的,在法律基础上,警务外交和警务关系可以提升其主观能动性。在毫无协议的基础上通过商讨达成一定互惠条件,根据互惠的约定,就某一特定事件展开必要的合作,这一合作形式往往被称为互惠原则,本质上也是一种约定。中国警方与成员国家间良好的警务关系和外交关系,得益于彼此在互惠原则下开展合作。事实上,欧洲国家近年也青睐互惠原则下的遣返与缉捕逃犯的合作。这种灵活的合作方式不是被弱化了,而是得到了加强。但这不意味着协约的价值受到质疑。解决冲突的主流方式仍然建立在国际法律基础之上。

按照与我国签署法律条约的情况、完备与否、是否具有实用性,可以把合作国划分成两个大的类群。一类是以欧洲、美国、拉美等为典型代表的国家群,这类国家对合作法律基础(协约)的态度首先关注"人权"的问题。另一类是注重合作各方法制的完备性,这一类群的国家签署协议时,更重视程序性的东西。例如,我国与这类国家开展遣返嫌犯的合作时,对方着重考虑确保被遣返人回到原国籍国后不受酷刑、迫害等。大多数西方国家主要通过引渡制度遣返犯罪分子或嫌疑人。中国目前与这一类国家群签署的条约数量占已签署协约量的比率不高。

在和拉美、西方、欧洲国家群的合作中冲突往往集中于案件的管辖权归属问题。警务合作中对跨国案件的管辖权表现为积极管辖权和消极管辖权。积极管辖权,是指主权国家执法和司法部门针对某跨国案都争取拥有更多的管辖权(也可称为积极管辖冲突),消极管辖权,是指各国都对某个案件表示放弃管辖权或者努力证明自己不是负有主要管辖权的一方(也可称为消极管辖冲突)。消极管辖冲突的案件往往和领海、水域发生的案件有关,积极管辖冲突则多发

---

[1] 参见刘小军:《上合组织进入全面深化务实合作新阶段》,载新华网,http://news.xinhuanet.com/world/2009-06/14/content_11540047.htm。

生在主权国家陆地领土范围内。当然,消极管辖与积极管辖的冲突是基于管辖者的态度和意愿而产生的。[1] 因此,在国际法框架下开展的合作更多,但可以依据的双边法律基础并不十分充足。

另一类国家群是非洲国家和上合组织成员国等,与之的警务合作不同于与发达国家的合作。由于上合组织执法安全合作实践的总体理念是先立法(完善合作条约、协约等)后实践(恐怖主义犯罪的个案合作),使我国与相关国家合作的法律基础相对完备。比起法律健全的欧洲和西方发达国家,中亚国家是新且年轻的国家,法律基础薄弱,合作中可完善的空间很大。苏联解体后,每个独立国家都面临着社会经济领域和国家法律监管领域的全球性问题,在过去三十年独立过程中形成了一定的国际合作实践,国家之间受大量双边和多边国际条约管辖。例如,1993 年 1 月 22 日(明斯克)和 2002 年 10 月 7 日(基希讷乌)的"关于民事、家庭和刑事事项的法律援助和法律关系"公约,其规定在实践中得到成功应用。

(四)执法安全合作的程序性得到深化

1. 强调在联合国框架下的执法安全合作实践

上合组织重申坚定支持联合国作为在维护国际和平与安全、促进全球发展、促进和保护人权方面发挥核心和协调作用的普遍性多边组织所做的努力,支持维护联合国的关键地位、《联合国宪章》规定的维护国际和平与安全体系中的安理会。该组织的成员国普遍认同联合国,表达在联合国框架与指导下开展安全合作的意愿。1945 年的《联合国宪章》规定了国家间合作的原则以及认真履行所承担的国际义务的原则。上合组织成员国重申其对《联合国宪章》的宗旨和原则的遵守,以及对维护国际和平、安全、睦邻友好关系、国际公认的国际法原则和规范的遵守,并积极参加在联合国主持下和在区域组织框架内开展的与其国家利益和国际义务相称的活动,采取一切可能的措施打击恐怖主义、分裂主义和极端主义,不为被指控或涉嫌实施此类行为的人提供庇护。

上合组织是联合国观察员,其在联合国秘书处的登记程序标志着组织的制度化。上合组织安全合作模式的显著特点是强调维护联合国权威,重视在联合国框架下开展合作的程序。联合国是维护国际和平发展的最大公约数,在全球安全事务中发挥主导作用。上合组织的所有协议、条约、行动等,都在符合国际

---

[1] 从国际法的表现看,国际管辖权包括属人管辖、属地管辖、普遍管辖和保护管辖,四者之间存在冲突包括:属人管辖与属地管辖的冲突、属地管辖与保护管辖的冲突等。

法基本原则和理念的背景下产生,地区执法安全合作是联合国维护和平的有机组成部分,而非另起炉灶的合作机制。[1]

与联合国的合作中,2010 年 4 月上合组织秘书处与联合国秘书处的合作联合声明得到批准,同年 12 月“关于联合国与上合组织之间合作”的联合国大会决议得到批准,促进了上合组织成员国在全球框架下的合作,进一步利用全球组织平台,解决组织面临的问题;2012 年 6 月,上合组织地区反恐怖机构执委会明确了建立联合国反恐活动专项小组框架内的反恐中心和联合国领导下的中亚反恐中心的任务、结构和目标。

在打击恐怖主义、预防和治理非法移民、遏制贩运毒品、打击贩卖人口等领域,与联合国以及联合国中亚地区预防性外交中心等定期开展情报交流、联合行动,积极支持落实联合国全球中亚反恐战略,在中亚等地区落实其他联合倡议。[2]

上述领域的合作越来越注重程序性和合法性。2011 年 6 月 14 日,上合组织秘书处与联合国毒品和犯罪问题办公室签署谅解备忘录,表示将在打击跨国有组织犯罪领域加强合作。2019 年 7 月 19 日,上合组织秘书处和联合国反恐怖主义办公室代表讨论执行《联合国全球反恐战略》。[3] 2020 年 2 月 19 日,上合组织地区反恐怖机构同联合国反恐怖主义办公室在纽约签署谅解备忘录[4]。

中亚国家都是联合国成员,他们在联合国大会上的规范呈现趋同性。中亚国家在区域政治中具有竞争性,他们彼此之间也共享团结主义和多元主义的规范。中亚国家提交给联合国的 A/53/62 文件中重申了它们在世界舞台上的规范趋同,宣扬强烈的多元化价值观,如主权、不干涉、国际法和外交解决冲突的价值观和制度。随着中亚合作组织的成立,这得到了更多的推动。例如,在文件 A/57/614 - S/2002/1246(哈萨克斯坦、吉尔吉斯斯坦、塔吉克斯坦和乌兹别克斯坦常驻联合国代表 2002 年 11 月 14 日的信)中,明确在该地区的国际关系

---

〔1〕 参见阳军:《上合组织安全合作模式的四个特点》,载《中国社会科学文摘》2017 年第 11 期。

〔2〕 Смотреть Пан Ги Мун приветствовал тесное сотрудничество ООН с ОДКБ, ШОС и СНГ, Central Asia, http://ca - news. org/news:1340562. (31. октября 2016).

〔3〕 参见李进峰主编:《上海合作组织黄皮书:上海合作组织发展报告(2020)》,社会科学文献出版社 2020 年版,第 248 ~ 259 页。

〔4〕 参见《上海合作组织成员国外长理事会会议新闻公报》,载上海合作组织网,http://chn. sectsco. org/news/20200911/675247. html。

中实施多元价值观的共同承诺:促进该地区所有国家的稳定、安全、主权和领土完整以及加强该地区各国在共同利益领域的合作。"各国重申需要根据公认的国际法原则和规则在该领域采取协调一致的行动"。2011 年 11 月 30 日阿什哈巴德中亚国家外交部门会议上通过了《落实联合国在中亚全球反恐战略共同工作计划》〔1〕。2008 年的《上海合作组织成员国元首杜尚别宣言》也展示了共存原则。中亚对外交和国家间关系的共存规则予以支持:"考虑该地区所有国家的利益,并遵守睦邻友好和相互尊重的原则。"区域一致性也得到重申。

在安全和核不扩散领域,中亚无核武器区的正式建立始于 1997 年 9 月 15 日哈萨克斯坦、吉尔吉斯斯坦、塔吉克斯坦、土库曼斯坦和乌兹别克斯坦外交部长在塔什干发表的声明。提交给联合国的文件(A/52/390)中,表达了各国同意签署一项条约,建立无核武器区,遵循他们对主权平等的共同承诺,以外交和国际法作为和平共处的手段,并强调那些促进国家间安全维护和生存的规则〔2〕。联合国注意到中亚国家防扩散领域规范的趋同,《中亚无核武器区条约》是国家间自由达成的安排,加强核不扩散制度,确保区域和国际和平与安全(A/67/409)。中亚国家达成协议并满足彼此的需求。利益保护遵循以主权保护、国际法和外交为代表的多元共存准则。

联合国于 2000 年 11 月 15 日于纽约通过《联合国打击跨国有组织犯罪公约》,要求各缔约国对有组织犯罪集团行为进行刑事定罪,除各项反制措施外,还包含对犯罪行为的起诉、判决、制裁、没收、扣押、司法管辖权、引渡、罪犯的移交与司法协助等做出相关规定。这是国际社会在 21 世纪控制跨国犯罪之国际合作的新的里程碑,是国际社会以合作手段应付跨国犯罪挑战的巨大成就。我国于 2003 年 9 月 23 日批准该公约。俄杜马 2006 年通过《联合国打击跨国有组织犯罪公约》。中亚国家均是《联合国打击跨国有组织犯罪公约》的参加国。

《联合国打击跨国有组织犯罪公约》于附录中加入了《关于预防、禁止和惩治贩运人口特别是妇女和儿童行为的补充议定书》(以下简称《人口贩运议定书》)与《关于打击陆、海、空偷运移民的补充议定书》(以下简称《移民偷运议定书》)。中国于 2009 年 12 月 26 加入《人口贩运议定书》,但《刑法》有关内容与

---

〔1〕 参见上海合作组织反恐机构网,http://ecrats.org/cn/about/documents/,相关内容,2022 年 10 月 15 日访问。

〔2〕 See FilippoCosta - Buranelli, *May We Have a Say? Central Asian States in the UN General Assembly*, Journal of Eurasian Studies, Vol. 5:2, p. 131 - 144(2014).

之仍然有所不同,根据《刑法》第240条以及相关规定,所谓拐卖妇女儿童罪系指:以出卖为目的拐骗、收买、贩卖、接送或中转妇女儿童的行为。犯罪主观构成要件是行为人必须存在直接故意,且具有出卖之目的;而犯罪之客观构成要件则为实施拐骗、收买、贩卖、接送或中转妇女儿童之行为。《人口贩运议定书》作为国际法则认为人口贩运指只要是为剥削目的而以暴力或其他方式威胁,或以诱拐、欺诈、欺骗、滥权或滥用脆弱情形,或是以授受金钱或利益取得对他人具有控制权的另一人之同意招募、运送、移转、窝藏或接收人员;剥削包含利用他人卖淫或其他形式的性剥削、强迫劳动、服务、奴役、劳役或摘除器官等。实践中,各国对人口贩运罪的定义及其适用条件并不一致。

除哈萨克斯坦之外,中亚其他国家都已批准参加了联合国大会在2000年通过的《人口贩运议定书》。

2. 合作优先方向与国内国际法律程序

上合组织在刑事诉讼方面开始进行务实合作。2016年第十四次上合组织成员国总检察长会议签署《会议纪要》决定,各成员国检察机关要进一步开展打击网络恐怖主义的国际合作,积极落实"或引渡或起诉"原则在合作打击恐怖犯罪中的实际运用。拓展刑事诉讼方面的国际合作,全力推动对恐怖主义犯罪的有效调查,对非法宣传恐怖主义、分裂主义和极端主义思想的行为,涉及贩卖毒品和其他有组织犯罪的洗钱行为进行治理。2018年5月25日,上合组织成员国最高法院院长就"深化上合组织框架内司法合作"提出推动法院信息化与智慧法院建设,在刑事诉讼非法证据排除规则与司法实践、跨境货物买卖合同的法律规则与司法实践以及上合组织内国际司法合作机制完善等具体议题等达成共识[1]。2019年9月12日,在圣彼得堡举行的上合组织地区反恐怖机构理事会第三十五次会议上决定要加强对涉及"三股势力"犯罪人员的国际通缉工作[2]。

另外,通过一系列的法律文件确立组织优先应对的犯罪领域的方向。上合组织正式成立之前,相关国家就通过声明不断表达了合作治理跨国犯罪的意愿,如1998年7月我国和俄罗斯、哈萨克斯坦、吉尔吉斯斯坦、塔吉克斯坦共同

---

〔1〕 参见李进峰主编:《上海合作组织黄皮书:上海合作组织发展报告(2019)》,社会科学文献出版社2019年版,第299~311页。

〔2〕 参见李进峰主编:《上海合作组织黄皮书:上海合作组织发展报告(2020)》,社会科学文献出版社2020年版,第248~259页。

发表的《阿拉木图声明》中,强调共同打击各种形式的民族分裂势力、宗教极端势力、恐怖活动以及偷运武器及走私和贩毒等行为。此后发表的《杜尚别声明》(2000 年)、《比什凯克宣言》(2007 年)再次强调了上合组织成员国的相互依存性和安全合作的意愿。

2001 年上海峰会签署了《打击恐怖主义、分裂主义和极端主义上海公约》(以下简称《上海公约》),在国际上首次对恐怖主义、分裂主义和极端主义“三股势力”作了明确定义,拉开了该组织反恐法律基础构建的序幕,规定了成员国反恐合作的具体原则、内容、方式和程序,要求成员国设立地区性反恐怖机构并保障其运行。《上海公约》签署之后,从 2009 年元首峰会签署的统一恐怖主义、恐怖行为、恐怖组织概念的规范性法律文件《上海合作组织反恐怖主义公约》再到 2016 年签署的《反极端主义公约》,均是落实《上海公约》,打击恐怖主义的法律依据〔1〕,是围绕反恐纲领性文件《上海公约》,以打击三股势力之要务而展开的,并形成了执行执法合作措施的一系列法律依据系统,为措施行动指明了方向〔2〕。

成员国从法律上确立了对跨国犯罪的统一认识、原则和宗旨,强调将“公开支持和煽动恐怖活动、筹划恐怖袭击、招募人员、参加恐怖组织、资助恐怖主义势力的行为”视为恐怖主义行径。联合国早在 20 世纪 60 年代就开始关注恐怖主义问题,并制定了相关公约和议定书,但并未正式形成明确界定恐怖主义概念的公约。直到 2006 年,联合国 192 个成员国才一致通过了打击恐怖主义的《全球反恐战略》。上合组织成员国在短时间内达成了对反恐的统一认识。在全世界无法对恐怖主义取得统一认识的情况下,《上海公约》成为国际上首部对恐怖主义及其行为组织进行定义的公约,并在地区范围内统一了对恐怖主义的认识。当然,上述国际法律文件不具有直接强制性,规则较抽象,原则性较强。要发挥其作用,必须经过成员国国内法转化,由上合组织成员国开展具体化、务实化的合作。这期间法律体系的完善重在统一认识。为集中加强反恐能力建设,上合组织开展了制定恐怖主义、分裂主义和极端主义组织统一名单及统一立场、协助第三国打击恐怖主义等工作;合作方式包括采取协商一致的预防性

---

〔1〕 参见杨陶、丛培兵:《打击“东突”恐怖势力国际刑事合作的现状、困境及对策研究》,载《喀什师范学院学报》2009 年第 4 期。

〔2〕 参见《上海合作组织成员国总理第八次会议在京举行》,载中国人大网,http://npc.gov.cn/zgrdw/npc/xinwen/szyw/zhbd/2009-10/15/content_1521449.htm。

措施、开展协商一致的侦缉和调查行动、开展联合反恐行动、给予司法协助等。2005 年 7 月 5 日，各成员国元首在阿斯塔纳签署了兼具指导性和方向性的《上海合作组织成员国合作打击恐怖主义、分裂主义和极端主义构想》，明确提出无论出于何种动机，在任何情况下实施如下行为的个人和组织都不得被宣告无罪，必须追究责任：对国际和平与安全构成威胁，阻碍国家之间友好关系的发展以及基本人权和自由的行使；威胁上合组织成员国的领土完整和安全以及它们的政治、经济和社会稳定。上合组织成员国认为，在组织框架内开展的反恐斗争是一项重大的外交任务，在该领域发展其他国际合作机制，以激发适应现代化快速应对危机的潜力并促进创新而有效联合，应对新的挑战和威胁。

上合组织法律规范的制度使治理跨国犯罪的执法安全合作及采取措施的程序性、合法性得到极大提升。上合组织签署或通过了《关于合作查明和切断在上海合作组织成员国境内参与恐怖主义、分裂主义和极端主义活动人员渗透渠道的协定》《上海合作组织成员国政府间合作打击非法贩运武器、弹药和爆炸物品的协定》《上海合作组织成员国组织和举行联合反恐演习的程序协定》《上海合作组织成员国保障国际信息安全政府间合作协定》《上海合作组织关于应对威胁本地区和平、安全与稳定事态的政治外交措施及机制条例》《上海合作组织成员国反恐专业人员培训协定》《上海合作组织成员国打击恐怖主义、分裂主义和极端主义 2010 年至 2012 年合作纲要》《上海合作组织成员国政府间合作打击犯罪协定》《2011—2016 年上海合作组织成员国禁毒战略》及其落实行动计划。2011 年 6 月 15 日，《上海合作组织十周年阿斯塔纳宣言》就打击恐怖主义行为、建立共享信息情报机制以及传播网络防控恐怖主义等议题提出了框架性解决方案。[1] 上述协约形成了涵盖信息安全、联合执法、打击毒品和犯罪的完备的专业法律体系。

成员国积极构建开展合作的国内法依据和配套政策，通过制定法律明确各国主管机关的责任义务，以促成国际法律在实践中的应用。《上海合作组织成员国首次公安内务部长会议关于打击跨国犯罪的联合声明》[2]、《上海合作组织关于应对威胁本地区和平、安全与稳定事态的政治外交措施及机制条例》、

---

〔1〕 参见张立哲：《中哈联合开展打击恐怖主义犯罪警务合作法律保障机制研究》，载《伊犁师范学院学报(社会科学版)》2016 年第 4 期。

〔2〕 参见《上合组织成员国签署打击跨国犯罪联合声明》，载新浪新闻中心网，http://news. sina. com. cn 10/2009 - 05 - 191022015644435s. shtml。

《上海合作组织成员国反恐专业人员培训协定》、《上海合作组织成员国边防合作协定》、《上海合作组织成员国元首关于应对毒品威胁问题的声明》[1]均是落实《上海公约》要求的程序性、合法性的体现。2009 年签署的《上海合作组织成员国首次公安内务部长会议关于打击跨国犯罪的联合声明》强调了相关国家边境地区公安、内政机关之间要密切合作,在治理跨国有组织犯罪、打击“三股势力”、网络犯罪、跨国有组织犯罪和毒品犯罪等方面采取更强的行动力。在确定未来的合作意向上,上合组织也形成了以法律形式进行规范的惯例,如成员国主管机关制定了《2017—2021 年上合组织成员国缉毒战略方案》。2015 年 7 月 10 日,上合组织峰会通过的乌法宣言已明确优先任务是以《上海合作组织至 2025 年发展战略》为基础,打击恐怖主义、分裂主义、极端主义,打击非法贩运麻醉药品、精神药物及易制毒化学品和跨国有组织犯罪,巩固国际信息安全,应对紧急事态,切实落实《上海合作组织成员国保障国际信息安全政府间合作协定》[2]。上述组织框架内的法律基础反映了对时代性、紧迫性的问题的治理意愿和方案。

另外,上合组织为了能在更广泛的空间内开展合作,持续形成新的多元的法律文件,以满足不同领域以及本组织与外部国家、国际组织合作的需要。上合组织除实施反恐的要务外,还担负治理跨国有组织犯罪、禁毒等目标,与此相关法律体系也逐步得到完善。2009 年 5 月 19 日,上合组织成员国禁毒部门领导人商定建立协调上合组织成员国禁毒活动、应对毒品威胁的有效机制。与外部国家和地区组织的合作,将促进地区乃至世界范围的反恐执法合作进程,有助于保护“一带一路”经济发展目标在安全环境下顺利进行。上合组织于 2016 年与东南亚国家联盟秘书处讨论了议定书相关问题,与印度尼西亚共和国国家反恐局地区多边合作部门合作,加强信息和经验的交流;2017 年通过了《关于上合组织地区反恐怖机构与亚洲相互协作与信任措施会议秘书处合作议定书(草案)》;2018 年签署了《上海合作组织地区反恐怖机构、独联体反恐中心和集体安全条约组织秘书处合作备忘录》。[3]

该组织的程序性发展还体现在组织增扩成员方面,这一过程是在法制基础

[1] 参见《上海合作组织成员国元首理事会会议新闻公报》,载中央政府网,http://www.gov.cn/xinwen/2015-07/11/content_2895384.htm。

[2] 参见张恒龙主编:《“一带一路”与中亚的繁荣稳定》,上海大学出版社 2017 年版,第 108 页。

[3] 参见《上海合作组织地区反恐怖机构理事会第三十一次会议在北京举行》,载环球网 2017 年 9 月 17 日,http://world.huanqiu.com/article/9CaKrn5e3X。

健全的条件下开展的。印度和巴基斯坦加入上合组织(2017 年)之前,上合组织成员国元首理事会第十四次会议通过了增加新成员国的相关文件,为其扩员打下法制基础。[1]

上合组织就建立和完善涉及反恐人才培养、禁毒信息、网络、边防、防渗透、军演等内容的配套性法律体系付出了努力。人才培养、信息合作、防渗透等涉及反恐合作的配套性法律依据逐渐建立和完善。2015 年在乌法举行的上合组织首脑会议通过的《上合组织至 2025 年发展战略》宣布特别重视以打击旨在吸引公民参与的国际恐怖组织的活动的合作。

(五)成员国涉外法治与发展

涉外法治是发展国际执法安全合作的基础。法律可以分为国内法和国际法,法治可以分为国内法治和国际法治。上合组织执法安全合作是涉外法治的重要实践,这一实践始终伴随一国执法活动的国际化进程。这一进程包含国内警务的国际化和国际警务的内化。国际化的含义既包括对外产生国际化的影响,也包括国际警务、外部世界对国内警务活动的促进和影响,它是内外同时双向变化的过程。

任何社会关系都是基于规则而结成的权利和义务关系。涉外法治中的"涉外"从司法角度来看是指涉及外国、境外、域外或者外国人、事、物,从出入境活动的角度来看是指和走出去、引进来有关的境内、境外的人、财、力及事物。涉外是从一国自身出发、站在本国角度而言的,站在一国立场上,而"国际"法治是站在地区或全球视角而言的。

"涉外"法治不等于"国际"法治,"国际"的范畴更大。一国的国内法治包含涉外部分,涉外法治本质上是国家依照法律处理涉外事务的方式,其体现的是一国内部的理念。法治讲究公平正义。涉外法治是国家治理的方式,是国家处理涉外事务的价值追求。国内法的涉外法部分都有涉外方面,没有一个法律门类不涉外,涉外法不是简单的国内法与国际法之间的范畴。不能简单说"国际"等于"涉外"。"涉外"不是"国际"的全部,"国际"是面对全部而言的。因此涉外法治与国际法治的关系集合了国际法涉及国内的部分,两者关系有连接点。

国际合作的本质是一种让渡,是在利他情况下做出的决策。没有利益或权

---

〔1〕 参见芦垚:《上合组织的安全关注》,载《瞭望东方周刊》2014 年第 36 期。

限让渡是很难出现国际化的。国际执法安全合作是一种与他便利与己高效的过程。开放国度,越是要给予于国际要素活动的便利,警务内部活动的效率就要越高。

涉外法治从性质上定位首先是法治,其次是涉外,即法治事务的涉外方面。涉外法治是国内法范畴,即国内法治的涉外方面加上国际法治的国内方面,即二者的结合体,介于国内法治和国内法之间。涉外法治是国内法治的涉外部分。公安机关经常遇到“到国外执法”的情形,那么,首先要根据国内法,还要依据国际法(与外国签署的条约必须转化为国内可以适应的条例才能适用)。

国际协约的基础对组织成员国参与国际合作的推动意义重大,协约的应用促进成员国国内法律基础的完善和发展。一国警察的执法一般经历接警、依法办案、完善立法的过程,即法与实践不断相互依托、彼此完善。行为者共享的规范和制度的数量以及这些规范的行为规定对单位本身的主权特征产生影响。地区行为趋同性发展,从而在全球层面的合作和规范中呈现趋同,这正是上合组织对国际社会的贡献以及对全球治理的价值所在。

成员国已经进行了多种形式的合作,既包括涉及相关议题的元首间会晤,又包括设立反恐机构、开展情报交流、进行司法协助和军演等实体性的合作。上述行为的法律依据初步形成。哈萨克斯坦、吉尔吉斯斯坦、俄罗斯、塔吉克斯坦、中国都建立了各自独立的反恐法律。其中,哈萨克斯坦于 2010 年签署了《关于哈萨克斯坦部分反恐法律的修改和补充规定》,对相关的 5 部法律和 12 部法规进行了修改。

上合组织反恐合作的深入发展离不开成员国对上合组织立法基础的转化和作为。无论是中国,还是俄罗斯、中亚各国,各国反恐法都强调了国际合作的重要性,并且包含了较强的处置性、基础性、预防性。这一特性非常有助于上合组织的反恐决议的落实和执法安全合作的深化。

随着经济全球化的发展,国家治理不再仅处理国家内部事务,还强调全球化合作。[1] 中国在经济全球一体化形势下与他国的执法合作服务于转变的经济增长模式。从非传统安全的发展形势的复杂性及其治理的迫切性上看,公安工作进入了国内警务国际化的新的发展阶段,势必要克服一些自身的不足。国际警务的内化是客观存在的,中国的执法合作需要世界资源,同时世界警务活

---

〔1〕 参见张康之:《国家治理现代化的中国概念》,载《党政研究》2021 年第 5 期。

动也需要来自中国的智慧和方案。

中国作为法治大国,积极深化涉外法治建设并发挥引领作用,对国际组织的健康发展起到关键作用。毒品犯罪、恐怖主义是全球性问题,所以处理该类问题便会涉及全球事务。中国作为大国必定要加强法治建设。加强海外利益保护,是十八大以来对中国特色大国外交的部署和布局,周边外交和礼仪外交、功能外交等方面已经取得很好效果,中国实施和平独立的外交方针政策。涉外保护是涉外法治的组成部分,是大国参与全球治理的需要。

中国的国际角色是国际和平的建设者、维护者,这意味着维护和平,不仅要维护自己的和平,还要维护地区和平、世界和平。中国还致力于给世界提供公共产品。例如,"一带一路"使周边国家获益。

我国《反恐怖主义法》正式施行。它的形成经过了漫长的时间,迫于形势的紧迫性而问世,对反恐国际合作实践活动的指导意义巨大。20 世纪 70 年代以来中国加入了一系列专门的反恐怖主义公约。现行法律文件中关于防范恐怖主义渗透的规定多在与他国签署的反恐合作协定以及国际公约中体现。过去的法律在对军队、武警、境外的行动进行约束,对证人的保护等方面非常薄弱,且对国家行动部门出境参加反恐活动的实践指导有限。实践活动的发展与法的完善是相辅相成的。《反恐怖主义法》关注的焦点不再是威慑和对侵害他人生命行为进行报应,而是着眼于及时阻止、制止危险个体的犯罪行为,即对犯罪的预防性功能。与其说法律根本角色定位在于惩罚,不如说是在于审前防护、预防犯罪,即从单纯服务于审判需要转变成为保护社会免遭个人攻击的危险、保护公共安全之需。

该法对社会与公民的责任加以明确,达到治理社会之作用,目前恐怖主义阵营向世俗的社会和政权进攻,企图以最小的成本获得最大化的效果。该法提到了"坚持专门工作与群众路线相结合"的反恐策略。它把村民委员会、居民委员会、企业事业单位、社会组织凝聚起来,因而对执法活动有很大的意义。

关于出境反恐活动的立法主要在《反恐怖主义法》的第七章国际合作第 71 条:"经与有关国家达成协议,并报国务院批准,国务院公安部门、国家安全部门可以派员出境执行反恐怖主义任务。中国人民解放军、中国人民武装警察部队派员出境执行反恐怖主义任务,由中央军事委员会批准。"该法对出境反恐活动的立法准备具有较大意义,是我国第一部明确规范武装力量出境参加反恐活动的法律文件,是我国立法上的一大突破,也将是对实践指导的一次突破,对未来不断增多的海外利益的出境保护和防范恐怖袭击的企业安全的武装活动建立了行动上的法律依据,国际合作的目标具体化——保护上合组织的成员国公民的个人安全和涉成员国国家利益的公共安全。美国在立法上为本国武装力量出境反恐也建立了法律基础。《美国爱国者法案》第805条"实质性支持"恐怖主义罪等相关立法经验,加强对暴恐活动的网络渗透的侦查活动,并加强该领域的相关立法,是对《美国法典》原有第18条第2339款[1]"行为人在美国境内包庇、藏匿、自助恐怖分子"的打击措施的扩充性修改,将打击范围扩大到美国以外,扩大了对犯罪主体预防和打击的范围。这在一定程度上为美国将司法管辖延伸到境外打下了法律基础。

中国的反恐法在保护海外利益方面具有前瞻性。中国对海外利益的预防和保护不及对经济活动发展的关注,尤其是在社会动荡、暴乱多发的国家和地区,海外企业的安全保护一般由企业方担负,政府介入不足。安保公司走向世界仍处在起步阶段,油气设施、海外企业的防恐体制不健全,抵抗风险能力较低,自我保护力量薄弱。例如,中石油大多聘用当地的安保公司来负责油气设施及管道的安全,中小企业的保护能力远不及大型企业。虽然我国和许多国家建立了国际反恐合作关系和机制,也签署了法律协约,但这些签署的文件对于突发和频发严重性恐怖袭击的地区的保护作用甚微。因为我国境外没有军事基地,不能配备必要的武装力量,所以《反恐怖主义法》对奠定武装力量出境反恐的法律基础的意义重大,它明确要根据"缔结或者参加的国际条约,或者按照平等互惠原则,与其他国家、地区、国际组织开展反恐怖主义合作"。法律应对"潜伏特质的危险行为加以刑法的约束",并"扩大对恐怖主义行为的定性范畴",扩大重要法律法规适用的地域范围,将打击范围扩大到国家领土以外。我国颁布的《反恐怖主义法》第七章国际合作部分的第71条明确表示,作为主权国家,保留境外使用军事力量的权利,为司法管辖延伸到境外打下国内法的基础。我国现行法律中可以找到相关法律依据,具体罪名可以参考《刑法》第293

---

[1] 《美国爱国者法案》第805条实质上是一个法律修正案,是对《美国法典》第18条第2339款的修改。第2339款的内容中涉及包庇藏匿恐怖分子。

条寻衅滋事罪的规定[1]和我国《刑法》第290条规定的聚众扰乱社会秩序罪[2]。

当然,《反恐怖主义法》在指导国际合作实践方面有待进一步完善。由于我国对未来实践的预估不足和实践性的缺失,对实践活动的指导还存在诸多的不确定性,可能会在出境反恐实践中产生问题。例如,反恐主体多元而未明确出境后的反恐责权范畴与差别性,为日后出境反恐合作埋下无序之患。反恐主体包括公安机关、国家安全机关、中国人民解放军、中国人民武装警察部队。然而,法律中未明确规定各主体出境后彼此之间的关系,不利于出境反恐的国际合作,对权力职能清晰化的要求显得比较迫切。暴恐现场或联合侦查活动中,各反恐主体在场或赴境外活动时,越是明确起主导作用的主体,越利于确立应急中威严性和重要性指挥权的决定者,提高现场应急处置的效果。

对于接待国(合作对象国、目的国)而言,面对他国无明确主从关系的主体难免无所适从,尤其是面对来自同一国家的不同部门的无差别性的重复调研、交流和合作,往往无法应对。

中国现有的警察体制设置反映出一定的问题。现有警务合作过分强调以警种为界的资源配置和块状管辖体系的格局,忽略了警种间、部门间、省际间的协调效果的提升;中央机关指挥、命令的权威得到发扬,而业务基层部门的实用性受到抑制。同时现有考核体系的指挥棒更关注块状管辖权力视野下的秩序维护,迫使被考核人因追求考核指标而呈现自扫门前雪的状态,忽视横向区域、省际间协调工作业绩的考核点。作为中央事权的反恐处于对境内境外、省内省外高度协调性的诉求与地方公安机关热衷维护各自权限辖区内的无恙之态的博弈之中。

赴境外执法安全合作实践的各主体关系并未做明确的法律意义解释,这无疑存在潜在的无序之困。公安部刑警、技侦、网安等20多个业务局都下发文件,要求各自警力要达到规定的比例,这种警力配置上的非统一性规定有时候让基层无所适从。

与此相反,有组织犯罪团伙无视疆界、地域,凡能联合者皆为用。这一客观

---

[1] 根据《刑法》第293条的规定,破坏社会秩序的,处五年以下有期徒刑、拘役或者管制;严重破坏社会秩序的,处五年以上十年以下有期徒刑,可以并处罚金。

[2] 《刑法》第290条规定:聚众扰乱社会秩序,情节严重,致使工作、生产、营业和教学、科研无法进行,造成严重损失的,对首要分子,处三年以上七年以下有期徒刑;对其他积极参加的,处三年以下有期徒刑、拘役、管制或者剥夺政治权利。

形势将倒逼更多优势警用资源统筹于加强警种间、部门间、地域间的协调和调度上，以减少他们因各自行动而做的消耗。现有障碍在于国家缺乏中央警察。中央警察可在体制上助力摆脱块状利益与权限分割的不利状态，达到资源与人力的统一和共享，以利于中央政令的完全执行，并促进部门间、警种间、省际间更有成效地合作，防止反恐职能地方化、信息割据化，以提升反恐行动的作战功能与协调性。

另外，立法的泛化也不利于体现执法的权威性、可信性。《反恐怖主义法》第 69 条中提到“国务院有关部门根据国务院授权，代表中国政府与外国政府和有关国际组织开展反恐怖主义政策对话、情报信息交流、执法合作和国际资金监管合作”以及第 43 条均有进一步完善的价值空间。条款中“国务院有关部门”“国家反恐怖主义工作领导机构”的主体如能更明确，以明示公民和社会予以遵守，更能达到法律规范社会行为的效果，实现各个主体各行其职的价值和目的，益于增加权威性。

中亚国家的反恐法律体系是一种具体的防范性模式。哈萨克斯坦通过禁止性、命令性的规范来约束人及其信息、物、资金和跨越国边境的秩序，以防范恐怖主义的渗透活动。例如，吉尔吉斯斯坦、乌兹别克斯坦、塔吉克斯坦等中亚国家的反恐法规定，禁止恐怖组织从事恐怖活动、宣传活动，禁止涉恐人员出入国边境，禁止为涉恐人员办理居留证，拒绝颁发给涉恐人员国籍，禁止公共汽车站、铁路、航空工作人员代旅客保存行李，即随身行李（特别授权的除外），禁止在非规定地点举行群众性集会、游行、示威等活动；对重点目标加强警卫措施，根据国际法准则，要求外国主权机关对在其领土参与恐怖活动的公民调查、提供其手机数据及其参与恐怖活动的组织和个人的资料。[1] 总的来看，其法律侧重对重点地区的社会治安的防恐，而对于网络空间的防恐、防范洗钱活动的法律措施显得薄弱，而这些薄弱之处正是恐怖主义极其容易利用的渗透通道。

哈萨克斯坦陆续出台法律，《刑法》《反恐怖主义法》《反极端主义法》和采取历年制定纲要遏制宗教极端思想传播的纲要等构建了较为系统的执法活动的法律体系。根据《关于办理暴力恐怖和宗教极端刑事案件适用法律若干问题的意见》的规定，任何通过出版物、传单和其他信息材料来评论、宣扬极端思想和募集资金等都被视为参与资助极端组织，认定为刑事犯罪。早在 1999 年 7

---

〔1〕 参见赵秉志、杜邈：《中国反恐法治问题研究》，中国人民公安大学出版社 2010 年版，第 306～329 页。

月 13 日哈萨克斯坦出台的《反恐怖主义法》确立了国家反恐的法律基础和国家机关的组织活动秩序。2005 年 2 月 18 日哈萨克斯坦还通过了《反极端主义法》。哈萨克斯坦总统纳扎尔巴耶夫 2013 年 9 月 24 日批准的 648 号总统令确立了《2013—2017 年国家反恐宗教极端主义和恐怖主义纲要》,旨在通过预防、打击和消除后果等措施,消除恐怖主义和宗教极端主义滋生的土壤、活动的条件和危害[1],该纲要的主要目的是保障人类社会和国家的安全,国家采取手段预防恐怖主义和极端主义,注重吸引社会性的资源来预防工作,促进信息宣传工作现代化。2016 年哈萨克斯坦阿克托别(Aktobe)发生"宗教极端分子"恐袭事件后,为加强对国家安全的保护,根据纳扎尔巴耶夫指示,哈萨克斯坦拟制了关于打击恐怖主义和极端主义、反间谍活动、指纹和基因组登记、缓刑、国家信息安全等 7 个法律草案,提交议会审议。[2] 哈萨克斯坦 2017 年出台《2017—2020 年哈萨克斯坦打击宗教极端主义和恐怖主义国家规划》;2018 年 3 月政府通过新的五年反恐计划《2018—2022 年打击宗教极端主义和恐怖主义国家规划》提出五年内实施 80 多项措施,拨款超过 2700 亿坚戈(约合 8.5 亿美元),对执法部门武器装备进行现代化改造,开展反恐行动,提高执法人员业务水平;为落实规划,2018 年 9 月哈萨克斯坦在阿拉木图机场举行了反恐演习,以提升机场相关人员面对恐怖主义威胁时的紧急应变能力。

2017 年 12 月哈萨克斯坦对现行法律进行补充修改,限制儿童参与宗教活动和进出宗教场所。哈萨克斯坦宗教事务和社会组织管理部是此事的主管部门之一,他们意在保护未成年儿童避免受到伪装在宗教外衣下的非传统宗教的思想影响。国家面临的较为棘手的问题是如何应对以吸引年轻人为目标的网络恐怖主义的宣传活动。为此,国家立法限制未成年人出入宗教场所。

乌兹别克斯坦主要法律文件包括《反恐怖主义法》《刑法典》,在国际框架内加入了与反恐有关的 11 项国际公约包括《制止向恐怖主义提供资助的国际公约》《制止恐怖主义爆炸的国际公约》《反对招募、使用、资助和训练雇佣军国际公约》《反对劫持人质国际公约》等。

综上所述,为完善国际法律依据,前期的法律建设投入较高,形成了涵盖反恐

---

〔1〕 参见孙力、吴宏伟主编:《中亚国家发展报告(2014)——丝绸之路经济带专辑》,社会科学文献出版社 2014 年版,第 16 页。

〔2〕 Смотреть Семь законов о противодействии терроризму и экстремизму вносятся в парламент Казахстана, СИНЬХУА Новости (сентябрь. 2, 2016) http://russian. news. cn/2016 - 09/02/c_135652662. htm.

合作、信息安全、联合执法、打击毒品犯罪等完备的法律体系，甚至包括了海外安保问题，这是最终降低国际执法安全合作实践成本的必然选择。法律体系为地区执法安全合作提供了政治基础和法律基础，为行动机制打开了广阔的空间。

四、上合组织的行动机制

在日渐完备的法律框架下，上合组织执法安全合作的行动机制成为世界警务合作的典范之一。机制是交往的加固剂，是对策的科学组合，它帮助人们认识警务活动的演变规律。协调是机制运行的重要润滑剂，它在打击犯罪、维护地区安全方面发挥了重要作用。行动机制主要包含情报交流机制、边防合作机制、演习机制、打击网络恐怖主义合作机制、安保机制等。目前比较成体系和成规模的联合行动机制主要包括演习机制、应对新型跨国犯罪网络恐怖主义的机制等。

（一）国际情报交流与信息安全领域合作

信息与情报交流是国际执法安全合作的核心。地区执法合作不仅仅依赖现代化的警务装备，还应以警务情报信息的获取与应用为先导，开展犯罪情报互换，建立情报信息交流机制，构建共享数据库。警务情报交流机制是指各国执法机关就信息情报开展信息互通互联、联合搜集，并即时性共享、日常分享，以便能够及时准确地描绘犯罪活动动态轨迹，提升预防和打击跨国犯罪能力，提高决策能力、水平，提高行动效率。

警务情报对遏制跨国犯罪具有预防、预测、预警作用。遏制不同种类跨国犯罪的成功的标准有所不同，禁毒与反恐有别，一旦暴恐事件发生，说明反恐失败；而禁毒中，控制下交付是在毒品交易的过程中进行的。虽然成功的标准不同，但反恐、禁毒等的执法核心环节均在于预防，现代社会对反恐、禁毒等情报的掌握程度之精准性都要求极高，犯罪的预测、预警和预防的效率更加重要。在现代警务理念中，预防犯罪比打击犯罪更加重要，这一理念越来越成为现代警务的新标准。2016 年中国召开的全国社会治安综合治理创新工作会议中提到了“提高预测、预警、预防能力”的理念[1]。最近几年，中、俄两国境内的若干犯罪活动还没来得及发动，就被执法部门依靠预先获得的信息、情报破获，足见情报预警的价值、情报合作空间巨大。国际执法合作不仅是打击已经发生的犯

〔1〕 参见杰文津：《坚持创新引领　提高预防各类风险能力　进一步增强人民群众安全感》，载新华网，http://www.xinhuanet.com//politics/2016-10/13/c_1119710354.htm。

罪活动,更是预防犯罪行为的发生,对国际组织来说,情报和信息的交流是合作开端,也是优先发展方向。

现代警务活动面临复杂问题,犯罪组织信息高度共享,但警情信息共享程度不尽如人意。例如,在阿勒颇战役后,叙利亚政府面对的最大难题是城市治安、筛查暴恐分子和外围防御等问题。阿勒颇战役暴露了美、欧、俄反恐信息合作的不畅。俄罗斯军方指出,美军从未向俄军提供美国支持的所谓"温和反对派"的驻地、活动范围、人数和指挥官姓名等信息,从未将"温和反对派"与极端组织分开。[1] 可见,信息共享还未达到理想状态。信息的割裂暴露出各自为战和彼此的不信任。这应该逐步得到解决。主权国家应在信息共享上让渡利益,站在共同安全、共同命运的角度深度合作,加强反恐情报的沟通和共享,提高情报对恐怖主义态势和趋势的预警性。

西方国家也构建了相对成熟的情报合作体系,他们的一些做法值得借鉴。欧洲、北美、北非、亚洲和中东地区对恐怖组织网络成员的活动信息进行了跟踪和逮捕。美国、加拿大两国制定了《三十点智慧边界行动计划》,协调并分担执法责任,重点加强加拿大边境执法部门与美国边境执法部门的情报共享,建立了两个边境联合执法小组,负责在两国4000公里边境区域范围内对刑事犯罪和涉及两国国家安全的案件进行调查,旨在创造"智慧、安全的边界"。[2] 在应对非法移民问题上,他们采取了如下具体举措:利用技术、信息共享及生物信息,构建基于风险分析的人员与货物出入境通关的筛查标准;建立并实施兼容的信息系统,确保通关安全快捷。就面临的安全挑战以及安全合作问题,2017年6月26日,美国、澳大利亚,新西兰、英国以及加拿大五国的内政部长、移民部长和司法部长在渥太华声明要强化涉及刑事犯罪及国家安全等方面的信息共享等。

与上述国家和地区相比,上合组织的地区反恐情报机制主要是对特定的情报加以搜集、集成、分析、共享和应用,让数据在碰撞中产生效益。对各类信息要通过语种、声纹等识别系统进行研判,从而启动预警机制,利用信息的即时互换实现地区乃至世界各国跨国犯罪分子的统一抓捕。这不仅有助于在一国境内实现统一抓捕行动,还可在若干成员国间、组织与非成员国家之间、地区间实

---

〔1〕 参见康杰:《2016年世界反恐形势盘点》,载《中国国防报》2016年12月30日。

〔2〕 See Moens et al., *Immigration Policy and the Terrorist Threat in Canada and the United States* (*R*), Fraser Institute Press, 2008, p. 162.

施统一抓捕行动。因信息交流与通信的便利,或因文件交换等跨国抓捕程序存在时间差,逮捕嫌疑人的消息有可能被迅速透漏给当事人,可能给当事人喘息的机会。地域与距离因此而成为嫌犯逃跑或改变计划的实施因素。情报交流能够帮助执法部门实现协调一致的跨国行动,开展统一抓捕行动,保持情报交换、信息共享的畅通对国际合作非常重要。

目前,上合组织与其他地区和国际组织积极开展情报的交流与互换。2009年12月启动的由哈萨克斯坦政府主办的中亚区域信息和协调中心协助协调中国、哈萨克斯坦、吉尔吉斯斯坦等国家开展多项执法活动并建立与国际刑警组织、欧洲警察组织和世界海关组织的非正式合作。2010年筹建的信息数据库用于收集中亚地区涉恐犯罪的信息,并通过技术手段对信息进行数据分析。每年该中心都会形成中亚地区的涉恐信息战略报告。该中心提供的情报已成功协助切断多条国际毒品走私的线路,并通过与中国、吉尔吉斯斯坦等上合组织成员国一起参与军事演习,为军演各方提供了搜集涉恐情报专业培训。[1] 2016年12月14日,在"打击恐怖主义、分裂主义和极端主义情报交流会"上,上合组织成员国主管机关代表专门就南亚和中东形势对上合组织成员国安全的影响以及国际恐怖主义、分裂主义和极端主义活动有关情报进行了交流,与联合国中亚地区预防性外交中心就打击恐怖主义、极端主义、禁止非法贩运毒品等问题定期开展情报交流。这可以看出,上合组织在积极吸取他国、各国际组织的警务情报交流经验的同时,为全球和各国打击犯罪的情报交流提供经验和资源。这给大数据系统的构建、加强成员国分享大数据构建的经验提供了可能性。

上合组织地区执法合作始终围绕着情报事务展开。情报信息的交流范围既包括犯罪情报、警务警报,也包括海外公民、企业的安全状况的情报。其中,犯罪情报包括:意识形态的渗透活动的情报,利用宗教祷告之名占用公共场所或网络空间等实施宣传活动的情报,网上网下招募的情报,国际恐怖分子、团伙和组织的恐怖活动方面的情报,以某个人或群体为对象,关乎其身份、惯用手法、资金、通信、团伙、组织的背景(包括个人经历、爱好、生理特征、政治倾向等)等情报,同时包括嫌疑人的动态信息,如通信记录、购物、交友、出入境记录、跨境跟踪、控制下交付等产生的各种信息。美国国家安全局和英国政府通信总部

---

〔1〕 参见张立哲:《中哈联合开展打击恐怖主义犯罪警务合作法律保障机制研究》,载《伊犁师范学院学报(社会科学版)》2016年第4期。

已经开始在《魔兽世界》《第二人生》等网络游戏中,寻找恐怖分子相关的情报信息。

警务情报包括警务部门采取的具体措施、经验、联合执法的效果、各国执法部门的动态变化等。犯罪分子的反侦查能力要求警察搜集情报能更加符合现代生活模式。情报获得后,通过国际合作渠道实现即时共享。目前,警务情报方面的合作水平还不够。

公民与企业安全状况的情报,可以帮助执法部门的行动力量分析判断风险性质、风险所在、风险高低,从而决策反恐行动的方向。海外民间组织对此掌握更全面。并非所有的情报都涉及反恐情报,但可以间接帮助警察对动态信息做出判断。犯罪嫌疑人逃往非国籍国,被抓捕的难度比在国籍国被抓捕的难度大。因为非国籍国对其信息的掌握、社会关系的了解有限,而且一些人在非国籍国的活动往往孤立于当地社会,甚至形成独立于社会的封闭圈层。俄罗斯学者拉林就针对在俄罗斯的一些移民更容易躲避起来的现象说道:“这些来自中国的几十万移民虽与俄罗斯毗邻而居,但与俄本土人接触并不多,过着相对封闭的生活,警方无法知道他们的社会状况,也不知道如何与之相处。”这是国际移民的普遍现象。因此,加强对外籍公民、国际资质企业的基础信息的掌握,可以缩短被保护的对象和他们所在国的执法行为主体之间的认知距离,是实施安保行为的重要前提。

问题的另一面在于引导社会和促进境外民间组织的建设、积累和汇总信息,在跨国合作中与相关职能部门共享信息。相关机构可以更全面地关注涉及海外公民、企业的安全状态及其信息,建立本国籍公民的基础信息库,了解他们的海外社会活动情况和人脉关系网。必要时,建立海外“110”报警平台,保障海外的国民信息反馈渠道的畅通,组织人员定期分析和研判重点信息,并且和国内警务机关建立沟通渠道,实现境内外互动;建立境外“国民关系人”系统,配合境内外工作,在案件突发、联合办案时,在境内及时采取一切可能的措施;在境内对境外逃犯的重要关系人开展“违法犯罪活动”的核查,进一步掌握信息,消除以抓代侦、以审代侦的误区,控制出逃犯罪嫌疑人的行踪轨迹。技术层面上,保障数据网络平台运作正常、情报信息保管安全、通信设施和设备通信正常,保障单警作战装备和警队武器配备完善。

建立人力与智能交互的国际警用数据信息应用系统。网络是载体,信息技术应用是推手。社会进入以数字为关键要素的发展阶段,相关问题的数字化治理也应该跟上。

首先,建立基于人力搜集的基础信息情报的体系。情报的搜集不仅要依赖专门的技术手段,还应充分利用人的主观能动性。依靠人力资源,把信息“定点、定向”搜集变“不定点、不定向”搜集,以跟踪动态的信息。在预防和打击犯罪方面,世界各国都比较注重犯罪活动信息的跟踪和搜集。美、日的情报机制为国家开展对外工作提供了基础。日本情报网络的建立提供了很好的示范。自 20 世纪 50 年代以来,日本构建了庞大的民间人力情报网络,涉及社会各个方面,居民委员会建立了各种基层会议制度,所有在国外工作生活过的日本公民,在返回国内后,都会被组织起来到居民委员会座谈,居委会因此不断地获得境外社情、民情的资讯,以输送给政府部门。美国和英国在中亚联合创办了许多民间组织,设立在各种名目之下,早在 2004 年,这些国家的志愿者有意选择租住在苏联前高官家,建立良好的沟通渠道,且常以诸如背包客的名义深入原教旨主义中心费尔干纳山谷(费尔干纳山谷是一个人口稠密的地区,失业率很高,这为激进组织和招募活动创造了先决条件)的城镇游走,不仅搜集犯罪分子的动向信息,还搜集一些政治情报和社会信息。

其次,相比传统情报分析方法,大数据方法更能得到问题的内幕画像,比如,对跨国事件进行归类,把犯罪活动特征进行量化,根据公开数据建立数据模型,一旦发现有新的成员涉恐涉毒,立即把相关信息放到模型当中,判断实施暴恐活动的可能性。过去是通过实验、现象观察事物,进行理论推导,通过计算的方式获得对事物的描述,如获得天气的预报,而今天用大数据特征模型表达现象,用局部表达全部,对现实世界的事物在短时间内找到规律,接近对现实世界更真实的描述。通过对已经发生的案件进行特征提取,置于模型当中,由此来确定嫌疑人的概率。实战部门有一些涉密数据也可支撑模型的建立。因此,应建立具有国际视野的大数据应用平台。国家反恐领导小组很早就开始建立反恐平台,整合了大量数据。例如,身份的动态数据、活动轨迹、暴恐案相关人员的数据、暴恐人员施暴前后的行为等。大数据的主要功能是预警,它促使行动部门启动相应措施,以预防事件的发生。2015 年 8 月中国国务院印发《促进大数据发展行动纲要》,指出用技术红利、制度红利和创新红利提升政府治理能力,创新应对手段。大数据时代,事物之间从因果关系进入了关联关系,社会进入数字化融合时代:从早期办公数字化到社会数字化,再到今天的万物数字化,出现了海量数据。犯罪无国界,犯罪活动手段多样,缺乏大数据的管理控制体系,其执法工作是非常危险的。

加强数据开放,要以数据为中心,加强涉外要素的数据交换与流动。部门之间的协调与联系要提升,通过联合监控和整合资金流,查看是否有人购买制造炸药的装置部件等,从而得到可疑的线索。大数据不是物理集中,而是要在数据与数据之间碰撞。在数据由各家存储,依然不改变管理权和责任归属的情况下,各取所需为常态。各部门主要是对数据进行比对,而不是占有原始数据,这样就打破了信息的孤岛。

国际组织构建大数据信息系统和机制,实现彼此资源共享,大力发展大数据信息应用机制。今天迫切需要解决的问题之一是如何通过国际化大数据建立、创新合作方式,实现不同组织间的资源共享、目标共赢。在治理跨国犯罪的执法合作中,大数据不仅可以用于预判地区跨国犯罪的发展形势,发展到一定程度还可以助力各国行动部门的联合行动。目前,国际合作与大数据的紧密结合还有相当距离。例如,塔吉克斯坦等国在信息情报方面的基础建设非常薄弱,执法部门无法预测警情,客观上,它们非常需要帮助。

过去,因各家数据主体单位软件基础不一样,制度、市场的更新换代程度不同,无法实现数据系统对接和大数据共享。要对接数据,协调的成本就得增高,甚至要打破原有的信息处理模式,还得找到原厂的开发商。目前,我国研发出新的产品,不必让所有的系统按同一标准改造,不需开发商配合,就可以把内部结构调节清楚,通过研发技术,直接进入其他平台数据库。不需要与原有开发商协调,这避免了人力资源的浪费,减少了不同的开发商之间不必要的协调成本。这将打破信息孤岛。所以基础建设过于超前对于发展大数据是没有价值的,是对资源的浪费。中国数据中心 2016 年的耗电量巨大,因此要做好规划。要以需求导向为主,以用户体验为导向,而不是孤立地追求基础建设的超前建设。用大数据技术性的工具解决问题毕竟存在局限性,它只有在前沿的思维理念的指导下进行设计才能发挥作用。

此外,情报信息系统的建设空间巨大,尤其是在推动各国机场公司、机场警务机关对于警用情报信息系统的建设方面,如升级安检信息系统,采用人脸识别技术,建立机场出入口交通信息采集系统、电子围栏系统、公安网数据边界平台等。要充分发挥技术和情报系统在防恐工作的预警作用[1],强化与世界各

---

〔1〕 相关内容参见李辉:《我国民用机场防恐对策研究》,中国人民公安大学 2019 年硕士学位论文。

国的信息交流共享机制，促进各成员国优化视频监控点位，消除视频监控系统“死角”，优化布局。[1]

情报交流机制的重要一环是对情报信息进行准确无误地识别、筛选。建立完备有效的数据库系统，加强各国移民事务的合作，加大对潜在风险人群的出入境背景审查或者调查。必要时，应采取身份信息联网措施，运用科学技术手段分析、检测、识别可疑危害迹象[2]。因此，需要构建和培养专业的情报分析与搜集的人才队伍，不断提高成员国相关人员的业务能力，提升信息情报搜集与分析效率，建立成体系的地区情报的分析、整理、管理、传递、接收和研判工作机制。挖掘和发现社会潜藏的犯罪信息，有助于实现情报的预测功能，以建成一个应对社会化、“基层”化的警用情报体系。

国际信息情报领域的合作与演习相结合，更具有实战化效果。成员国在信息安全领域内开展反网络恐怖主义、打击利用互联网和信息通信技术从事恐怖主义活动的协作行动，逐步形成了在反网络恐怖主义法律基础框架下的网络反恐演习、行动部门协同作战等系列措施构成的机制。

成员国主管机关利用互联网从事恐怖主义、分裂主义和极端主义活动的首次网络反恐演习——“厦门—2015”，就务实措施和协调机制开展训练[3]，目的是通过联合行动在早期发现恐怖组织在互联网社交平台搞宣传煽动活动，各国依照国内法查明的嫌犯身份信息和地点实施抓捕。由于成员国主管机关和上合组织执委会就打击网络恐怖主义问题采取了联合措施，成功封锁了 500 个网站和近 20 万份涉恐资料。[4] 2016 年，上合组织地区反恐怖机构理事会确立了着重加强打击网络恐怖主义等新型恐怖主义犯罪的执法合作目标。2019 年 12 月 12 日，上合组织“厦门—2019”网络反恐联合演习在厦门举行。实战人员提升了信息发现、侦查、定位抓捕发布恐怖信息人员的效率。[5]

2016 年 10 月，执委会派代表参加了在北京举行的“全球反恐论坛”，会中强调要进一步加强有关打击网络威胁的国际合作，解决反互联网恐怖主义的暴

---

〔1〕 参见林泉：《航空恐怖主义犯罪的防范与控制》，法律出版社 2015 年版，第 168～261 页。

〔2〕 参见李恒：《〈反恐怖主义法〉视域下的航空反恐警务工作探究》，载《行政与法》2016 年第 10 期。

〔3〕 Смотреть Эксклюзив: Директор Исполкома РАТС ШОС о новых вызовах и угрозах в сфере безопасности, Russian. News. Cn, http://russian.news.cn/2016-06/20/c_135451557.htm.

〔4〕 Смотреть Эксклюзив: Директор Исполкома РАТС ШОС о новых вызовах и угрозах в сфере безопасности, Russian. News. Cn, http://russian.news.cn/2016-06/20/c_135451557.htm.

〔5〕 参见李进峰主编：《上海合作组织黄皮书：上海合作组织发展报告（2020）》，社会科学文献出版社 2020 年版，第 248～259 页。

力极端主义、激进化等问题和依法执法问题。上合组织地区反恐怖机构执委会副主任 У. Ч. 阿布德克里莫夫发表了题为“关于上合组织地区反恐怖机构执委会在打击网络恐怖主义领域活动主要方向、本组织成员国主管机关取得的联合成果和存在问题”的报告。此外,2016 年 12 月 14 日,上合组织成员国主管机关代表在打击恐怖主义、分裂主义和极端主义情报交流会上也专门表达了应在巩固边防,打击利用互联网从事恐怖主义、分裂主义和极端主义活动等方面提高情报交流和合作效率的意思。

上合组织成员国检察机关进一步开展打击网络恐怖主义的国际合作,防止恐怖分子利用互联网从事恐怖主义、分裂主义和极端主义活动,遏制其相互勾连实施或准备实施犯罪,摧毁恐怖组织网上活动平台,挤压其利用国界及“政治避难”等方式规避打击的空间。[1] 此外,边防合作领域近些年也取得意想不到的效果,给其他领域的合作提供了基础和借鉴。总之,上合组织执法安全合作的任务目标随着地区治安形势和跨国犯罪形势的变化而不断发生变化。

上合组织的相应执法安全合作机制尚不够健全,亟待从干部配备、情报网络、行动授权、力量手段等方面加以完善,尤其在具有维稳性质的快速反应队伍的建设上,应加强努力,这与军事同盟有着本质的区别[2],是安全合作功能的重要环节。

（二）联合演习机制

上合组织是非军事性质的组织,以确保地区安全为主旨,自成立以来每年或半年举行一次双边和多边演习,军事合作使各国之间的联系更加紧密[3]。如果没有这种制度结构,成员国之间的相互信任将难以维持。演习使上合组织展现出新型的安全共同体的基本素质,形成了定期军事演习体系。

演习的科目包括制订上合组织国家的指导文件和行动计划,组织和实施行动搜查措施,以制止在本组织国家领土内的恐怖行为[4],为加强地区稳定做出了贡献。演习是维护地区秩序与和平稳定的有效手段,它体现了打击犯罪的决心和意愿,也表明了各国元首对恐怖主义威胁的严肃态度,已成为影响本地区

---

[1] 参见王治国、徐盈雁:《坚持各方联动形成打击合力 共同铲除恐怖主义滋生土壤》,载《检察日报》2016 年 12 月 1 日,第 1 版。

[2] 参见王海运:《上海合作组织与中国》,上海大学出版社 2015 年版,第 127 页。

[3] See *Russo – Pakistan Ties Strengthening*, Daily Times (PK), 28 June 2019.

[4] Смотреть Официальный сайт Президента КР – Режим доступа, http: www. president. kg. (15. Ноябрь 2015).

安全形势的重要因素和地区治安秩序的标志。中国是演习的重要推动力量。

首次军演“互动—2003”在哈萨克斯坦和中国边境地区举行，它载入了上合组织的历史。2004—2016 年组织进行了 16 次反恐演习。2006 年以来，上合组织地区反恐机构(RATS)每年至少举行一次由本组织主持的指挥部和作战战术演习，成员国执法安全部门每年都举行联合反恐演习，联合反恐演习逐步实现了机制化、常态化，不仅涉及反恐，还涉及对外安全政策，使得各成员国联合反恐作战、联合筹划、联合指挥、联合打击、联合保障的水平和能力得到提升，也促进行动部门的合作机制化。2007 年在比什凯克举行的“和平使命—2007”军事演习，是在上合组织历史上国家元首首次出席的军事演习，之后签署了联合演习的结构性组织协议，该协议为上合组织未来的活动奠定了长期的法律基础，表明上合组织执法安全合作的重要性日益增强。演习形成了如下特点：(1)演习覆盖多个专业领域，全面提升实战技能，对恐怖分子起到了震慑作用；(2)涉足新型安全领域，如最近几年从一般的演习向边防反恐演习、网络反恐演习等深层次的合作领域发展；(3)注重战术性的联合训练，开展“多边联合演习 + 双边互动”；(4)演习强度及演习的地理位置的科学性逐年增强。演习机制有利于培养各国警力跨国执法、协同作战的能力。

演习客观地划分为两种类型：第一类包括参与国家武装部队的安全部门和特种部队的反恐演习，在演习期间制定了消除当地恐怖行为的情景。第二类包括作战战术演习，如“和平使命”军演演习具有动态性，制定了打击大型“非军事编队”的方案。两种类型的演习都有指挥、参谋以及射击训练阶段，也有地区反恐机构的监管规划和管理演习的过程。

2007 年 5 月，在吉尔吉斯斯坦举行了“伊塞克湖反恐—2007”联合反恐演习；2008 年 9 月，俄罗斯、哈萨克斯坦、塔吉克斯坦、乌兹别克斯坦四国在俄罗斯举行“伏尔加格勒反恐—2008”联合反恐演习；2009 年 4 月，塔吉克斯坦、哈萨克斯坦、吉尔吉斯斯坦三国在塔举行“诺拉克反恐—2009”联合反恐演习；2010 年 8 月，在俄罗斯举行“萨拉托夫—反恐—2010”联合反恐演习。这些演习旨在提高各方反恐怖技战术水平和成员国之间执法安全合作的水平，有效震慑了本地区的“三股势力”[1]。

为了侦查和防止恐怖主义行为，制止国际恐怖分子的活动而进行专项协同

---

〔1〕 参见辛明：《上合组织执法安全合作成果显著》，载《中国青年报》2012 年 4 月 9 日，第 1 版。

行动,上合组织成员国主管机关边防部门举行了数次边防联合行动,包括“乌兹别克斯坦东方反恐—2012”、“2012 年和平使命”(反恐联合部队和参谋人员演习在塔吉克斯坦境内举行)[1]。

在地区反恐机构执委会协调下开展了定期演习,如“东方—2013”“东方—2014”“东方—2015”;在地区反恐怖机构执委会协调下举行了成员国主管机关“卡兹古尔特—反恐—2013”、“东方—反恐—2014”和“中亚—反恐—2015”联合反恐演习。[2]

中俄双边举行了海军演习和在上合组织框架内的地面演习。2015 年 5 月、8 月中俄两国分别在地中海和日本海进行了训练,两国海军船员沿安全走廊进行联合演习和护航,目的是从实战上确保非洲之角沿海航行的安全[3]。

2016 年 5 月 24 日至 26 日,上合组织地区反恐怖机构执委会代表以监督员身份参加了在亚美尼亚的“科博尔特—2016”特种战术联合演习。该演习的科目是以国际恐怖组织和极端组织在集体安全区域内的活动为作战背景而制定的,在演习范围内制定了遏制恐怖组织活动,切断成员国境内的武器、爆炸物、毒品的非法贩运通道的联合活动的实施制度。2018 年 8 月 24 日,在俄罗斯切巴尔库尔市的第 255 综合训练场举行“和平使命—2018”联合反恐实兵实弹演习,参演总兵力超过 3000 人,武器装备近 500 件。[4]

上合组织国家通过主管当局定期举行“和平使命”联合军演。2021 年在俄罗斯奥伦堡州“东古兹”靶场举行演习,为上合组织成员国部队筹备并实施的联合反恐行动,主要演练侦察监视、火力打击、外围封控、街区拔点以及前出防御、地面突击、分割围歼、肃清残敌、抗击无人机袭击等课目。中方参演部队以北部战区为主,共派出 550 余人,出动车辆(装备)130 辆。[5]

2019 年上合组织在俄罗斯举行了迄今为止规模最大的军事演习“Tsentr—

---

[1] Смотреть Искандаров Акбаршо, Безопасность и нитеграция в центральной Азии: Роль ОДКБ И ШОС ЖУРНАЛ, Центральная Азия и Кавказ(2013).

[2] Смотреть Эксклюзив: Директор Исполкома РАТС ШОС о новых вызовах и угрозах в сфере безопасности, Russian. News. Cn, http://russian. news. cn/2016 -06/20/c_135451557. htm.

[3] Смотреть Под эгидой ШОС появится аппарат национальных военных советников, http://www. infoshos. ru/ru/7idnH4299. (25 январь. 2019).

[4] 参见李进峰主编:《上海合作组织黄皮书:上海合作组织发展报告(2019)》,社会科学文献出版社 2019 年版,第 134 ~ 135 页。

[5] 参见张立哲:《中国与哈萨克斯坦地区稳定法律保障机制研究》,载《宁夏社会科学》2016 年第 2 期。

2019”,8 个成员国共计 12.8 万人参加。印度、中国、俄罗斯和巴基斯坦军队的成员聚集在一起,标志着印度、巴基斯坦、俄罗斯和中国军人在历史上第二次互动与合作。第一次合作是上合组织 2018 年度军演“和平使命—2018”[1]。“Tsentr—2019”作为一项演习特别值得注意,因为它的指挥和控制结构更加综合和复杂[2]。另外,在军事领域的合作仅限于上合组织成员国国防部和安理会代表的磋商和会议。

五、跨境非法融资活动的法治应对

去极端化、根除恐怖主义苗头从斩断资金来源开始,以建立系统、完善的融资监管体系。上合组织在反恐怖主义融资和反洗钱领域的合作具有开放式特点。2002 年组织成立不久,便强调“本组织成员国支持国际社会切断恐怖活动融资渠道的努力,不允许给恐怖活动提供资助”[3]。

(一)上合组织打击非法融资的法律基础构建

2003 年首次在《上海合作组织成员国元首宣言》中强调毒品犯罪的融资问题,即中亚地区毒品交易为国际恐怖主义提供融资的问题。在 2004 年签署的《上海合作组织成员国关于合作打击非法贩运麻醉药品、精神药物及其前体的协议》中再次强调“将非法贩运麻醉品及其前体获取的收入合法化的活动(洗钱)的情报”列入成员国禁毒合作的情报交换范畴[4]。为了监控涉嫌参与恐怖活动的个人和组织的融资活动,《上海合作组织成员国元首宣言》强调各国为打击资助恐怖主义、分裂主义和极端主义的活动,包括将非法收入合法化的活动应努力制定统一标准。[5] 2009 年 6 月签署的《上海合作组织反恐怖主义公约》第 8 条、第 9 条提到“各方采取必要的立法和其他措施,防范和打击恐怖融资活动”,“将故意实施资助恐怖主义,即募集资金或提供金融服务以资助组织或向恐怖主义组织活动提供资金或金融服务认定为刑事犯罪”[6]。2016 年 6 月、11

---

[1] *Pakistan, India, China, Russia to Take Part in SCO Wargames*, The News International, 26 April 2018.

[2] See Sergey Sukhankin, *What Did Russia's Strategic Military Exercise Tsentr – 2019 Reveal?*, International Center for Defense and Security, (October. 24, 2019), https://icds.ee/en/what-did-russias-strategic-military-exercise-tsentr-2019-reveal/.

[3] 参见《上海合作组织成员国元首宣言》,载央视网,http://news.cntv.cn/20120525/105158.shtml。

[4] 参见郭军涛:《中亚区域警务合作研究》,新疆大学 2010 年硕士学位论文,第 25 页。

[5] 参见《上海合作组织成员国元首宣言》,载 https://news.cntv.cn/20120525/105158.shtml。

[6] 参见朱俊宇:《上海合作组织成员国合作反恐研究》,外交学院 2016 年硕士学位论文,第 12 页。

月上合组织分别派代表参加了欧亚反洗钱和反恐融资小组第二十四次、第二十五次全体会议，了解欧亚反洗钱和反恐融资小组成员国及观察员国最新洗钱办法、财务侦查活动以及取得的相应成果、相关恐怖主义融资计划，确立了与欧亚反洗钱和反恐融资小组的合作基础。

上合组织各国在反恐怖主义融资方面的法律构建逐步取得进展。中国加强了反恐融资的合作，完善了立法和机构建设。金融情报中心是中国人民银行反洗钱监测分析中心，主要负责反洗钱的资金监测和组织协调洗钱、资恐防制。负责协调国际合作的则是由央行、两高、公安、外交、司法、监察等 23 个成员单位组成的反洗钱工作部际联席会议，该会议一年进行一次。我国《金融机构大额交易和可疑交易报告管理办法》《金融机构客户身份识别和客户身份资料及交易记录保存管理办法》的制定与实施均参照了艾格蒙特集团、巴塞尔委员会的相关法律文件。

中亚各国反洗钱[1]的主管部门架构具有协同作战意图，为执行和实施反洗钱法，形成了以某一部门为领导、另一部门为主管、与其他金融监管部门协同的反洗钱监管体制。反洗钱的主管机关为中亚各国的《反洗钱和资助恐怖主义法》规定的行使反洗钱和打击资助恐怖主义专门职能的“有权机关”，通常由中亚国家以总统令的形式来确立。哈萨克斯坦授权的主管机关是金融警察机关，根据联合国安委会反洗钱决议《打击恐怖主义非法融资》，该国确立财政部融资监察委员会为相应的执行机关。吉尔吉斯斯坦授权金融情报局为主管机关，塔吉克斯坦的主管机关为国家银行下属的金融监测局，土库曼斯坦的主管机关为财政部下属的金融监测局，乌兹别克斯坦的主管机关为总检察院下属的金融监督局。

哈萨克斯坦扩大了反恐融资的国际合作，尤其是与美国的合作成果较为突出。2015 年 2 月哈萨克斯坦和美国两国通过签署《刑事司法互助协定》确立了反洗钱合作的法律基础，该国 2018 年成立的阿斯塔纳国际金融中心也将致力于反洗钱事业。

乌兹别克斯坦颁布了《反洗钱法》，2016 年通过修正案以使金融情报机构在反洗钱过程中拥有冻结资产、暂停交易之权力。在 2017 年，乌兹别克斯坦为降低黑市洗钱风险实施了货币可兑换改革。2018 年 9 月，乌兹别克斯坦总统组

---

[1] 1990 年 11 月 8 日在斯特拉斯堡签署的“关于打击犯罪所得合法化”的国际法基本准则首先载入《关于洗钱，查明，扣押和没收犯罪收益的公约》。这应该是较早的反洗钱问题的公约的概念释义。

建反洗钱、反恐怖融资和反大规模杀伤性武器扩散融资跨部门委员会，由总检察院牵头，机构设在总检察院打击经济犯罪司。

塔吉克斯坦政府2011年通过了规定有“了解你的客户条例”和“可疑活动报告制度”的《打击洗钱和资助恐怖主义法》，初步形成了反洗钱法律体系。[1]然而，该国政府控制的不良资产过多，难以与西方金融机构取得良性合作。

中亚五国的反洗钱法和反资助恐怖主义法是以专门法为基础、以其他相关法为辅、以其他规范性法律文件为补充的法律体系，针对“其他犯罪所得合法化和资助恐怖主义”行为，各国一般采用合二为一地应对的立法模式。各国均制定了《打击洗钱和资助恐怖主义法》，其中专章规定了反洗钱主管机关的任务、职能、权力和义务、与其他国家机关的协作和反洗钱国际合作等方面的问题。该法与其他涉及打击资助恐怖主义条款的法律、总统令、政府令和部门规章共同构成反洗钱法和反资助恐怖主义法的组成部分。

中亚国家和世界各国、各国际组织积极开展反恐融资合作，与联合国、世界银行、国际货币基金组织、欧洲安全与合作组织等其他国际组织就完善反洗钱和反资助恐怖主义方面的法律、组织、财政、技术和其他问题开展合作。其中，中亚国家和独联体国家反洗钱主管部门签订了一系列反洗钱合作双边协定。各国国际合作凸显了对恐怖活动融资情报的交流共享，在各自国家的打击洗钱和资助恐怖主义法中强调了反恐融资情报交换机制。例如，哈萨克斯坦国反洗钱主管机关以预防、发现和制止涉及洗钱和资助恐怖主义的行为为目的与外国开展请求和交换情报的合作。

吉尔吉斯斯坦国家金融情报局于2006年12月13日和2007年6月14日分别与白俄罗斯国家监督委员会金融监测司和乌克兰国家金融监测委员会在索契市签订了《反洗钱和资助恐怖主义合作备协定》；与阿富汗金融业务和分析中心、爱沙尼亚中央刑事警察局下属的金融情报局、摩尔多瓦打击经济犯罪和腐败中心、波兰、土耳其、俄罗斯、欧安组织等也签订了相关协议；2017年与摩纳哥、巴拿马和以色列签署了有关资助恐怖主义及洗钱信息交流的国际合作协议，建立了反恐融资专门机关。这些表明吉尔吉斯斯坦对于反洗钱情报合作持有积极的态度。

塔吉克斯坦允许授权机关和其他与打击洗钱和资助恐怖主义活动有关的

---

〔1〕 See *Anti Money Laundering*, Know your country report, (October 30, 2014), https://www.knowyourcountry.com/tajikstan1111.

政权机关依照保护信息的原则,根据请求或主动向外国职能机关提供情报。乌兹别克斯坦《反洗钱和资助恐怖主义法》规定,被专门授权的国家机关有权依法向外国职能机关提出提供必要情报的请求和对外国职能机关的请求进行答复。

为完善反恐融资国际合作的法律基础,2004 年 10 月中国与俄罗斯、哈萨克斯坦、塔吉克斯坦、吉尔吉斯斯坦、白俄罗斯共同作为创始成员国,在莫斯科成立欧亚反洗钱与反恐融资小组,同时接纳格鲁吉亚、乌兹别克斯坦、乌克兰、意大利、英国、美国及金融行动特别工作组、世界银行、国际货币基金组织、集体安全条约组织、欧亚经济共同体、国际刑警组织、联合国毒品与犯罪问题办公室、上合组织等为该组织观察员。同年 12 月,欧亚反洗钱与反恐融资小组在莫斯科举行了第一次全会,接受摩尔多瓦、日本和德国为新观察员,该组织观察员达到 19 个。为通过立法约束和遏制资助恐怖主义的活动,中国《刑法》[1]专门对为暴力恐怖犯罪融资的犯罪活动做了明确规定,补足了资金链的监控漏洞;"组织、领导、参加恐怖组织罪"中增加财产刑,依法没收全部财产、彻底斩断境外资金来源,以避免涉恐财产转移到他国。《刑法》将资助恐怖活动培训、为恐怖活动招募、运送人员的行为明确为刑事犯罪,查明境外非政府组织在中国的融资活动等。[2] 中国《反恐怖主义法》明确规定,扩大资助恐怖主义的认定范围,打击向恐怖组织资助现金、金融证券的行为和变相间接资助恐怖主义的行为。中国反洗钱监测分析中心已先后与俄罗斯、吉尔吉斯斯坦、蒙古等国家和地区的金融情报机构签署了情报交流谅解备忘录。俄罗斯颁布一系列反洗钱方面的法律、法令及决议,结合了国际法律文件中的要求和建议,总体上,其反洗钱和反恐融资体系的法律基础是《斯特拉斯堡公约》《制止向恐怖主义提供资助的国际公约》《维也纳公约》《联合国反麻醉药品和精神药品公约》等国际法规。

俄罗斯与哈萨克斯坦及塔吉克斯坦执法机关的联合行动取得一些实绩,认定一个严重恐怖组织设立的冒牌粮食公司和"阿卜纳利"公司进行非法洗钱行为,并严重挫败了其洗钱活动。

(二)打击跨国融资的难点

中亚五国的反恐怖主义洗钱的法律政策在 21 世纪初期才开始得到关注和完善,同时意识到反恐怖主义融资的重要性、艰难性和长期性。各国家及其政

---

〔1〕 我国 2015 年 8 月 29 日第十二届全国人民代表大会常务委员会第十六次会议通过刑法修正案(九)中对恐怖组织融资的活动有了新的规定。

〔2〕 对在境外支持反华的组织、媒体的相关人员禁止入境,并对入境后的相关人员驱逐出境。

府机构、国家立法机构对现有国际法准则的约束未能给予充分关注，对那些与准则相悖的行为和问题的反应显得无能为力。

反恐融资的法律基础也需要完善。中亚国家目前对国际组织的作用比较认可。当然，有一些国家，如乌兹别克斯坦一度执行了不稳定和不可预测的国际合作政策，这影响了作为长期斗争的反恐怖主义融资对策的施行效果。一些组织除为恐怖主义活动提供资助外，还把犯罪所得的非法资金给极端主义活动融资。为此须明确界定中亚各国刑法中的恐怖主义融资的概念，确定参与恐怖主义融资犯罪活动的法律责任。某种程度上，美国“9·11”事件的直接后果是修改了打击恐怖主义的方法。联合国大会1999年12月9日通过了《制止向恐怖主义提供资助的国际公约》，其中提到与恐怖主义活动融资有关的行为要承担刑事责任。中国、美国和俄罗斯支持这一立场，中亚各国因执行力不足对这些建议持谨慎态度。中亚国家当时求得国际反恐支援的心情十分迫切，也意识到从认识反恐怖主义融资的重要性到实际加强反恐融资的道路还是漫长的。

各国银行体系在打击恐怖主义融资方面力度仍然不够。各国面临不同的难点。2016年吉尔吉斯斯坦金融情报机构试图起草遵守所有国际标准的新反洗钱法，但是由于国内资源不足被迫放弃。[1]此外，在中亚各国银行进行金融交易过程中，缺乏披露账户持有人身份或货币金额接收方的要求，缺乏监测资本流动的有效制度；大额现金交易无须注册；不要求国家针对有关可疑交易强制性通知；存在向持有人支付汇票和其他应付款的持有人支付现金的做法；存在广泛的非银行金融体系，在货币兑换领域缺乏有效的国家控制；注册公司的程序非常简便；缺乏对银行业活动严格的监管制度；管理机构的能力不足；建立银行和开户的程序过于简便；当局有逮捕没收犯罪资本的权力；国家机关在遏制非法毒品贩运和金融犯罪资本方面效果不佳；也存在国家过度分配、美元自由流通、大量美元存款等现象。哈萨克斯坦不需要向国家的金融监管机构提交交易记录，也不需要对客户尽职调查和报告可疑活动，缺乏与其他国家联合缉获非法资金后的资产分享机制。

另外，金融机构监管主要包括客户身份识别、客户身份资料及交易记录保存、大额交易和可疑交易报告，这是金融情报机构信息的来源与情报共享的前提与基础。随着第三方支付的盛行，网络支付逐渐受到洗钱犯罪分子的青睐，

---

〔1〕 See *Anti Money Laundering*, Know your country report, (October 30, 2014), https://www.knowyourcountry.com/tajikstan1111.

犯罪分子往往利用第三方支付非面对面的特征隐匿真实身份或借用第三方身份,通过多账户、多层次的交易来隐匿真实的资金来源与去向,过程纷繁复杂。预防和治理跨国洗钱犯罪,需要对大量的资金交易流水数据进行分析,仅靠金融机构的监测监管远远无法满足反跨境洗钱的要求。

总体上看,该地区金融系统比较落后,存在许多漏洞,金融监管比较薄弱,因而成为洗钱犯罪集团选择的地方之一。洗钱犯罪与恐怖主义犯罪是相伴而生的。

(三)上合组织成员国反恐融资问题与突破

早在2006年10月,联合国打击有组织犯罪公约缔约方会议第三届会议决定对中国、俄罗斯、阿富汗、塔吉克斯坦、哈萨克斯坦、乌兹别克斯坦和土库曼斯坦在打击洗钱和资助恐怖主义犯罪方面提供法律和技术支持。[1] 中亚国家在立法应对空间上可完善金融交易部分,对资本流动的有效监测、建立大额现金交易的注册制度、对有关可疑交易强制性通知、优化公司注册程序等非常重要。"非法犯罪所得资金通过洗钱而合法化""资助恐怖主义的行为"等都应是国际刑事政策关照的重点。

对于银行客户的政策执行国际标准,如区分高、中、低级别,研究客户的差异有利于确定特定风险群体。所有发达国家都通过了无须使用司法程序来单方终止有漂洗赃钱嫌疑的银行账户的协议。中亚国家也可以尽早尝试这样的措施。过于宽松的反洗钱监管制度会吸引恐怖主义、黑社会和犯罪集团。中亚各国除乌兹别克斯坦打击恐怖主义的对策比较具体外,大部分国家在这些方面存在很大的法律空白,如缺乏对涉嫌恐怖主义活动的组织的财务执行情况的监测制度。

1995年倡议创建"埃格蒙特"的美国和比利时专家们认为,用综合措施持续追踪新的洗钱活动的情报至关重要。有必要研究恐怖组织、贩毒组织、军火商的融资路径,并将之进行比较。应尽快统一区域立法,加强对刑法责任的统一认定;引渡罪犯,建立共同数据库和区域银行体系内的信息交流机制。但这些建议尚不能完全应用于中亚国家。中亚国家的刑法典在确定责任的程度方面缺乏明确性,可能造成了不利于处理向恐怖分子提供融资的赞助者的情况。因此,有必要统一刑法中的恐怖主义、极端主义和分裂主义规范表达。立法应

---

〔1〕 联合国打击跨国有组织犯罪公约缔约方会议第三届会议于2006年10月16日在维也纳召开。

完善责任追究制度，即资助恐怖主义行为可能比实施恐怖主义行为更严重。由此可能大幅度改变执法机构的执法方向，特别是提醒资助恐怖主义者重新评估其行为可能担负的法律代价，逐步形成“对资助恐怖活动的要承担巨大法律责任”的认知。只打击制造恐怖事件人，恐怕这场反恐战争很难结束。

中亚各国国际反恐融资的法律逐渐完善。中亚五国的《刑法典》规定的应负刑事责任的违反反洗钱法的行为包括洗钱（犯罪收益合法化）罪和资助恐怖主义罪。根据侵犯的客体，洗钱和资助恐怖主义分别归在经济犯罪和危害公共安全罪中。例如，吉尔吉斯斯坦刑法有专门条款惩处为恐怖主义融资的行为。此外，中亚各国均通过了反洗钱和资助恐怖主义法。其中，2004 年乌兹别克斯坦发布《反洗钱反资助恐怖主义法》（之后十年内修改补充了四次）、吉尔吉斯斯坦在 2005 年制定专门反洗钱法。土库曼斯坦是非上合组织成员国，2015 年该国第 2 部《反击洗钱和资助恐怖主义法》生效。哈萨克斯坦规定所有金融机构至少配置 1 名反洗钱专家。塔吉克斯坦《反洗钱和资助恐怖主义法》于 2011 年 3 月 25 日公布生效。

大力发展非现金预算。减少现金，不仅会减少中亚国家的影子经济，还有助于反恐。目前该地区的现金增长超过了国内生产总值增长。如果非现金交易被控制，那么就会减少洗钱和资助恐怖主义者的数量。过多的现金交易助长了腐败、贿赂和洗钱犯罪。现金交易多的国家一般难逃犯罪形势严峻的命运。根据 2017 年全球清廉指数，上合组织成员国中，中国排在全球第 77 名，印度排在第 81 名，其他 6 个国家的排名均在第 110 名以后[1]。因此，尽量减少现金流动和创造改善非现金周转条件是遏制洗钱、反恐融资的必经之路。在金融交易中，应逐步加强中亚各国对资本流动的有效检测制度，建立大额现金交易的注册制度，加强对有关可疑交易强制性通知，建立更加科学化的公司注册程序等。此外，更积极地参与信息交流，不仅成为欧亚反洗钱与反恐融资小组的政策，也被上合组织作为明确的目标。

加大对加密币的风险防控。中亚地区还面临着加密币被使用的风险，且风险控制对策不完善。2017 年 10 月，中亚中央银行同意使用加密货币，这对金融业发展的影响很大，因为可能增加洗钱、恐怖主义融资行动的机会。使用加密货币在为消费者创造新的机会的同时，带来相关的风险。中亚各国中央银行、

---

〔1〕 参见《2017 年全球清廉指数排名：哈国上升 9 位，榜首是哪国?》，载微信公众号“哈萨克斯坦新观察”2018 年 2 月 23 日，https://mp. weixin. 99. com/sVdNziVDuRiuPm_1E - xhFVg。

黑海地区和巴尔干地区对加密货币市场的风险的认识达成一致,监管机构表示对传播的风险严重关切。比特币是第一个基于技术的虚拟货币,是一种使用相同账户单元和相同数据传输协议的支付系统,为了确保系统的功能和保护交易,使用加密方法。比特币交易是不可逆转的,双方之间的电子支付过程没有中介。除业主本人外,没有人可以冻结资金,即使是暂时的冻结依旧需业主本人操作。

巴基斯坦反恐融资取得了一定进展,建立了反洗钱和恐怖主义融资的检查、监管制度框架。2010年巴基斯坦颁布的《反洗钱法》为监测洗钱过程和起诉罪犯提供了独有的法制框架和立法依据。该法有一定缺陷,它认为洗钱者是指从犯罪所得中获取私有财产并隐藏(或替他人持有)的人,显然,此范畴不够宽泛,缺乏对恐怖主义的规制。对违法者拥有调查和起诉权的联邦调查局等调查机构已要求财务监察组制定财务交易程序并向当局报告有关可疑交易,交出犯罪可疑信息,但是财务监察组并无权采取行动。除此之外,巴基斯坦的另一项重要立法,即2013年修订的《反恐怖主义法》规定,恐怖主义融资行为可在反恐怖主义法院得到处理。尽管存在反恐规定,但不够明确具体,巴基斯坦鲜有洗钱案的定罪实践。自2017年白沙瓦袭击事件后,宣布“国家行动计划”以来,巴基斯坦反恐的有关情况改变不大。相反,巴基斯坦继续出现在那些“需要做更多的事情来规范洗钱和恐怖主义融资的国家”的国际名单上,“禁止某些团体活动和冻结他们账户”的遏制恐怖融资的措施和行动逊色于其他国家,其采取的是常规性措施。[1]

蒙古的恐怖主义融资问题比较严峻,2013年金融行动特别工作组曾提醒蒙古其可能成为洗钱犯罪高发国家,建议其修改《反洗钱与反恐怖融资法》,否则将把其列入洗钱国家“黑名单”。蒙古议会2013年5月通过的《反洗钱与反恐怖融资法》修正案规定,有关部门有权针对通过银行汇入或转账的超额的可疑资金开展以3天为期限的审查,甚至可以根据法院的决定延长审查期限。该法案为阻止和预防犯罪所得的非法资金进入蒙古进行洗钱及用于恐怖活动而提供了法律保障。2015年7月9日,中、俄、蒙元首在乌法举行第二次会晤时,一致同意在反恐领域加强合作,并在欧亚反洗钱与反恐怖融资组织和亚太反洗钱组织中扩大并深化反洗钱与反恐怖融资的合作。反恐以及反恐融资行动是最

---

〔1〕 该清单由政府间金融行动特别工作组(负责跟踪洗钱和恐怖资金活动)编制。

需要统一性和一致性的,所有国家的金融情报机构都应该实行严格的防止非法洗钱活动和资助恐怖主义的政策。

总之,各国反恐融资态度积极,总体上建立了反恐融资的法律基础,但金融监管的漏洞还较多,除需要中亚国家自身积极克服外,还需要与国际组织开展反恐融资合作。在上合组织框架内加强该领域的合作,益于将反恐融资确立为优先合作领域,在金融交易中逐步加强中亚各国对资本流动的有效检测制度、建立大额现金交易的注册制度、加强对有关可疑交易强制性通知、建立更加科学化公司注册程序等。此外,2022 年上合组织成员国总检察长第二十次会议讨论了打击地区日益增长的跨国经济犯罪、非法转移资金的涉案资金从成员国返还的问题。

第三章

治安秩序危机生成与执法安全合作难点

犯罪与治安有密切关系。秩序与安全的现实威胁依然存在,治安风险尤为常见。政治因素、大国为之而展开国际政治的博弈和竞争、民粹主义因素带来的不确定性影响国家的政策和局势的变化。正如罗兰·罗伯逊指出的,地区化经常与全球化相伴相生,全球化激发和强化地方的认同。从经济上,跨国生产与流通促使重新分配,在社会的内部与外部均造成失衡、落差、不公平与愤怒。正因如此,产生了以民族国家为框架,利用人类基本的自卫能力而煽动民族主义的排外逆流。法律法规调整较为频繁,且存在法律的执行和实施过程不规范的问题〔1〕。不能保证国家的法律法规具有较好的稳定性,政策法规的不连贯性会造成外来投资的政治风险加大,增加企业的运作成本,甚至直接导致投资的失败,遭受不可挽回的经济损失。跨国企业在中亚的经营需要有稳定的法律及有关政策的保障。

一、中亚四国的治安秩序与风险

独立三十年来,中亚国家的法治体系得到一定发展,但是依然存在选择性执法和监督不力的现象,社会尚未形成闭环管理体系,治安管理存在漏洞。中亚各国治安秩序风险和跨国犯罪活动发展形势有一定差别。新的国家确立的政治体制均具有较大的不稳定性,政局变化较大。由于苏联解体和新国家的建立,在 1990 年之后国家的概念重新被重视,给非部落民族代表带来了巨大压力,主要体现在对识别他们的社会风险的挑战。

〔1〕 参见陆兵:《中国企业走向中亚市场的风险和防范措施》,载《新疆师范大学学报》2017 年第 4 期。

（一）吉尔吉斯斯坦

吉尔吉斯斯坦地处中亚腹地，面积 19.99 万平方公里，人口 663.7 万人（截至 2021 年 1 月），和中国有 1084 公里的共同边境线。独立之初，清真寺有 39 座，2012 年 5 月数量增加到 2000 座，地处南方的清真寺占总数的 70% 以上。[1] 2016 年清真寺总数量已上升至 2600 座，其中 700 座坐落于该国南部号称"费尔干纳火药桶"的奥什州[2]。2018 年年底清真寺达到 2714 所，登记的宗教学校 100 多所。还有大量没有登记的宗教场所和学校，据估计，伊斯兰经学院达 2700 多所，多于中学的数量。

首先，该国的治安秩序特征中，暴力侵财犯罪比较典型。50% 的刑事案和贩卖儿童、贩毒、盗窃、暴力抢劫、杀人等有关。该国失业严重，贫富差距使一些人走上犯罪道路，刑事犯罪的侵财性和暴力程度更加严重，数额不大的抢劫侵财行为也常以暴力杀人为手段。2005 年和 2010 年吉尔吉斯斯坦发生的两次政权更迭进而引发了社会大的骚乱冲突，大批无违法犯罪前科的人走上街头变身暴力分子，趁机打、砸、抢。这反映出普通民众不满和积怨许久，社会矛盾深重，有急于摆脱贫困的心理。

其次，吉尔吉斯斯坦的治安秩序具有比较典型的动荡性和不稳定性。从全球和平指数看，大部分上合组织成员国的动荡性指数均逐年下降，唯有吉尔吉斯斯坦的社会动荡指数从 2014 年的 2.0 升到 2020 年的 3.75（见图 10 至图 15）。吉尔吉斯斯坦治安形势长期处于不稳定状态，[3] 民族主义、对腐败的愤怒和对环保的关注积蓄了反政府情绪。[4] 该国有几次较大的动荡，出现了若干高风险时期，目前是中亚国家中社会动荡指数唯一呈上升趋势的国家（见图 14 至图 19）。从 2005 年至今，其政权已经历三次非正常更迭，一度造成社会动荡。新总统与老总统的势力斗争尖锐，一些措施难免波及跨国企业经营政策的稳定性。例如，2018 年热恩别科夫上台，看似政权平稳交接，实则政权变得更加复杂，他与前总统阿塔姆巴耶夫关系失和，内部斗争一度升温，导致上任政府签署

---

〔1〕 参见粟瑞雪、李燕：《俄罗斯在中亚的利益：内容、前景、制约因素》，载《俄罗斯研究》2014 年第 2 期。

〔2〕 Валерий Синько，Исламский терроризм в Центральной Азии：явки，пароли，перспективы，http://www.gumilev－center.ru/.（19. МАЯ. 2017）.

〔3〕 Взрыв в столице，Таджикистана признан，терактом，http://avesta.tj/index.php? newsid = 7733. 09.03.2011.

〔4〕 See *Central Asia's Silk Road Rivalries*，crisis group（July 27，2017），https://www.crisisgroup.org/europe－central－asia/central－asia/245－central－asias－silk－road－rivalries.

的协议以及合作领域的问题存在变数。

再次，人口跨境流动给治安管理带来了不小压力。吉尔吉斯斯坦大约有70万至100万劳动力在俄罗斯、哈萨克斯坦，移民管理上非常薄弱，护照管理事务由内务机关管理改为由统管行政审批事务的国家登记注册局管理。虽然移民管理改革提升了移民活动的便利性，但是管理水平未得到提升，发现和防止伪造证件的能力依然较低。同时，吉尔吉斯斯坦承认双重国籍，出入境管理不严格，移民管理处于混乱的状态。这些问题削弱了国家防范安全风险能力和维护治安的效率。

最后，腐败问题一直影响着国家治安秩序。吉尔吉斯斯坦政体的中央集权制没有形成，社会的各领域发展不成熟，政府掌控局势的力量令人担忧，各地势力斗争尖锐，贪腐盛行〔1〕。吉尔吉斯斯坦政坛认为许多投资不利于社会管理，且伴随高层腐败。〔2〕 该国南部地区居民受教育程度低于北部居民，容易轻信者有之，个别人成为恐袭案的执行者，受制于幕后策划者。从投资者的角度来看，不排除存在个别外资企业试图回避制度约束，或者有些外资企业因与前任政府或当局政府关系密切而成为反对派或新政府遏制和打击的对象。同时，吉尔吉斯斯坦的国内政治生态因经济滞缓而变得日渐复杂起来，2018年1月至5月GDP仅增长0.7%，社会失控隐患大增。

（二）塔吉克斯坦

塔吉克斯坦东南部边境与中国的新疆维吾尔自治区接壤，边境线430公里；南部与阿富汗紧邻，边境线1400公里；北部与吉尔吉斯斯坦相邻，边境线630公里；西部与乌兹别克斯坦相邻，边境线910公里。戈尔诺—巴达赫尚自治州与中国新疆维吾尔自治区有近500公里的边界线，该州属于伊斯兰什叶派和伊斯玛伊教派，崇拜阿迦汗，而大多数塔吉克斯坦的居民信仰伊斯兰逊尼派，因而此地存在教派之争。

该国在独立之初治安秩序的动荡性要小于其他中亚国家。吉尔吉斯斯坦发生了数次“颜色革命”都没有演化成内战，但塔吉克斯坦发生了一次“颜色革命”就演化成内战。目前，该国政局总体稳定，政府较注重控制能力，但国家面

〔1〕 参见粟瑞雪、李燕：《俄罗斯在中亚的利益：内容、前景、制约因素》，载《俄罗斯研究》2014年第2期。

〔2〕 See *Central Asia's Silk Road Rivalries*, Crisis Group (July 27, 2017), https://www.crisisgroup.org/europe-central-asia/central-asia/245-central-asias-silk-road-rivalries.

临的恐怖主义、毒品犯罪等非传统安全的威胁不断上升，治安风险主要来自抢劫、盗窃、治安等一般案件，枪击案、武装抢劫、武装绑架、自杀爆炸、恐怖袭击等恶性案件，车祸、空难、爆炸等大型活动类风险、意外事故等，还包括劳务纠纷、自然灾害和公共卫生事件等。

塔阿边境的治安风险的压力已成塔方难以承受却不得不经受的重担：塔南部搁喷赤河和阿富汗相邻，边境安全形势复杂，小规模武装冲突时有发生。该地是贩毒走私线路，从阿富汗经中亚地区走私的毒品中每年 80～88 吨通过塔吉克斯坦，尤其在塔东部戈尔诺—巴达赫尚政府控制力较薄弱的地方，武装贩毒势力较大，65%～70%的刑事犯罪与毒品有关。国家对武装贩毒组织的防守力有限，该地有陷入拉美化（产毒中心和运毒通道）的风险。[1]

2010 年起，该国针对警察、外国企业的袭击活动不断，2015 年 3 月乌鲁兹甘省警察局长遭塔利班暴恐袭击身亡，继任者古拉布也被袭身亡，2 个月内两任局长被袭，执法人员成为恐怖组织袭击主要对象。当然，这一风险也始终是外资企业安全防范的重点。2015 年治安风险再度反弹。一般每年岁末临近新年之际，危害人身安全的事件多发。2018 年先后发生袭击外国游客的事件和犯罪团伙越界袭击塔边民和胡占德监狱暴动的事件。聚集在塔阿边境，部分有激进倾向的公民组成叛乱团伙，造成边境安全隐患。塔吉克斯坦的资源缺乏，军警受训不足，缺乏成熟的巡逻机制，有监控盲区，武装分子及其弹药因而易非法入境，影响安全防控效果。

塔官方数据显示，2021 年该国警察接到报案 24,118 起，较 2020 年 23,460 起增加 658 起。内务机关注册登记立案共 15,563 起，犯罪侦破率为 80.5%。其中，盗窃案件数量最多，达 6425 起[2]。

2014 年以来塔吉克斯坦货币持续贬值，2017 年年底已经累计贬值 70%，外资企业收益缩水，对跨国企业带来一定经营风险。外经银行和农投银行经营情况不佳，国家外汇短缺，跨国企业存在一定风险。该国法律和司法体系落后，投资法、自由经济区法等法律过于笼统、不够细化。投资法在市场准入方面未对外资投资比例作明确规定，在征用与国有化补偿方面，虽规定了赔偿的额度按照市场价格确定，但是市场概念模糊。此外，该国国内法与国际法不接轨，在投

---

〔1〕 Смотреть Центральная Азия геополитика наркотрафика, http://www.fondsk.ru/news/2010/10/30/centralnaja-azija-geopolitika-narkotrfika.html.

〔2〕 参见塔吉克斯坦内政部网 2022 年 2 月 2 日，https://www.vkd.tj/index.php，相关内容。

资转让方面条件严苛。自然灾害、传染病也是安全防护的重点,自然灾害的风险主要存在于地震、雪崩多发区,部分地区肝炎、疟疾、肠伤寒等疫情时有发生。

(三)乌兹别克斯坦

乌兹别克斯坦人口众多,成分复杂,在地理上和土库曼斯坦、阿富汗、伊朗等国家接壤。总体上该国治安形势较好,但存在不稳定因素,地区冲突依然严峻,面临的非传统安全问题极具地区代表性。前总统卡里莫夫曾专门撰写《临近世纪的乌兹别克斯坦安全威胁、进路条件和保障》一文,客观描述了国家安全形势[1],毒品犯罪与恐怖主义活动是该国面临的主要的非传统安全问题。

乌兹别克斯坦境内长期活跃着三个威胁最大的恐怖组织,分别是"乌伊运"、"阿克罗米亚"和"伊扎布特"。另外,2016 年至 2017 年乌兹别克斯坦境外发生的五起较严重的恐袭案件的凶手均来自乌兹别克斯坦,这显然不能用巧合来解释。2016 年 6 月 28 日晚伊斯坦布尔国际机场遭遇炸弹袭击,43 人死亡,近 240 人受伤,凶手之一来自乌兹别克斯坦。2017 年 4 月 7 日,在瑞典斯德哥尔摩的王后街,乌兹别克斯坦人阿基洛夫驾驶货车冲撞行人,造成 4 人当场死亡,多人受伤。同年 4 月,俄罗斯的圣彼得堡地铁发生连环炸弹袭击,造成 16 死 50 伤,恐袭实施者是乌兹别克斯坦人。2017 年元旦凌晨,一名乌兹别克斯坦人用枪袭击了伊斯坦布尔的一家夜店,伤亡近百人。2017 年 10 月,一名男子驾驶卡车在纽约曼哈顿闹市区故意冲撞人群,造成 8 人死亡 11 人重伤,凶手是拥有美国绿卡的乌兹别克斯坦人。上述人员除因生活不如意实施恐怖袭击之外,或多或少与恐怖组织有关联。

自独立以来,该国发生了引发全球关注的安全事件。2005 年安集延事件发生后,整个国家转向加强对人员交流的监控,处于"闭关锁国"状态,未能构建出充满活力的私营部门,未给迅速扩大的年轻的劳动年龄人口提供良好的就业机会。

乌兹别克斯坦矿产资源丰富,天然气、黄金、铀矿开采量分列世界第 9 位、第 11 位、第 5 位[2]。纵有富饶矿产,但该国水资源匮乏,这一直困扰着乌兹别克斯坦。中亚人口第一多的国家,人口多且分布不均,多聚居在费尔干纳盆地的安集延州。该地与吉尔吉斯斯坦和塔吉克斯坦存在领土纷争。因用水紧张,

---

〔1〕 参见[乌]伊斯拉姆·卡里莫夫:《临近 21 世纪的乌兹别克斯坦安全的威胁、进步的条件和保障》,王英杰等译,国际文化出版公司 1997 年版,第 7 ~ 11 页。

〔2〕 参见徐晓彤等:《乌兹别克斯坦矿业投资前景分析》,载《中国矿业》2017 年第 3 期。

在此居住的三国公民时常大打出手。乌方抗议塔吉克斯坦修建罗贡水电站，与吉尔吉斯斯坦围绕托克托古尔水库存在争议。乌方还担忧土库曼斯坦的巨大人工湖金世纪湖会恶化，咸海危机等一系列国家间的冲突都与水资源相关[1]。上合组织也在为解决中亚跨境水资源问题四处奔走。

（四）哈萨克斯坦

哈萨克斯坦作为上合组织的创始成员国之一，提出了大量建议、方案、文件和计划，为上合组织的发展作出贡献。前总统纳扎尔巴耶夫曾在塔什干举行的上合组织峰会上明确表示，哈方在上合组织框架下的优先方向是深化地区安全。[2] 这一表态称得上是哈在2016年担任上合组织轮值主席国的行动纲领[3]（2016年6月哈萨克斯坦第三次担任上合组织轮值主席国）。哈萨克斯坦经济实力居独联体第二位，仅次于俄罗斯，总体安全形势较好，政府控局能力在中亚国家中较为突出。最近几年该国治安秩序的波动性较大，治安形势从早期的平稳现如今趋于激烈动荡，复杂因素逐年增多，民生问题的矛盾非常突出，违法犯罪案件数量虽然稳中有降，但严重的人身伤害犯罪和欺诈罪有所增加。与其他中亚国家一样，跨国有组织犯罪发展形势较为严峻，非传统安全类的威胁直接指向国家内部政治领域的安全。

从全球和平指数来看，自1994年到2020年该国整体和平趋势持续降低，2018年的数据显示，该国人均购买力仅增长1.8%，生活水平连续3年没有改观。受国际油价波动、俄罗斯被经济制裁的影响，哈萨克斯坦本币汇率、国民收入均出现了大幅度的波动，坚戈对美元的汇率跌落近20%。安全保障、军费、军事化、国内和国际冲突四项指数均在2021年呈逆向不利的走势（见表6），全球和平指数（163个国家）的排名从2020年的第68名猛跌落到2021年的第94名（此前2014年至2020年连续6年在第70位上下徘徊，表现出持续向好态势）。

---

〔1〕 参见张小瑜：《乌兹别克斯坦水资源问题探析》，新疆师范大学2013年硕士学位论文，第7～9页。

〔2〕 参见《哈萨克斯坦共和国驻华大使到访上海合作组织秘书处》，载上海合作组织网，http://chn.sectsco.org/news/20160726/115007.html。

〔3〕 参见《哈萨克斯坦：促进和平、安全与发展25周年》，载上海合作组织官网，http://chn.sectsco.org/news/20160629/108028.html。

表 6　哈萨克斯坦 2014—2021 年全球和平指数

年度	总分	国家排名	全球平均	安全保障	军费	军事化	国内和国际冲突
2021	2.084	94	2.1	2.568	1.535	1.913	1.609
2020	1.929	68	1.9	2.281	1.444	1.833	1.604
2019	1.92	66	1.9	2.269	1.411	1.815	1.604
2018	1.949	69	1.9	2.351	1.382	1.788	1.604
2016	1.986	72	2.0	2.447	1.478	1.765	1.604
2014	2.038	79	2.0	2.581	2.581	1.736	1.605

2018—2019 年案发数量稳中有降(见表 7)。然而,欺诈和造成严重身体伤害的案件不降反增。

表 7　2018 年和 2019 年哈萨克斯坦治安形势的数据体现

单位:件

案件类别	2018 年	2019 年	增减率
造成严重身体伤害	1030	1115	8.3%
欺诈	15,398	16,530	7.4%
谋杀	529	401	-24.2%
谋杀未遂	66	54	-18.2%
盗窃	88,317	74,847	-15.3%
敲诈勒索	333	202	-39.3%
抢劫	4014	3540	-11.8%
流氓行为	4277	3378	-21.0%
在公共场所犯罪(街头犯罪)	46,990(24,390)	40,710(20,125)	-13.4%(17.5%)

再看,2018 年与 2017 年的违法刑事犯罪案发案量,也呈现总体下降趋势。2018 年全国共登记了 292,286 起刑事犯罪,同比减少了 7.6%(2017 年 316,418 起)。其中故意犯罪 263,138 起,同比减少 7.9%,占犯罪总数量的 90%。案发率总体呈下降趋势,但杀人案由 2017 年 942 起增加到了 2018 年 943 起,上升了 1%。然而,买凶杀人案(属于造成严重身体伤害案)和敲诈勒索、诈骗案均上升。其中,买凶杀人案由 2017 年 105 起增加到了 2018 年 120 起,上升了 14.3%。敲诈案 483 起,比 2017 年的 470 起上升了 2.8%。诈骗案 29,282 起,比 2017 年的

27,467 起上升了 6.6%。从案发地区来看,案发较高州(市)的数量依次为:阿拉木图市 62,678 起,阿拉木图州 27,678 起,阿斯塔纳市 25,159 起,东哈州 23,001 起,卡拉干达州 21,029 起,科斯塔奈州 16,479 起,阿克纠宾州 16,479 起,阿克莫拉州 12,549 起。可见,2017 年至 2019 年三年中发展形势严峻的案件类别为造成严重身体伤害案、敲诈勒索、欺诈案均上升。

从破案率来看,特别严重犯罪的破案率下降,2017 年破案率 92.1%,2018 年破案率占 87.4%,严重犯罪破案率 2018 年也下降,为 66.6%(2017 年为 68.1%)。刑事犯罪案中多数为盗窃案(180,175 起),2018 年比 2017 年(193,154 起)下降 6.7%。内务机关是受理治安案件和刑事案件的主要部门,上述类别案件受理侦查案件 283,925 起,占总数的 97.1%,远高于财政部国家收入委员会、国家公务员事务和反腐败署反腐局、检察院、国安委受理的案件量。

2019 年审前调查案件是由内政部门管辖,2019 年达 129,160 件,占所有类别案件的 96.9%,财政部国家税务局管辖的案件 972 件(占 0.7%),反腐败局处置案件 1728 件(占 1.3%),检察官管辖案件 714 件(占 0.5%),国安委处置案件 519 件(占 0.4%)。2019 年刑事犯罪调查类案件较上一年有所减少,占 9.7%(由 65,970 减少至 59,567),提交法院减少了 25.0%(由 36,275 减少至 27,190),重特大犯罪侦破率为 77.0%,2018 年侦破率 72.3%。2019 年 1—6 月该国共登记刑事犯罪 133,344 件,下降 11.6%。违法犯罪案件的 88.9% 为刑事犯罪。2019 年审前侦查案件中,特别严重犯罪的立案、低严重性案件的立案均少于 2018 年。尽管犯罪率下降,但造成严重身体伤害的犯罪增加了 8.3%,欺诈犯罪增加了 7.4%。

挑战国家安全的非传统安全威胁大量存在,2012 年月颁布的新版《哈萨克斯坦共和国国家安全法》认为,挑战国家安全的非传统安全威胁主要包括:国家职能部门与恐怖极端势力等犯罪组织相互勾结、贪污腐败、洗钱、非法走私武器和毒品、非法移民;民族、宗教冲突和大规模暴动;恐怖主义、极端主义和分裂主义活动;威胁国家经济安全、损害国家利益的活动猖獗,包括滥用战略资源、阻碍创新发展和投资、建立非法武装力量等活动。

首先,恐怖主义发展呈现波动性。哈萨克斯坦副总检察长约翰·默克尔在首届哈萨克律师联盟和犯罪学家联盟国际会议上称:2012 年前 10 个月,与恐怖主义和极端主义相关犯罪案件达 112 起。2007—2012 年,40 名哈萨克斯坦国民因参与恐怖主义犯罪或参加非法武装组织在境外被捕。[1] 随着世界恐怖主义形势持续升温,恐怖主义袭击的方式多样化,哈萨克斯坦境内汽车炸弹、人体炸弹、独狼式以及妇女儿童恐怖主义袭击的方式层出不穷。虽然没有官方的数据表明哈萨克斯坦境内恐怖主义势力的人员构成,但是从已破获的案件证明,哈萨克斯坦境内的恐怖主义势力出现网络化、扁平化的发展趋势。哈萨克斯坦向中国输送天然气管道的途径之地位于南部奇姆肯特州,该地早已成为恐怖主义活动的中心之一。核设施安全的敏感性问题使该国安保的话题从地区性问题上升为世界性问题。2008—2011 年,与恐怖主义相关的危害公共安全与妨碍社会管理秩序获罪的人数从 9 人增长到 33 人,增长 2.67 倍,而 2012 年上半年此类罪行的获罪人数就达到 79 人,比 2008 年增长了近 9 倍。2008—2013 年,被控犯有恐怖主义罪行的人数从 27 人增加到 171 人,被控犯有极端主义罪刑的人数从 27 人增加到 171 人。罪犯的年龄偏低,绝大多数不超过 29 岁[2]。纳扎尔巴耶夫总统在 2016 年 4 月访问土耳其时说,分裂不利于人类的共同利益,我们将通过"伊斯兰坚决反对恐怖主义声明",把恐怖主义与伊斯兰教明确区分开来。

2016 年以来阿克托别和阿拉木图均发生多起恐怖袭击,安全形势一度紧张[3]。2016 年 6 月 5 日,哈萨克斯坦西部经济文化中心阿克托别市发生"宗教极端分子"恐袭事件,致多人死伤,全国进入 40 天"黄色"安全警戒期,阿克托别市则提升至"红色"安全警戒级别。6 月 8 日因此被确定为"全国哀悼日"。基地组织等恐怖组织的渗透活动一直存在,该国强力部门官员对此表示严重担忧。"伊斯兰国"主要活跃在哈萨克斯坦北部,招募者暗中观察社会底层,从中拣选陷入各种困扰或艰难处境的人,以抓住其弱点和心理需求,寻找突破点,制定招募策略,甚至采取威吓手段。2017 年 6 月 2 日下午,该国最大的城市阿拉木图市警方曾收到威胁信息,称位于塞弗林大道的"住房建设储蓄银行"发现疑似炸弹,当局紧急排险并疏散周边区域。

其次,毒品走私问题较为突出。哈萨克斯坦境内的毒品犯罪问题大致可以分为两类:一是由金新月地区的阿富汗等地带走私过境到达俄罗斯等欧洲国家

---

〔1〕 参见李瑞生:《哈萨克斯坦恐怖主义犯罪及其预防研究》,载《鲁东大学学报(哲学社会科学版)》2016 年第 6 期。

〔2〕 Смотреть Шибутов М. Статистика казахстанского терроризма Власть. http://www.vlast.kz.(31 август. 2012).

〔3〕 参见孙力主编:《中亚国家发展报告—2019》,社会科学院文献出版社 2019 年版,第 273 ~ 287 页。

的走私毒品犯罪问题,经过中亚五国到达俄罗斯的毒品贩卖途径中经过哈萨克斯坦的线路比经过其他中亚国家的路线更为遥远,所以犯罪形势相对并不突出。哈萨克斯坦政府高度重视毒品走私问题,目前已开始采取措施以应对将来可能面临的复杂局面。二是哈萨克斯坦本地种植的鸦片类及海洛因大麻等原生毒品犯罪,主要用于国内消费,流出境外的数量很少,所以一直以来是哈萨克斯坦政府打击的重点。为强化打击力度,海关已开始使用现代化技术设备。哈财政部海关监管委员会持续强化对毒品走私的打击力度。犯罪集团走私军火一般用于从事贩卖人口、走私毒品和其他非法的跨国犯罪活动,主要从事轻小武器的走私。

再次,非法移民与难民对哈萨克斯坦社会经济稳定构成严重威胁,且影响具有长期性,成为犯罪形势复杂化的一个因素。随着季节变化,非法移民有转变为哈萨克斯坦境内难民营的风险,一旦国家对边境的领土的控制力减弱,不排除个别地方有陷入"黎巴嫩化"的风险。另外,因联合国难民署在哈萨克斯坦阿拉木图设立了办事处,加快了非法移民在哈获得难民庇护的进程,从而增加了"合法难民"。例如,一些因非法越境而在哈服刑后的外国人如果在哈萨克斯坦提出享有难民地位或避难申请,根据哈萨克斯坦的法律将受理并逐级审批,若被拒绝享有难民资格则可继续向哈萨克斯坦内务部难民事务部门提出申请,若再次拒绝则进入司法程序,由最初受理事务的基层法院对申请程序及结果进行复核,若地方法院拒绝,当事人可继续向州法院直到最高法院提出申请复核。根据该程序,每一级授权单位处理时限通常为 2 个月,且期间还有 30 天申诉期,如果一直申诉至最高法院,至少需要一年半时间。在申诉期间,该国可以依法为申诉人办理临时居留证。这期间,当事人若联系驻哈的联合国难民署驻在该国阿拉木图办事处,请求协助解决其难民地位或向其提供政治庇护,也不排除联合国难民署给予其难民地位,从而使之成为事实上的"合法难民"。因此,上述程序不排除给一些跨国犯罪嫌疑人可乘之机。

最后,最近几年持续出现政治风波与不稳定状况[1]。2022 年伊始爆发的黑天鹅事件是最近几年经济恶化的社会缩影。抗议活动规模之大是哈萨克斯坦史无前例的,仅阿拉木图的广场就聚集了 5 万多人的抗议人群。1 月 6 日以来,出现了越来越多关于非暴力抗议者和平民死亡的报道。骚乱中,有超过

[1] 参见刘怡:《功成身退,纳扎尔巴耶夫圆满交班》,载《三联生活周刊》2019 年第 14 期。

4500 人受伤,另有 225 名参与者死亡。集会戏剧性地迅速演变成悲惨事件,震惊了哈萨克斯坦,引发国际社会关注的速度之快是过去无法比拟的,给该地区的安全局势带来了新的不确定性。该事件的起因具有历史的重合性和延续性。第一,汽油价格的急剧上涨是事件初起的导火索,但这一因素非第一次出现。2020 年哈萨克斯坦的国内生产总值出现了 20 年来的首次下降,降幅为 2.6%。2021 年 1 月至 10 月的数据显示,经济复苏带动的增长达 3.5%。然而,哈萨克斯坦未能恢复石油产量,石油产量 2020 年下降超过 5%,2021 年零增长。最近几年哈萨克斯坦发生的多起冲突事件的起因均与石油有关,社会已存在相当深的矛盾和积怨。第二,2022 年"黑天鹅事件"是 2019 年选举中抗议情绪的一种延续,是社会不平等带来的社会积怨长期挤压所致。2019 年总统大选后,各地抗议集会增加,各种利益团体活动频繁。社会的贫富差距过大,使人们对当局不满,抗议情绪由来已久。该国 162 人占据社会财富的 50.5%,但有一半人口每个月工资仅为 100 美元。2011 年至 2016 年,哈萨克斯坦西部的不同地区有着非常活跃的土地抗议活动。这也和非常糟糕的社会经济形势密切相关,抗议活动不仅在哈萨克斯坦西部存在,在其他地区也出现了来自城郊的失业年轻人,他们从事低技能的临时性工作,工资很低。第三,中亚藏匿许久的"沉睡"小组暗中推波助澜,使得抗议活动爆发后戏剧性地演变成哈萨克斯坦历史上前所未有的大规模骚乱和暴力冲突事件。

事件参与者的身份多元而复杂,事件带有极端性、国际性特点。有多种类型的团体参与了冲突活动,而神秘的推波助澜者未被公开证实。美国学者 Azamat Junisbai 指出,现场活跃着三类不同的参与群体。第一类是有合法社会和经济需求的和平抗议者,主要来自该国西部,和平抗议者举着横幅说:我们只是普通人,不是恐怖分子。哈萨克斯坦的普通民众普遍反对极端主义的暴乱和冲突,集会在起初的性质是一场抗议活动。第二类是投机取巧的掠夺者,在现场实施了违法犯罪活动,例如,洗劫了零售店或自己加油。第三类是有组织的挑衅者、推波助澜者,他们在政府大楼放火、烧电视台、多次袭警并分发枪支。

前两类群体并非哈萨克斯坦一国所独有的现象,当今世界发生抗议、骚乱时,许多国家都会出现类似第一类、第二类的和平抗议者和机会主义者。在阿拉木图的最初抗议者以这两类群体为主,他们计划将抗议活动蔓延其他城市。而第三类群体是在抗议活动发生之后出现的,他们扰乱了抗议活动,煽动暴力,导致事件从抗议性质转向大规模暴力冲突性质,他们通过实施暴力行为试图激化社会不满浪潮，攻击和摧毁哈萨克斯坦多个城市的主要政府设施。策划者旨在向外界证明政府未能控制安全局势，并尝试搜集支持改革的口号。因此现场画面呈现如下态势：一伙民众在抗议，另一伙民众在洗劫和实施暴力，和平抗议和暴力洗劫的两个群体在截然不同的新旧广场分别聚集。刚开始，和平抗议群体小心翼翼地与试图驯服他们的警察沟通，但很快暴力群体的活动打乱了这一节奏，出现了越来越多的“和平抗议群体被暴力团体裹挟的场景”。

第三类群体被认为是哈萨克斯坦的激进主义者——“沉睡”小组成员，他们早有准备，早些年在中东地区接受过训练，被“沉睡”小组招募，后返回中亚，成为境外指令的执行者——新兵。美国的《地缘政治》主编萨文提到，事件爆发中，他们作为农村地区的居民、半游牧民族组织联合开展行动，占领建筑物、设立检查站、向阿拉木图机场进军、破坏国家战略机构和私营企业以及地面和空中运输系统；未受过训练者是不可能实施如此目标明确且具有破坏性的活动的。小组成员在日常活动中掩饰身份，做普通人过正常的生活，在家乡待命。直到此次内乱爆发，来自国外的命令发出，这群训练有素的暗藏者抓住骚乱时机，在奇姆肯特州的阿拉木图接受指挥，另有其他人受命也进入哈萨克斯坦，实施破坏活动，企图推翻当局。该“沉睡”小组在吉尔吉斯斯坦也有潜伏者，他们大部分从叙利亚回流，在阿富汗、巴基斯坦、伊拉克、塔吉克斯坦等国接受过某些团伙的培训。

在事件处置方面，哈萨克斯坦处置果断且对公众口头安抚达到了良好的效果。在大规模抗议浪潮中，哈萨克斯坦总统托卡耶夫反应非常迅速，果断处置。他从内阁改组到向全国发表讲话，再到找到合适的措辞来缓解人民的愤怒，宣布改革，干预和平息事件速度之快，是过去无法比拟的。事件处置的成功之处在于迅速且有效地获得国际援助，外界力量及时介入并成为平息冲突的绝对性力量。内外结合，防止了事态的扩大，没有造成很大裂痕。集体安全组织在第一时间大规模有序整建制出动，体现了俄罗斯的快速决策力。

该事件引起了无辜民众流血和伤亡。这主要是因为在事发现场未能及时与聚集而来的广大民众开展话语沟通，未能及时公开反馈官方消息，导致不实信息一度占据主流。此外，哈萨克斯坦警察的现代化水平不够，无效的处置不断激起民愤。因警车已无法进入被拥挤人群占据的主要干道，于是警察把催泪弹等警用物资放到救护车里得以运进人群中，结果被民众发现后遭到一致攻击。警察缺乏防爆和反恐机制，从应急管理上缺乏运用现代化的“监控”、预防手段来消除不稳定因素的能力，事件发生过程中，未能采取有效措施，在暴力冲突中的表现令民众失望。因此在突发事件中警察成为被袭击的主要对象，事发后未佩戴枪支的警察仅第一天持有盾牌和警棍出现在街头，随着事态扩大，他们很快被上万民众包围，双方发生了肉搏，警察寡不敌众，所持有的盾牌和警棍被民众抢下。据民众反映，在随后的数日街上难见维持秩序的警察，都回到警局躲起来了。

此事推动了哈萨克斯坦的国际国内政策以及国家经济治理、政治改革，并在今后将受到国际社会更多的关注。该事件标志着“纳扎尔巴耶夫执政时代”的最终完结，执政者自此退出了权力层。民怨沸腾，期盼哈萨克斯坦政府革新。甚至国际上开始有一些相关人员和非政府组织在持续关注并搜集哈萨克斯坦“精英”的腐败金融资产的数据，他们表示已经积累了很长的名单，包括地点、机构等信息。

关于该事件的性质，国际社会众说纷纭，有人认为是一场权力的斗争，有人认为是一场哈萨克斯坦精英之间的冲突，并有意针对 2024 年选举做铺垫，美国学者 Azamat Junisbai 则认为，这是一次企图推翻总统的政变。该事件使哈萨克斯坦政府将面临严峻考验。中亚国家政府的习惯是，当动乱爆发后，往往表面上的秩序已经恢复，政权也善于以最快的速度立即向人民做出一些让步或承诺，但事后总是未能寻求到社会经济发展的长期解决方案或政治治理的革新。事件发生半年后，哈萨克斯坦总统宣布该事件为恐怖主义性质。

2019 年哈萨克斯坦总统大选后发生过多次抗议示威活动。近年反对派势力减少，但仍有小部分反政府活动存在。然而，如今哈萨克斯坦社会已非如过去用“反对派”一词能描述得清楚了。虽然非注册的社会团体不被允许活动且活动逐步减少，但它依旧活跃在一些国家中。哈萨克斯坦各种社会团体的类型复杂多样。例如，逃亡的银行家和前哈萨克斯坦官员创建了一个全国公众信任委员会，呼吁进行抗议。

哈萨克斯坦对周边国家水能源的依赖程度很大，跨越领地建设水厂开发水资源、电力和天然气的项目涉及生态安全，额尔齐斯河的水量变少和污染对该地区经济、生态和人类健康造成破坏性影响，这无法通过单边措施实现。2003 年颁布的《哈萨克斯坦共和国投资法》规定对外资实行国民待遇，这意味着外资企业不再享有直接投资的特惠政策，国家的外资优惠政策降低。该法除保留了制造业和实体加工业的税收优惠之外，并未明确禁止外资进入特定产业，但保留了通过立法设立禁止领域的权力[1]。

总而言之,中亚地区跨国犯罪及有组织犯罪总体上发展程度不高,从21世纪初期的恶化发展向近年的可控发展,不同种类的犯罪相互转化的条件更充分,犯罪预防极其困难。长期来看,非传统安全态势加剧边境冲突,中亚及其与阿富汗相邻之地经常遭到各方武装袭击[2],边防军和平民多次被打死打伤。跨国犯罪活动与民生、经济发展有密切关系,另外非传统安全形势受民粹主义困扰和地缘政治博弈的影响,给地区治安秩序的维护提出挑战,给中国及周边国家非传统安全发展带来不确定性。

二、贫困、安全与发展

犯罪活动形成既有外在的因素,也有内生性的因素。从内部看,跨国犯罪活动发展与贫困不无关系。贫困会导致普遍薄弱的工业基础,大量人口失业,社会不平等,对跨境风险抵御的高度脆弱性。上合组织把特别关注国家和社会经济发展作为执法安全合作的重要组成部分。

(一)贫困与安全

跨国有组织犯罪较严重的地区经济发展水平均不高。贫富差距是一个社会问题,不论是贫穷落后的国家,还是发达富裕的国家,都存在贫困地区及贫富差距。不是所有贫困问题都会导致跨国犯罪的产生和发展,但一些要件的出现往往刺激跨国犯罪形成并加速它朝着危害社会秩序的方向发展。贫困群体求生存的非理性选择往往是犯罪产生的根源及发展的温床,成为促进犯罪发展的客观因素,是民族矛盾爆发的导火索。

中亚国家经济发展水平大都在世界平均水平以下,有些地区甚至不能满足基本的生活条件和工作条件。2022年吉尔吉斯斯坦30%的家庭仍处于贫困。

贫困对犯罪组织招募、扩张的意义是有更多人进入犯罪组织招募者的视野。一些国际犯罪组织有意地在中亚国家中收集"贫穷"劳动力,暗中观察社会底层,从中拣选陷入艰难处境的人,抓住其弱点和心理需求,甚至不择手段地威吓。青年群体受冲击最深重,成为跨国犯罪团伙招募和渗透的直接对象。2006

---

[1] 参见王海军:《"一带一路"建设的法治化:中亚法制变迁及与中国的区域法律合作》,载《扬州大学学报(人文社会科学版)》2018年第2期。

[2] See *Annette Bohr Regionalism in Centra Asina*: *New Geoplitics*, *Old Regiona Order*, International Af-fairs, Vol. 80:3, p. 485 -502(2004).

年哈萨克斯坦破获的一起跨国恐怖案件的犯罪嫌疑人当庭表示悔改,并坦白自己曾幻想通过参加极端的活动解决温饱问题,直到被捕还未意识到自己触犯了刑法。

贫困加剧了地区秩序的复杂性。急于摆脱贫困的失重心理导致社会矛盾更易被激化。这在上合组织各个成员国中均有所体现。吉尔吉斯斯坦、乌兹别克斯坦、塔吉克斯坦困境更为显著,失业、贩毒、民族分裂和矛盾、犯罪形势加剧,贫困、失业、部分人口边缘化等问题引起社会不满,这些人员转化为反对派开展运动,甚至演变为极端主义势力[1]。

跨国犯罪的发展长期影响着中亚地区经济、社会的健康发展。国家政治体系结构功能分化不足,民众对于政权的不满情绪往往通过街头政治甚至暴力行为来表达,而非通过政党或政治代理人释放,给国家政治稳定带来了困扰。吉尔吉斯斯坦南部的中心城市奥什地方政府腐败至深,一些外资企业和商户曾因此而撤资。"当一个权威性的分配价值的系统受到极其沉重的压力,以至于再也不能承受时,该系统就会崩溃。"[2]巴基斯坦的中央政府对下面各省、地区政府的控制力很有限,现政府真正控制得住的省是旁遮普省[3]。

中亚各国经济以依附型为主,经济基础薄弱的状况未改善,小型经济体的发展只能靠周边国家带动。中亚国家经济状况受俄罗斯等国经济状况影响较大[4],俄罗斯受美国经济制裁后经济发展受阻,其负面影响传导给予其经济关系密切的中亚国家和地区。疫情加速了经济的恶化,大部分因劳动力出国的(尤其是前往俄罗斯、哈萨克斯坦的)的塔吉克人、吉尔吉斯人因疫情返乡,两国的低迷经济无法满足猛增的就业需求。

由于经济的全球化和地处欧亚大陆的特殊位置,中亚五国的治安形势对国际政治经济等的影响越来越大。地区安全属性的脆弱性体现在较弱的政府控

---

〔1〕 Смотреть Тулеев М. С., Международный терроризм в странах Центральной Азии: региональные особенности, Вестник КазНПУ, https://articlekz.com/article/18220. (28 май. 2020).

〔2〕 参见包毅:《中亚国家政治发展进程中的政治稳定与政治危机》,载《俄罗斯东欧中亚研究》2016 年第 1 期。

〔3〕 参见郑刚:《中巴经济走廊亲历(下):别犯"不可侵犯"之错》,载凤凰大参考网 2016 年 3 月 25 日,http://pit.ifeng.com/dacankao/bieqinfan/1.shtml。

〔4〕 俄罗斯投资增长降至 2012 年来的最低水平,2015 年的严重衰退使国家经济问题雪上加霜,通货膨胀率仍然居高不下。据预计,俄罗斯 2016 年的 GDP 增速为 0.5%。

制力上,任何一国出现漏洞,都会触发整个金字塔崩溃。[1] 在治安风险恶劣的环境下,外企、外国人在他国的安全度和被保护力度与政府局势控制力有密切关系。中亚五国作为较统一的经济体,经济困境导致的治安压力蔓延和传导到他国,而其他国家治安管理能力薄弱,加速了这一传导过程。

(二)移民政策、就业与人才流失

15 世纪末欧洲人开始向其殖民地大规模迁移,在 20 世纪下半叶则逆向发展过程开始,劳动力从前殖民地向国际大都市迁移。2019 年全球移民数量达 2.32 亿,占地球总人口的 3.2%。移民的因果关系复杂,与国家内部的市场和政治转型以及区域和全球经济体系相关。吉尔吉斯斯坦、乌兹别克斯坦、塔吉克斯坦的人才流失非常严重。第四次工业革命的主题在中亚国家的政治精英中广为流行,然而人力资本迅速流失的情况下,工业革命的口号似乎无法实现。根据宪法,20 世纪 90 年代中亚国家独立以来,这些国家几乎都是单一制国家,以“单一经济体”的存在为前提,只集中在少数几个“经济增长点”,难免出现向外迁徙的活动,迁徙导致中亚国家中大量经济和社会领域的人力资本流失。中亚国家不仅是年轻的新生独立国家,人口也显示年轻化和高增长性,这一方面显现了中亚的活力,而另一方面土地、水资源、粮食、教育等资源稀缺问题变得尖锐起来,也导致出现了人口流失和迁徙的潮流。有能力促进经济创新和技术部门的人员纷纷移出本国[2]。中亚各国人口面临的风险情况有所不同。在塔吉克斯坦和乌兹别克斯坦,快速的人口增长和持续的贫困令人担忧。世界银行认为,塔吉克斯坦贫困、失业和大量劳动力迁移的主要原因是缺乏有效劳动力市场的爆炸性人口增长。乌兹别克斯坦就业和劳动关系部部长谢尔佐德·库德比耶夫在 2018 年 11 月曾表示,不可能为所有青年提供就业机会。几乎所有中亚国家的城市人口都在增长。这意味着城市而非农村地区将成为年轻人的社交场所,然而由于缺乏劳动力资源均等分配政策,相当一部分城市人口被边缘化的风险越来越大,为各类激进思想的传播创造了有利条件。

欧洲移民制度框架内的国家对中亚构成巨大的吸引力,这不仅是由于文化和历史特征,还包括较高的经济发展水平、工资水平。中亚国家通常与俄罗斯

---

〔1〕 Смотреть Хорасан на пороге Чем опасен для России приход Исламского государства в Среднюю Азию, http://lenta.ru/articles/2015/06/01/khorasan.

〔2〕 Смотреть Льюис А. Р., Роуленд Н. Р. Движение населения в СССР и его влияние на общество, 1897 – 1977 гг. // Демографические процессы в СССР, 20 – 80 гг., отв. ред. В. З. Дробижев., ИНИОН, 1991. S. 18 – 32.

签署双边移民协议,中亚各国公民是俄罗斯移民的主要来源之一,赴俄罗斯务工人数占地区人口总数的10%。

乌兹别克斯坦是世界上人口增长较快的国家之一,每年增长70万人口,25岁以下年轻人占总人口70%,低于18岁人口约占50%,从独立到2016年20余年人口总数翻倍,达到3200万人,在费尔干纳和泽拉夫尚峡谷,人口密度达到每平方公里500人~600人。乌兹别克斯坦的劳务人口不均衡分布,不同地区工业发展水平不平衡。因该国出生率高而早在自20世纪50年代下半年以来就呈现明显的移民潮流。年轻人在移民中所占的比例为20%至70%。2017年从乌兹别克斯坦到俄罗斯的150万移民工人中,有60%是30岁以下的年轻人[1]。

吉尔吉斯斯坦620万人口中大部分是青年人,吉尔吉斯斯坦是年轻人数量迅速增长的国家之一。2010年吉尔吉斯斯坦所有劳动力移民中有47%是14岁~29岁的年轻人,2013年官方统计的失业青年人数为42.5%[2]。截至2015年4月1日,吉尔吉斯斯坦人口的30%为14岁~28岁的人口(168万人)。失业者年龄集中在20岁~29岁。每年有7万~10万多年轻人进入就业年龄。吉尔吉斯斯坦南部主要居住着退休年龄的成人、儿童、学生。因社会无法提供经济活动,导致达到劳动年龄人口的减少。英国约有8000名来自吉尔吉斯斯坦的年轻劳动力主要在服务部门、建筑行业或家庭中工作[3]。出国的移民中主要是14岁~28岁的年轻人。

塔吉克斯坦也是人口众多且年轻人口居多的国家,出生率在独联体国家名列前茅。2020年塔吉克斯坦全国人口达到1000万人,35%人口的年龄低于15岁。就业岗位不能完全满足劳动力市场的需求,每年15万毕业生涌入劳动力市场,每7人竞争一个岗位。塔吉克斯坦在2009—2018年总移民数量减少了30%,年轻移民的比例则保持稳定,在总移民人数的38%~40%波动。在

---

[1] Смотреть 0 Положение об Агентстве по внешней трудовой миграции при Министерстве занятости и трудовых отношений Республики Узбекистан. Приложение № 4 к Постановлению КМ РУз от 12.09.2018 № 725. Режим доступа: https://nrm.uz/contentf? doc=556916_polojenie_ob_agentstve_po_ vneshney_trudovoy_migracii_pri_ministerstve_zanyatosti_i_trudovyh_otnosheniy_respubliki_uzbekistan_(prilojenie_n_4_k_postanovleniyu_km_ruz_ ot_12_09_2018_g_n_725).

[2] See *Laitinen A. Kyrgyzstan in the Eurasian Economic Union: Challenges and Opportunities*, University of Tampere, 2018. p.69.

[3] See Vinokurov E., Pereboyev V., Labour migration and human capital in Kyrgyzstan and Tajikistan: impact of accession to the SES // Eurasian Integration Yearbook. Almaty, 2013, p.68-89.

2009—2018 年,塔吉克斯坦年轻人数量减少了 30%,出境的人数在总移民比例的 38% ~40% 波动。该国青年和体育委员会与外国组织订立合同,促进了青年劳工交易,向移徙工人提供法律服务和相关法律信息,并与其他授权的国家机构一起,为在国外的本国籍移民创造更多的就业机会,包括职业培训和语言培训等。

哈萨克斯坦独立初期,出国的群体大部分是 30 岁以下的人,30 岁 ~40 岁的人也大量离开[1]。从 2014—2018 年,有 19,273 名 15 岁 ~34 岁的人离开了该国(占移民总数的 48%),尤其是哈北部的公民离开的更多。出国留学者的主要目的国是俄罗斯。中亚国家经济的落后与危机现象越严重,人们离开地越普遍,留下的岗位空缺被低学历者或者其他中亚国家来的移民取代。与吉尔吉斯斯坦、塔吉克斯坦和乌兹别克斯坦的迁徙工人的统计数据相比,哈萨克斯坦的移民统计数据不够系统。在 2018—2021 年,哈萨克斯坦人口数量显著增长,近三年人口增幅达到了 2.6%。截至 2022 年 1 月 1 日,哈萨克斯坦总人口数为 1912.2 万人[2],比 2021 年增加 1.2%。

俄罗斯是中亚国家年轻人的主要留学目的国。在俄罗斯的外国移民数量居世界第二,仅次于美国[3]。移民政策是普京政府的国策。在俄罗斯就业的外国人绝大多数来自独联体国家。根据俄罗斯国家统计局的数据,2016—2018 年俄罗斯移民人数稳定在 35.2 万 ~37.7 万人的水平,2018—2019 年来自中亚学习全日制高等教育课程的公民人数约为 7.5 万人。

2020 年新冠疫情的暴发导致移民回流至中亚,俄罗斯总的外籍移民数量大幅度减少,持续出现入境的外国人减少、出境的俄罗斯公民增多的趋势。劳动力来源不足,后备人才匮乏,俄罗斯濒临移民危机。这使俄联邦移民管理政策进入频繁而快速的调整期。俄罗斯的国际移民政策总意图在于兼顾国家和社会的经济发展以及对外战略的多元化布局。苏联解体之初,俄罗斯延续了苏联的情势,并无对周边国家尤其是苏联国家劳动力的外籍身份的法律地位和性质有较为明确和清晰的态度。随着反恐需要的增长,在 20 世纪 90 年代末期,俄

---

〔1〕 Смотреть Кушербаев К. Е., Динамика этнической структуры населения Казахстана // Евразийское сообщество: экономика, политика, безопасность, 1996, S. 107 – 126.

〔2〕 参见《哈国人口超过 1912 万　近 7 成为哈萨克人》,载哈萨克国际通讯社网 2022 年 6 月 29 日, https://www.inform.kz/cn/1912 – 7_a3949435。

〔3〕 Смотреть Иммиграция граждан стран СНГ в Россию Источник, VisaSam.ru, https://visasam.ru/russia/migraciya/immigraciya – v – rosiyu.html. (12. август 2022).

罗斯极度关切外国人对国家安全秩序的负面影响，开始将外国移民问题视为事关国家安全的问题。然而，劳动力尤其是低端劳动力的短缺，俄罗斯日渐采取了多元的政策，以便留住外国劳动力移民。近年，俄罗斯注意到跨国移民给国家安全、经济发展带来的双重影响，国家从各方面完善了机制、法律、机构等，尤其是对跨国移民政策进行动态调整。俄罗斯内务部和联邦安全局正在付出很大努力来追踪移民流动并建立移民记录。俄罗斯根据最新的跨国移民活动，正在着手采取一系列新的移民政策。应该说，入境俄罗斯的外国移民数量逐年降低，使该国进入历史上最为宽松的移民政策时代。俄罗斯内政部移民总局是根据俄联邦总统令(2016 年 5 月 4 日第 156 号)设立的，9 月 11 日被宣布为俄罗斯内政部移民日(2017 年 9 月 11 日第 710 号)。俄罗斯内政部移民总局主要在如下领域开展业务活动：制定和实施各州政策、法律、法规以及在各联邦州就移民领域履行执法、控制(监督)的职能；向驻俄罗斯的世界贸易组织成员的商业组织的分支机构、代表处及其外籍工作人员提供注册服务和签发工作许可证；向被招聘的外籍劳工注册和颁发就业许可证，向外国公民注册和发放入境俄罗斯的邀请函、为海外俄罗斯籍劳工提供与就业许可有关的事务的服务[1]。因为新冠疫情，外国人工作配额的发放受到影响。赴俄罗斯的国际劳动力移民的总数持续走低。为了能获得更准确的数据，俄罗斯政府采取了一系列措施：(1)在2017 年 11 月俄罗斯统计局曾更新统计工具；(2)俄罗斯安全局开始依法监测进入俄罗斯的外国公民人数，这是 21 世纪近 20 年来的第一次；(3)俄罗斯安全局边防局 2019 年以来开始重视以工作为事由入境的外国公民的人数的统计工作。

中亚国家移民作为俄罗斯的主要移民来源，总量持续减少是多方原因聚集爆发导致的。第一，金融危机使俄罗斯经济受到长期持续的冲击，就业机会不如从前，转道其他国家寻找就业机会；第二，中亚国家自身在谋求经济发展和开放的过程中，部分中亚移民从俄罗斯以外获得就业机会，寻找生存空间的机会

---

〔1〕 俄罗斯已出台了一系列关于管理外国人的法律法规，其中包括 1996 年 8 月 15 日第 114—FZ 号联邦法《关于离开俄罗斯联邦并进入俄罗斯联邦的程序》以及 2002 年 7 月 25 日第 115—FZ 号联邦法《关于外国公民在俄罗斯联邦的法律地位》。根据俄罗斯法律，所有抵达俄罗斯的外国人必须进行移民登记。以就业为目的的外国人要获得工作就业配额才可工作。独联体国家的公民如乌兹别克斯坦、土库曼斯坦、乌克兰、摩尔多瓦和塔吉克斯坦的公民若以就业为目的也须获得配额。与此同时，俄罗斯考虑到国家安全，又不得不出台移民政策的限制性措施。俄罗斯处于既要维护国家安全，又要保证劳动力数量的两难处境中。

变得多元化起来，如土耳其、韩国、日本、欧洲一些国家都是乌兹别克斯坦、吉尔吉斯斯坦等中亚国家的移民的目的国，乌兹别克斯坦等国在俄罗斯务工移民则有向美国、土耳其和中东地区逐年增加的倾向，这里反映了中亚年轻人向往富裕的生活，哈萨克斯坦、乌兹别克斯坦的一些精英进入美国等西方国家，并持续对本国各界形成影响力；第三，疫情导致大部分中亚劳动力不能出境就业，新冠疫情给全球移民活动带来沉重打击。

中亚国家里乌兹别克斯坦对外输出的劳务移民最多。2019 年外国来乌定居的有 2527 人，移民外国的有 13，246 人，其中 57.5% 前往哈萨克斯坦，37.7% 前往俄罗斯，0.70% 前往美国，0.8% 前往以色列。侨汇收入约占乌兹别克斯坦 GDP 的十分之一，在乌兹别克斯坦国家经济发展中发挥着重要作用，约 20% 的家庭靠从在哈萨克斯坦和俄罗斯工作的劳工移民寄回的侨汇生活，个别地区甚至更高，如卡拉乌赞斯克区这一比例约为 20% ~25%。尽管该国的劳动力输出目的国还是以俄罗斯为主，但是疫情的暴发，积压了大量劳动力无法出境。例如，乌兹别克斯坦原来定的 50 万劳务移民无法按时到位，此外，还出现了一些劳动力从境外回到乌兹别克斯坦。

中亚整个就业市场继续萎缩，无法提供与过去数量相当的就业岗位；有逾 400 万在俄罗斯非乌劳务移民现在都“滞留”或“返回”乌兹别克斯坦，产生了巨大的就业压力。由此中亚国家出境务工和侨汇汇寄受到了严重影响，且因欧美对俄罗斯的金融银行系统进行“封锁”，侨汇无法从俄罗斯寄回中亚国家。根据世界银行预测，吉尔吉斯斯坦 2022 年侨汇收入将减少 40%，乌兹别克斯坦将减少 38%，塔吉克斯坦将减少 37%。

疫情与俄乌冲突促使俄罗斯移民政策进入频繁而快速调整期。在外国移民来源均持续地大幅度减少的紧迫形势下，世界各国还面临着外籍人因疫情无法如期办理各项居留延期、就业签证变更等手续而滞留在本国境内的情况。对此，俄罗斯采取了变通的政策，各部门联合内政部门在竭力放宽政策，对已在俄罗斯境内的外国人才努力将之留下来，采取了一系列超乎寻常的开放政策，加大力度吸引各国人才移民。疫情暴发和俄乌冲突以来，俄罗斯对移民优惠的政策总体上显示出便利、吸引、宽松和加速调整的特点。俄罗斯内政部移民事务总局局长瓦伦蒂娜·卡扎科娃在接受采访时说：《俄罗斯联邦公民法》修正案 2020 年 7 月 24 日开始生效，再次简化外国人获得俄罗斯护照的程序，从法律上增加了对独联体国家公民的吸引力。根据此法，乌克兰、白俄罗斯、摩尔多瓦和哈萨克斯坦的公民在获得居留许可后,便可以申请公民身份。该修正案颁布前,欲加入俄罗斯国籍的外国人至少要在俄罗斯连续居留 5 年。该修正案颁布后,有超过 24 万人拥有俄罗斯居留证,并享有申请公民身份的简化程序的资格。《无限期居留证法案》于 2020 年 9 月生效。俄罗斯在试图通过延长居留证的政策来锁住已经进入俄罗斯的外国人才,以缓解人才和劳动力缺乏的危机。

同时,俄罗斯为了大举吸引高学历外籍人才,简化了外国留学生加入俄罗斯籍的程序。从"毕业后正式工作三年、并缴纳各种社会保险基金后可申请俄罗斯公民资格",简化到毕业后正式工作一年后便可申领。针对疫情,俄罗斯还在加大放宽挽留外国人的力度,在办理签证延期等制度上也一再放宽。

学者罗斯达指出,移民的性别构成是妇女比例略有过量,这一情况在 2008 年至 2016 年的近 10 年时间里几乎没有变化,这不利于俄罗斯改善男女比例失衡状况。外来移民为俄罗斯人口男女平衡比例的协调做出了贡献,外来移民的男性占 51.3%,女性占 48.7%〔1〕,这有助于减少俄罗斯人口的性别失衡状况,改善联邦人口男女比例失调的状态,俄罗斯乐见这一趋势的变化。

再有,俄罗斯科学院社会学研究所研究移民与管理的部门负责人弗拉基米尔·穆科梅尔告诉 MIR 24 电视频道,新型冠状病毒对俄罗斯国际劳务移民的活动产生了较大的影响。然而令俄罗斯欣慰的是,几乎有一半的国际劳工移民出于个人原因倾向于长期留在俄罗斯,他们认为在俄罗斯的生活水平和环境比在许多周边国家好,对其构成较大吸引力〔2〕。

疫情暴发以来俄罗斯对外国移民的政策偏向放宽和便利化,对外国移民照顾有加。从 2020 年 3 月 15 日至 9 月 15 日,俄罗斯将不对外国公民做出以下决定,非法居留的决定,行政驱逐的决定,刑事驱逐的决定,剥夺难民或临时庇护地位的决定,撤销签证、临时居留证、居留证、国家移民安置计划参与者的工作许可证,专利和证书的决定。截至 2022 年 2 月,有 95 万人提出了入俄罗斯籍申请,其中 77 万人已成为俄罗斯公民。

为应对疫情导致的人口数量减少,俄颁布受控逗留新的居留资格。在俄罗

〔1〕 Смотреть Rosstat, Миграция населения в России: тенденции, проблемы, пути решения, in: Roscongress. org V. 30. 7. 2018.

〔2〕 Смотреть почему трудовые мигранты решают остаться? Мир, https://news. rambler. ru/other/44988724/? utm_content = mnews_media&utm_medium = read_more&utm_source = copylink. (9. октября 2020).

斯外国人的身份主要包括临时逗留、临时居留和长期居留。2021 年 5 月内务部宣布出台新的外国人居留制度——“受控逗留”,为因多种原因被迫滞留在俄罗斯的外国人提供合法资格,具体包括:暂停驱逐出境的外国人,因参与诉讼程序的需要而限制出境的、因患严重传染病而依防疫制度须遵守隔离制度的外国人等。自 2020 年 3 月开始,约 160 万外国人因新冠疫情滞留在俄罗斯,他们无合法身份。“受控逗留”可使上述外国人数量的四分之一获得合法身份。因极度缺乏低端劳动力,俄罗斯采取了“身份有限合法”的一系列移民制度的创新措施,而最大限度保证外国人在俄罗斯的就业身份,其保证了欧亚经济联盟国家的外籍劳动移民的就业稳定性。俄罗斯吸引移民过程中,重点是吸引高端人才。需要强调的是俄罗斯宽松的移民政策并不针对所有的外国人,对于外国人不合规的出入境行为和违法犯罪的活动,俄罗斯依然采取了严厉的制裁措施。根据俄罗斯内务部的数据,2018 年有 200 万非法外国移民。根据俄罗斯内政部移民问题总局官员所述,2020 年有超过 20 万外国人被驱逐出境。这类被驱逐出境的外国人主要包括如下群体:(1)携带伪造证件住在俄罗斯者;(2)非法偷越境者;(3)违反了在俄罗斯停留的规定者;(4)失去了在俄罗斯停留的法律资格的人;(5)违反了俄罗斯的法律的人。当然,如下特殊情况的人不考虑在被驱逐的范围内:(1)领事馆和外交使团的雇员;(2)已申请避难或政治避难的难民和外国人;(3)失去了难民身份但由于无法控制的原因而无法返回家园的人(在其国家发生了饥荒、流行病、敌对冲突,回国后,由于宗教、种族或政治迫害而威胁生命和健康的)。

因此,长期来看,欧亚国家的人才吸引政策呈现了阶梯式的模式,在哈萨克斯坦大力吸引其他中亚国家的人才,俄罗斯又大力吸引中亚国家的人才。

俄罗斯移民管理有许多亟待改善的问题。一直以来对国际移民流动和非法移民的数据说法不一。重要的原因之一是官方公布的数据和一些研究机构研究与分析的数据不够统一,有些数据的统计标准和方法有较大的误差。例如,学者罗斯塔斯特根据“2018 年俄罗斯联邦的人口规模和迁移公告”的数据,统计出 2018 年抵达俄罗斯的外国公民总数为 490 万,离境人数为 480 万。然而,金融稳定理事会的统计数据高出许多倍,外国人达 3260 万,出境人次达 32 亿人,数据之间的出入比较大。有专家认为在 2019 年 1 月至 5 月移民人数增加了 11.55 万人,人口统计学家称此结果异常高。另一些人认为入境的移民急剧增加与 2019 年的数据被低估有关,而与俄罗斯提升对外国公民吸引力的政策无关。这也导致了一直以来研究在俄罗斯华侨问题的数据支撑不够准确,在对中国籍移民数量认定上长期缺乏较为权威的数据。边境移民数据统计现代化的需要迫切。

莫斯科国立大学经济学院人口经济学实验室负责人奥尔加·楚迪诺夫斯基认为,边境统计数据记录还不足以提供令人信服的数据,因为它们缺乏对以就业为目的进入或正在俄罗斯工作的人数的统计。俄罗斯现有的统计数据的类别也包括以研究为目的的类别。

Chudinovskikh 建议,从边境服务处得到的数据应仔细辨别。边境统计数据考虑的外国公民出入境的数据重点观察劳动力移民,统计的方法欠严谨。如果一个劳务移民在边境地区居住并在一年中往返该地区十次,那么边境警卫将以"十个单位次数"计算。俄罗斯内务部移民问题总局可能把每次劳工移民的数据的目的泛指为同一类别。这可能导致研究的数据不够准确。综上所述,俄罗斯的移民政策调整取得了一定成效。从外国人加入了国籍的状况可以看到这一成效。俄罗斯宪法规定了允许国民(除公务员外)拥有双重国籍。2014 年俄罗斯法律规定,外国人申请俄罗斯国籍须放弃原有国籍,然而这一政策很快在2020 年出台新的法律之后取消,俄罗斯越来越重视建立进一步提高吸纳海外人才的竞争机制。

图 22 可以看到,俄罗斯在疫情期间所吸纳的入籍人数并未受到影响,有意加入俄罗斯国籍的外国人数依然保持良好的增长势头;而与移民相关的事件减少。上述表格中高素质外国专家在 2021 年和 2020 年的同期(1—4 月)分别为12,958 人和 6448 人,普通专家则分别为 1615 人、2248 人。可见 2021 年的疫情并未影响俄罗斯吸引外国高级专家,目前效果非常显著。总而言之,国际移民政策为国民经济提供劳动力资源,并成为解决人口问题和相关经济问题的辅助工具,它有助于保持俄罗斯人口的自然繁殖量。俄罗斯国际移民政策变化的目的是建立一个有利的制度,且使外国人能够有机地融入社会,它是在使外国移民成为在当地国社会正式而完整的一分子的理念基础上形成的。为了确保国家、公共部门和私人利益之间的合理平衡,俄罗斯学者主张保持俄罗斯对外国公民的开放性。人口在俄罗斯国内的领土上的迁移,也反映出寻求经济收入的诉求在移民流动的动力因素中占主导地位。这种情况下,俄罗斯移民专家和学者建议俄罗斯可通过平衡人口收入和生活水平的区域差异,完善社会基础设施建设,提供公共设施和均等的社会服务,优化人口内部

迁移的方向。因此，俄罗斯学者建议吸取国际实践经验，利用刺激经济的方案，促进移民的自愿安置。同时，他们还认为俄罗斯境内的移民政策应纳入俄罗斯和俄罗斯组成实体的发展战略和规划中，可以通盘考虑。

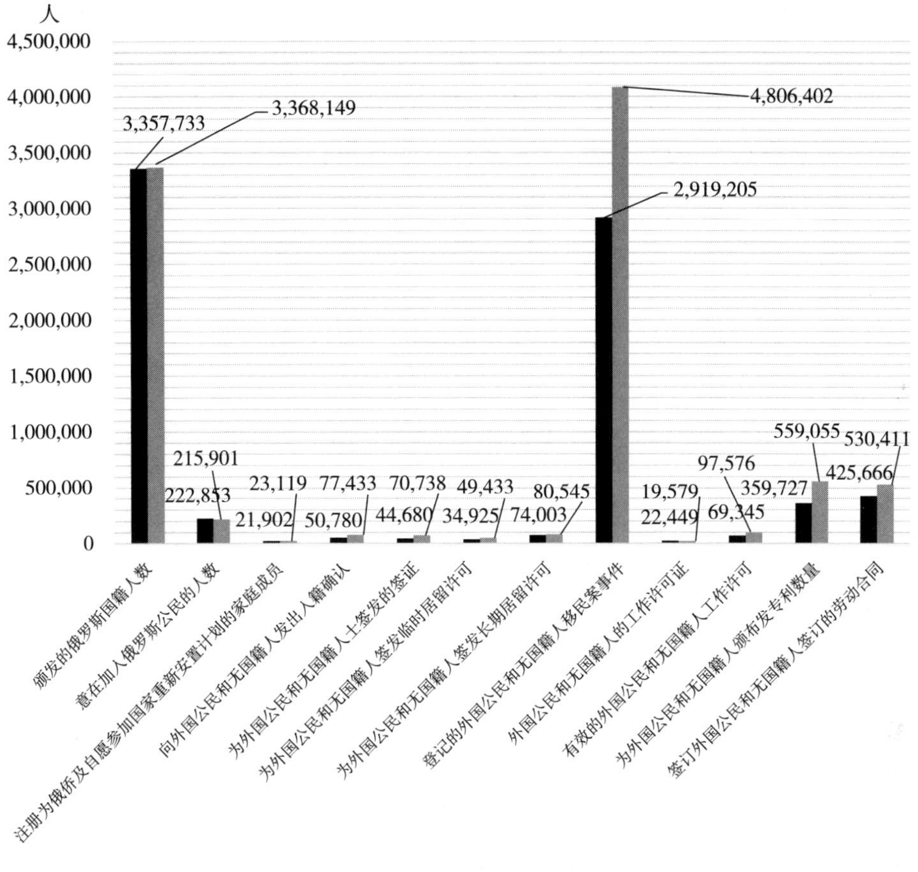

图 22　俄罗斯国际移民情况

注：深柱为 2021 年 1—4 月数据，浅柱为 2020 年 1—4 月数据。

中亚国家纷纷宣布采取措施，创造条件，致力于完善社会福利，限制年轻人的外流或增加其本国的吸引力，留住人才和吸引移民回流。但是目前所采取的措施并没有真正变成能够留住中亚才华横溢的人才的机制。

各国目前已经形成了较为合理的移民法律体系。其中，吉尔吉斯斯坦的移民法律框架包括《对外移民法》《关于外来劳工移徙的法律》《关于支持国外同胞的国家政策基础的法律》，制定了 2020 年的促进人口就业和内部和外部劳动力迁移的计划，即吉尔吉斯斯坦政府方案“2017—2020 年青年政策”。吉尔吉斯斯坦有关部委提出了制定新移民政策的必要性。一些专家甚至建议创建移民法规，以将移民领域的众多规范性法律法规汇总到一起，简化移民管理领域各个部门的职能职责，提高州移民政策的效率[1]。政府已经制定但尚未批准一直延续到2040年的移民政策概念草案。

自2013年以来，塔吉克斯坦的管制移民问题已从执法机构（塔吉克斯坦政府下属的移民事务处）移交给劳工移民和就业部的移民局。劳工移民和就业部的移民局是根据国家法律授权而设立的国家机构。塔吉克斯坦《移民法》第7条第15款协调并规范了塔吉克斯坦公民在国外和外国公民向塔吉克斯坦的迁移活动。

乌兹别克斯坦就业和劳动关系部下的外劳移民局开展了关于外劳移民管理的工作。该机构通过有效管理和控制有组织的招聘、培训、适应措施以及在国外就业的过程，协助乌兹别克斯坦公民实现在国外工作的权利，参与了劳务移民领域国际合作项目的制定和实施。乌兹别克斯坦的许多律师认为，现有的法律框架不能有效地解决在外部劳务移民领域出现的问题。《宪法》规定的公民工作权和收入没有得到充分保障，这导致了劳工迁移出境的数量增加。国家近些年有组织的向发达国家出口的劳动力数量极少，而无证的非法劳动力迁移大量增加，并且违法犯罪的活动日益加剧。与移民事务相关的法律包括《劳动法》《人口就业法》《政府关于采取措施改善乌兹别克斯坦共和国公民在国外的劳动活动的决议》等，以及《关于乌兹别克斯坦共和国加入独联体成员国打击非法移民合作协定》《关于进一步扩大与大韩民国在劳务移民领域合作的措施》等，同时，乌兹别克斯坦和俄罗斯签署了劳动力移民的双边协议。乌兹别克斯坦专家认为，与外国就劳务移民达成的双边协议和多边协议的数量不多，导致乌兹别克斯坦在海外的移民工人的权利和合法收入的保障状态并不乐观。乌兹别克斯坦总统米尔齐约耶夫实施了简化劳务移民领域的改革。在2017—2019年，乌兹别克斯坦在改善劳务移民领域的立法以及进一步发展与外国合作，保护移民工人权利领域的法律框架方面取得了重大进展。如今正在开发“青年概念—2030”项目，该项目正在讨论中。

哈萨克斯坦规范移民程序的法律框架包括《人口迁移法》以及哈萨克斯坦

---

〔1〕 Смотреть Абулхаев Р. А. ,Проблемы беженцев и вынужденных переселенцев в Таджикистане в конце XX в. // Безопасность в Центральноазиатском регионе: опыт и практика в решении этнополитических конфликтов,Душанбе, 2005,С. 136 – 147.

共和国 2017—2021 年移民政策。根据《人口迁移法》的规定,离开该国的哈萨克斯坦公民分为两类:前往另一州作临时居留和永久居留的哈萨克斯坦公民。

总体上,中亚国家劳动力较为年轻,乌兹别克斯坦等出生率高的国家有序地建立劳动力输出机制。当前中亚与俄罗斯之间的移民流对中国投资企业的深层安全产生了一定的影响。中亚本地人才流失给中国企业发展带来了挑战,许多本地技术工人离开本国前往俄罗斯工作。约有 40 万至 100 万塔吉克斯坦公民在俄罗斯谋生[1],其中 2019 年约有 45.4 万名吉尔吉斯斯坦工人、120 万塔吉克斯坦工人、210 万乌兹别克斯坦工人和 13.6 万名哈萨克斯坦工人前往俄罗斯就业[2]。因中亚本地人才流失,中资企业发展遇到了人才荒的尴尬境地:第一,本土缺乏技术产业工人,现有工人专业技能不高,工作效率、管理技能目前无法满足中资企业的用工需要,专业技术人员和高素质人才短缺的问题亟待改善,本地工人不提高技能难以担当管理职位[3]。例如,塔吉克斯坦的劳动力技术能力相对较低,无法满足中资企业重要职位的要求,这给中资企业在塔吉克斯坦的商业活动带来了诸多困难[4]。第二,因中亚劳动力还不能完全替代中国高效工人的水平和业务,中企为了提高工作效率,不得不大量从中国带来工人,这常常引起当地人的不满,从而影响企业在当地的安全度,容易被社会偏见的认知所影响。第三,中国走向中亚的企业面临着加速本土化、提高中亚当地工人的技术水平、能力水平的迫切形势,培养人才是一个渐进的过程,尤其培养跨国人才,需要语言、文化等多方面的因素助力。人才移民流失已经成为威胁国际企业的经营安全的问题。中国不仅需要在中亚本土为当地国民提供就业机会,同时,中国也和俄罗斯有相似之处,即是大力吸引移民人才的国家,国际移民问题是双刃剑,是机遇也是挑战。因此,有必要从上合组织层面加强成员国的移民管理和监管制度的共同发展机制,为年轻一代创造机会和更好的

---

[1] See Chinese Ministry of Foreign Affairs, *Zhu Tajikesitan Dashi Liu Bin Jieshou Ta "Shangye Yu Zhengzhi" Bao Zhuanfang* (Ambassador Liu Bin to Tajikistan Accepts an Exclusive Interview With Tajikistan's "Business and Politics" Newspaper) (January 10, 2020), https://www.mfa.gov.cn/web/dszlsjt_673036/t1730920.shtml.

[2] See *Central Asia Migration Tracker*, Oxus Society for Central Asian Affairs (December 15, 2020), https://oxussociety.org/introducing-the-central-asia-migration-tracker.

[3] 参见《对外投资合作国别(地区)指南－哈萨克斯坦(2021 版)》,http://www.mofcom.gov.cn/dl/gbdqzn/upload/hasakesitan.pdf。

[4] See Sinosure, *Guobie Touzi Jingying Bianli Hua Zhuangkuang Baogao* (2015), Individual Country Reports on Ease of Investment and Doing Business (2015).

条件,采取措施规范移民。良好的移民政策可以为整个地区的原籍国、过境国和目的地国的发展做出重大贡献。

三、公安学视角下治安秩序的现实威胁与各国治安困境

上合组织地区面临的治安秩序与风险整体呈现复杂性征。制约中亚地区安全的难以解决的深层次矛盾依然大量存在。联合国报告显示,中亚地区的贩毒问题比以往更加严重。中亚国家对塔阿边境复杂形势一致地高度关注,均强调本国的多边外交政策、重视互联互通。中亚各国国内局势从独立初期持续处于波动中和不断加深的安全的风险源、风险度、安保效力的不可预知性中。[1]地区民主政治发育不成熟、社会结构裂变过度放大,社会活跃着很多种族和宗教团体,大比例的人口处于高水平的贫困、失业和严重的社会不平等中,政府和机构效率低下,这造成中亚国家难以抵抗各类跨境安全风险。

激进运动的拥护者和国际极端组织成员不断收集社会对政权的不满意见、批评情绪、公共管理薄弱环节和地方冲突的信息,以便在未来利用这些痛点破坏局势的稳定。中亚国家和地区通过立法建立了自由的民主社会和世俗原则,这也成为吸引国际犯罪渗透的区域磁石。

一直以来学界许多人强调中亚地区的安全威胁是潜在的而非现实的。然而,从公安学视角看,潜在的治安秩序带来的安全威胁一旦爆发也可能陷入不可控的境地,潜在的风险的影响很快就会转变为现实性的危险。因此,潜在与现实的认定是一个动态的过程,关键是要对或潜在或现实的风险采取预防性的先行措施,这才是有意义的。

治安秩序风险属于风险的一种。"风险"是一种危险,指遭受损失、伤害、不利或毁灭的可能性。它是某一特定危险情况发生的可能性和后果的组合。地缘"风险"具有特殊性,它因风险的主体、客体、造成的影响以及特定的社会语境而不同。它影响国际关系以及国际交流的主观安全感。主观安全感指由居民所具有的生产与生活的客观条件以及需求感知等因素共同作用而产生的个体对自身生命、健康存在与发展状况的中性心理体验[2]。中亚的社会语境为中

---

〔1〕 Смотреть Исламское государство – оценка рисков для Центральной , Азии, http://presidentlibrary. kz/? p = 2727&lang = ru. (3. октябрь 2017).

〔2〕 参见高星:《安全社区中居民安全感测量方法研究》,载《中国安全科学学报》2011 年第 9 期。

亚的风险社会,即当下社会治理不能回避的社会语境[1]。“治安秩序风险”指公共安全秩序的领域中随时可能从潜在危害转化成确定的现实危害,即存在危害社会秩序以及人民群众生命财产安全、造成社会紊乱的一种可能性。[2]

从海外利益的安全属性视角来看,治安秩序风险性与实体经济和社会秩序安全属性有密切相关性。安全属性的高低可以从三个客观的观测点来考察:一是资源的丰富性,二是政权的稳定性,三是对外依赖程度。三者相辅相成,共同构成某一地区的安全属性。中亚的三个要素均显现出对安全度的负面影响。当资源丰富、政局稳定时,外部因素的安全威胁和内部因素的安全侵袭呈有限性,国际因素的影响亦有限。当资源丰富而政局控制能力不高时,地区安全属性降低,且外部因素的侵蚀力大。就像英国著名记者和作家卢茨·克莱维曼在《新大牌局》中所讲:“丰富的矿藏对于一个国家及其人民来说,常常更多的是祸而不是福。”中亚国家大都资源丰富而政治不稳定,客观上极易成为外部因素关注的目标。费尔干纳地下已掌握的油气田就有五十多个,该地一直影响中亚安全稳定。

治安威胁是一种基本的风险威胁形态。治安秩序风险对国际资本与外国人具有较强的现实性影响。中国商务部 2013 年五月的数据显示,87% 的侵害人身安全案发生在中亚、南亚、西亚和北非。一些学者根据该地的恐怖主义发展形势将中亚定为一级风险类别地区[3]。治安形势对当地华人的财产安全构成一定威胁。民风普遍淳朴、多乐于助人的塔吉克斯坦社会长期未发生特别突出的治安和刑事案(事)件,但最近七年的治安秩序趋于不稳定。中亚各国针对外国人自然人的抢劫袭击案件多发。自 2015 年开始,塔吉克斯坦发生了针对华人的入室抢劫、偷窃车内财物的案件。2018 年 7 月底,塔吉克斯坦南部丹加拉市(与阿昆都士省接壤)发生欧美游客遭恐袭事件,造成 4 死 3 伤。2022 年 5 月 31 日,吉尔吉斯斯坦的列贝迪诺夫卡村的有色金属公司遭到抢劫,外国人遭到身份不明的人员袭击殴打并被抢走 300 万索姆。犯罪团伙预谋作案,吉尔吉斯斯坦楚河洲警方和阿拉美金地区警方破获了该起针对外国商人的暴力袭击抢劫案件,根据吉尔吉斯斯坦刑法第 207 条(抢劫),警方逮捕了 5 名犯罪嫌疑

[1] 参见陈秋菊:《新时代城市治安风险防范研究》,载《江苏警官学院学报》2019 年第 5 期。

[2] 参见唐钧:《社会维稳的风险治理研究》,载《教学与研究》2010 年第 5 期。

[3] 参见《3 名中国工人在巴基斯坦白沙瓦遇袭身亡》,载新浪网,https://news.sina.com.cn/c/p/2007-07-09/044213403222.shtml。

人，均为 90 后。

此外，中亚国家最近几年多国经历新老总统交替，政坛纷争较大，地方政府和执法部门的机构人事变动比较频繁，政策执行缺乏连续性。乌兹别克斯坦国家安全总局、吉尔吉斯斯坦警卫局、塔吉克斯坦国安委、哈萨克斯坦政府及强力部门的高层频繁更换人选，执法效率短期波动成为常态。

中亚各国均发生过全国范围的或局部较大范围的影响治安秩序的冲突性事件，内战的可能性增大。骚乱和动荡的事件的规模一般不大，持续的时间不长，大部分在可控范围内，但是破坏性较大，国际影响恶劣。2016 年阿克托别恐袭案、阿拉木图抢劫案和驻吉使馆受袭击的安全事件、2005 年和 2010 年吉尔吉斯斯坦发生了两次政权更迭和社会冲突，2005 年乌兹别克斯坦发生了安吉延事件，2022 年中亚各国纷纷进入动荡时期。2022 年 1 月哈萨克斯坦发生了黑天鹅事件（事件发生后 6 个月，被定性为恐怖主义事件），同年 5 月塔吉克斯坦东部发生街头抗议，有执法人员伤亡。上述事件均是以治安冲突体现出来的，有的是全国范围的（哈萨克斯坦的黑天鹅事件），有的是局部的（乌兹别克斯坦的卡拉卡尔帕克斯坦自治共和国骚乱事件），而有的则是中亚国家之间的双边冲突（乌兹别克斯坦和吉尔吉斯斯坦的边境居民交火事件）等，还有的是邻国地缘动荡带来的安全影响。2022 年上述中亚各国发生的一系列安全事件，曾经短暂地将中亚各国的国家政权置于危险之中。政权不稳定的直接后果可能是中亚地区国家之间相互不信任，阻碍安全威胁和治安风险的共同预防进程。事件的发展形势虽然不十分严峻，但影响着整个欧亚安全体系的稳定，它的发展和应对与地区多权力中心的利益密切相关。非显性的威胁一旦爆发，将可能引起“多米诺效应”。这对中亚的执法应对是一种考验。整个中亚地区处于一个复杂庞大的非传统安全的阴霾形势的笼罩下，这既不同于非洲显性而外在的安全风险，也不同于中东地区激烈冲突中的安全风险。

表面看中亚国家的治安骚乱有偶发性，实质上由于当地的地缘、民族、宗教有其必然性和特殊性。跨界水资源、飞地等领土争端、边界划分和管控等问题均涉及公共安全秩序问题，吉尔吉斯斯坦、塔吉克斯坦、乌兹别克斯坦三国交界的费尔干纳地区安全形势错综复杂，边境冲突不止。吉尔吉斯斯坦、塔吉克斯坦边界 2010—2019 年的冲突多达 150 起，2016 年 3 月，双方在尚存争议的阿拉布卡地区争相部署兵力与设施，导致边境危机一度升级。2019 年 3 月两国边境村庄居民再度发生冲突，造成数人死亡，40 多人受伤。两国国内呈“高风险、高动荡”形势。双边争端的主要原因是国家边界线的不确定性。事实上,中亚大部分国家加入上合组织后,都能够解决与中国的边界问题,而区域内的边界问题则成为关系紧张源头。悬而未决的传统安全问题加剧了非传统安全问题的复杂化。

吉—塔、吉—乌边境地区矛盾重重。中亚国家具有庞大的混合族裔群体,边境界限犬牙交错,具有高度的模糊性。[1] 中亚和中东问题专家卡尼泽夫指出,乌、吉有15%的边界—领土上真正有争议且存在且问题诸多[2]。复杂边界无法准确反映民族区域分配,这些对中亚国家跨境治安秩序构成挑战。

所谓跨境治安秩序是陆地边境公共安全秩序的形态,跨境而居的不同国籍人口的民族具有同一性或相似性,跨境治安秩序的危机不是先于国家意志而产生的,最初往往是由跨境而居的公众群体因边界事务的冲突而产生,发展到一定程度必然由国家主体被动参与和主动沟通而解决。因此,这一冲突不属于传统安全范畴,亦非“非传统安全”问题,而属于公安学范畴的形态。跨境治安受民族、地缘与国际因素等复杂因素的影响,需要在跨境执法安全合作的框架下维护治安秩序。

跨境治安秩序的风险持续预警。早在1999年和2000年,在巴特肯地区发生的武装暴乱、2002年奥贝隆市场和2012年比什凯克附近的体育场发生的恐怖活动以及2012年在中吉边境的冲突均体现了跨境治安形势持续的不稳定性。吉尔吉斯斯坦南部和西南部与塔吉克斯坦、乌兹别克斯坦的边界未划定,造成移民安全问题。克尔本地区系吉乌两国紧张局势的爆发点。2016年8月,乌方曾宣布位于两国共同边境的Unkur－Too山为其所属领土,并以非法逗留为名扣留数名吉尔吉斯斯坦公民,引发两国民众数日抗议示威、双边谈判,最终被扣留人员获释。2018年4月,吉尔吉斯斯坦西南部巴特肯州Üch－Döbö村与塔吉克斯坦西北部索格特州(Sughd)Hoja－Alo村居民在边境争议地区因土地归属问题发生抗议示威与低烈度族际冲突,造成2人受伤。同年,吉、塔两国边境居民在未划界地区发生的冲突事件高达13件。2019年3月15日吉、塔两国边境居民再起冲突,吉尔吉斯斯坦刚刚恢复在与塔吉克斯坦飞地Vorukh地区Aksai－Tamdyk公路的修建工作,塔吉克斯坦Tojikon的居民要求其停止未

---

〔1〕 Смотреть Пограничный конфликт Таджикистана и Кыргызстана, https://tj.sputniknews.ru/trend/tajikistan_kyrgyzstan_border－konflikt/.

〔2〕 参见孙力主编:《中亚国家发展报告—2019》,社会科学文献出版社2019年版,第307～321页。

果,随后两国边境居民互相射击和扔石头,导致 1 人丧生,10 余人受伤。

中亚人以游牧民族为主,性格和脾气比较火爆,每年春、秋两季为闹事频发的“传统”季节。不论是 2005 年 3 月的郁金香革命,还是 2010 年的“4 · 7”革命、2022 年 1 月哈萨克斯坦的“黑天鹅事件”、同年 5 月塔吉克斯坦东部发生的街头抗议,几乎都发生在春季,季节性动荡成为中亚国家不可绕过之殇。

中亚各国彼此间在地区层面的思想交流尚不足,这导致区域趋同的向心力下降。每个国家都处于与周边国家间冲突加剧的环境中。乌兹别克斯坦—塔吉克斯坦之间、吉尔吉斯斯坦—塔吉克斯坦之间等双边关系时有恶化。塔吉克斯坦、吉尔吉斯斯坦、乌兹别克斯坦三国交界的边境地区“费尔干纳盆地”(Fergana Valley)存在领土争端、偶发的低烈度的族群冲突、教派之争以及水资源冲突,这些导致中亚地区的社会治安问题复杂,给跨国执法安全合作制造了较高的协调成本。

最近十余年,周边地区小规模族际冲突事件的频繁爆发对外国资本的影响力是间接的,规模不大但造成的影响比较恶劣,暴露了中亚国家社会内部的脆弱性和自顾不暇的持续状态,加重了地区国家的安全焦虑。暴力恐怖事件、武装交火事件频发,反对派势力壮大且强力冲击政府的可能性逐年增加。社会的政治分裂程度在提高,分裂方式在更新,种族、民族、不同宗教信仰以及开放主义者与民族主义者之间的各种分裂活动交织,这考验着全球化规则的包容度和对其本身带来的潜在冲突的化解力。社会以及国家主权机关、执法部门等能否对新型跨境违法犯罪采取有效的应对措施,从而维护良好的跨境治安秩序,共同保护人类创造的福祉。维护安定需要继续观察等待。

成员国维护治安秩序存在一些困境。抵御和防范安全风险的控制能力存在较大不确定性,各国积累了大量内部问题,包括贫穷、腐败、国家机关工作效率不高、种族家族摩擦、基础设施老旧、经济增速低迷等问题。国家机器效率低下,金融监管体系不健全,毒恐合流,警务执法水平、专业技能、装备能力等不足,腐败现象、国家计划得不到履行、预算资源无效使用、食品通胀、关税增加的威胁越来越大,高科技产业发展受阻,运输生产成本高昂,导致企业缺乏竞争力,大部分人口的生活水平下降。各国缺少教师、医生等领域人才,设施老化,停电现象成为常态。社会矛盾尖锐、罪犯群体重返社会的再生存制度缺失等生成治理危机,使地区执法安全合作的深入发展面临挑战。

从国际环境看,中亚处于金新月地区,贩毒活动日渐猖獗,毒贩通过腐化官员影响上层决策而敛财。便于其敛财的生存环境并非国家的无政府的混乱状态,而是衰弱不振、功能不健的腐化政府。治安危机生成是政治制度无法适应经济和社会发展的需要而产生的。

经济融入世界市场,意味着自然资源、社会资源和智力从属于跨国公司的利益的一部分。市场垄断导致缺乏竞争,西方、中国和俄罗斯产品对哈萨克斯坦等中亚国家的产业发展带来一定压力。与此同时,世界市场上高油价和金属价格加速了哈萨克斯坦全球化的进程。

随之而来的是中亚国家在治安管理和安全危机控制领域的内部信息空间开发普遍不足,当地媒体在信息领域仍然缺乏竞争力,官方媒体由于不受欢迎、民众信任度低,无法履行其主要职能——国家信息和意识形态政策的实施,使情况更加恶化。信息来源是俄罗斯和外国大众媒体,外国媒体对电视等领域的主导地位极其明显。美国、俄罗斯意识形态输入,外部信息和意识形态扩张,而本土人民对国内事件知之甚少,有关其他国家的事件的知晓渠道主要来自国际传播能力强的国家——俄罗斯、美国。随着信息技术的普及,这一形势不断加剧。收集和分析信息以及制定管理决策的系统不完善,国家机构效率不足,在信息领域缺乏反馈系统,对国家安全构成严重威胁,提高公共行政效率的尝试不成功。整个社会在思想、意识形态、价值观、规范、规则和仪式等层面面临严重的障碍。国家领导人提议的战略现代化与社会过时的家长式要求之间的差距越来越大。国家和政治机构不仅无法充当总统思想的有效指挥者,而且他们本身也被卷入了社会退化的漏斗中,往往更愿意满足社会边缘阶层的品味和需求。当前的社会生存情绪而非发展的情绪在中亚盛行。国内中产阶级产生的消费心理和社会心理,将成为社会和政治不稳定的导火索。国家陷入治理焦虑中。无论个人、企业,还是国家行为体、地区组织等都可能因安全问题而产生焦虑,并体现在决策上。21 世纪初期中亚各国的周边地区安全局势多年持续处于动荡状态,而安保能力自顾不暇,抵御和防范安全风险的控制能力显得薄弱,周边国家的高压刑事政策考验着中亚国家的安全处置能力。

中亚国家内部政治与社会秩序持续处于不稳定的状态,武装力量、执法水平和应急能力有限,不能很好地应付突发事件,因安全和安全风险控制的不确定性而产生焦虑。维护跨境油气管线安全、治理非传统安全的力量的薄弱,这促使各国在内外政策上不断寻求更多元的外部资源。威胁安全的因素在空间和时间上交错叠加,对地缘安全维护之能力缺乏足够信心;各国安保内驱力发动节奏的不一致导致安全体系结构性失衡、安保合作失效和合作不足。其脆弱的自我保护能力放大了地区安全的不稳定程度,并使得国家应对政策产生摇摆。中亚社会管理能力和国家上层治国思维存在一定的局限性,因此维护治安秩序的任务艰巨。

经济发展持续受到严重挑战的背景下,中亚社会的氏族部落、等级划分、资源占有不均衡等社会矛盾依然突出,导致跨国犯罪活动猖獗。尽管一些平民有稳定的工作和家庭,但感到个人发展无望,社会定位毫无前景,没有接受再教育和实现职业生涯规划的机会。例如,吉尔吉斯斯坦奥什州的一些族群居住地远离现代社会,不可能进入国家机关工作。哈萨克斯坦社会问题也比较严重,氏族裙带关系森严。哈萨克民族是14世纪氏族部落的分支,主要包括三个大的分支:大玉孖、中玉孖、小玉孖。历史上,各个玉孖所分布地理位置不同,从事的活动有别,大玉孖主要从事社会管理工作,集中分布在官员阶层;中玉孖主要分布在东边,靠近中国边境,主要从事商业活动;小玉孖分布在哈萨克斯坦的西边,主要是游牧民族等社会底层的群体。每个大的部落下面又有无数个小的部落,如中玉孖下面有个克烈部落,克烈下面又分12个部落,再往下还分若干小部落。再如,克烈部落下面的阿拔克烈(音译)部落,再往下是坚特开(音译)部落。每个部落都有简史、番号和图标。过去部落氏族彼此间有严格的等级,每个部落都有首领,生活习俗彼此有区别。过去他们是大聚居、小杂居,现在是大杂居、小聚居。

一些氏族中的人员毫无升迁机会,年轻人刑事犯罪严重,紧张的社会气氛在发酵。事实显示,违法犯罪人的圈子成为犯罪集团招募者拉拢的对象。宗教极端主义分子在中亚国家的监狱里建立互助团体,年轻人在被剥夺自由的地方被灌输极端思想。还有的人因婚姻不顺、家庭关系不睦找不到纾解的途径而被极端组织拉拢,并选择以极端的方式报复社会。

上述中亚国家社会现象反映了其社会庇护关系的长期性、持久性、继承性,利益交换和占有式在某些特定群体中形成了长期、稳定而反复的交换格式。它的优势在于整合了现代化功能,通过特殊群体植入社会基层当中,但劣势也很明显:国家与社会派系滋生,分裂组织结构林立,腐败难以根治。氏族部落社会得到发展,强大的人际关系成为这一地区的社会基础,权力者拣选忠诚于己的人执行任务,私人化的社会交换关系建立在地位、权力不平等的行为主体之间,他们以互利互惠为价值目标,遏制地区的政治秩序的良性发展。

各国普遍面临腐败深重的难解之题。联合国自称“唯一具有法律约束力的全球反腐工具”。《联合国反腐败公约》中未对腐败进行定义,原因是公约制定者们无法就定义达成明确的共识。另外,全球范围内知名反腐败国际非政府组织——透明国际(Transparency Internarional,TI)也未对腐败之概念进行明确界定。国际货币基金组织、世界银行对“腐败”表述是为获取私利而滥用公权,这一定义获得较为广泛的公认。中亚国家存在系统性腐败。社会不平等和冲突加剧。

以哈萨克斯坦为例,自1999年以来,哈萨克斯坦便有纳扎尔巴耶夫曾向主要的西方石油公司索取海上石油的股份和贿赂的传闻。2004年总统收受贿赂的指控在纽约市的大陪审团公报上公布。在哈萨克斯坦,贪污腐败成为一种“文化”,商人更愿意花钱行贿而不是交税,民众对政府的不信任与日俱增。腐败从上至下、自下而上在哈萨克斯坦成为威胁哈政府稳固的一种因素。哈萨克斯坦政府也已经意识到这样忽隐忽现的风险,正在逐步采取行动力争遏制这种腐败的势头。2010年政府通过了实施国家反腐败行动计划的决议,旨在建立反腐败斗争的法律框架,防止公共服务领域的腐败,阻止地下经济成为腐败的来源,加强执法机构和司法体系的建设,宣传国家反腐败政策,开展反腐败的国际合作。当然,可以看到,国际社会通过完善立法来反腐败的效果甚微,反腐败本身成为中亚各国一种权力斗争的工具。腐败是社会制度存在的重大缺陷,解决这一缺陷恐怕需要凭借国家治理能力以及全球治理能力的提升解决。

哈萨克斯坦当时的腐败,尤其以执法机构、法院、海关和其他机构最为严重,公务员能力水平和政治忠诚度下降,管理能力和水平较低,强力部门的腐败执法衍生出了“经济腐败税”,通过非经济手段破坏市场主体的竞争力。据估计价值超过1500亿坚戈,从而导致价格、贷款、支付环节的腐败,附加的负担阻碍了真正意义上的市场制度的形成和发展。腐败的重要原因是:(1)最高领导层中宗族的斗争;(2)人才流失,管理和执法的有效性不足;(3)缺乏对各级公务员的职业激励;(4)人力管理与决策过程封闭。政治极端主义与精英内部团体日益增长的政治野心导致内部政治局势变得特殊而复杂。人口在社会、种族和宗教方面的分层分化程度有所提高,社会分化已经达到了临界水平(10年前,1/10人口最低收入和最高收入基尼系数之比是1:4,而当前是1:10)。由于普遍的道德衰退和未解决的社会问题增多,哈萨克斯坦社会比以往更容易受到致力于破坏社会稳定的团体的负面影响。国家安全机构工作效率低下,被有组织犯罪团伙腐化,最高官僚机构有罪不罚,最高权力代表的权力不受限制,内部政治威胁持续增加,反对派势力的渗透性提高。

随着时间的推移,政治极端主义在现有的不允许进行合法的权力斗争的政治制度下将孵化更尖锐的矛盾。这类威胁持续存在于哈萨克斯坦国内,且日趋严重。哈萨克斯坦的宗教信仰政治化现象复兴,恐怕存在降低国家认同的风险;主要宗教信仰中心位于国外,其对宗教活动的意识形态内容缺乏控制;随着抗议和冲突潜力的积蓄,民族的信仰关系的背景变得复杂;一些新的教派的宗教领袖(如 SAMK)缺乏专业精神和政治忠诚;国际恐怖主义发展继续受到外部影响;民族主义反对派与政治化宗教运动之间可能建立某种联系;精英可能利用某些宗教团体进行活动。

哈萨克斯坦和吉尔吉斯斯坦有共同之处:通过将部分西方民主制度加速移植到本土,快速实现对发展中国家普遍存在的自身身份认同的探索和复兴。S. Huntington 提出了“第二代本土化”的概念,指领导人是中产阶级的代表,受到西方教育,在瞬息万变的世界中,这一现象与宗教成为社会群体复兴的新支点,并得到巩固,它造成了现代“文明冲突”等一系列问题,与先前殖民和极权时期遗留下来的问题交织在当今社会中,前所未有地影响着权威国家领导人的形象,国家总统制度受到挑战和潜在威胁。精英尚未意识到这一威胁,对当代领导人的抗议正在全新的基础上上演。

犯罪分子出狱后重返社会的帮扶制度缺失。中亚各国对宗教极端主义和恐怖主义案犯的刑罚与监狱拘押存在一定的安全隐患。反恐法律体系中普遍缺乏助推服刑后罪犯重返社会的机制,严重缺乏帮助罪犯的社会再生存和再社会化出路的教育机制[1]。监狱中犯罪的环境,进一步加速了被关押人的道德沦丧进程,引起了激进化意识形态在监狱等惩教机构中扩散传播。中亚国家当前采取了严打的政策。监狱形成了一种“小社区”,与狱外的“犯罪圈”隔离开来,政府试图尽可能多地俘虏囚犯从而去极端化。然而,忽视罪犯在狱中服刑的意识形态的改造,为他们重新融入社会建立了人为障碍。

中亚国家对犯有宗教极端主义和恐怖主义性质的罪行的惩处主要是监禁形式的惩罚。中亚国家的拘押条件非常严苛,也缺乏对表现好的恐怖主义和极

---

〔1〕 Смотреть К. Х. Рахимбердин, Проблема противодействия религиозному экстремизму и терроризму в исправительных учреждениях уголовно – исполнительной системы государств центральной Азии, Вестник Кузбасского института, 1 (38) (2019).

端主义罪行的人员给予拘禁环境舒适性改善的奖励性规定，这不利于矫正罪犯行为，难以改造他们的现代社会的价值观，其后果也可能加剧“极端主义”刑事犯与司法、刑罚系统之间的对抗，过于拥挤也易造成被拘押人遭受各种侵犯人权行为的风险。当前，过度军事化、监狱制度过分严苛、狱警及其工作人员滥用职权、粗暴行为等在中亚各国较普遍。此外，国家刑事政策的严厉性以及公共管理制度的封闭性，会导致犯人被过度定罪，并具有在监狱中遭暴力侵害的高风险，如乌兹别克斯坦和土库曼斯坦发生过较严重的类似问题。中亚一些法学家认为，承认犯有恐怖主义和极端主义刑事罪行者的人格有很高的社会危险性，因而建立了与之有关的严格的行政监督。

被定罪者与教养机构的管理之间可能发生冲突，没有采取措施使前囚犯重新社会化，缺乏以科学为基础的重新社会化过程，被定罪的人的行为未能保持在相对安全的社会和国家边界之内，也就无法实现刑事处罚和刑法立法的目标。

可见，中亚社会和国家改造罪犯是一项极其艰巨的任务，刑法制度和监狱与宗教的合作显得非常重要。刑罚与刑法的重要的目标之一是对罪犯重返社会的交往实施有效的预防性教育。鉴于有组织犯罪者的凝聚力和严格的从属性、纪律性，监狱机构应通过法律对他们展开密集的宣传工作，取代犯罪“圈”的影响力。

因此，首先，中亚解决公共行政的复杂问题的关键在于进一步加强发展机制的体制，为未来塑造人力资源，激发具有国家动力的管理团队出现。同时，中亚各国应将改革的重点转为使用新的信息和通信技术，而非改变公共行政机构本身的结构。其次，国家化解社会矛盾的紧迫性和国家治理能力亟待提升。上合组织成员国的国际治理能力普遍面临着政治、经济领域的突破性挑战。国家治理理论兴起于 20 世纪 80 年代，之后国际治理能力被广泛普及到政治学之中，一国治理能力强，则效能和效力较高。反之，效能和效力较低，特殊利益集团权势越大，国家治理能力越低。比较政治学家胡安·林茨关于政体理论的论述中提到，“效力”占据了重要地位，它是政体解决任何面对的基本问题的能力，是维系政体执行既定政策并达成预期的结果的能力〔1〕。治理能力受资本、城

---

〔1〕 See Juan J. Linz, *The Brekdown of Democratic Regimes*: *Crisis*, *Breakdown and Reequilibration*, *Baitimore*, Te Jnims Hopkings Universtity Press, 1978, p. 20.

市、市场的发展的影响较大[1]。权力的结构和具体政治制度安排的不同会对国家治理能力和政府能力的强弱产生直接影响。

此外，俄罗斯在反恐中谎报恐怖主义案件频发，耗费了大量警力。《俄罗斯联邦刑法典》第207条"谎报恐怖主义活动罪"规定：谎报恐怖主义活动的，处20万卢布以下罚款，或3年以下劳动改造，或3年以下监禁；造成重大损失（100万卢布以上）的，处100万卢布以下罚款，或者5年以下监禁。尽管俄罗斯有比较健全的反恐、新闻等方面的法律法规，对反恐怖行动的新闻报道作了限制性规定，但其宪法和相应的宪法性法律对新闻和言论自由作了保障性规定，从而造成多年来各种新闻媒体连篇累牍地报道包括恐怖类案件在内的各类案件，给社会和民众的心理带来了负面的影响和预期，在一定程度上起到了不良的引导和示范作用。这是俄罗斯谎报恐怖威胁案件持续高发的主要原因之一。

四、上合组织面临的竞争、合作与挑战

19世纪以来国际社会打击跨国有组织犯罪的愿望和实践从未停止过。马克思主义理论认为，实践超越理论研究的现象符合科学发展的规律，有组织犯罪的客观危害性倒逼国际社会开展合作。

每个国家，每个区域都有着多重的对外关系。在多种情况下，国际区域在链接与组合上是互有交叉的，有时一个国家可以参与多个区域，这就使国家间关系和国际区域的关系具有多向、多层的特征。从历史的进程看，上合组织所覆盖的地理之核心地区始终为世界多国竞争、强国必争之地。中亚以外地区国家积极加大对中亚的外援和投资。外援给中亚国家博弈各方带来了新的竞争的不确定性。大国在不同领域各有优势。另外，每个成员国作为独立的主权国家，彼此之间以及与外部国家之间不仅在经济、教育、文化上存在多元的竞争关系，在政治、军事上也存在矛盾和冲突，这些冲突有的涉及上合组织的执法安全合作的范畴。打击跨国犯罪、维护非传统安全始终是上合组织维护地区治安秩序与安全的基本任务。

（一）上合组织与外部组织存在合作、竞争的多重关系

"上合组织+"的模式拓展了其合作空间。上合组织国家的地缘政治和地缘经济区位对于欧亚大陆的安全体系构建具有重要的战略意义。上合组织不

---

[1] 参见［美］查尔斯·蒂利：《强制、资本和欧洲国家（公元990至1992年）》，魏洪钟译，上海人民出版社2007年版，第146页。

仅充分发展组织内部成员国之间的关系体系，还越来越重视和其他目标趋同的国际组织的合作，密切了合作关系，扩大了与组织以外的其他国家和机构的关系运行体系的构建，有效地扩展到更广泛的形式："上合组织 +"，用这一灵活的合作方式与众多国际组织建立执法安全合作关系，加强反恐、禁毒等议题的合作，整合更多的国际警务资源，加强与其他地区组织和国家的警务合作，真正提升非传统安全问题的合作成效。正是因为上合组织的非军事性质，才吸引了一些国家作为参与者与本组织建立多边伙伴关系。"组织 +"的合作模式突破了区域的限制，体现了合作领域的多元性、合作区域的广泛性、合作组织的多样性。目前，与上合组织的地缘、功能重叠或交叉的国家组织主要包括集体安全条约组织、独联体等组织、亚洲相互协作与信任措施会议（以下简称亚信）、亚欧会议等，每个组织都强调安全的重要性，这在一定程度上促进了合作，同时这体现出制度多元、机制交叠的特征，各组织在多边机制的框架下彼此就安全问题协调与合作，在维护地区国家的治安秩序方面有所作为。

2020 年 11 月在塔什干举行的第七届上合组织地区反恐怖机构科学实践会议上，除上合组织及其观察员国、对话伙伴国代表参加外，联合国、独联体、欧洲安全合作组织、集体安全条约组织、亚洲相互协作和信任会议等国际知名组织机构代表在"遵守国际法和拒绝'双重标准'"基础上就反恐达成共识。

与区域集团——东盟、区域全面经济伙伴关系协定（RCEP）、波斯湾阿拉伯国家合作委员会开展对话、协调，让相关国家和集团代表集体参与重要的全球论坛，在这些论坛上就新出现的问题达成协议并协调联合行动，为实现集团之间的政策协调创建一个系统的平台[1]。上合组织加强了与东盟的合作。2005 年 4 月上合组织与东盟签署了《上海合作组织秘书处和东南亚国家联盟秘书处谅解备忘录》，双方约定在打击跨国犯罪方面开展合作，这标志着两个组织正式建立合作关系。2018 年 10 月，上合组织地区反恐怖机构理事会第三十三次例行会议通过了上合组织地区反恐怖机构与东盟警察组织秘书处合作谅解备忘录草案。

在安全和发展问题上，上合组织与联合国开发计划署、联合国安理会、联合国打击恐怖主义委员会、欧安组织、独联体反恐中心等国际机构建立了联系。

---

〔1〕 See Lousianin & Rossija – Kitaj, *formirovanie obnovlionnogo mira*: *monogra – fija* , Russia – China: shaping a renewed world, exec. ed. Academician V. S. Miasnikov, Moscow: Ves mir PH Press, p. 323.

2016 年 9 月 7 日至 8 日上合组织地区反恐怖机构执委会代表参加欧安组织专家就打击互联网网络恐怖主义、暴力极端主义和激进主义的做法交流了意见，确定了合作的重点领域；在反洗钱、反恐融资领域与白俄罗斯、东南亚、非洲、蒙古、伊朗和阿富汗、东盟警察组织开展合作。2011 年 9 月，上合组织地区反恐怖机构理事会通过了关于地区反恐怖机构与本组织对话伙伴国白俄罗斯、东南亚国家联盟秘书处和欧亚反洗钱和反恐怖融资小组合作的文件草案。

禁毒方面强强联合。上合组织与亚信、集体安全条约组织、金融行动特别工作组等国际和区域组织签署的合作文件涵盖了禁毒的内容。2012 年上合组织与集体安全条约组织共同部署开展了联合禁毒行动（“通道行动”）。2018 年 3 月 12 日，上合组织与联合国毒品与犯罪问题办公室在维也纳联合举办了“上合组织与联合国打击毒品犯罪：新威胁与联合行动”活动。[1] 2019 年 11 月 19 日，上合组织秘书处在纽约联合国总部举行了主题为“上合组织与联合国：以合作促进和平、安全与稳定，防止恐怖主义与有组织犯罪相勾结并通过贩毒为恐怖主义融资”的高级别特别联合活动[2]。2020 年 3 月，在维也纳召开的麻醉药品委员会第 63 届会议期间，举办了“联合国与上合组织联合禁毒：打击暗网之上的毒品贩运”高级别活动[3]。

阿富汗局势正常化——2008 年上合组织开始关于参与阿富汗局势正常化的行动和讨论。2009 年，在上合组织的主持下，首次召开了有欧盟、集体安全条约组织、北约等组织代表参加的大型阿富汗问题国际会议。该“组织 + ”的模式为阿富汗局势正常化做出了贡献。

2013 年 9 月 20 日，在俄罗斯雅罗斯拉夫市举行的上合组织地区反恐怖机构理事会第二十三次例行会议上批准了上合组织地区反恐怖机构与土耳其国家警署合作议定书草案，研究了地区反恐怖机构与非洲联盟恐怖主义问题研究中心建立工作联系的可能性。

上合组织促进欧亚一体化主题的合作潜力显著增加。2014 年 9 月 19 日，塔吉克斯坦杜尚别市举行的上合组织地区反恐怖机构理事会第二十五次例行

---

〔1〕 参见《上海合作组织成员国元首理事会青岛宣言（全文）》，载新华网，http://www.xinhuanet.com/world/2018-06/11/c_1122964988.htm。

〔2〕 参见李进峰主编：《上海合作组织黄皮书：上海合作组织发展报告（2020）》，社会科学文献出版社 2020 年版，第 248 ~ 259 页。

〔3〕 参见《联合国与上合组织联合禁毒：打击暗网之上的毒品贩运》，载上海合作组织网，http://chn.sectsco.org/news/20200305/637752.html。

会议上通过了上合组织地区反恐怖机构与蒙古、伊朗和阿富汗主管部门合作的文件。2018 年塔什干峰会后,由于印度和巴基斯坦的加入,上合组织在欧亚空间的影响力体现出质和量增强。上合组织的一些成员国也是欧亚经济联盟、独联体和集体安全条约组织的成员。这些联盟框架集体发力才能应对当前的所有挑战。2018 年 6 月 9 日,上合组织秘书长在青岛主持召开独联体、集体安全条约组织和上合组织安全机制最高领导人三方会晤。三个组织共同关注欧亚安全、地区经贸和人文领域的合作发展情况[1]。各个组织都强调了维护安全的重要性,这在一定程度上促进了彼此合作。

上合组织、大欧亚伙伴关系计划属于中亚的多边机制的核心区位[2]。上合组织和独联体集体安全条约组织被公认为是对地区反恐、禁毒起到重要作用的组织。上合组织、集安全条约组织被认为是中亚国家参加的两个重要的维护区域安全的组织,重点在中亚地区填补管理维护军事和非军事安全领域的空白,特别是考虑到非传统风险的挑战越来越大,两个组织开始越来越重视克服非传统风险,这在客观上促成了这些区域交融的格局。集体安全条约组织、独联体和上合组织框架下的国防部长会议、各领域的专家研讨会和专家级磋商每年举行一次。各组织成员国的武装部队每年都会举行联合演习和比赛。

尽管大量组织均具有多功能性,但每一个都有独特的主动性。集体安全条约组织主要在军事领域,上合组织主要针对非传统安全领域,两个组织在应对恐怖主义区域威胁方面的主要作用是完善了理论,即建立监管的法律框架、进行演习,但二者专门的反恐军事联合行动至今未举行过。其他国际组织尚未参与在处理中亚事务的过程中高效协调安全方面的问题,仅各自强调自身机制的有用性,显示了与其他各类组织间的相互竞争性和互相排斥性,对改善中亚地区治理松散化的问题未能起到治理成效。[3]

上合组织与其他制度安排存在竞争性。冷战结束之后,美国、俄罗斯、中国、欧盟、印度等行为体在参与中亚事务过程中形成了复杂互动关系。[4] 需要指出的是,中亚不仅是世界大国的利益所在,也是日本、韩国、土耳其、伊朗、印

---

〔1〕 参见李进峰主编:《上海合作组织黄皮书:上海合作组织发展报告(2019)》,社会科学文献出版社 2019 年版,第 299 ~ 311 页。

〔2〕 参见赵华胜:《中国与大欧亚伙伴关系》,载《国际问题研究》2017 年第 6 期。

〔3〕 参见曾向红:《中亚地区治理三十年:一项研究议程》,载《东北亚论坛》2021 年第 5 期。

〔4〕 See E. Wayne Merry, *Governance in Central Asia: National in Form, Soviet in Content*, Cambridge Review of International Affairs, Vol. 17:2, p. 285 – 300 (2004).

度等国家的兴趣所在。所有这些参与中亚地缘政治的外部参与者都有自己的地区利益。国际社会与组织为维护中亚地区稳定也采取了措施。世界各国针对中亚地区的对话平台呈积极化发展，覆盖中亚地缘的国际合作机制和国际组织的活跃度上升。集体安全条约组织、北约和上合组织之间在中亚既有合作也有竞争。美国的“C 5 +1”、“欧盟—中亚”和“日本 + 中亚”[1]也活跃于中亚地区。

中亚高度的不稳定性，使该地区的安全合作出现极为复杂的制度过剩局面。中国希望上合组织一方面成为解决亚洲安全和经济发展问题的示范性多边机制，另一方面成为落实“一带一路”倡议的重要平台。中国国防部表示，该机制不是区域军事同盟或“中亚北约”，也不在中国领导下，而是“开放的、非排他性的多边安全合作机制”。政权存续是上合组织主要成员之间合作的基础，但不是上合组织可持续发展的基础。因此，只要上合组织成员保持独立的自身利益，第三国就不必担心上合组织的未来发展问题。然而，鉴于上合组织的战略意义，一些国家为确保其在中亚的影响力和利益，在未来很长一段时间内会安全而密切地关注该组织的活动。

美国不是欧亚大陆的地理组成部分，但它基于自身的地缘政治利益，试图进入该大陆的“关键地带”，向那里的国家提供金融和经济援助或安全服务。自2002 年以来，美国向杜尚别提供了超过 3 亿美元的军事援助，并帮助修缮了 12 个边防哨所、9 个口岸和 3 个边防军训练中心。2021 年美国国务卿安东尼 · 布林肯在塔吉克斯坦独立 30 周年的贺电中，强调与塔吉克斯坦在“加强边界和区域稳定”方面的深入合作。同年 10 月 3 日和 4 日，美国副国务卿温迪 · 谢尔曼访问乌兹别克斯坦强调与乌兹别克斯坦关系的重要性，达成的协议包括 2021 年年底前举行战略伙伴关系对话首次会议。在美国与中亚外长多次以视频或利用联合国大会第 76 届会议间隙等举行“C5 +1”会议，强调协调应对“中亚和邻近地区日益增长的安全、经济和人道主义挑战”的重要性。

中国、俄罗斯、美国在地区安全的主导权、反恐安全制度等问题的抉择上存在不同制度偏好和战略目标取向。俄罗斯主导的独联体集体安全组织、中国主导的上合组织、美国的“大中亚伙伴计划”、欧安组织均在此施策。各类行为体与外部行为体之间的关系扩散，出现泛化的安全合作关系。早期中亚便与欧洲

---

[1] Смотреть 10 наиболее важных событий в Центральной Азии в 2016 году, http://inozpress.kg/news/view/id/48108, (13. января 2016).

积极互动,2010 年吉尔吉斯斯坦南部族群冲突,欧安组织均深度介入;乌兹别克斯坦曾利用与美国的关系,公开平衡与俄罗斯的双边关系;吉尔吉斯斯坦完全复制美国的政治体制而又无法化解政治风险。上述被泛化的地区多边主义规制面临着巨大风险。

从众多国际组织的成员国构成看,上合组织与独联体、欧亚经济联盟和集体安全条约组织不同,上合组织成员国不仅包括中国,还包括大量的中亚国家:哈萨克斯坦、塔吉克斯坦、吉尔吉斯斯坦和乌兹别克斯坦,其目标主要是在一切形式上共同打击恐怖主义、分裂主义和极端主义,打击非法毒品和武器贩运,打击其他类型的跨国犯罪活动以及非法移民。这和《集体安全条约组织宪章》有相似之处,该宪章第 8 条指出,成员国在打击国际恐怖主义和极端主义、非法贩运麻醉药品和精神药物、武器、有组织的跨国犯罪、非法移民和其他威胁成员国安全的斗争中进行协调和团结[1]。上合组织扩大后还包含了南亚的大国印度和巴基斯坦以及欧亚大陆不同地区的观察员国和对话伙伴,因此其具有广泛的代表性,根据其自身地位可为欧亚大陆的和平、稳定、发展和繁荣作出贡献。

集体安全条约包括亚美尼亚、白俄罗斯、哈萨克斯坦、吉尔吉斯斯坦、俄罗斯、塔吉克斯坦(其中有 3 个中亚国家),重视快速反应力与应急力建设。2009 年建立的集体快速反应部队处于随时准备应对区域安全威胁的状态,然而,它实际参加反恐合作的行动数量还相当有限。2021 年 10 月 15 日,哈萨克斯坦总统托卡耶夫在独联体元首理事会会议上表示,独联体国家安全领域合作机制应对援助阿富汗,克服安全危机有所作为。2025 年加强边境安全规划包含军事合作概念,要关注联合打击恐怖主义、宗教极端主义和贩毒等犯罪活动。[2]

中亚国家的执法安全合作形式包括双边合作和多边合作。各国之间在该地区治理非传统安全方面尚缺乏稳固密切的务实合作,各自与中亚之外国家的合作得到加强,其中包括乌美、乌塔、阿塔、哈乌、塔巴等合作,多边合作包括在上合组织、独联体、集体安全条约、美与中亚、乌与欧安组织、联合国框架下的合作等。2018 年中亚各国的单边、双边、多边以及在国际组织(上合组织、集安条约组织)框架下展开的反恐演习 10 余次。例如,2017 年 3 月,俄罗斯和塔吉克

---

〔1〕 Устав Организации Договора о коллективной безопасности [Электронный ресурс]. Режим доступа: http://kremlin.ru/supplement/3506 (дата обращения: 20.09.2021)

〔2〕 参见《哈萨克斯坦总统:我们不能让阿富汗独立面临前所未有的困难》,载哈萨克国际通信网 2021 年 10 月 15 日,https://www.inform.kz/cn/article_a3849634。

斯坦两国军队在塔国防部的3个靶场和俄驻塔第201军事基地的2个靶场举行联合反恐军演。2018年中亚禁毒信息协调中心加强了与各成员国、欧盟等国家和国际组织的合作,成为欧盟反洗钱和恐怖主义融资委员会观察员。同年2月8日集体安全组织筹备雇佣军,调查从叙利亚回流人员,以便采取措施。俄罗斯安全局2017年共摧毁50多个恐怖组织和极端组织窝点。俄罗斯、哈萨克斯坦、吉尔吉斯斯坦、塔吉克斯坦和乌兹别克斯坦有关部门通过联合行动,共逮捕和遣返150名被通缉的犯有恐怖主义罪行的人员。

中亚国家形成了认可上合组织的基础。学界积极寻找维护地区非传统安全的对策。例如,莫斯科大学信息分析中心和哈萨克斯坦联合会在阿斯塔纳举办抵制"激进主义和极端主义"研讨会。哈萨克斯坦专家认为,通过参与上合组织确保军事政治安全方面依靠"软实力"和经济扩张取得成功,在与中亚邻国的关系中获得了一定的安全。虽然加入由俄罗斯和中国主导的军事或政治集团,可能会使本国推行多元政策的能力缩小,在国际舞台的机动性降低,但是集体安全条约组织和上合组织是当前国家确保地区安全的别无选择的工具。从长远来看,哈萨克斯坦怀有在更大国际舞台上发声的展望,以便提高他们在全球的话语权。

虽然中亚国家目前对上合组织非常认可,但也存在许多不确定性因素。

第一,中亚成员国对上合组织的态度很大程度上取决于其需求得到满足的程度。如果他们的需要得到满足,将努力加强与上合组织的联系,积极参与上合组织的活动,为发展作出贡献。如果要求得不到满足,中亚成员国则会倾向于加强与其他大国或地区机构的合作。这种态度削弱了上合组织内部的凝聚力,不利于发展包括安全领域在内的各领域合作。

第二,上合组织缺乏快速应急机制,行动的法律基础不足。2006年上海峰会上确认,一旦地区稳定和安全受到威胁,上合组织成员国应在初期阶段立即作出反应,通过直接磋商有效解决问题。该组织还表示打算建立一个有效的机制来解决该组织境内的冲突。然而,合作更多是形式上的,其实施仍处于演习阶段,而联合应对的可能性有限,在防止本地可能发展为区域冲突的国内冲突方面,处理紧急情况中没有建立起维护成员国稳定、和平与安全的机制,尽管这一论点在其法定文件中有所规定,但需要更充分地准备来应对新的威胁,以提高其及时应对的能力。上合组织的基本文件并未规定军事方面的内容,该组织没有任何联合防御机构,在应对大规模的内部政治冲突以及族裔或宗教对抗、冲突蔓延方面的应对行动显得不力。2011 年阿斯塔纳峰会上,中国曾提出要在加强上合组织行动应对能力的基础上,建立更加完善的地区安全合作体系,但工作仅限于上合组织成员国国防部和安理会代表的磋商和会议,以及每年至少一次由上合组织主持的作战战术演习。尽管 2015 年 7 月在圣彼得堡举行的上合组织成员国军事部门负责人会议决定设立国家军事顾问机构,但其框架内存在的关系形式还不能完全保证对日益增长的挑战和威胁采取足够的应对措施。

第三,国家个体的不稳定性。乌兹别克斯坦一度执行了不稳定和不可预测的国际合作政策,影响了长期斗争的效果。哈萨克斯坦是中亚所有国家中更强调自己立场的国家,且非常重视与其他国际组织的合作,重视本国在国际舞台的发声,积极广泛地参与集安组织、上合组织、欧安组织等框架下的安全合作。这种“国家关注国际安全合作的观念”受哈萨克斯坦政治家、前总统纳扎尔巴耶夫的影响颇深。例如,2002 年和 2006 年哈萨克斯坦国家代表在阿拉木图举行的亚信组织峰会中提出了亚洲安全保障问题的政治决议,亚信会议因此成为建立反恐务实合作的一个平台。亚信组织 2002 年通过了“减少恐怖主义、促进文明国家的对话的”宣言,2004 年建立了信任措施通道,哈萨克斯坦专家评价亚信组织的反恐合作非常具有体系性。哈萨克斯坦也需要常态化地分析本国和外国的反恐经验。2016 年 5 月 10 日—16 日,在阿斯塔纳市举行了联合国安理会反恐委员会就哈萨克斯坦落实联合国安理会第 1373 号(2001 年)、第 1624 号(2005 年)和第 2178 号(2014 年)决议的评估会议。[1]

中亚国家对于国际组织在该地缘的活动的态度日渐开放,参与国际事务态度也日渐积极,对外部国家在本地区展开的竞争和合作持欢迎和拥抱态度,积极接纳国际上在安全领域的安全协同。一方面他们强烈意识到没有国际社会的支援很难解决地区非传统安全秩序问题;另一方面他们认识到国家开放、获得国际资源与合作的机会非常重要。中亚地区近些年承接国际大型活动的数量增多,纷纷通过召开国际会议吸引世界的目光,谋求在国际舞台上的话语权的意愿越来越

[1] 应联合国反恐怖主义委员会执行局邀请,专家组成员包括联合国 1267 委员会、联合国 1560 委员会、联合国毒品和犯罪问题办公室(UNODC)、联合国区域间犯罪和司法研究所(UNICRI)、国际移民组织(IOM)、世界海关组织(WCO)、欧洲安全与合作组织(OSCE)、独联体反恐中心(ATC-CIS)、欧亚打击洗钱和资助恐怖主义集团(EAG)、上合组织地区反恐怖机构执委会代表。在会议期间,就哈萨克斯坦关于落实联合国安理会第 1373 号(2001)、第 1624 号(2005)和第 2178 号(2014)决议,在强化法律和机构框架方面采取的措施进行了分析,肯定了已经取得的成果,确定了下一步技术援助的优先事项。根据访问哈萨克斯坦的评估结果,代表上合组织地区反恐怖机构执委会拟定了提交联合国反恐委员会的初步结论草案的建议。

强烈。例如,2016 年世界上召开了一系列有中亚国家参加的峰会,包括上合组织峰会、在乌兹别克斯坦塔什干的伊斯兰会议峰会、在哈萨克斯坦阿斯塔纳的里海峰会、在吉尔吉斯斯坦召开的突厥国家合作理事会峰会;又如,2017 年 6— 9 月的世博会以及 6 月 8— 9 日的上合组织峰会均在哈萨克斯坦举行。

哈萨克斯坦对美实行免签,与美国签署了《哈美 2016—2017 军事合作计划》,开放里海口岸。2013 年 10 月,美国、哈萨克斯坦等八国武装部队举行代号为“草原之鹰—2013”的联合反恐维和战术演习。2016—2017 年美国为中亚国家提供 5000 万美元的援助(数额仅次于对乌克兰和格鲁吉亚的援助),其中大部分用于塔吉克斯坦完善与阿富汗的边防系统和边防技术装备。美国对塔吉克斯坦独立 25 年来提供了 18 亿美元援助,其中 2.62 亿美元投向安全领域。美方和西方加大了对乌兹别克斯坦等中亚国家的边防部队的援助和培训力度。乌兹别克斯坦向美开放北方线路,军事合作加强。2017 年 9 月,米尔济约夫出席乌美商贸论坛,两国部门和企业签署了 26 亿美元的合作协议。当然,仅靠武力不能完全战胜暴恐袭击,这在许多国家和地区都有印证。例如,多数中东国家的矛盾不完全是恐怖主义问题,而是伊斯兰教不同派别间的斗争(逊尼派和萨拉菲派的斗争)。中亚国家的非传统安全的发展也受到了宗教派别的影响。军事措施只能算是见效甚微的安全治理途径。

从国际环境看,美国对中东地区的注意力在减少。早在 2006 年,美国负责中亚事务的助理国务卿鲍彻曾说,未来美国希望建设新的能源管道,确保在中亚的企业家获得发展所需的能源,并期望南亚人可以获得哈萨克斯坦和土库曼斯坦的油气资源、乌兹别克斯坦的地热资源、塔吉克斯坦和吉尔吉斯斯坦的水电能源等。中东欧未来的能源管道建设,也正在跨欧亚大陆桥上悄悄形成现代化的交通能源运输网。中亚国家注意力有外溢,即转移到能对本国安全与发展更有利的国家和组织上去。欧亚经济联盟、亚信组织、欧安组织、集体安全条约在治理安全方面的某些功能与上合组织有重叠之处。总体上国际制度在中亚地区过剩。上合组织的潜力与价值重复,存在被取代和被弱化的风险,执法安全合作机制的决策与执行力度还不够强大。其对外合作机制决策普遍采取的是协商一致原则,只要有一个成员国反对,决议就无法通过,“这必然会导致决策迟滞、议题分散,组织运转低效”[1]。因此,维护上合组织的国际地位,加强

〔1〕 朱永彪、魏月妍:《上合组织的发展阶段及前景分析——基于组织生命周期理论的视角》,载《当代亚太》2017 年第 3 期。

与成员国的关系，积极发展与邻国的合作，密切交流，是谋求地区安全与稳定迫切需要的道路。

在上合组织的法律公约中，对“三股势力”的概念释义取得了一致看法。哈萨克斯坦、吉尔吉斯斯坦一些专家对“三股势力”的理解、认识强调重心应放在恐怖主义和极端主义上，对中亚国家来说，“乌兹别克斯坦伊斯兰运动”、伊扎布特是最大和最危险的恐怖势力；对中国来说，“东突”恐怖组织是所有组织中较大的威胁者。另外，最近几年，因被严重的跨境毒品犯罪问题所困扰，有中亚专家提出过将“三股势力”扩展为“四股势力”，第四股势力即为“毒品犯罪”。毒品犯罪在概念、范畴上与恐怖主义不能归属为同一类犯罪，从中国主管机关来看，它由公安部不同业务部门辖管，从立法、行动部门与应对的规律看的确是与其他势力不同的事物。由此可见，部门之间的协调和交叉合作非常重要。毒品走私是三股势力的重要资金来源，但是迄今为止反毒斗争却不属于地区反恐机构的职能。哈萨克斯坦的中亚缉毒中心、塔吉克斯坦的反毒品委员会等机构承担打击毒品和走私活动的任务。上合组织地区反恐机构也面临打击跨国毒品走私的艰巨任务。尽管上合组织秘书处承担了上述功能，但是最终落实到具体的禁毒要务时，依然要依赖于我国的业务部门与成员国相关业务部门实质对接。可见国际组织在禁毒等方面的机构体系设置上还有优化的空间。

现阶段，上合组织专门执法安全合作的专项治理的实践还较为匮乏，主要原因之一是基础性信息的获取和常态式的调研不够。各国面临较为棘手的问题是如何尽快遏制住各种网上网下的跨境犯罪渗透活动、网络宣传活动、吸引年轻人的招募活动等。自 2020 年新冠疫情暴发以来，外防输入再度使边境要素进入地区安全问题的视野和范畴中。各国执法部门的反恐、禁毒、打击新型犯罪的合作压力在疫情防控形势下陡然增大。

上合组织与北约、欧盟、欧亚经济联盟以及南亚、中东的各类区域组织，都难建构完整的欧亚秩序模式。通过在次区域构建非刚性的区域体制恐怕是维护地缘秩序较为现实的出路，强调机制对经济务实发展的引领与保驾护航作用，“一带一路”即具备软性的机制价值。

上合组织成员国之间仍然存在竞争倾向，内部存在竞争关系。印度和中国之间的冲突，以及巴基斯坦和印度纳入上合组织等情况对该组织来说均构成一种挑战。印巴两国都没有做出明显的承诺来激活它们之间的集体认同，而且印度和中国以及印度和巴基斯坦之间存在许多差异[1]。印度和巴基斯坦成为成员以来,一定程度上削弱上合组织集体身份、共同价值观和规范。然而,相互信任是培养国家集体形成安全共同体所需条件的唯一且必要因素,集体身份、共同价值观和规范不是必要因素。[2]信任需要时间来培养,而冲突的缓和可能不会直线好转。组织成员发展越多,面临的问题就越多,扩员后的成员国不平等发展速度、成员之间的对抗、以及俄罗斯和中国之间的竞争[3]可能会使上合组织建立的信任机制受到较大挑战。这需要集体智慧,逐步来解决。

该组织的深化取决于成员国利益的融合程度。利益的分歧导致合作发生分歧。这是上合组织面临的不稳定性和不可预测性的根源。中亚成员国对上合组织的态度很大程度上取决于其需求得到满足的程度。中亚国家对外发展空间的需要更有望在上合组织框架内得到满足,这将有益于体现上合组织的价值与作用,能促进中亚国家积极参与上合组织的活动,为国家的发展作出贡献,并能增强该组织在更大地区的吸引力。如果成员国的要求得不到满足,成员国倾向于加强与其他大国或地区机构的合作,这种态度难免不削弱上合组织内部的凝聚力,不利于发展包括安全领域在内的各领域合作。

上合组织内部的安全合作效率有提高的空间,尚缺乏快速应急机制,合作重形式、轻内涵、多演习,缺少联合行动和快速应急机制的落实。本组织为维护基本正义原则而牺牲效率,高度重视维护国家主权,不干涉是参与国之间安全合作的最重要原则,它主要扮演协调协会的角色,以一种威慑存在。当成员国内部发生紧急情况时,上合组织只为其提供政治和外交支持,不干预安全维护。这无疑削弱了组织合作的有效性。

没有一种单一的强大身份可以将上合组织不同国家团结起来。早日制定灵活的退出机制是下一步扩员之前应当重点考量的。当然,上合组织属于小规模的国际性组织,且不干涉内政,成员间保持了微妙的平衡,弱的集体身份认同等恰恰助力它保持了一定的稳定性。上合组织制度化至今 20 余年,在不具备强大的集体认同、成员间存在竞争的状态下,上合组织经受住了考验。在新时

---

〔1〕 根据穆罕默德·肖伊布·佩尔伟兹的说法,印度和巴基斯坦的安全关系是由其各自的身份论述定义的。

〔2〕 See James MacHaffie, *Mutual Trust Without a Strong Collective Identity? Examining the Shanghai Cooperation Organization as a Nascent Security Community*, Asian Security, Vol. 17:3(2021).

〔3〕 See Konstantin L. Syroezhkin, *Sammit SHOS: Ozhidaniia i Real'nost*, Analytic, Vol. 5, p. 9 – 19 (2007).

代,上合组织要成为一个更有效的组织,就必须更新视野,超越“局限逻辑”,制定具体议程,继续扩大合作,并使成员国能更加遵循上合组织多边机制的规则。

(二)上合组织执法合作资源和实力的平衡性与均衡性

中国大多数成员国之间的社会经济发展水平不同,执法理念、执法装备、执法人员的综合素质都存在较大的差异,经济发展落后的地区,国家的执法能力要比经济发展水平高的国家要低,这在一定程度上限制了中国与成员国联合应对地区安全威胁的能力与打击违法犯罪的效果。

首先,建构主义与解构主义视角下观察国际警务合作实践,上合组织呈现出治安领域问题的更大不可预见性和不确定性。安全形势日渐复杂,多边主义的合作更利于降低成本、提高效益。对警务协作关系的建构之力与对犯罪世界的解构之力在中实践中表现不同。各国为如何提高侦破率而苦心思索,少有为发案率的降低给予奖赏。一些国家以案件的侦破率评价工作效率,另一些国家以社会的发案率评价工作效率。这种以侦破率为考核标准的方法具有建构主义理念,它以促进和激励警务协作为主旨;以发案率为考核标准,则是基于解构主义理念的考量,目的是解构犯罪世界。

建构是实力。国际警务合作的建构是指对世界范围内的警力开展富有建设性的重构。建构的目的是改善不均衡的警力,重构均衡状态的警力布局。有必要积极推进上合组织框架内的合作,培训高素质的专业人员,以有效打击利用信息和电信网络实施的犯罪行为,同时应在上合组织成员国应用相关技术。[1] 警力薄弱的周边中亚国家,若边境控制力薄弱、社会治安效率低下,对控制力强大的中国而言,则构成地缘治安秩序的漏洞。犯罪分子跨过漫长边境线偷渡至管理脆弱的中亚、缅甸等地,很可能客观上造就跨国犯罪发展的次区域。国际警务合作须关注该形势发展走向,凝聚和吸纳各国警务资源,可以在有条约或无条约以互惠为前提下开展协作,整合多国警力资源,强弱互补、信息互补、地缘互补,消除国家间政治、外交、执法与司法能力的差异,修复不平衡的因素,扩大治理犯罪的效力。(见图 23)解构犯罪世界是预防犯罪活动的必经之路。地区国家集执法、司法等资源于一身,更精准地定位,解构犯罪世界的破坏力,消除其负面能量,破解犯罪的方法、结构、体系,既同恐怖主义犯罪作斗争,又同毒品犯罪、有组织犯罪、腐败、武器走私等一系列非传统安全问题作斗争。

---

〔1〕 参见《上合组织秘书长会见哈萨克斯坦内务部缉毒司司长》,载上海合作组织网,http://chn.sectsco.org/news/20200302/637818.html。

解构主义理念主要是针对犯罪世界日渐紧密的联合行动加以离析和瓦解。

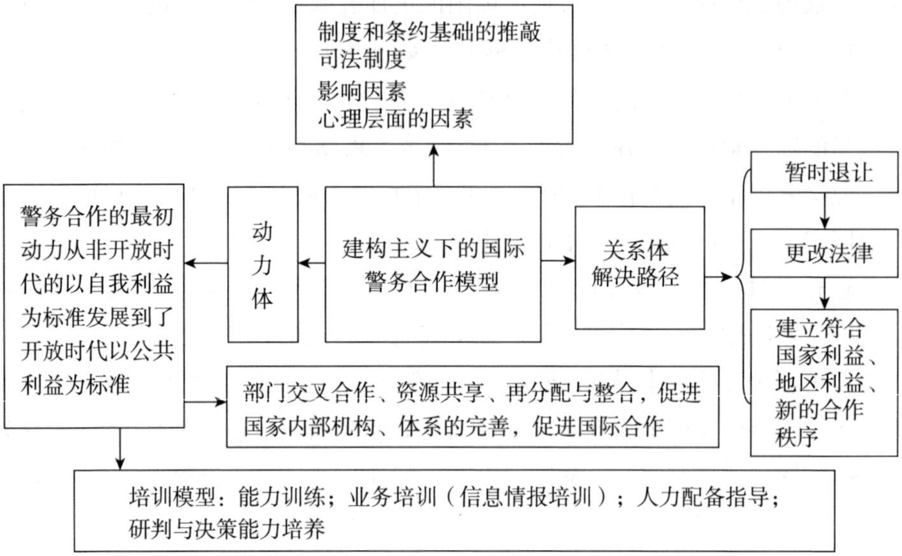

图 23　利益相关因素

跨国犯罪无国界的活动状态使他们更像一个全球(或者地区)的联合阵营。中亚地区犯罪团伙掌握的高精科技有限。一旦他们通过联合协作提高高科技犯罪水平,威胁将是巨大的。控制不同地区恐怖组织间的协作关系的发展应该是执法合作的重点之一。随着犯罪活动跨国家、跨地区乃至跨洲际发展,上合组织成员国执法机关之间建立起来的融洽关系以及不断完善的多元化的法律途径,扩大了合作范围,使上合组织拓展了与其他地区组织、其他地区国家的执法安全合作。主权国家至高无上的管辖权,正是犯罪世界联合之所倚,更易于形成联合的犯罪阵营,对固守管辖权的国家构成挑战。主权国家的粘合度比犯罪世界的粘合度更脆弱和分散,彼此之间利益的差别较大,更不易聚合。犯罪组织通过非法行使社会管辖权更易跨界联合起来,从而由寡不敌众变成势均力敌。跨国犯罪组织地区性整体行动策划成功的可能性更高。由此看来,国家之间的合作和利益让渡显得非常重要。

其次,立体化、全方位的打击体系与犯罪组织的扁平化结构相比,现代的立体化、全方位的打击体系未必能破解原始的传统的扁平化的犯罪结构。瓦解犯罪活动,不仅是解构它的方式,还要解构它的结构。多年来,国际社会的各个领域发生了从原始到现代、从单一到复杂、从一元到二元、从一维到多维的变化,似乎后者总是给人们带来进步和好处等,他们的优越性被一些人归功于全球化带来的革新,立体、多维这些词汇越发代表着褒义与进步。而那些一维的、一元的、原始的事和物似乎意味着不堪一击的脆弱和落后,甚至是反全球化阵营,位于尴尬处境的代名词。这些概念的内涵和边界模糊而不清晰。将一维与多维方法论比较,21 世纪,立体化、多维化的优越性得到社会的广泛认可,如从物的世界——手机、电视机、住宅等到事——指挥体系、机构的建立、模式的形成等。

由于对科技掌握的水平不均衡,犯罪组织活动的运行结构、犯罪组织与团伙的活动从紧密关系向松散(或散开)关系的状态发展。由紧至松的发展方向可能源于两种原因:一种原因是跨国犯罪的发展空间变得更大时,状态则变得松散,跨国犯罪组织、团伙、人员不再局限在狭小的固定地域范围实施活动了,而是跨区、跨州,乃至在全球活动。另一种原因是范围的扩大速度超过了犯罪分子数量增长的速度时,就表现出人员的关系从紧密向松散发展。松散化未必是对执法者的利好,如因打击目标范围更广更多而使侦查目标难以定位。松散化降低了有组织性,但增加了犯罪活动的灵活性,“独狼式”恐怖袭击是典型的例证。因此,某些种类的跨国犯罪团伙松散化,对打击犯罪的主体来说,最大的利好是其进攻性、杀伤力难以凝聚起来,因而攻击力可能降低。解构指分化、离析犯罪组织、团伙的规模。犯罪组织被解构成碎片化的形态,但是新的犯罪方式诞生了,“独狼式”、网络式的新型犯罪形态也随之产生。

再次,加强每个犯罪分子、团伙、组织的坚固性和存在的长期性,犯罪分子彼此之间的关系呈现由紧至松的变化,因为犯罪头目认为当坚固的整体中某一局部被侦破,会影响其他留存组织的战斗力,若被严重击溃,有生力量则难以继续活动。于是松散结构得到犯罪头目的青睐。新型跨国犯罪,如网络电信诈骗、网络恐怖主义的结构体系,在网格状的活动体系中,任何部分被强力部门侦破后,不影响其余部分的活动能力。这更像一个平面的结构,每一个人只能看到离他最近的若干队员,没有三维立体的角度,无法通过离他更远的上线或下线产生联结,彼此碎片化地存在和活动,不等警察去肢解犯罪组织,他们自发地分解而活动。

有组织犯罪的活动机制严密,每一分子彼此不知道他的上线,也不详与他相邻的下线。例如,因在阿富汗预谋袭击美军事基地的德籍极端分子在法庭上承认,格拉维茨等人藏身于巴基斯坦、叙利亚、阿富汗等训练基地,他们学习阿拉伯语,并接受了体能技能训练。训练中有严格的纪律——大家彼此从不询问姓名、来历和住址等信息。松散化的结构如同一张扁平的面，每一个人都是自成一体的“个体户”。这种活动模型如同铺开的一张扁平状的纸，平面上的各个点彼此看不到。讯问被捕人，难以获得有关其他人的口供。从一点突破的难度较大，必须各个攻破才行。需要强调的是，如此扁平化的面不只是铺在一个国家，而是铺在整个地区甚至全球。“东突解”组织曾在上合组织成员国所在的中亚国家中铺设了这样一张网，秘密活动长达两年之久而未暴露蛛丝马迹。国际警务合作对此应有所应对。[1] 对手的活动处在一个一维的活动平面中，内部成员彼此之间的关系构成一个网络状的扁平面，把局部平面消除掉，其他面还在活动并且不暴露，这种扁平体系的防御性更好。相反，如果拆掉一个三维或立体结构中的任何部分，对结构的刚性都会构成损毁，局部遭受攻击后，对整体的冲击度要大于那些扁平式的传统的结构体。三维或立体结构体的优点是整体性好、坚固、不易受伤，便于统一指挥，传令迅速，具有较强的杀伤力，进攻性好，是警务指挥体系中更受青睐的方式。缺点是任何部位在受到重创后，会连累其他部分。这如同中国的超大城市的功能一样，人口密集的巨型城市的功能追求大而全，对于服务来说，各个系统的链接优化了效率，便于指挥和管理，但是面对突发事件和安全危机，巨型城市则不便于防御和应急，遭到重创后，瘫痪与停滞也将是大规模和大面积的。

犯罪与打击犯罪者在选择便于各自的战术与战略，前者组成了防御中进攻的模型，后者构建了进攻中防御的模型，前者在暗处，后者在明处。一个立体的、看似面面俱到的警务合作模型在应对松散灵活，可随时随地解散后自行活动的犯罪活动时，暴露出了危机应对的迟钝性缺陷，同时，并不排除会发生进攻与防御主动性的位置调换。这是危险的，可能造成解构犯罪世界的失败。上述的难点应该在警务合作中得到足够的重视和关注。

要加强各国安全命运共同体的认知，建立公众、社会、政府全面参与的预防预警体系，从协约式合作向执法式合作层次发展，改善地区国家间的执法水平的不平衡性，加强对跨境网络犯罪等新型犯罪的预防，业务上加强联合作战的实操能力，在顶层设计的基础上，制定国别应对策略。

最后，重塑跨国执法合作进程中政治、外交与法制因素的博弈与选项。在打击跨国犯罪的国际执法合作中，国家政治、外交与法制三要素处于激烈的博

---

〔1〕 Смотреть Шавкат Арифханов, Центральная Азия, ТАШКЕНТ, 2010, S. 111.

弈状态。以反恐为例,当人们感觉不到恐怖主义存在时,不意味着反恐行动停止。中国反恐活动一直在继续。早期的反恐机构并未尽早地建立“腿”和“脚”——分支机构。中国反恐重要层次在国际合作层面。分裂主义和极端主义千方百计地进行国际化的再包装,无论是历史还是今天都没有停息过。恐怖主义犯罪的政治化意图,不一定要用政治化与行政化途径来解决。要提防恐怖势力的国际化为期发展充当“催化剂”,这有可能使犯罪分子易于摆脱为刑事犯罪而负法律责任。面对恐怖主义的国际政治化趋向,决策者应避免陷入外交斡旋和消耗政治资源的旋涡,避免掉入恐怖主义国际政治化的陷阱。防止治理犯罪的手段过度追求政治化、外交化,从而避免社会非法治的误读。依赖和信任的法制如果失去吸引力,公民就会对与政治法制对立的阵营产生不同程度的期待。在一些历史时期,公众心理与社会对法制的利用程度往往影响着公民对社会和政权的态度与依赖感。法制在某种程度上是一种信仰。行政力量在全球化中的说服力不够的时候,法制更好用〔1〕。遏制跨国犯罪的国际合作的司法化趋势渐强。

过度政治化是染有政治化习气国家主权的狭隘表现。国际问题的司法化解决是指对主权的超越与让渡。过度行政化、政治化、外交化导致当代行政权的泛滥。政治权利的集中使行政权具有了政治性的权力,造成行政权力过分强大,从而导致依法治理认识上的失衡〔2〕。行政权本来是实现民意的权力,是执行权;司法权是解决冲突的裁决权力,是判断权。

此外,由于制度的不同和新型跨国犯罪的出现和壮大,治理跨国犯罪的双重标准或无统一标准、无法可依的现象阻碍了合作进程,导致一些案件的合作产生了更高的政治投入,陷入了更深的外交斡旋中。

在执法安全合作中,派驻到上合组织地区反恐机构执委会的各国代表一般是以各国业务主管机关牵头。为在国际执法合作的各项决策协商中,反映出中国外交的中性、平和之特点。其他成员国依照本国法律从安全部门或内务部门派出代表,理事会的官员则由成员国业务主管部门派出代表,而非外交人员。中国外交实践经历了一段成长的过程,对外交往历史较短。跨国执法合作初期以外交为主、业务为辅,发展到一定阶段后逐渐过渡到以外交为辅。正如列宁

---

〔1〕 参见张鸣:《当法治也有“此路不通”的时候》,载《党的生活(黑龙江)》2010 年第 7 期。

〔2〕 徐东:《检察权归位与减负——对我国检察权性质与职能的解读与反思》,载《法学文稿》2000 年秋季号。

在总结苏维埃政权最初年代的经验教训时曾指出：社会主义管理不能单凭政治热情和行政命令，还必须采用经济方法。[1]

地区执法安全合作越发体现出各国追求司法化的意愿与趋势，在两种选择（一种是先实践，后立法；另一种是先立法，再实践）下，上合组织总体发展选择了后者。中国改革开放先以经济合作为主，而后法治问题层出不穷，随后在实践中完善。在地区执法安全合作初期，各方法律不健全，中国与各成员国采取了非制度性合作，即利用警务合作的灵活性、便利性、互惠性，进行个案追捕和侦查。跨国追捕嫌犯，采取了非正式引渡—变相引渡的方式，有时超越司法合作的效力，使遣返犯罪分子的形式更灵活，成功率更高。外交手段作为国际合作的基本手段，并非全部合作方式。司法证据是促成执法合作的重要起点，国际警务合作具有司法与外交的二重性。

随着各国法律基础的完善，法治化的国际合作将得到完善。这是加强执法安全合作、国际关系制度化的重要阶段。执法安全合作由以外交为主向以外交与司法相辅相成、涉外法治与国际法治统筹发展的模式转变。对复杂的分裂主义问题，不妨强调用刑事手段依法应对。司法化、法治化途径有时比政治化、外交化合作更易达成统一认识。长远来看，依法治理新型犯罪，实现法制框架下的执法安全合作，才能获得国家及国际组织更多的合作与支持。制度化是社会治理发达、成熟的具体表现，是国际秩序的理想状态。从世界预防与打击跨国犯罪的趋势来看，只有当国际合作的制度化超越并应该超越政治化、外交化进程时，就会出现更有利于简化应对复杂新型跨国犯罪的方案。

当然，需要强调的是，上合组织周边地区安全形势的复杂性，与之处于中长期的地缘政治博弈状态。有关各国政府控局能力和维护地区非传统安全的能力水平往往处于不平衡状态。各成员国反恐、禁毒等打击跨国犯罪方面的资源存在地区结构性不平衡，相互请求协助的案件数量彼此差异巨大。吉尔吉斯斯坦和塔吉克斯坦两国获取犯罪情报的能力依然令人担忧，较难获得准确而有效的情报信息，这对预警有一定影响，给跨国犯罪分子可乘之机，给合作提出了深化的方向。执法合作的先决条件取决于被请求国的配合度、意愿度、能力水平程度等。在法律基础条件下，顺利的合作还取决于各方的需求、关注点。例如，在中国与俄罗斯双边警务合作中，俄方兴趣点在非法移民问题，向我国发出的

---

〔1〕 中共中央马克思恩格斯列宁斯大林著作编译局编：《列宁选集》（第4卷），人民出版社1965年版，第572页。

此类协查请求多于我国发出的请求，而我国关注潜逃犯罪嫌疑人的遣返（当然，发出协查请求的多寡，不完全取决于目的国藏匿的潜逃人员的多寡）；又如，加拿大、美国是许多中国籍犯罪嫌疑人逃往的目的国之一，在与之开展跨国追捕逃犯的执法合作中，我国发出请求追逃的案件较多；而美国曾在“9·11”之后高度关注反恐合作问题，对反恐问题对话的热情高于对其他事项的兴趣。以美加合作为例，加拿大与邻国美国为解决难民及避难申请者带来的安全威胁问题，签订了《安全第三国协定》，同时开展《边界之外行动计划》，共同承办《跨越边界犯罪论坛》。除与美国合作以外，加拿大也通过国际刑警组织等国际机构参与多边反恐合作实践。[1] 通过国际合作补足弱项，获得平衡，不失为良好的应对措施。

中亚的边境管控力度与世界其他国家相比较为薄弱。逃往中亚A国的嫌犯，利用各国边境虚空之便利而跨越各国，使双边统一抓捕变成三边、多边的统一抓捕，此类案件的合作条件更复杂。同时，在跨国缉捕嫌犯的实践中，不同目的国往往潜藏着不同类型的犯罪嫌疑人。例如，20世纪90年代，我国逃往俄罗斯的犯罪嫌疑人多涉及杀人等刑事犯罪案件，而逃往美国、加拿大等发达国家的犯罪嫌疑人多涉及经济犯罪。在国际警务合作初期，我国往往较关注跨国经济类案件，向欧美国家发出的协查经济类犯罪案件的请求数量多于向俄罗斯等周边国家发出的协查请求的数量。请求发出的多寡，和请求国关注点、兴趣点、国际警务价值观、需求迫切性、利用国际警务资源的意识、能力等专业要素有关系。随着上述各专业要素的变化，相互请求协查的需求情况是动态变化的。当然，它也随着人们和社会经济、生活的宏观要素的变化而变化。

国际执法合作满足和解决了各国特定的需要，其发展建立在各种社会与公民的意愿和需求发展的基础上。为了地区反恐的需要，中俄警方在上合组织框架下加强了在中亚地区的反恐合作。[2]

（三）程序性、刑事司法协助与遣返制度的突破

程序性的可完善空间较大。上合组织参与地区安全治理既需要法律条文作为规范框架，同时需要准确有效的实践体系。从法律层面的程序性而言，上

---

〔1〕 参见栗长江、张杰：《加拿大之恐怖威胁与反恐战略及启示》，载《江西警察学院学报》2015年第6期。

〔2〕 Смотреть Васильев Леонид Евгеньевич, Российско – китайсткое сотрудничество в борьбе против терроризама, Китай в мировой и региональной политике. История и современность, Выпуск 19 (2014).

合组织目前签署的国际法的形式主要以宣言、公报、声明等框架性协议为主，相关国际法条文过于强调原则性内容，同时出于文件内容泛化等原因导致其缺乏可执行性和拘束力。上合组织在打击跨国有组织犯罪层面的条约内容相对少而分散，缺乏整体性、系统性、程序性规定，针对跨国有组织犯罪，更多是以国家为主体，以各国间签约的条约为依据进行合作，上合组织更像一个平台。在《上海合作组织成立宣言》中首次表明“为遏制非法贩卖武器、毒品、非法移民和其他犯罪活动，将制定相应的多边合作文件。”[1]该组织协商解决的重点问题之一是跨国犯罪的打击；《上海合作组织宪章》中“共同打击一切形式的恐怖主义、分裂主义和极端主义，打击非法贩卖毒品、武器和其他跨国犯罪活动，以及非法移民”[2]之表述也是将打击跨国有组织犯罪作为其任务和宗旨之一。这两条规定是仅有的鼓励开展打击跨国有组织犯罪合作而建立的法律依据，有关本组织针对毒品、贩卖人口、洗钱、腐败等某一类有组织犯罪的专门条约的法治建设空间还相当大。

有效性问题有待解决。由于缺乏对跨国有组织犯罪系统规定的程序性规范，适用具体程序的合法性和合理性就存在偏差，合作效率难免不高，如对一些犯罪行为定义理解不同造成合作分歧。就打击跨境网络恐怖主义而言，最高人民检察院检察技术信息研究中心副处长赵宪伟曾在第十五次上合组织成员国总检察长会议中曾谈道：“上合组织是基于国家反恐需要而建立的组织，而由于对‘恐怖主义’信息的认定各国存在偏差，在此国家是恐怖主义信息，在他国不一定是恐怖主义信息，导致部分恐怖主义信息被遗漏，形成隐患。这样就对彼此之间的工作交流产生障碍，影响法律协作的效率。因此，要尽可能统一有关网络恐怖主义信息的认定，特别是在法律层面。”[3]

在国家间与地区间的法治水平差异化问题较大。上合组织在区域安全治理中，不能仅依靠组织成员国互信来协调商议，更需要统一的法律约束框架来保障执法合作的一致性，通过组织内部法律框架来保障打击跨国有组织犯罪的顺利推进。由于历史与民族特性，上合组织成员国中一些国家的国内法治发展水平仍稍显不足，成员国法治水平的发展不均衡也在一定程度上影响了打击犯

---

〔1〕 参见《上海合作组织成立宣言》，载上海合作组织网，http://chn.sectsco.org/documents/。

〔2〕 参见《上海合作组织宪章》，载上海合作组织网，http://chn.sectsco.org/documents/。

〔3〕 参见杜晓、史欣伟：《开展国际合作打击网络犯罪已成共识》，载千龙网 2018 年 9 月 20 日，https://www.sohu.com/a/254902740_161623。

罪的执法合作。比如,在禁毒问题上,上合组织成员国原则上可以达成一致,但具体执法过程中一直难以找出妥协方案。乌法峰会期间,俄罗斯、哈萨克斯坦和塔吉克斯坦三国领导人就各自提出了不同的对策建议。

刑事司法协助广义上是以程序性事项为主,不仅包括送达文书,询问证人和鉴定人,搜查、扣押、移交物品和法律资料,还包括引渡的内容。它是以国际条约或双边条约的签署为执法安全合作的法律依据和前提的。从《中国在上合组织框架下与成员国、观察员国合作的法律基础》表中可直观看出,我国在上合组织框架下与俄罗斯、中亚国家全部建立了双边刑事司法协助条约协议,与阿富汗、伊朗以及沙特阿拉伯、阿联酋、约旦建立了双边刑事司法协约,与南亚的两个最大的且与我国接壤的印度、巴基斯坦建立了刑事司法协约。针对跨国有组织犯罪,各国执法办案程序不同,我国往往使用《刑事司法协助法》向他国申请帮助,但对于腐败追赃,《刑事司法协助法》有权不承认与执行外国没收的裁决,同时对条约的司法适用问题也没有过多提及。面对这些问题,上合组织在法律层面没有相关说明,进而导致各国协作办案效率低。此外,从整体观察,上合组织成员国对于上述议题仍多停留在书面共识或初步实践阶段,以对接预警、监督、决策机制,同时避免与成员国国内的立法、司法制度相抵触的现象。从国际趋势看,随着国家间的合作密切性增加,刑事司法协助所包含的追回资产、提供资料等内涵将随着合作的正规化、有序化得到重视。

也要看到,有些国家没有在引渡条约中设置打击恐怖主义犯罪的绿色通道,处置案件的时效性依然未得到发展,司法处置的威慑力有限。[1] 以哈萨克斯坦为例,无论是在哈萨克斯坦立法中,还是在独联体国家立法中,或是哈萨克斯坦批准的规范引渡程序的国际条约中,都未对引渡给予明确的定义。例如,2016 年哈萨克斯坦有 7 个关于打击恐怖主义和极端主义的法律草案提交议会审议,分别包含了打击恐怖主义和极端主义、反间谍活动、指纹和基因鉴定、缓刑、国家信息安全等草案,反映出反恐进程。[2]

随着应对跨国犯罪的法治发展,采用制度化引渡的方式应该是大势所趋。引渡是指将罪犯由一国遣返至另一国以起诉和执行刑罚。全球化使国际关系

---

〔1〕 参见张立哲:《中哈联合开展打击恐怖主义犯罪警务合作法律保障机制研究》,载《伊犁师范学院学报(社会科学版)》2016 年第 4 期。

〔2〕 Смотреть Семь законов о противодействии терроризму и экстремизму вносятся в парламент Казахстана, Russian. News. Cn, http://russian. news. cn/2016 -09/02/c_135652662. htm.

在治理国际犯罪方面的作用深化和扩大。因而,为打击犯罪活动,引渡制度越来越具有现实意义。例如,犯罪分子逃往的目的国是否和中国签订过引渡条约、刑事司法协助条约或其他双边条约,往往决定着后续合作是否顺利。与引渡相关的法律包含在国际条约、公约和各国国内法(宪法、刑法、“引渡罪犯”特别法)中。这项制度对程序的要求比较严苛,合作的灵活性不高。

2006 年 3 月以来,上合组织为应对中亚地区非传统安全形势,积极推动成员国签订、修订引渡条约,意在统筹成员国之间司法尺度方面存在的较大差异,化解由于区块发展不平衡而带来的矛盾冲突。上合组织成员国之间相关的立法成果依然局限在原则性、框架性范畴之内。

哈萨克斯坦为了提高引渡的效率,加强与国际刑警组织的合作,将境外哈萨克斯坦籍武装分子置于国际刑警组织的密切监控之下。2017 年哈萨克斯坦与沙特阿拉伯等中东国家建立了司法联系,可对宗教极端分子进行驱逐或引渡。2017 年 4 月,纳扎尔巴耶夫表示,加入“伊斯兰国”等极端和恐怖组织的哈萨克斯坦公民将自动丧失哈萨克斯坦国籍。

此外,哈萨克斯坦和俄罗斯加强了执法安全合作。两国引渡合作完全通过检察机关进行。哈萨克斯坦与俄罗斯的边界长度超过 1200 公里。2016 年在哈萨克斯坦总检察长支持下,对 12 名在逃犯躲藏在邻国提起引渡起诉。在被引渡的人中,有 4 人对人身犯下了特别严重罪行,其余的则是针对个人施加的各种暴力倾向的罪行。所有罪犯都是哈萨克斯坦公民,其中一些罪犯为了避免被引渡到哈萨克斯坦,试图改变公民身份,以各种非法途径试图寻求获得俄罗斯公民身份。这类嫌犯如果早先加入了俄罗斯国籍,则不会被引渡回哈萨克斯坦。例如,盖耶于 2010 年被发现在列宁格勒地区实施了情节严重的敲诈勒索。作案时,他持有哈萨克斯坦公民身份证,但俄罗斯执法机构因其持有俄罗斯公民护照而未将其拘留。在检查被通缉者身份信息的过程中,发现盖耶获得俄罗斯公民身份的合法性存疑,特别是这本俄罗斯护照是嫌犯在科斯塔奈地区犯罪一周后才在俄罗斯列宁格勒地区获得的。对此,科斯塔奈地区检察官办公室按照既定程序向俄罗斯主管当局发出请愿书,要求提供法律援助,以核实盖耶获得俄罗斯公民身份和俄罗斯护照的合法性。根据俄罗斯总检察长办公室的回应,盖耶向俄罗斯驻哈萨克斯坦大使馆提交了虚构文件,包括自己母亲的虚假信息、假称在俄罗斯境内出生的信息等,其行为与俄罗斯境内获得国籍时的事实不符。为此,盖耶被取消俄罗斯公民身份,从而被引渡到哈萨克斯坦,曾经的双重公民身份不会对引渡他造成任何障碍。在与俄罗斯的引渡合作中,应俄罗斯地方检察院的请求,将在其领土上犯罪并在哈萨克斯坦被逮捕的俄罗斯公民引渡至俄罗斯。2016 年,9 名为躲避俄罗斯司法诉讼而窝藏在哈萨克斯坦境内的罪犯被引渡给俄罗斯执法机构。哈萨克斯坦执法机构与其他国家执法机构成功合作的例子还有很多。由此可见,在双边框架下的遣返实践有较大的发展空间。

(四)利用国际警务灵活性优势的意识与能力不足

比起司法合作、引渡等,国际警务执法合作具有相对自由度和灵活性。例如,当双方都对某一类问题非常感兴趣,未签条约情况下,也可以开展警务合作。又如,中美曾经在打击网络犯罪领域上都需要治理网络儿童色情等问题,因此当时即便双方无条约,依然就若干大案要案进行了顺利合作[1]。当客观需求迫切时,即便两国缺乏专门的法律协议基础,依然可以达成国际合作。2017 年 6 月至 8 月美国向我国遣返严重经济犯罪和刑事犯罪逃犯后,我国也向美执法部门移交了美国籍暴力犯罪的逃犯。[2] 这也充分说明了共同关注的话题和需求往往是警务合作第一动力因素。

目前,世界形势迫使国际警务合作从过去彼此需求不均衡状态,向相互需求和相互协助的状态发展。犯罪跨国界、州界乃至在全球范围活动,但各地区治理犯罪的科技水平参差不齐。从长远来看,开放推动的人、财、物的“走出去”使得对外国的警务支持、协助案件的请求会越来越多。目前,公安实战部门,尤其是地方基层公安机关的国际化警务理念,利用国际资源的能力、主动性、方法和经验均存在较大的发展空间和上升空间。我国主动发起请求他国协助的案件数量并不多,与走出去的公民、企业的数量以及案件量不相匹配。这主要是因为实战部门利用世界警务资源的意识、理念还不强,国内警务国际化的程度还处在起步阶段。目前,个人能力、技能之高超可圈可点,但警力整体的对外交往、相互配合协作的意识、技能、能力、国际警务价值观等迫切需要提升和完善,尤其是联合行动能力、实战化程度有待提升,因此应加速从协约式的国际警务合作模式向执法式、行动式的合作模式转变和发展。

---

[1] 参见袁国礼:《中美对话将商议网络安全保护》,载人民网,http://it.people.com.cn/n1/2016/0614/c1009-28442445.html。

[2] 参见卢汉欣:《中国警方向美国遣返一名严重暴力犯罪红通逃犯》,载搜狐网 2017 年 8 月 25 日,http://www.sohu.com/a/167101364_267106。

深化上合组织在安全领域的合作需要:第一,继续坚持将“上海精神”作为涉及本组织根本性质的规范。第二,在践行上合组织“上海精神”的基础上,要进一步明确立场,继续把安全合作作为发展的基础和主要方向,提高中亚成员国应对危机的能力。在这些国家内部,存在导致政治和社会不稳定并可能导致国内或地区动荡的隐藏威胁。社会冲突与矛盾、国际经济形势的恶化、恐怖主义的渗透,使成员国维护自身安全的信心受到挑战。中亚国家是非传统安全挑战的直接受害者。为有效应对这些威胁,上合组织必须努力帮助中亚国家完善安全体系,提高应对危机的能力。

第四章

上合组织执法安全合作的进路

理念先行,行动方稳健。上合组织的每一个成员国在解决诸多问题时,越来越多地考量到自身国家个体的利益和发展战略。在国际组织风起云涌的时代,安全命运共同体的理念提示国际组织要在战略上强化组织的角色和定位,地区执法安全合作体系方能全面覆盖到打击犯罪的地理范围和空间,体现出维护地区非传统安全秩序的多极化进程与多极格局,以包容性的多边主义促进跨国执法合作的发展。上合组织不仅是一种警务外交形式和平台,更是一种警务外交原则,代表处理各国执法安全的部门之间协作关系的积极方法和进步方向。它维护地区安全的使命尤为艰巨。以发展地区经济为重要内涵的"一带一路"建设、欧亚经济带一系列解决民生、发展经济的构想,对国际组织维护地区安全构成了越来越高的期待性和倚重性。

一、上合组织应对新型跨国犯罪的使命与预防违法犯罪的理念

从犯罪社会发展带来的破坏性以及从战略上直面地区的核心症结——贫穷问题后,对安全的预防、预警更加现实和迫切,从深层次解决该地跨国犯罪产生的内生性、根源性问题,并应对以充分预防为理念的跨国犯罪的紧迫发展态势,是上合组织维护非传统安全的进路。预防犯罪,是指采取预防的警务行动,保护安全目标有先知性、前置性和预防性。

在方法上,治理非传统安全的合作不可局限于单一领域,对毒品走私、有组织犯罪、跨境走私、恐怖主义、非法移民等一系列困扰地区安全的问题采取综合系统的执法合作手段。在犯罪案件中,一些跨国案件往往是另一些重大跨国案件的案源,一种跨国犯罪治理亦成为另一种跨国犯罪治理的基础。因此,加强

各国间跨部门、跨警种的交叉合作；加强智慧警务的国际分享，助力成员国掌握多元智慧警务手段，优化应对新型网络犯罪、维护网络安全的联动体系的建设；扩大合作范围，逐步形成国内与国际、纵向与横向协调沟通机制；调动各国基层警务参与双边、多边的警务合作；对各类驻外机构、要员，涉及重要能源设施、物流的安全保护变得非常紧迫和必要。

新型安全理念是以共同安全为取向的，从传统安全领域到非传统安全领域、从单一合作领域到综合合作领域深入发展。共同防御的诉求催生了上合组织，执法安全合作是该组织框架下多边合作的重要组成部分。该组织以打击"三股势力"、毒品走私和跨国有组织犯罪等为持久合作的领域，并逐步建立国际法律基础、完善的组织机构和一系列务实合作机制。上合组织框架下的执法安全合作以新型安全观为指导，签署和建立了一系列旨在维护地区稳定、共同防范抵御各种现实威胁的法律文件和务实合作机制，在促进地区安全与稳定方面发挥了积极作用。[1] 该组织之所以取得较快发展，主要得益于成员国领导人推动上合组织发展的政治意愿、坚实的法律基础和多领域的机制保障。

一种安全是我国所倡导的新型安全观不以对抗思维看待国家安全，不以武力威胁解决安全矛盾，不以牺牲别国安全来保证本国安全，相互信任、相互协助、相互协商，维护共同安全。这种新型安全观是上合组织框架下的安全理念之一。另一种安全是经济稳定的民生安全，即我国提出的安邦、富邻的周边外交方针，社会经济活动处于安邦环境之中；富邻包括广大的公民致富。前者对安全合作提出了目标要求，而后者对执法合作提出了路径要求。民生安全以地缘安全的稳定与维护为目标，非传统安全的治理是实现上述目标的重要的前提和路径。

（一）利益共同体

上合组织发展的内在动力是各成员国国家利益的一致性。然而，有外国学者认为它的目标似乎显得有些"淡化"，仿佛表现出转化为另一个全球性官僚组织的趋势。该组织重要的优先事项为协调与平衡中亚地区国家利益。[2] 随着全球化的发展，各国利益交织。因跨国经济体出现，使境外主权国家的领土上出现了与自身以及第三国相关的共同利益体——安全命运共同体。

---

〔1〕 参见辛明：《上合组织执法安全合作成果显著》，载《中国青年报》2012 年 4 月 9 日，第 1 版。

〔2〕 参见[俄]艾达尔·阿姆列巴耶夫：《当代国际局势与上合组织的角色变化——哈萨克斯坦的视角》，倪文卿译，载《俄罗斯研究》2021 年第 4 期。

构建新型国际关系和人类命运共同体倡议为完善全球治理贡献了中国智慧。[1] 世界其他国家学者也对命运共同体有所阐释。德国现代社会学家滕尼斯对共同体理论做出了奠基性的重大贡献。他指出,“共同体”是人类出于“本质意志”的有机团结,体现了人类关系的真正本质;而传统意义的“社会”则是依赖权力、制度、法律等“选择意志”形成的机械团结,体现的是人类关系的表象,是一种不同于社会的交往有机体,特指那种凭传统的自然感情而紧密联系的交往有机体。各国利益安全相互承载,一国境外的各种利益的安全相互承载,境内与境外的利益安全互为命运共同体——利益的相关性、联动性凸显。英国的齐格蒙特·鲍曼在《共同体:在一个不确定的世界中寻找安全》中认为,共同体意味着确定性和安全感,共同体成员之间的关系要比它们与外部的其他行为体的关系紧密。罗尔斯在《正义论》一书中讨论“社会联合体”时区分了两种不同性质和类型的共同体,第一种共同体的观念依据传统的个人主义假定,将共同体理解为仅仅为了私人目的而从事合作的私人性的社会合作,个人把社会机构看作一种必要的负担和工具性的组织。第二种是罗尔斯自己的共同体观念,在这种共同体观念中,成员们共享某些“最终的目的”,并将社会合作本身视为一种善。

利益共同体构成彼此交叉关系,且互补关系与竞争状态共存,共同利益之外有个体的利益诉求。中国与中亚有较强的互补性,中国经济发展迅速,人口密度大,能源需求巨大,工业发达;中亚地区总体上人口稀少,就业率低下,工业滞缓,而能源和矿产资源丰富,石油等资源缓解了中国能源危机。中国消费品的输出满足了中亚市场的需求,以中亚为核心区的丝绸之路经济带倡议的内涵,不仅包含商品交流,还包括民间交流、智库沟通、战略协同以及海外能源供给、跨境物流、商品物资的往来与技术、理念、软实力、文化的交流互鉴等。1920年巴托尔德在《中亚简史》中曾认为中亚与世界贸易有一定关联性,中亚在商业上的重要性完全依赖于铁路的发展。因此,途径中亚地区的物流运输线的安全作为当地的发展命脉以及成员国海外重要标的安全的保护对象,理应列入合作的优先方向;与地方长老、种族互动应在双边合作进程中重点考虑。

对外政治和对外交往是国内政治与社会的一个缩影和反映,甚至是一种延续。反之亦然,对外得不到认可和疏通,对内必然存在阻碍。中亚政府对上合

---

[1] 参见《中华人民共和国和哈萨克斯坦共和国联合声明》,载中华人民共和国中央人民政府网,http://www.gov.cn/xinwen/2019-09/12/content_5429468.htm。

组织以及对中国的期待是多元而复杂的：一方面渴望中国的经济日益增长，希望利用其经济活力和地缘战略，促进本国扩大就业岗位、出口、政府收入及社区项目和技能培训；另一方面又担心中国潜在的移民人口和文化影响力所带来的负面影响。在安全秩序与稳定的维护上，中亚国家对上合组织有理性期待。中亚的新能源、电力、铁路、公路以及贸易通道都要经过治安秩序脆弱的阿富汗地区，这将提高运输成本和各种安全风险，迫使中亚从自身发展的需要出发，提升地区秩序安全程度。[1]

中亚参与国际合作的态度和积极性越来越鲜明。中亚国家从未像如今这样积极地参与国际社会活动，希望在国际舞台中扮演重要的角色，展现自己，以期获得更多的援助和支持，期待地区稳定能促进经济向好。因此，它对上合组织保障和维护中亚地区治安和秩序稳定的认同感越来越明确，反恐国际合作的态度越来越鲜明。

2020 年中亚国家继续遵从以往的外交政策，积极发展与大国的外交关系仍是各国首要的优先方向，既有所侧重，又寻求多元平衡。中亚国家越来越游刃有余地利用大国博弈关系获取自身利益最大化。纳扎尔巴耶夫在其所著的《独立时代》中写道："作为务实的政治家，我非常清楚哈萨克斯坦在欧亚大陆中心的位置，他与俄罗斯和中国两大邻国发展互利友好关系非常重要，当然，还要与拥有世界影响力的超级大国——美国发展关系。"可以看到中小国家的格局观在发生变化，地缘政治取向更多元。当代一国对强势和发达国家不再一味寻求第三世界联合自强，而是既要在区域层面联合自强，也要在各个利益层面和领域中于大国之间搞平衡、谋主动。在中国的周边国家，从中亚到东盟均强调要在区域合作当中保持"中心地位"，中东国家也认定自己是"地区大国"。因此，可以预见，国际格局当中的主要和次要行为体寻求交叉错位层面的经济、政治合作地位的情况会变得更加活跃。

能源、矿业、金融、公路、建筑、通信等众多领域的涉华企业、机构、大型的设施、工程、项目中，具有中国国籍的自然人以商业代表、首席执行官、私企法人代表、商人、贸易商、劳工等各种身份活跃在海外各国，如中石油、中国路桥公司、

[1] 参见唐文睿、李雅菲：《"新丝绸之路"计划与美国中亚战略走向探析》，载《北华大学学报（社会科学版）》2016 年第 5 期。

华为公司在中亚地区均有分公司[1],他们与利益相关者构成海外利益共同体。利益共同体在实际生活中的表现具有普遍性。例如,在哈萨克斯坦的街道上可见到许多中哈合资汽车,当地人介绍说是中国制造,是中哈合资生产的汽车新品牌,商品的利益涉及两国相关投资人。共同利益融入中亚地区国家、社会、经济活动中各个层面,其中出现各种形态的利益具象的合体,亦为利益共同体,利益范围不再局限于传统上的国家主权领土上的地理范畴。跨境油气管道、设施、援建企业等,并不以其身处于境外而丧失处于中国利益边界之内的属性。能源受益度显示,中国是重要的利益分享者,但无论能源供给国还是途经国,均进入利益边界内。世界的联系越是紧密,利益的边界越是彼此重叠,利益独赢越来越难,共同获得利益是大势所趋。中国境外利益是"疆界外边界内",与他国共载。

由此可见,共同利益体呈现多元化、动态性、多样性。如前文所述,中亚国家跨国犯罪的复杂形势之根源与其贫困状况不无关系。从经济学的角度来看,可以认为,跨国犯罪问题的本质离不开民生问题,其发展出现了贫民化与世俗化特征,其背后是资源、社会财富分配不平衡的问题,是对资源分配结果的对抗和争夺。这不是警务合作一种途径能够解决的。因此,政治、经济、社会、宗教、人文、民族政策等领域的策略应综合发挥作用,解决贫困与地区经济、资源的平衡应关注执法合作,前者是战略上的宏观应对,而执法合作是战术上、行动力上的应对。缺乏解决民生问题的战略依托,执法合作将是不完整的,民生问题得不到解决,执法合作不过是一个缓解地区安全问题的手段而已,缓解不是根除安全问题。

上合组织的地缘以中亚为中心点,连接欧亚大陆。该地正是从战略上直面地区的核心症结——跨国犯罪形成的根源性因素——贫穷问题;是从深层次上化解该地区不稳定的内生性、根源性因素,以经济"走出去"为开端,但不止于经济领域的计划,还涉及安全、人文、政治等领域的合作。此外,"一带一路"倡议所覆盖的地缘中心是中亚国家,这是以发展经济为切入点带给地区福祉的倡议,它一边解决地区的内生性的贫困因素,一边解决贫困因素所导致的跨国犯罪产生的根源性因素;同时它更大的实际意义是经济体自东向西、自西向东双向活动。中亚国家也迫不及待地期待进入中国市场,欲把农产品带入中国。这

---

[1] 王向东等:《中国力量带动中亚五国 提供贷款援建大批基础设施》,载新浪网新闻中心,https://news.sina.com.cn/o/2010-06-11/102917644358s.shtml。

表明共同发展经济的美好愿望,更见共同改善经济发展的伟大意义,也诠释了上合组织的多边主义、互利共赢的伟大意义。

“一带一路”倡议与沿线国发展经济的倡议进行的多重对接首先是在上合组织成员国之间展开的。一是2015年5月中俄签署《关于丝绸之路经济带建设与欧亚经济联盟建设对接合作的联合声明》,二是出台的“一带一路”倡议与哈萨克斯坦“光明之路”的对接规划。从国家层面来看,任何对外战略的施行需要对象国的政策支持,他国的发展规划往往能够成为彼此推动“一带一路”倡议的动力。两个伟大的对接代表着国家间创新合作的动力,借助国际倡议满足国内求变的需要。

(二)安全共同体

共同防御、共同安全的诉求催生了上合组织。主权国家组成的跨国组织,在内外因素适当条件下,将彼此各方视为共同体的一部分,具有共同的规范,进而拉近国家间距离,提高相互信任度,形成更多的跨国交易和双边、多边交流,深化合作关系,围绕着社区中的国家的共同身份而聚集在一起,一致面对公共安全形势而共克威胁与挑战,形成安全命运的共同体。安全共同体的形成是渐进式的过程,是社会实践在国家和地方各个层次相互妥协的结果。在上合组织的持续介入和影响下,中亚地区大规模的暴力、恐怖类事件爆发的可能性降低。

“上海精神”和“北京共识”是安全共同体的认识形成的实践基础。2004年乔舒亚·拉莫认为中国在其特定体制下实现了和平崛起。“上海精神”的提出促进各方共同价值观的形成,使上合组织发展成为不侵犯他国主权的松散性的社区(地区),形成自己独特的集体认同。其倡导的“互信、互利、平等、协商、尊重多样文明、谋求共同发展”的核心精神得到成员国的广泛认同。上合组织坚持“互信、互利、平等、协作”的新安全观,以合作促安全,以发展谋安全,加强政治安全互信,联合应对安全威胁,维护地区和平与稳定。[1] 缺乏安全风险防范经验的中亚国家参与国际事务的实践活动增多,对防范非传统安全威胁的国际合作之态度越来越积极和开放,并前所未有地期待获得“维护地区安全的国际支持”。客观上中国在该地区的战略利益、投资分量越来越重,尤其是能源设施涉及的相关利益与中国国家的经济安全、地缘安全等密切相关。新成立的中央

---

〔1〕 参见王晨星:《美国对上合组织的最新认知及原因》,载《俄罗斯学刊》2018年第6期。

国家安全委员会提出了以总体国家安全观为统领的一系列新安全理念，在对外安全方面，提出合作安全、共同安全的新构想。[1] 各国构建命运共同体意识明显增强，共性日渐增加，由此而关联的安全保护任务足够艰巨。

每个国家存在各自的利益安全的诉求。中亚的新能源、电力、铁路、公路以及贸易通道，都要经过缺乏安全保障的阿富汗地区。该地缘辐射地区的非传统安全形势的险恶提高了运输成本和各种安全风险，迫使中亚维护地区秩序安全的意图增强。[2] 上合组织的重要成员国——中亚国家是中国投资建设的"三油一气"的国际能源运输系统的重要投资目的国、过境国，地理上正处在"火药桶"上：费尔干纳山谷。企业、自然人出境后的属地身份、属性发生变化，与利益相关者形成新的利益共同体——安全命运的共同体，即因跨境、跨地区而形成的共同安全，它的安全维系着所在国、投资国、派出国以及相关人员、财务等众多利益攸关方的安全，而非单独一方的安全，涉及的利益攸关方不仅是中国，还包括上述客观对象所处的国家。新地区安全观是相邻国家和地区安全不可分割的部分，彼此构成安全的命运共同体。

针对跨国能源设施、大型基础建设工地的袭击，损害的不仅是投资方利益安全，还包括在驻国及其公民、企业的利益安全。利益共同体面临的非传统安全威胁跨越国界。因利益共同体而形成安全共同体，为其营造良好的安全环境是上合组织成员国的共同责任。海外安全保护是以保护共同利益安全为愿景，实现共赢的战略。世界是联系的，当前呈现的国内矛盾国际化、国际矛盾国内化、内外安全一体化的趋势，加快了主权国家安全命运共同体的认同。疫情暴发以来，中国不断提供给地区国家抗疫物资，用实际行动诠释了安全命运共同体的价值观。

古丝绸之路的重要精神内涵是和平共处。"和平"在当代的内涵，应该是大小国家平等、不控制中小国家、不排斥其他大国；"共处"表示有合法入境等资格的人、财、物的安全，处在可控的有效的被保护体系内。《上海合作组织成员国长期睦邻友好合作条约》规定，"成员国不得允许在本国领土上成立损害其他缔约国安全和领土完整的组织或团伙，并要禁止其活动"。"本土安全"的内涵衍

---

〔1〕 参见张蕴岭、任晶晶：《中国周边安全形势评估报告（2015～2016）》，载《中国周边外交学刊》2016年第1期。

〔2〕 参见李雅菲、唐文睿：《"新丝绸之路"计划与美国中亚战略走向探析》，载《北华大学学报（社会科学版）》2016年第5期。

生出利益安全这一抽象内涵,并构成国家利益的一部分。应对非传统安全的安保,对于成员国来说就是你中有我,我中有你。传统安全与非传统安全就交织。上合组织就是在国际格局变化、安全观转型的背景下成立的。[1]

这一切都需要综合安全和共同安全做保证。从历史的时空来看,关于人类安全概念的研究,可以追溯到冷战后,安全的内涵包括能源安全、资金安全、人身安全、设施安全、交通安全、自然灾害中的安全等。在人类物质文明得到极大提升的今天,人的安全与财、物的安全互为一体。"人类安全"一词最早出现在1994年联合国发表的人类发展报告中,这标志着安全内涵首次从国家扩大到个人。因此,个人利益与国家利益相互承载;国家安全与海外公民安全互为命运共同体;境外企业和公民的安全与在驻国国家关系的稳定互为内涵。例如,地区非传统安全问题不是任何一国单打独斗就能够解决的,必须通过国家间互助与协作。这不仅关系到遏制跨国刑事犯罪问题,还涉及地区治安秩序的稳定及成员国领土的完整性。每个成员国治理犯罪的行动,都与整个地区的安全命运联系在一起,从这个层面上看,反恐已不再是一国的内部事务。

(三)安全保护共同体

安全共同体,是执法安全保护的对象。新的安全观与保护观得以发展,对地区执法安全合作的发展产生着深远的影响。国际执法安全合作发展到了迫切需要世界警务资源整合的关键时刻。因为资源、能力、手段的不平衡,各国执法安全效果不平衡。在中国与世界交往的历史上,中国既是造福利益的倡导者,也是利益攸关方,亦是提供安全保护公共产品的引领者,因此也成为最大的利益安全保护的关切者,从未像今天这样迫切地需要对庞大的海外利益施加安全保护。公共物品的非排他性和非竞争性决定了一般影响者也能够享受公共物品带来的利益。

海外利益安全保护的契机与挑战并存。第一,公共物品的匮乏可能使原本的支持者转为挑战者。上合组织的成立,为中国崛起时代发展新型国际关系提供了对外交往的重要平台,并可能为"海外安保"这一新型公共产品的诞生提供时代性发展契机。第二,中国在五大海外合作区之一的中亚地区开展国际合作,能源需求国、供应国与设施经由国组成利益共同体、安全共同体,从而形成安全保护的共同体,共享公共物品的利益。当然,安全保护的能力、效能彼此尚

---

〔1〕 参见王树春、张娜:《安全观转型与上合组织联合军演》,载《亚太安全与海洋研究》2018年第6期。

不均衡,中国作为负责任的大国,势必在提供"海外安保"公共产品的进程中贡献智慧,提供公共物品也可能使反对者转变为支持者。安保对象的复合性、综合性决定了安保行为体的多元化和合作常态化。人类安全的正义保护,需要呼唤更多打破界限(政治、法律的界限)、富有创新的国际合作。

国际合作的发展趋势亦如国家内部的警务活动的发展趋向,即以公民安全保护为轴心,在公民所能到达的国家中,建立公民需求型的价值取向的国际警务合作模式。以驻外警务联络为例,他们不仅履行国家层面的国际合作任务和职责,还通过关注本国海外公民的活动状况,根据其需要为其指导或搭建向驻在国警方顺畅沟通的桥梁。警务合作的新型责任与职能是一种"警务执法保护"——通过警务合作与他国警察开展联合侦查,对犯罪嫌疑人实施抓捕,实现安全保护最大化。随着国际合作实践不断丰富,执法从非开放时代以国家内部秩序稳定为标准的阶段发展到开放时代以跨国公共秩序和利益安全为标准的阶段,继而达到最高境界和目标。

在无区域化、无一体化的中亚地区加强执法安全合作的重要性不可低估。[1] 执法安全合作在很大程度上要依赖所在国的相关资源和多元化途径。

从技术上说,因油气被盗窃或输送管线遭破坏而产生的油气输送量损失一般记录在需求国账单上。从社会安全角度来看,刑事暴力袭击、恶意破坏活动、油罐爆炸、炼油装置泄漏起火、闪爆事故等将严重威胁沿线人、财安全,污染环境,而供能中断会扰乱下游企业和居民生活,甚至引发社会恐慌,给中国能源安全和地缘安全带来负面影响。因此,中国和利益相关国家结合为安全保护共同体。

对全球流动的人口与资本实施安保,是对日益猖獗的跨国犯罪的重要防范。在古丝绸之路重启的今天,中国因经济体向境外空间拓展之需而产生了对境外安保机制构建的迫切期待。美国经济发展经历了因本土安保力度加大而使犯罪活动外溢至海外的过程,而资本向全球推出经济实体的过程中亦经历了海外安保危机的阵痛,直至最终形成系统的海外安保机制。

二、执法安全合作从会晤、协约到行动层面纵深发展

(一)国际执法安全合作的实践范畴

上合组织最大的特征是协调一致的原则,在成员国共同同意的情况下才实

---

〔1〕 参见孙壮志:《"一带一路"合作空间拓展的着力点探究》,载《新疆师范大学学报(哲学社会科学版)》2018 年第 1 期。

施各项决策。协约是法,是国际合作的基础,是行动的指南和依据。法之签署要服务于国际合作实践、行动部门的国际执法行动;会议(会晤)的精神落实须通过执法层面实现。中国、中亚国家、俄罗斯在20世纪末期就着手谋求构建维护边境秩序和治安的共同途径,上合组织正逢其时,在"协约式""会议式""外交式"合作下,每年数次理事会签署大量立法、司法、情报、军事等方面的协议,使上合组织执法安全合作有章可循。上合组织的年度首脑会议的重要价值是建立信任的主要机制,成员国的立法机构普遍薄弱。领导人互动是组织形成互信的主要方式。

早期的地区执法安全合作为服务于顶层战略设计的需要而采取了大量协约式的合作,忽略了执法式合作的发展,成员国的双边、多边的合作往往迫于形势需要,见招拆招,合作层次长期停留在各国中央机关之间或业务主管部门间的高层合作。中亚国家独立后的第一个十年间,中亚国家的基层反恐、禁毒能力普遍处于初建阶段,国际警务资源有限。2020年中亚国家经历了不平凡的一年,多数国家进行了总统和议会选举,个别国家再次陷入政治动荡,对执法合作以及国际警务资源有迫切需求。

会晤式(会议式)、协约式合作和执法合作模式侧重点不同,会议式、协约式合作完善了条约的法律基础,建立了高层互信,服务于行动部门,指导执法合作实践。然而,依旧存在部分法律文件、决议有流于形式的现象,在应对新型跨国犯罪、突发事件、开展联合作战、情报交流、预警预测、快速反应方面的协调性有明显不足。

行动部门的执法合作依据互信成果和协约取得各国的协调和配合。宾夕法尼亚大学的威廉姆森·穆雷教授在著作《21世纪的国家安全观转型》中谈到国家安全观转型时指出,迅速行动、大力打击、保障所有胜利果实是成功的秘诀。[1] 从协议式、会晤式合作发展到行动部门的执法合作,烦琐的程序式统一查缉难以顺利遣返潜逃各国的犯罪分子,因而需要简化遣返合作程序。《联合国宪章》中将区域性国际组织的任务表述为:"应付关于维持国际和平及安全的区域行动事件,联合国安全理事会在职权范围内执行具体行动时,如果条件允许,首先利用区域办法或区域机关,把和平执行行动作为首选目标。"[2] 这明确地为其他国际组织指明了标准和方向——加强执法合作、提高执行行动的

〔1〕 参见王树春、张娜:《安全观转型与上合组织联合军演》,载《亚太安全与海洋研究》2018年第6期。
〔2〕 参见黄风:《国际刑事司法合作的规则与实践》,北京大学出版社2008年版,第112~113页。

效率。

执法式合作纵深发展意味着作战式合作加强:从警务性综合、常态的信息交流合作向案情、民情等即时的、动态信息情报的交流阶段迈进;从调查取证、文书送达、引渡等程序方面的刑事司法合作向主管机构联合执法合作发展。各国边检机关、移民管理部门等相互合作,逐步拓宽了本地区执法合作的空间。

20 世纪 90 年代至 21 世纪初期为中国国际警务合作发展初期,合作对象国有限、合作领域单一,表现为打击跨国犯罪案件、跨国追捕嫌犯的被动型合作。随着 2001 年上合组织的建立,2002 年中国与东盟国家共同签署《关于非传统安全领域合作联合宣言》,中国执法安全合作步入快速发展期,这期间经济迅速增长,维护跨境秩序、打击跨国犯罪的迫切性上升。这一阶段主要以信息交换和物资技术的援助为主要内涵,是服务经济发展之需而形成的警务合作上升阶段。在执法力量上,上合组织给予了成员国和其他相关国家各种形式的支持,其中包括警用物资的援助〔1〕。上合组织合作的范畴主要在物资援助、警务技术扶持领域。阿富汗的毒品途径中亚进入俄罗斯,再销往美国,表面上看起来对中国危害不大,实则是给藏匿于中亚的恐怖组织团伙补给活动资金。因此,中国还在力所能及的范围内为"全球反恐的重要战场"——阿富汗提供了帮助,自 2002 年至 2006 年两次援助阿富汗内政部警用物资:警用摩托车、刑侦器材、警械及电脑等设备,其中第二次援助价值 35 万美元。〔2〕 警务合作上升期间的执法合作体现为交流互鉴、增信释疑。当然,这一阶段也凸显了上合组织的反恐合作应扩展到禁毒、反走私等新领域的迫切形势。

21 世纪 20 年代,上合组织在地区和全球层面的作用和影响力显著提升。上合组织签署的法律协约越来越具有务实性,对实践活动更具有指导性,可操作性更强,更加注重国际警务合作的程序性、合法性,尤其是合作范畴更加广泛和具体。从《上海合作组织成员国境内禁止活动的恐怖主义、分裂主义和极端主义组织名单》、《上海合作组织成员国执法机关和安全部门通缉的实施或涉嫌实施恐怖主义、分裂主义和极端主义犯罪人员的统一名单》到《上海合作组织成员国公民进入恐怖活动活跃地区加入国际恐怖组织参加军事冲突并回流本组

---

〔1〕 参见《中国公安部向阿富汗内政部捐赠大批警用设备》,载新浪军事网,http://jczs.news.sina.com.cn/2006-06-11/2153376362.html。

〔2〕 参见《中国公安部向阿富汗内政部捐赠大批警用设备》,载新浪军事网,http://jczs.news.sina.com.cn/2006-06-11/2153376362.html。

织各成员国的人员名单》等,均非常具体地对执法合作实践作出了指导。2017年,上合组织地区反恐机构理事会第三十一次会议批准了《关于上海合作组织成员国主管机关打击恐怖主义、分裂主义和极端主义组织招募成员的联合措施》和《上海合作组织地区反恐怖机构与负责打击恐怖主义、分裂主义和极端主义的国际组织提高合作效率的措施》,还审议了《查明和切断赴恐怖主义活跃地区参加恐怖活动的人员转移渠道的共同措施》和《打击参与武装冲突并返回上合组织成员国境内的国际恐怖主义、分裂主义和极端主义组织成员活动的联合措施》决议。[1] 这为警务合作向更务实化的方向发展奠定了基础,为执法合作体系化发展提供了法律依据。

在外国军队全部撤出阿富汗的情况下,上合组织在阿富汗局势正常化方面的作用和重要性显著增强。上合组织成员国认为,通过包容各方的和平对话,在考虑阿富汗所有公共、政治、民族和宗教团体的利益的基础上,负责任地恢复阿富汗国家权力的合法性非常重要。他们呼吁该国所有政治力量要采取必要措施打击恐怖主义、极端主义和毒品犯罪。同时,上合组织成员国确认将帮助阿富汗建设一个没有恐怖主义、战争和毒品的和平、稳定、繁荣的国家。他们愿意在联合国的核心协调作用下,为国际社会稳定和发展阿富汗共同努力。上合组织—阿富汗联络小组成立,是维护地区和平与稳定的又一重要历史步骤。2020年9月15日,上合组织成员国安全会议秘书第十五次会议各发言嘉宾一致强调推进阿富汗军事政治局势正常化的重要性。[2] 2021年7月,上合组织成员国外长在杜尚别举行的上合组织—阿富汗联络小组会议上表示,支持上合组织为实现阿富汗和平与和解发挥重要作用,并重申致力于加强区域和国际层面的协调与合作,以促进阿富汗的持久和平与可持续发展。

所有中亚国家都主张多元文化和民主的全球秩序观,均公开赞同采用多边主义原则解决全球问题,将国际社会视为多元化环境的愿景,单边主义被明确拒绝,联合国在确保安全、经济和环境领域的多边安排中的作用不断被强调,它们也表现出相当程度的规范趋同[3]。中亚各国在国际层面上遵守相通的制

---

〔1〕 参见《上海合作组织地区反恐怖机构理事会第三十一次会议新闻公报》,载新浪网新闻中心,http://news.sina.com.cn/o/2017-09-17/doc-ifykyfwq7958394.shtml。

〔2〕 参见《上海合作组织成员国安全会议秘书第十五次会议顺利举行》,载上海合作组织网,http://chn.sectsco.org/news/20200915/677762.html。

〔3〕 See FilippoCosta-Buranelli, *May We Have a Say? Central Asian States in The UN General Assembly*, Journal of Eurasian Studies, Vol. 5:2, p 131-144(2014).

度，使用相通的语言，存在相似的可能的种族冲突，有着被大国统治或影响的历史与现实，他们支持强有力的多元化国际关系规范和价值观：理解领土完整和威斯特伐利亚主权概念，依赖国际法和外交作为唯一解决冲突的方式，构建公平的全球经济秩序，对安全问题和环境的高度关切和持有共同团结主义的应对期待。

目前，中国对身处的国际组织之贡献远大于对国际警务资源的索取和利用。在国内警力资源有限的情况下，更应善用国际资源、提高效率。不仅应从高科技要警力，还应发展涉外法治，涉外法治的体制机制本身是对执法合作的最根本性的支撑。执法安全合作可以被视为一种法治保障和引领力量。在国际社会越来越重视跨国法律的同一性适用时，用执法方手段打败跨国隔阂的价值也在凸显。然而，法律的生命在于实施，实施更要依靠警务工作的执法行为来保障。

（二）国际执法安全合作行动力与实践力

所谓执法式合作实践力与行动力是指能够针对恐怖主义、毒品走私、网络犯罪、有组织犯罪等跨国犯罪活动，整合并用尽国际警用资源、技术、人才、信息，使各个主权国家的各个行动部门、执法力量之间建立跨国联动的执法合作互动关系，通过信息情报互换提高预防犯罪的效果，并在个案信息交流、相互认定犯罪性质、联合行动、统一抓捕、联合侦查与审讯、联合预防犯罪组织征募、破坏预谋中的犯罪活动、瓦解犯罪分子的策划、保护易受攻击的目标等方面有所作为；通过联合反恐演习、开展新技术交流，共同提升执法能力，建成良性的国际合作机制，从而维护地区非传统安全秩序；减少犯罪造成的不良后果、融资活动，去极端化，防止煽动民心的活动、斩首行动，帮助游离在犯罪边缘的群体回归正常社会的人际交往的工作等也是执法合作的范畴。效率不高的原因在于业务不够精练、综合性措施手段欠缺。执法能力包括战术能力、指挥能力、实战能力以及处突能力。执法安全合作的价值在于它的行动力和实践力，即及早及时采取预防性的联合措施。从具体的跨国犯罪角度来看，以人口贩运活动治理为例，该犯罪活动有其复杂性，执法人员却试图将复杂化的犯罪归结为"简单化之单一面向问题"[1]，通常仅被动受理案件，不愿意采取预警式策略并主动投

---

[1] See Konrad, *The Fight Against Trafficking in Human Beings from The European Perspective*, in Cameron; S. Newman et al., *Trafficking in Humans: Social, Cultural and Political Dimensions*, Hong Kong: United Nations University, p. 179(2018).

人必要资源[1][2]。人口贩运者将被害人藏匿于警察的视角之外，而缺乏预警式的被动受理案件的策略则不利于隐蔽性较强的人口贩运活动的侦查。

1. 以预防为主的执法安全合作行动理念

“安南所曾呼吁的免于恐惧的诉求”[3]的最好方法是预防。预防犯罪的重要性重于打击犯罪。预防违法犯罪是指对违法犯罪的组织、团体、个体及其心理预先采取法律、社会、组织和其他体系性的措施，旨在维护法律秩序，发现、消除实施违法犯罪的原因及其滋生条件。预防在于提高全社会的法治意识，涵养法治文化。对公众、机构、企业、个人的安全来说，预防比打击更重要。

预防毒品犯罪和预防恐怖主义犯罪的目的和性质相通，但是方法与路径有所区别。跨国毒品犯罪的预防，通过控制下交付(借助于信息情报，强力部门在犯罪嫌疑人不知情的情况下对毒品交易的过程进行秘密跟踪和监控，以便获得证据或在毒品交易现场实施抓捕)的手段遏制它，有利于案件的侦破，使犯罪嫌疑人从幕后走到台前。反恐也应重在预防，因为暴恐事件的消极影响不止于事件本身，它有时会造成大规模的公众心理问题。前期犯罪预备活动不为人所知，预防的重点是防止网络恐怖主义的渗透与扩张。网络恐怖主义渗透活动具有强烈的“排他性”“隐蔽性”，现行各类法律法规对排他性和隐蔽性的渗透行为鞭长莫及。目前，有形的陆地边境管理和查验对网上无形且隐蔽的渗透活动的遏制收效甚微。自媒体时代对反渗透工作提出更大挑战，尤其对重点群体的动态规模、发展变化情况的监测不到位，网络技术领域的立法防范尚显不足。美国的反恐法律中允许安全部门对具有恐怖嫌疑的人员、互联网及电子邮件进行信息监控，执法机构有权调阅用户的手机位置记录；《美国爱国者法案》第805条“实质性支持”恐怖主义罪等相关立法，加强了对暴恐活动的网络渗透的侦查活动，并加强了该领域的相关立法[4]。

---

〔1〕 See Farrell A. & Pfeffer, R., *Policing Human Trafficking: Cultural Blinders and Organizational Barriers*, The Annals of the American Academy of Political and Social Science, Vol. 653, p. 54 – 55 (2014).

〔2〕 See Gallagher A. & Holmes P., *Developing an Effective Criminal Justice Response to Human Trafficking Lessons from the Front Line*, International Criminal Justice Review, Vol. 18, p. 318 – 343 (2008).

〔3〕 联合国2003年成立了国际人类安全委员会。

〔4〕 《美国爱国者法案》第805条是对《美国法典》原有18条2339款的扩充性修改。其一，将打击范围扩大到美国范围以外，在一定程度上为美国将司法管辖延伸到境外打下了法律基础。其二，扩充了对资助恐怖主义的认定范围，在原有现金资助、提供金融证券等方式中增加了“提供资金工具”，变相和间接将资助恐怖主义纳入打击范围，因此扩大了对资助恐怖主义的打击。其三，扩充了对协助恐怖主义的认定范围，增加了向恐怖分子提供“专业性建议和协助”，只要行为人明知对方涉恐并向对方提供了专业性、技术性的建议、意见以及其他协助，都将触犯《美国法典》，因此扩大了对协助恐怖主义的打击。

防控与反恐应并重，防控与反恐的差别在于前者为“预防”，后者为“打击”。前者强调预防措施，通过多样性的预防措施，来遏制跨国犯罪的扩张行动，“防”具有防范渗透的合作之意。犯罪的渗透活动具有强烈的“排他性”“隐蔽性”，防渗透是建立治理跨国犯罪预防机制的基础。“反”强调跨国犯罪的客观存在，侧重于打击。对跨国犯罪的积极预防重于事后打击。对于犯罪而言，尤其是恐怖主义活动，无论是潜在的还是现实存在的，都应该将预防作为治理的逻辑起点，在它处于招募阶段、勾连阶段时，就要将其消灭在萌芽状态。世界各国的警务活动及国际警务合作的重心都在进行重要的转型，即从传统打击犯罪为主向预防犯罪为主的进程转变，预防重于打击。无论是出于治理非传统安全问题的低成本需要，还是出于防止非传统安全威胁给人们带来的伤害，预防的价值正在被世界各国实践部门和理论界所关注和重视。2017 年乌兹别克斯坦前总统米尔济约耶夫曾公开强调，解决民生问题是有效预防和减少违法犯罪的必须措施。

对新型跨国犯罪的遏制能力和水平亟待提升。网络技术给人类发展带来的挑战与给人类社会创造的福祉并存。跨国犯罪集团与强力部门展开了技术应用的较量。今天，科技进步的成果务必要被正义的世界用到极致。应在每个新技术产生的第一时间对跨国犯罪分子可能的应用有所关注和重视，采取技术防范措施，逐步建立世界范围内的主权国家的联合治理机制。否则的话，人类将永远在得与失之间周旋，无法获得进步的绝对值。网络监控的范围领域应该扩大并运用多元化的监控形式。上合组织地区反恐机构派代表参加了 2016 年联合国安理会反恐委员会召开的私营企业应对恐怖分子利用互联网和信息通信技术的研讨会。各界企业、社会团体对恐怖分子利用网络和通信技术从事恐怖活动的问题给予了极大关注。这是多元化监控的良好开端。

上合组织成员国主管机关开展预警、查明和消灭犯罪组织的联合行动。参与国主管机关要提高行动部门实施查明本国境内跨国犯罪活动的效率，掌握联合行动的技能，通过预警机制和协作机制，从实际上帮助参与国主管机关全体人员获得查明犯罪活动的有关能力，组织行动并分享行动经验，以彰显以预防为主的务实性联合行动的执法安全合作理念。俄罗斯、哈萨克斯坦、乌兹别克斯坦等国在上合组织框架下对以预防为方法论的违法犯罪治理策略给予高度重视。2016 年 6 月 7 日，上合组织地区反恐机构执委会代表参加了欧安组织预防暴力极端主义地区会议。国际组织反恐预防性意识增强，有针对性地评估本地区涉嫌招募参与恐怖主义活动组织的活动情况，落实国际计划、追溯暴力活动源头，以加强社会和国家预防工作。

要在上合组织地区反恐框架内给予执法人员提升业务能力的机会和平台，积极调动国内地方资源和力量投入到执法安全合作实践活动中，通过机构设置给地方政府及护法机关以参与国际合作的机会和职能。哈萨克斯坦认为，国际合作经验证明了地方机关在应对突发事件时更具有快速反应、灵活应对的优势。正因为该国高层在21世纪20年代更加认识到国际合作的重要性，其以更加开放的姿态加强国际执法安全合作，并在上合框架内加强中哈重要设施的双边安全保护提供了合作共识的基础。吉尔吉斯斯坦在南部地区的内务部门也举行了形式多样的去极端化活动，举办以预防理念为先的各种去极端化的学习班和宣传活动，邀请媒体代表、心理咨询师、社会名流和神职人员与在校学生进行座谈，开展教育引导。除此之外，还创建了“平安社区”和预防“血腥陷阱”活动，加大执法和惩治力度，开展国际执法合作交流。

2. 国际组织的内生动力与行动力

内生动力体现在积攒国家个体的发展经验与扩大开放合作。国际组织的发展离不开单个成员的发展力推动。国家作为组织的个体，参与其他国际组织或国际合作的经验对组织的发展是资源与动力。

从中国的视角来看，首先，与其他国家和地区在跨国执法合作领域取得一些突破性进展：一是中国警察与意大利警察互相在对方国家城市街头巡逻执勤，首次突破了主权国家警察到对方国家执法的界限。二是在湄公河流域中、老、缅、泰四国联合巡逻执法。这些执法式合作绝不止于形式上的飞跃，也丰富了中国参与国际执法安全合作的内涵，同时它也对中国在上合组织扮演的角色产生启示。三是中国在上合组织框架内的执法安全合作实践也补充和影响了中国与其他国家双边、多边执法合作。其次，中国深化依法治国进程也提高了参与国际组织的进程和效率。2020年11月，在中国的依法治国工作会议上强调了加快涉外法治工作战略布局，协调推进国内治理和国际治理，更好地维护国家主权、安全、发展利益。

同理，中亚各国在内部发展和与外部联系的过程中逐步掌握了国际合作实践的发展方向和指导思想，彼此间也加强了双边合作，从而使得相关领域的关系得到修复。2018年吉塔、吉乌边境口岸重新开放以来，每周往返吉尔吉斯斯坦的人数有10,000人至12,000人。乌兹别克斯坦同哈萨克斯坦、吉尔吉斯斯坦、土库曼斯坦实现总统互访，这是乌兹别克斯坦、塔吉克斯坦20年来首次实现内务部长互访，乌兹别克斯坦在跨界水、边界开放、通航问题上放弃立场，乌兹别克斯坦、塔吉克斯坦恢复中断的首都直航和铁路联系。乌兹别克斯坦同阿富汗签署引渡协议。上述做法在一定程度上改善了中亚地区的政治环境问题。成员国之间在维护治安秩序方面亦须相互求助，国家个体均体现出了加大国际合作的强烈的愿望和期待。下面以乌兹别克斯坦的开放移民管理的做法为例。

乌兹别克斯坦安全治理改革体现出与国际接轨的愿望。该国近年处于内务机构功能调整与改革的“窗口期”。2017年6月，该国刑侦和反恐总局拆分为刑侦总局、反恐怖主义和极端主义总局；新设独立国际合作局，内设国际合作处和国际组织协作处等机构，开始重视国际合作；2017年，该国陆续开放与所有接壤国家的边境口岸，开通与阿富汗、塔吉克斯坦的国际航班，对独联体国家的公民实施免签，对39个国家的公民施行单方面免签。2017年，该国查处违反边境管理行为4940人次，查获价值320亿苏姆(4亿美元)的贵重走私物品、49公斤的毒品、285支枪支、违规携带188万美元。乌兹别克斯坦、吉尔吉斯斯坦两国消除边境紧张局势并划定85%的边界。

2017年乌兹别克斯坦主管国籍事务的国家机关将原出入境和国籍管理局升格为移民和国籍管理总局，在州级和区市级内务机关分设移民和国籍管理局、处(科)，编制约4000人，移民和国籍管理总局内设机构包括外国人管理处、证件处、国籍事务处、信息分析处，在空港和车站还设有办事处。其中，外国人管理处负责外国人登记管理、签证延期、涉外案件处置、外事合作事宜；证件处负责审批发放证件。

乌兹别克斯坦移民改革体现了扩大开放、法治化和加强国际合作的理念。由于移民部门执法力量不足，移民和国籍管理总局在遇到与出入境记录查询、办案有关的业务时，需要与边防、国际合作、反恐、国家安全等职能部门配合。在改革出入境管理制度方面，乌兹别克斯坦新推出护照管理制度。1995年1月6日，乌兹别克斯坦政府公布法令《关于批准乌兹别克斯坦共和国公民出境手续和外交护照条例》，建立公民出境旅游制度。该文件规定，乌兹别克斯坦公民有权因私人或公共事务，永久居留、旅游、学习、工作、医疗或者商务旅行而出国旅行，但是想要在独立国家联合体以外国家旅行，需要到内政部和登记部门办理出境许可证，有效期只有两年。许可是在申请人的护照上以授权贴纸的形式给出的，它通常被称为出境签证，这一术语和做法继承于苏联。2017年8月，乌兹别克斯坦总统米尔则亚耶夫签署法令,批准从2019年1月1日开始引入国际生物识别护照并取消本国公民“出国签证”制度。自此,苏联解体20多年后,出境签证制度正式退出历史舞台。此前,乌兹别克斯坦是苏联国家中唯一保留对本国公民签发出国许可的国家。乌兹别克斯坦政府的内政部移民和公民身份登记部门、外交部领事办公室和驻外领事馆负责签发新的国际护照。当时,国际社会多次批评该做法,称早先的“出国签证”政策是打压国内反对派的工具。取消“出国签证”这一举措彰显了国家改革开放的意图,也抑制了官员先前在签发签证上的腐败(2019年新实施的法律规定了对其实施出境限制的公民类别:可以获得国家机密的人,那些被提起刑事诉讼的人以及被法院命令禁止旅行的人。一些官员会靠出境签证政策通过收受贿赂来加快办证进程,该政策实施过程中限制了公民不受阻碍地离开该国的权利,被认为是侵犯了人权)。乌兹别克斯坦颁发给公民的护照就是其身份证明的文件,供国内和国际旅行使用。颁发普通护照给16岁的人,必须10年更换一次。根据双边和多边协议,乌兹别克斯坦护照持有者有权在独立国家联合体内旅行,并且在没有任何签证的情况下的逗留期长达90天。

新的护照政策保障了人权,允许公民自由出境,谋求新生活和新工作,精英前往其他国家工作,把钱汇回国内,在一定程度上改善了该国的经济。与此同时,乌兹别克斯坦放宽了对外国移民的管理。2018年5月29日,政府对《外国人和无国籍入境出境停留过境条例》作出修订,外国友人可通过互联网系统自动办理住宿登记手续,且开始允许外国游人留宿在交通工具、帐篷等移动性工具中,仅须在入境后3日内履行网上登记手续即可(注明旅游途经地点),亦可向旅游问讯处或就近的留宿单位申报,留宿单位将外国友人填报信息送至内务机关。2018年乌兹别克斯坦和塔吉克斯坦签订了互免签证协议。30日之内的免办签证制度,改变了两国边境居民前往对方国家30公里边境管理区仅能停留5日的原有做法,为移民流动提供了极大便利。

当然,一国保障秩序的内生动力包括执法部门的行动能力。在国际合作中,行动能力包括跨国的联合行动力、指挥力与实战力,警察必须具备的技能可通过科学训练得到提升。而在突发事件中还须依赖高效的指挥体系作出有效的反应,否则再训练有素的特警,也无济于事。科学设置实战能力训练的科目并不断调整和完善,从培养事后处置能力培养逐步向事前、事中处置的技能的培养方向发展,满足联合行动的实战要求和跨国协作之须。现代城市中需要保护的不仅有人、建筑、设施，还有特定的场景（如国际赛事、人质），不同的保护情境需要不同的资源和人才。特警是反恐城市战的重要武装力量，[1]他们不仅要保护人的安全，还要保护民宅、建筑与设施的安全。解救被劫持的人质需要特工或者和劫持者谈判的人才，暴恐等突发性事件现场则需要快速获取、传递劫持人、恐怖分子的信息，以赢得解救时间。在提升反恐队伍整体实战能力的同时，要兼顾培养具有应急指挥能力的人才。

中国《反恐怖主义法》为武装力量出境反恐扫平了法律障碍，尤其在2012年后，我国和一些国家签订了多种形式的《军事合作备忘录》，其中很多细节的规定为境外行动提供了法律保障。我国《刑法》、《国家安全法》、《国防法》和《人民警察法》等只是一般性地规定了各部门职责，未规定在现场指挥中领导与被领导的关系，未对突发事件中境外统一指挥权的分配作出明确规定。这将导致各部门难对现场作出有序的应急反应，应从立法上逐步完善境外指挥权。中国法将以上若干功能集于公安系统之中。为了应对现代国家化都市的治安，信息交流、特警队的综合能力的培养非常重要。中国与中亚国家的技术与管理水平存在极大的差别。通过外警培训，向成员国授以中国安检的经验和技术，对中亚国家的警察开展侦查技能培训，共同提升查验、防范的能力，通过不间断的跨国培训来提高人力研判与决策能力和水平。另外，行动部门在防爆技能训练的基础上，应加大对突发情境的快速识别和处理能力，掌握谈判技巧。[2] 行动人员的体能、技能、战术是实战能力的一部分。中国在一些大中城市组建了公安特警队，赋予其反恐、防暴、处突等职责，[3]在联合演习的科目设置中更注重实战制胜目标的训练。俄罗斯负责快速解救的实战单位划分较细，包括了联邦

---

〔1〕 参见李孟漪：《俄内务部队09年在北高加索打死230非法武装人员》，载搜狐新闻网，http://news.sohu.com/20100113/n269560936.shtml。俄罗斯反恐特警的组建过程随着形势发生着变化，担负反恐巨任的内务部、特警队和安全局下属的各个特种部门进行了重组。2004年别斯兰人质事件后，反恐压力增大，反恐体系改革重要成果是安全局在南部地区建立了特种部门机构。2005年夏天俄罗斯开始完善制恐战术。安全局在地方上建立了两套特种部门体系："阿尔法"和"为安博"。俄罗斯将二者改组为安全局特种部门中心。苏联时期"阿尔法"就在哈巴罗夫斯克和克拉斯诺达尔地区建立了分支机构。"为安博"是20世纪90年代建立的地区机构，因此安全局将"为安博"改组成业务解救队，它是模仿阿尔法和原"为安博"模式建立的，是特种部门的一种，由强力部门业务局干部组成，由安全局的人担任指挥，主要应对城市反恐战。2010年俄罗斯内务部副部长兼内务部队总司令罗戈日金谈到俄罗斯装备问题时指出，一半以上内务部队已配备现代化技术装备，且将逐渐以轻型装备替代重型装备。

〔2〕 参见刘海平：《完善我国反恐警察体制的思考》，载《江苏警官学院学报》2006年第3期。

〔3〕 参见黄明：《公安机关是应急救援的重要力量》，载《行政管理改革》2010年第8期。

紧急情况部、情报机关和执法机关,如20世纪90年代,俄罗斯在城市建立的特种部门是为了保卫重型核设施免遭地区恐怖势力的打击,内务部“雷斯”特种部队经常地在野外大量开展训练,以接受反恐任务。

行动力是国际执法安全合作效率的重要源泉,国家在对执法力量的能力培养与培训方面应有所作为。以哈萨克斯坦为例,该国前总统纳扎尔巴耶夫曾为提高全社会对恐怖主义的预防能力,指示在全国和各州建立国家级和州级反恐指挥部和反恐委员会,旨在加强反恐能力建设。哈萨克斯坦反恐教育专家坦言,警察反恐业务水平和技能亟待提高,许多地方领导和干部没有接触过这一领域,不知如何开展反恐工作。为此,国家在地方上开展一些演习、训练,着力培养应急指挥、处置突发事件的人才和劫持谈判的复合型人才,充分开展以反恐为中心的科学研究和国际交流与培训活动。国家统计了易受恐怖袭击的对象数量,高达17,000多个目标。在反恐培训中,国安委学院专门对相关建筑、设施的结构提出了防恐安保的技术要求和建议。

哈萨克斯坦在国际舞台扮演积极角色,大力培养具有国际化视野的反恐人才。反恐实战基地的资源与国安委学院的资源共享,国家参与的国际组织的资源也与学院共享。哈萨克斯坦鼓励和支持国安委学院举办国际培训课程。2018年举办了在上合组织框架内的成员国护法机关人员培训班。另外,哈萨克斯坦从国家层面尽可能给反恐部队提供走出国门参与反恐实践的机会,使他们获得国际视野下的反恐知识。2015年9月该校建立了反恐中心,是国家反恐中心的一部分,其重要目的是给国家强力部门和反恐系统培养反恐人才和专家。2016年7月,在中哈协议框架内和上合组织框架内,国安委派出10名哈萨克斯坦国安委专家,其中包括该校派出的反恐专家,一同到上海政法大学参加了为哈萨克斯坦国安委高级领导举办的业务进修培训班。培训课程包括理论层面和实际能力的培训,反恐培训的体系和课程包括应对大规模混乱、劫持人质的方法,遏制传播渗透、制作爆炸装置、招募、伪装术、榴弹发射器、手枪、狙击枪、自动步枪、猎枪、炸药、三硝基甲苯制作技能的活动的方法。在发动涉恐袭击之前,对运送和藏匿武器、转送爆炸装置、招募人才等活动获得有关行动人员需要的有效信息,遏制活动,通过日常的治安管理来发现、预防恐怖主义。

内生动力与行动力推动“上合组织+”的模式的形成,拓宽了组织的外展力。在重点领域加强国际合作。例如,在禁毒合作中,利用联合国毒罪办和麻委会平台,宣传上合组织的禁毒立场,共同维护联合国禁毒机构的主导和中心协调作用。与周边地区的国际组织加强合作,深化与东盟地区的合作,组建亚太地区伙伴关系网,统筹举办地区安全论坛,合理构建禁毒安全带,协调双方禁毒部门行动,合理打击毒品威胁,加强边境查验力度和海关检验检疫效率,共同参与国际禁毒执法合作。此外,上合组织和亚信组织、集体安全条约组织、金融行动特别工作组等国际和区域组织加强合作,其中包含禁毒等议题。2012 年上合组织和集体安全条约组织共同部署开展了联合国禁毒行动(“通道行动”)。

(三)执法安全合作从运动式向常态化迈进

面对不断变化的新型犯罪活动,警察的执法要动静结合,以常态化、实战化联合的方式破解跨国犯罪的新变化。静态式执法如同“民不举官不究”,即有报案线索、情报、信息之后,按照线索来预防和打击犯罪,此种方式现已不能完全适应现代治理犯罪的需要。运动式执法,是指警务部门采用的各种专项行动,如“百日行动”“猎狐行动”以及军事演习等运动式的执法活动,运动式执法以专项行动的方式展开。专项行动是各国政府集中最大的行政资源优势,只有政府可以在短时间内调动众多的部门和资源,对特定问题采取专门点式震慑的行动,短期内使问题得到一定程度地解决。运动式执法更利于对已经发生的、出现的问题进行事后治理,其缺点是处置措施在时空上缺乏连贯性,如果未对案件深入研究和采取预防性措施,很难达到长期防范目的。

在法治社会,既要在立法、司法、执法框架下前行,也要构建守法社会。为了能给执法对象构建守法意识,培养守法习惯,应减少运动式的执法。这对于大政府的国家而言,需要调整执法方式和理念。一般来说,与其他资源相比,政治资源是相当稀缺的。政府最大的优势是能短时聚集各种资源,搞专项行动。单纯的运动式执法并不适用于新型跨国犯罪的治理,难以起到防范和预警作用。

常态化执法安全合作,是指建立在适应性原则的基础上,在异质法律文化体系中以有效的沟通方式,以约定或论坛、会议、行动的方式在特定场所或移动、动态空间中持续采取跨境联合行动措施,在虚拟空间与现实空间同时采取长期跨境联合执法措施,通过共同努力,在持续不断的技术、资源的共享下,从时间、空间上对单个组织的措施加以整合,持续地提供有效的解决方案,确保应对地区不断变化的新的威胁和挑战。

针对跨国犯罪活动的机动灵活方式采取综合性应对措施。例如,为防范嫌疑犯在人们日常生活的菜市场、马路等公共场所发动袭击,设置有防范功能的设施,如机动路障、水泥柱墙;实现人车分流,并研发新的驾驶安全技术;对移动的交通工具采取综合预防措施;在重要时间节点和空间地点全面推行常态化的日常安全查验,对连接城市的交通要塞设立检查交通运输工具的卡点,进行常态式安检;整顿货车租赁市场;完善立法以加强对人员身份的核查,如法国2017年11月生效的新反恐法案《加强国内安全和反恐法》保留了扩大调查乘客资料范围的规定。

常态式执法是运动式执法(专项行动)的基础,它包括执法部门在时间和空间上、虚拟与现实中、动态与固态中依据法律较全面、持续进行的执法活动信息,对警情具有较为规律性的应对措施。运动式执法即专项行动,是以前期日常管理及常态化执法为前提而采取的特定任务的执法活动,在时间、空间和目标方面具有特定性和时限性。常态化执法要求覆盖线上线下、网上网下的防范与监控体系,通过技术援助,对密集人流的活动空间构建无死角的严密监控防恐体系。

常态化包含适应性、整合性、互动性、持续性、互补性。出于对地区治安秩序共同维护的需要,上合组织安保机制向常态化发展是必然的。以大型活动的安保为载体和切入点,可以考察从运动式安保向常态化安保发展的可行性路径,逐步建立常态化的大型活动的安保机制,甚至实现发展项目的安保机制的常态化。

以国际大型活动的安保合作为例。国际体育赛事的治安秩序受世界瞩目,社会秩序的稳定是其顺利举办的基础。上合组织大型活动的安全保卫合作积攒了一定的经验。国际体育赛事的安保合作进入成熟阶段,各国从防范恐怖活动,维护社会稳定、社会治安、公共安全,促进区域协调等方面开展风险评估,识别风险,提升安保能力。奥运会属于国际性重大体育赛事,由于参加人员多、国际影响大,面临的最主要威胁是恐怖袭击,历史上的相关案例不少。1972年巴勒斯坦恐怖组织成员制造了震惊世界的“慕尼黑惨案”。2005年7月7日,英国获得2012年奥运会主办权的第二天,伦敦市中心发生了地铁和公共汽车连环爆炸事件,导致52人丧生,逾百人受伤。2014年2月,俄罗斯海滨城市索契成功举办了第22届冬奥会,2014年1月在距离索契约300英里的斯塔伏罗波夫边疆地区发生了汽车爆炸案,至少造成6人死亡。这些恐怖袭击严重威胁索契冬奥会的成功举办。因此,奥运会举办国视恐怖主义为安保的最大威胁之一,对国内外恐怖势力活动态势监测是反恐合作重点。

在体育赛事举办前，成员国安保主体相关部门对社会秩序整体稳定情况进行评估，为国际安保提供行动举措的参考依据。社会稳定的风险评估主要内容包括会议举办期间社会矛盾情况、政治敏感事件情况、经济发展情况等。

国际大型活动的安保面对的是场所安全、交通安全、消防安全等领域的公共安全风险。公共安全是指社会和公民个人从事和进行正常的生活、工作、学习、娱乐和交往所需要的稳定的场所环境和秩序。大型场馆活动的治安风险具有不确定性突出、影响因素复杂、人员密集、公众参与性强以及高度易损性等特征。风险具体划分为比赛场馆安全的风险与安保区域协调的风险，这对风险评估预测和控制提出了更高的要求。

比赛场馆的安全风险评估主要包括：场馆建设安全、赛事组织的周密性、参赛队员的敏感度、观赛人员的敏感度、比赛事项的关注度、观赛人员发生冲突的可能性、场馆安保设施的完备性、安保力量配置的合理性、应急处置方案的完整性等内容。要针对各种风险因素积极开展预防、检测、识别、评估、防范、控制和处置等。同时也要完善理念体系、组织体系、指挥体系、方案和预案体系、保障体系、培训体系建设，全力加强职责管理机制、区域协调机制、信息情报预警和共享机制、反恐防恐合作和协作机制、风险评估机制、应急处置机制建设。

安保区域协调合作机制，是指通过有目的的制度安排而形成的多元安保主体之间相互联系和相互作用的模式。它具有一定的目的导向，即实现区域安保成功。因此，它是区域多元安保主体之间的有机联结。

安保区域协调合作的风险是指在安保工作中，举办地安保主体之间在协调机构、职责分工等方面存在的可能影响赛事顺利进行的安保因素。因此，安保区域协调的风险评估一般应从国际赛事举办地安保主体的组织架构、安保主体之间区域协调的职责分工等方面进行风险评估，分析安保工作在区域协调中存在的风险因素，确保安保工作高效、良性运转。国际组织框架下的安保区域协调合作机制具有适应性、整合力，形成了互动性与持久性的机制深化通道。

（1）适应性。它是随着上合组织安保机制最初的运动式安保合作发展起来的，起初主要是针对大型活动的安保。例如，北京奥运会、俄罗斯索契冬运会、上合组织塔什干峰会、欧洲安全与合作组织阿斯塔纳峰会、上海世博会、广州亚运会和阿拉木图亚冬会、上合组织青岛峰会等的安保成功，得益于成员国警务机构在信息情报层面的相互支持，协助开展情报搜集、核查，危险人员监控、通报、管控、机场安检等合作。目前已形成活动筹备和举行期间的 24 小时全监控的快速反应机制,这均属于深层次的合作行动。这也可适用于本地区其他的大型活动安保,每一次区域大型活动的安保都是下一次活动的经验积累,上一次的措施经验都有适应下一次实践的可借鉴处。

(2)整合力。整合力是指整合各国商业安保资源、提升海外利益安全的保护效能,避免安保领域各自为战。在无军事联盟情况下,成员国非国家武装力量介入地区安全保护未尝不是一种途径。形成上合组织框架内的安保力量联合体,这种合作形式比从单个国家派出武警部队出境的可操作性更强,可以以"上合组织维和安保联合体"的方式填补本地区维护秩序的真空,巩固地区的安全。组建非国家力量联合体,比从单个国家派出警力援助更可行,有利于维护秩序安全,同时,可补充治安联防力量,防止因处置不及时、控制不力导致一般性治安事件转化成大规模的治安骚乱事件。非国家力量联合体——安保力量联合体的发展,可定位于保护在中亚国家的国际油气设施、跨国企业、施工工地的安全,向重要能源设施、工地提供联合安保力量的日常援助,与当地安保力量组成多元安保途径。这一设想与上合组织现有"军事联合演习"相比,更具有常态的震慑意义,可以作为预防、制止动乱的预备性力量。

(3)互动性。一方面是派出政府给驻外企业分享必要的公开信息应更加系统化,达到政府行为与民间(商业)安保相互促进的目的。中亚地区经济发展亟须在区域组织介入下构建更加成熟和务实的安全保护机制。企业在中亚国家采纳的安保措施的水平参差不齐,一些海外风险不是企业以及跨国安保公司自身能解决的。比如,管线和设施跨越两国或三国时,跨国企业不得不求助第三国。另一方面是各成员国政府官方之间就安保问题的互动,因为一些跨国性的阻碍因素,非企业所能消除,如能源管线途径哈萨克斯坦进入第三国边境时,需要第三国给予支持,但以合资企业身份无法向第三国的国家政府职能部门提出协调请求。这往往需要各国政府间协调和沟通,这样做也符合国际交往的规则。

(4)持久性。持久性是指通过规划、计划等,形成阶段性议题,在上合组织框架下讨论和落实。中国警务部门充分利用上合组织的平台作用,将各国职能部门的安保资源的分配能力调动起来,把加强跨境油气管线安保事务列入上合组织的地区反恐计划中,与各个成员国政府建立安保协调机制,为跨国企业提供支持,并逐步将这种关系常态化和制度化,逐步建立安保联合行动机制,保障跨多国的能源管线、设施、工程的安全及能源输送的安全。集体安全条约组织为跨境安保,引导各成员国雇佣军和私人安保的境内外活动,且制定详尽的行为准则。中国依托上合组织落实境外利益的安保事务，相关法律基础在逐步建立并完善。2009 年上合组织公安内务部长会议签署的《关于合作保障上合组织成员国境内石油和天然气管道安全的决议》和 2010 年国务院批准加入的《上海合作组织执法安全合作部级联席会议制度》均为安保机制奠定了法律基础。上合组织、集体安全条约组织、联合国联合维护共同安全的空间是广阔的。[1]

因此，建立俱乐部式的单位组织，有助于增加机制的持久性，如“上合组织框架内的安保协会”，作为安保机制的组成部分和国际警务保护的通道，可在相关职能部门和跨国企业之间建立沟通的桥梁，满足跨国企业和人员的安保需要，进行国际专业化的安全危机管理指导，提升本地区跨国企业应对危情的能力，给跨国企业提供做通告、信息汇报、科学合理决策和规划安排的建议，将诸如绑架、抢劫、暴恐等事件的风险及由于企业自行处理而导致人质被害的风险降至最低[2]。

目前，上合组织逐步形成基于风险级别启动分类安保措施格局，继续推动上合成员国内务部门在能源、交通基础设施、物流安保方面以及国际企业和公民保护方面发挥作用。2014 年，中国、哈萨克斯坦、俄罗斯、塔吉克斯坦、乌兹别克斯坦、吉尔吉斯斯坦六国代表共同签署《上海合作组织成员国政府间国际道路运输便利化协定》（以下简称《协定》），规定国际道路运输实行许可证配额制和司乘人员驾照互认等一系列便利化措施。在许可证制度下，各当事国道路运输承运人和车辆可以按商定的线路从事跨境和过境运输。这些线路分别是中哈俄北、中哈俄南、中塔、中哈乌、吉塔俄、中吉六条连接中、哈、俄、塔、乌、吉六国的运输线路，并于 2020 年年底如期开通，非上合组织成员国也可申请加入《协定》，这为中亚及周边地区国家开展国际道路运输合作提供了法律基础和保障，为保障国际物流供应链稳定畅通，促进区域经济发展带来了新的机遇。上合组织各国执法安全部门合力构建物流安保计划，打造系统性安保措施。

上合组织的安保协会可以根据实际危险程度给警务合作部门提供咨询建议，使上合组织成员国的强力部门能准确及时启动相应级别的安保措施。表 8 给出了一些操作上的建议，它体现出国家强力部门通过直接或间接行为参与到保护海外利益的安全活动中。

---

〔1〕 参见张杰：《中亚有组织犯罪发展的潜在危险性分析》，载《新疆大学学报（哲学人文社会科学版）》2008 年第 3 期。

〔2〕 人质死亡的比例接近 10%。

表 8 不同等级安全威胁的安保分类级别

分级	威胁种类	威胁程度	对地区环境的影响	处置手段	案例
1	公民遭遇抢劫的有关犯罪	轻微损害,<10,000 美元	对社会秩序稳定影响较小	由当地警方处置,中国驻外警务联络官督促并协查案件办理	2004 年旅居南非的中国商人在公寓家中遭 2 名歹徒武装抢劫,不幸中弹身亡
2	企业与公民遭受有组织的打、砸、抢刑事犯罪的侵害	局部损害,<100,000 美元	事件有政治因素,影响较大	中国警务部门与相关成员国开展各级别的对话,并通过上合组织安保机制渠道给跨国企业提供安保业务咨询、信息和建议	2014 年中国企业在越南遭到打、砸、抢
3	工地等遭袭击、员工遭绑架	重大破坏,>100,000 美元	对社会秩序影响较大	通过外交途径与所在国沟通,通过国际警务合作侦破案件,追缉犯罪嫌疑人,给受害人提供法律援助	2004 年 6 月 11 日阿富汗昆都士省的袭击造成我国 11 名公路施工人员死亡
4	重要境外能源设施、管线、企业受恐怖袭击	大范围的破坏,>100 万美元	对社会秩序产生了重大影响	国家安全委员会、公安部门充分利用上合组织地区反恐机构这一平台开展跨国反恐国际合作,启动项目安保机制	中哈石油管道、中国—中亚国家天然气管道、中哈霍尔果斯边境合作中心区、"达特卡—克明"500 千伏输变电项目、中塔公路修复工程项目所在地区安全形势堪忧
5	恐怖袭击、战争、政局动荡、群体性事件的爆发导致中国利益受损并处于危险中	巨大的破坏,作业损失>1000 万美元	对社会秩序产生了巨大影响	开展撤侨①活动,或由商务部、外交部、公安部等中央机关开展国际合作,在上合组织框架下提供安保资源的信息和渠道	2010 年吉尔吉斯斯坦发生大规模骚乱,中国公民在驻外使馆及警务联络官引导下安全撤回国内

注:颜色随威胁严重性而加深,保护级别随之加重。

①撤侨主要依赖警务资源,如驻在国内务机关资源和驻外警务联络官。

上合组织应着重在各国安保公司活动的监督、许可证制度、警察或军事监视准则、独立监察制度等方面给予关注,并提高中亚安保服务职业水平,研究最佳安保方案和地区标准;建立安全危机处置中心,开展预警、预测,通过联网的探头和终端设备自动获取被保护对象的安全信息,对要害对象设立基站昼夜岗的联络,24 小时轮值监控,定期报告;借助卫星、短波通讯技术实施监控、通讯受理、信息分析;提高通信保障的科技含量,实时接收卫星信息,结合卫星遥感技术掌握动态信息,用卫星照片实时监控大型能源管线安全。对重要设施借助太空监测,实施动态定位;建立视频沟通会,以便于快速分析和反应。

(5)互补性。互补性是指国家基于国别投资特征注入相应的安保援助与安保资源是必要的。中亚各国内务机构设有服务于社会的安全保卫业务,这为建立上合组织框架内的常态化安保机制提供了可能性。并非所有的安全威胁都能用撤侨来化解,与中国利益攸关的经济、能源、设施的安全保护问题,须首先寻求当地安保资源的支持。中亚国家武装力量薄弱,受邻国阿富汗复杂安全形势影响,多数企业认为可考虑利用商业性的安保资源。然而,中亚国家的外国私人安保公司几乎没有发展空间。无论是满足中亚经济发展的需要,还是满足国际经济体营商安全环境的需要,都亟须在国际组织介入下构建安全的保护机制。乌兹别克斯坦、哈萨克斯坦等中亚国家的私人安保业务都置于内政部门的监管之下。依托上合组织,中国公安部门加强在安保领域的常态合作,拓展多元化安全保护合作的路径。驻外使、领馆采取更有效的措施督促中资企业经营的合规性,加强融入力和守法性;为各类中资企业提供资质好、信誉好的安保公司咨询,为他们与所在地政府、强力部门、社区、部族理顺关系做系统性指导。驻外使、领馆和驻在国外交、政府部门,特别是强力部门建立以安保为议题的会晤机制或联席会议机制,有利于实现督促和监督功能,推动外国基层政府从实体现对中资企业的安全保护。

为深化海外安保机制,减少遭受跨国犯罪的侵害,我国不断“走出去”的企业以及涉华重大海外利益的安全保护路径可尝试通过项目安保机制构建。由于跨国犯罪活动的复杂化,安保标的首选上合组织地缘的核心目标——跨国能源设施。警务合作既要满足协助合作方的请求,也应善于联合办理跨国犯罪案件的发出协助的请求。因而可以对上合组织大型活动安保机制加以完善,与会晤机制等共同关注海外利益的安全保护。中国作为上合组织成员国、主导国家及其地区相关利益重大的国家,担负维护地区安全和秩序的使命,推动各成员国为保护共同利益免遭非传统安全威胁而努力,促进各成员国共同担负保护跨国企业和各国公民安全的责任。在地区组织框架内建立的项目安保行动机制,第一,有益于提高跨国企业、公司与第三国政府部门的跨国协调能力,减少企业不必要的成本,使企业免于被拖累,全身心投入市场竞争中。第二,从发展项目安保入手,可以规避目前中亚国家立法上对跨国安保公司发展的限制,为今后更多元的经济体“走出去”建立安全保障。目前在中亚的中资企业主要是国企、央企等大型企业,新近“走出去”的更多是中小企业、民企、私企,这类企业安保能力较低、安保资源薄弱,须纳入项目安保机制的计划。第三,“经济、安全”犹如“两驾车轮”,推动上合组织运行。构建以项目为中心的联合安保行动机制,必将联结两大核心要务的“车轮”,最优地激发上合组织这驾“马车”的生命力,从实质意义上维护上合组织所在地区发展与安全的平衡。在海外安保问题上,积极和中亚国家开展内部磋商,在国际战略中要将之上升为国家战略。除通过职能、主管部门的多元外交途径展开合作外,还要加强新媒体传播的合作、宣传新型警务理念,全方位推动中亚国家执法部门切实落实安保措施。

总之,通过对中亚国家安保资源的挖掘,逐步满足不断“走出去”的从事跨国经济活动的企业和公民的需要;立足上合组织动态联合执法行动,形成常态的定期或不定期的执法联合行动。[1]

成员国还面临深入发展常态化的快速反应机制的时代背景。掌控城市安全,防止犯罪势力渗透到乡镇、农村。村镇与城市之间的距离较远、人口稀少,可以组建有快速反应能力的行动队伍,熟悉通往农村和山区的交通线上的安全要素,能对点、线、面的安全秩序有较好的把控。现代社会的开放性,使大部分都市都发生了不同程度的国际化,从城市到城市、从城市到乡镇均受到影响。中亚国家等地人口密度不大,人们居住的城镇之间的距离较远,发生突发事件后,组织人力营救的时间变得非常紧张;而交通的现代化和高速化,前所未有地缩短了城市、县、镇的距离。一些暴恐活动结果发生在城市,策划地可能在农村、乡镇,策划者煽动人们短时间内徒步或搭乘交通工具进入城市发动暴恐事件,从煽动到策划再到实施,时间差都非常短。行动力量的反应速度有时无法适应形势要求,况且即使行动速度足够,指挥令的下达也可能不够及时。因此,公开与秘密、城市与乡间、实体与网络等的复杂化的恐怖策划活动,需要从点到线再到面,设置全面的常态化的快速反应应急机制,城与镇、城与城之间点对点的交通枢纽与交通工具的安检工作的常态化以及增设必要的卡点等被视为可选措施。

---

〔1〕 参见曾向红:《恐怖主义的全球治理:机制及其评估》,载《中国社会科学》2017年第12期。

三、从资源导向式到目标导向式的国际警务合作之转型

在国际警务领域，中国关注中亚地区非传统安全的发展形势，积极谋求国际合作对策，推动在上合组织框架内的转型，促进在合作形式和合作目的更新和升级。

（一）目标导向式思维指导下的国际警务合作行为

目标导向式思维是相对于资源导向式思维而言的。资源导向式与目标导向式思维给突破无法深入合作的现状提供了一定思路，加速由资源导向式向目标导向式转变。资源导向式思维模式是指利用已有资源，根据能力而正向推进，以接近目标。该思维模式下产生了众多操作性不高的协约、条约，成员国仅根据自身力所能及的情况与对方签订协议，签约者基于本国有限的反恐资源约定责任和义务，多数条款未突破本国的资源和条件。所谓目标导向式思维模式是指以目标确定资源选项，并在行动与实践上由目标倒推资源，思维指导行动的顺序是从目标出发，根据需要创造条件，构建目标所需要的资源体系，从而接近和达到目的。目标导向式思维模式对地区合作的参考价值更具实用性，不以拥有什么资源、什么队伍为确定行动的依据，而以目标来确定行动。任何有关合作的决策，都以目标为出发点，根据目标要求规划路径，逐级排除障碍，创造实现目标的条件，按照设定的路径，一步步倒推，最终实现目标。目标导向式思维的合作强调将既定目标列入协作中。这是一种倒推配置、倒着进行资源分配的手段。[1]

资源导向式思维是做能做的事。一般来说，国家利用自身拥有的武警、武器、警用设备等来武装边防、边境地区，并不断改组特警队（中国）、阿尔法（俄罗斯反恐特警队）等，提升实战的能力、技巧和耐力。这些做法是基于自身的有限资源来应对恐怖主义问题，属于资源导向式的思维模式。打击违法犯罪的体系是政府最大的优势，然而现实中政府没有完全发挥出自身优势。一遇到问题就发动专项行动，见招拆招，解决得了一时的问题，解决不了一世的问题，因而应摒弃专项行动的资源导向式的思维模式，减少“救火队的消防式”执法合作模式。

目标导向式思维是做应该做的事，可以针对不同时期确立重点防御目标。对重点地区重点防御，注重把犯罪团伙作为直接打击目标，把犯罪团伙加害的

---

〔1〕 参见欧俊、邢群麟编著：《每天学点管理博弈学》，电子工业出版社 2010 年版，第 81 页。

对象作为直接保护目标,不是简单地对全警资源进行再分配和再调整,也不是全面的进攻,而是精细化、有针对性地实施目标防御。它不是对现有资源、警力的再调配,而是根据精细化目标寻找资源和调配警力。

两种思维模式下的实践应用体现出了各自的优势特征。管理博弈论中的资源式思维模式和目标式思维模式给执法安全合作实践以启迪。2008 年,中国北京奥运会实施的反恐安保是比较典型的目标导向式思维模式所指导的实践活动。北京调配了大量资源与精力,把奥运会期间的治安和社会管控目标确定为确保零安全事件。为此,在奥运会举办前,公安机关逐级排查,精确社会管控。一切行动不是对现有资源进行重新分配,而是先确定目标,即保证奥运会期间不出现任何安保方面的问题,对任何规模的安全事件零容忍,尤其是恐怖袭击事件。然后根据这个目标倒推,做到缺什么,补什么。在目标导向的反恐思维模式指导下的行动显得非常有效。2008 年的奥运安保很成功,北京大型活动社会面管控能力和水平得到巨大提升。

再如,在 2009 年新中国成立 60 周年之际,为控制境外恐怖势力的破坏活动,我国执法机关在上合组织框架内加强了与成员国的执法合作,在反恐怖情报交流、人员核查与涉恐线索通报、出入境管理和边境管控、防范境外恐怖分子的渗透活动等方面加强了警务合作。成员国执法部门表示,加强反恐国际合作是各国的共同利益〔1〕。其他国家反恐中也采取过以目标为导向的工作方式,如俄罗斯从 2006 年起采用激励机制反恐,2006 年 11 月 15 日签署政府令,对发现、预防、惩处恐怖活动的人员直接给予货币奖励〔2〕。

目标导向式可以针对不同时期,结合成员国现状和形势,确定易受犯罪袭击的目标和重点防御目标,然后制定防御计划和警务活动计划。2005 年至 2006 年,哈萨克斯坦被“东突解”组织划定为策划地,而非袭击对象。恐怖分子把袭击目标定在吉尔吉斯斯坦等国家境内。在此期间,执法部门的重点防御目标应是吉尔吉斯斯坦境内。成员国应给予技术、侦查与行动的支持。当然,这并不意味着哈萨克斯坦不会发生恐怖袭击事件。2005 年至 2006 年对哈萨克斯坦来说,公民成为袭击目标的可能性降低,但设施被袭击的可能性并未减弱。

〔1〕 参见《我国执法机关加强反恐国际合作　确保国庆 60 周年庆祝活动安全顺利举行》,载中国安防行业网,http://news.21csp.com.cn/c11/200909/4284.html。

〔2〕 Смотреть Валерий Журавель, Наталья Король, Александр Полуев, Противодействие террорзму, Москва, Издательство Дом, 2007, S. 211.

上合组织地区反恐的一大特点是成员国石油管道、军事设施较多。俄罗斯、哈萨克斯坦是石油储量大国,经由中亚、俄罗斯的石油管道众多,恐怖袭击有可能将目标转向石油管道、海洋基础设施等,对设施的安全防御应是长期的。在2005年哈萨克斯坦举行的里海反恐演习表明其预见了恐怖袭击的目标重点。目标式防御思维指导我们根据国情、事情、恐情的动态变化进行再评估。

基于目标导向的思维,对重点地区的必重点实施防御,从国家层面制定轮流调遣干部和特警驻守的制度。俄罗斯内务部每年调遣特警部队、中央部委的干部到车臣地区轮值执勤,并对车臣地区牺牲的干警给予表彰奖励和抚恤。对划定的重点地区派驻武装力量和长期驻扎干部、重点防御,这是目标导向式思维下的常态策略。

目标导向式思维如同自下而上的主动行事思维,从具体的行动开始,"做该做的事",是理智和理性思维的结果;而资源导向式思维好似一个自上而下的被动接受的过程。如果资源导向式可以归纳为"做能做的事",即倾向于主观与感性的思维。

目标导向式思维也适用于作战型行动能力的培育。把警务资源与犯罪组织的力量、人数、资金量比较,会发现力量对比悬殊。敌众的,我寡;敌寡的,我众。资源确实是关乎输赢的重要因素,但不是决定输赢的唯一动力。兵法中有人力少,善使之突然出击,适宜城市突击战;人力多,可用于正规作战,适宜地域广阔的野外战。国际警务资源的类型按照部门划分可分为:武装警察、军队、执法部门、司法部门等,为了用最小的代价解决问题,需要考虑哪一种资源投入后,可减少正规作战的次数。目标导向式的思维模式为创新合作提供可能。

从目标导向式思维出发,还可根据上合组织成员国国情和地区形势特点来制定提升整体行动能力的方案。城市比农村更易成为恐怖袭击的目标。按照吸引力、脆弱性、重要性来评估城市的目标,最终锁定受袭可能性较大的目标作为执法保护的主要对象。特定目标遭受恐怖袭击的风险 = 恐怖组织威胁 × 目标吸引力 × 目标脆弱性 × 袭击目标重要性。

正如吉尔吉斯斯坦反恐中心的将军伊曼库洛夫所言,标志性的地点和行动都是安全受到挑战的对象,因为他们比其他对象更易成为恐怖组织攻击的目标,并且一旦成功,这些行动很有可能成为其他恐怖组织采取行动时模仿的榜样[1]。中立国土库曼斯坦也受到安全困扰。土库曼斯坦极易成为恐怖袭击的标志性目标,因为其蕴藏着丰富的天然气。它的天然气存储量占据世界第四位,同时,该国有大量尚未开采的能源矿床,这对需要活动资金的恐怖组织来说具有很大的吸引力。然而,该国武装力量薄弱,军队改革落后,军人从200万名下降到50万名。国家丰富的能源储量,与脆弱的反恐能力、不高的武装保护水平以及缺失的边境自然屏障形成鲜明的对比。此外,这个国家有比较复杂的情况,在能源矿藏之地玛丽斯基州附近的居民主要是逊尼派穆斯林,而这一带在地理上恰好是中国"三油一气"能源设施管线的途径地。城市易受恐袭的标志性目标的相关情况见表9,相应上合组织可以通过表10来提高成员国反恐能力,增加制造恐袭成本。

表9 城市易受恐袭的标志性目标

受袭城市特征	受袭原因分析	受袭城市具体情况
目标吸引力	暴恐分子易选择知名度高、易吸引公众注意的城市发动恐怖袭击	文化、历史、宗教的重要场地
		旅游胜地
		国家政治中心
		大型活动或人员密集场所
		有标志性意义的城市
目标脆弱性	具有可接近性,可以用较少成本制造恐袭且能迅速逃跑撤离的地方	交通枢纽和中心
		人员流动性大的场所
		开放度高的场所
目标重要性	对政权的形象、威信、社会管理等可产生巨大破坏力的目标	军警要地
		国家机关办公中心
		金融、商业或生产中心
		网络通信或计算中心
		能源设施、炼油厂、核设施
		重要节日、纪念日活动举办地

[1] Смотреть Можно ли победить терроризм в Кыргызстане? POLIT. KG ,http://polit.kg/conference/5/457.

表 10　上合组织提高成员国反恐能力，增加制造恐袭成本的切入点

提高策划恐袭活动的难度	增加参与暴恐活动的风险	降低非法行为的收益	减少制造恐袭的诱因
增加海外企业、公民安保常识	加重恐怖主义犯罪的刑事处罚	完善纳税制度	加强对青少年的心理辅导
给青年人提供实现自我价值和获得社会认同的机会	增强监控等技术的交流	治理洗钱犯罪	建立法律援助制度
扩大成员国边防合作与边检业务交流	在公共场所、支付设备安装高科技人脸识别技术等监控手段	减少“影子”经济活动空间	加强媒体、网络的暴恐活动行为的重演，减少犯罪模仿
加强对移动交通工具的检查以防止窝藏武器	在国际交通枢纽提高检查力度，增加人力检查频次	提高为恐怖主义融资的刑事责任	消除同伙压力
控制毒品和酒精	倡议成员国采用实名制	建立针对危险物品的黑市交易的监控制度	减少犯罪模仿

除表 9、表 10 所示的安全风险防范点应纳入执法安全合作的任务目标，同时，应赋予行动部门相应的快速处置权。俄罗斯总检察院和调查委员会建立了军事武装力量，专门从事侦查和监察活动。这说明两部门的权利在扩大。中国《反恐怖主义法》也为出境反恐奠定了法律基础。

目标导向的思维模式给国际合作实践的新型发展提供了思路。总体上，它从推动地区经济发展、扩大就业、提升地区投资价值空间方面加强合作，对稳定地区秩序有重大意义，有利于解决该地区贫困问题，从深层次上消除犯罪产生的社会内生性因素、根源性因素，它是为地区谋得一方平安和福利的战略性方案，更体现出地区大国的担当精神和意识；在地区执法安全合作中更注重合作目标的优化，注重效果。

目标导向式思维模式指导下各成员国政府建立了常态化执法合作机制。现代政府的根基是它服务于公共利益。权力是政治学的核心概念，在政治学领域，权力起源于维护社会公共利益和社会生活秩序的需要，凝聚和体现公共意志的力量，权力可以被视为“公共权力”（public power）。政府拥有的公共权力来自人民，受制人民。政府的公共性来自管理对象是公共事务，公共决策的过程是公民与政府之间的互动过程。[1] 马克思主义国家观认为,国家是统治阶级进行阶级统治的工具,国家本身带有相对自主性,它不仅服务于统治阶级的利益,也承担公共职能,通过维护公共利益保持统治阶级的合法性。国家的相对自主性延伸出政府的公共性,并以共建、共治、共享来体现。共建、共享、共治的机制是指在关注中亚各国的个性差异的前提下,在警力基础之外,利用社会力量共治,从管理过渡到治理,通过提升各国的体系能力来防范风险。警务活动的专项能力强,而体系能力弱,是资源导向式的旧治理模式,应进入目标导向式的新思维模式,注重提升整体能力,促进能力的共同建设,以共同防范地区安全风险。

(二)目标导向式思维下遏制以毒养恐

目标导向式思维比资源导向式思维对遏制以毒养恐更具指导意义。目标导向式思维模式,从"目的"维度考查获得结果的最佳方案,然后倒推,寻找实现目的所需的资源清单,之后把全球资源作为可利用的成本,需要什么样的资源,就整合什么样的资源。

在中亚地区,禁毒成败决定反恐成败。美国在上合组织成员国及临近地区计划落实不尽如人意的原因之一在于用军事行动反对毒品种植,而忽视了用警力反对走私犯罪。美国一名高级官员曾经说,以往"铲除罂粟种植"这种扫毒战略不奏效;美国政府的"阿富汗和巴基斯坦问题特使"理查德 · 霍尔布鲁克曾说,"铲除罂粟种植"策略"已经失败"。这种办法或许能减少一些种植面积,但对于塔利班收入分毫无损,它正好帮了塔利班。2010 年 3 月,美国禁毒总干事助手德威特 · 琼松正式宣布:"鉴于清缴速度计划不是很成功,我们要转变计划,决定集中力量改变策略,以便获得更大成功。"阿富汗是世界头号罂粟种植地,为世界 90% 以上海洛因生产提供原料。2001 年美国推翻塔利班政权后,试图通过铲除罂粟种植切断塔利班资金来源。结果不但没有见效,反而使很多当地农民失去收入来源,而成为塔利班支持者。同时,大量阿富汗警察和士兵为禁毒而死,但罂粟种植面积总体只减少约 3% ,欧洲、俄罗斯和西亚对海洛因需求旺盛。[2]

目标导向式思维启示我们,不从毒品"产生"地——种植园着手禁毒,而从

---

〔1〕 参见李景鹏:《论政府政策的公共性》,载《天津社会科学》2002 年第 6 期。

〔2〕 参见惠晓霜:《美改变阿富汗扫毒策略》,载中国台湾网,http://www.taiwan.cn/xwzx/gj/200906/t20090629_933959.htm。

毒品贩卖的目标——“交易”环节开始缉毒，距离禁毒目标更近。为此，加强各国边境边控、边检合作不失为一种更合适的方法。美国似乎觉察到了阿富汗禁毒政策的问题，开始了目标导向式行为——从“反种植”转为反走私——打击毒品运输，推动替代种植。塔吉克斯坦内务部分析中心的领导苏和洛浦·卡兰达洛夫认为，必须加强地区边境的联合安全保护行动，深化打击跨境毒品走私的合作。

上合组织成员国框架内的立法应当逐渐在更大范围内完善，否则很多极端分子和恐怖分子将以“某国”合法组织的名称为掩盖继续活动。[1]

中亚国家整体上禁毒力量尚显薄弱，且各国情况有别。2013 年吉尔吉斯斯坦强力部门破获的毒品走私案的数量少于往年，而非法种植和非法持有毒品的案件数量较上一年增加，可见，毒品走私案件侦破的效率不及毒品生产和制造案的增长速度。2013 年塔吉克斯坦进行了“古柯努尔”缉毒专项行动，并开始施行《塔吉克斯坦 2013—2020 年国家禁毒战略》。2016 年 12 月 27 日，塔吉克斯坦和乌兹别克斯坦领导人进行会谈时，专门讨论了两国加强地区和平，加强打击恐怖主义、极端主义，加强打击非法走私毒品和其他跨国犯罪的问题。

当今世界犯罪内涵与外延增大，不同犯罪间的关联性增强，对强力部门的资源整合要求加大，对彼此间协调性要求更高。对于犯罪活动的世界分工，应以更密切的警务合作分工应对之，加强部门间、国家间的协调性。禁毒、反恐在国际合作领域的行动协调一致，除密切各国警务机构间的合作外，还要促进国家不同部门的交叉合作。上合组织禁毒合作主要依托常设机构——秘书处开展工作，秘书处具有综合性的功能，同时主管禁毒。上合组织常设机构——地区反恐机构专司反恐。各国在开展禁毒国际合作、反恐国际合作进程中势必会遇到资源重复调动的问题。例如，我国公安部的禁毒局和反恐局都在上合组织框架内开展国际合作。各国很难将行动部门和快速反应部门的责任委派给一个独立的部门——军队、警察、或某类情报部门。以禁毒合作为例，对于毒品的种植地、制造地和销售地、途经地，各国应加强分工，促进跨国反恐、禁毒、反有组织犯罪的综合治理，避免人力与资源的浪费，必要时，一些部门应放弃各自利益，以犯罪世界的变化形势来确立部门间的协调对策，淡化块状的管辖权划分，从而加速对犯罪世界联合趋势的瓦解。

---

〔1〕 Смотреть Рахмон: ШОС стала действенным механизмом регионального сотрудничества, http://ru.sputniknews-uz.com/world/20160429/2659116.html.

(三)目标导向思维指导下的合作空间

中亚国家在安全方面面临的最大问题不是来自传统意义的武装威胁,而是非传统安全威胁。中亚国家的领导人和专家在许多场合表达了对地区安全问题的焦虑,意识到恐怖主义、毒品犯罪、跨国走私、有组织犯罪以及阿富汗局势的不明朗牵扯本国的发展。在国际组织不断涌现、国际合作形式多元化的形势下,顺应中亚国家迫切需要国际支持的心理,从实际着手,帮助中亚国家真实地筑起反恐、反毒、反走私的屏障,取得共赢。

作为中亚"领头羊",哈萨克斯坦高层越加认识到,没有一个稳定的国内环境和地区治安秩序的良好环境,任何发展都难以推进,因此其对周边大国维护地区的安全秩序怀有期待。中亚国家希望能利用中国影响力,助其进入国际社会,支持其外交主张和行动。在哈萨克斯坦刚刚独立时,中国有能力帮助它摆脱困境,而且后来中国确实这样做了。历史证明中国是可靠的,中亚国家今天对中国的帮助和支援报以同样的期待和信任。特别是在"三股势力"肆虐的情况下,与中国开展安全合作越来越被哈萨克斯坦等中亚国家视为最有效的途径之一。哈萨克斯坦等中亚各国制定的对华政策为:在安全问题上,希望与中国建立信任关系,加强反恐合作。哈萨克斯坦前总统纳扎尔巴耶夫认识到解决问题对自身长远发展的重要性。增进两国部门高度互信,还可对其他中亚国家产生一定示范和引领作用。

中亚国家承认,与中国已有的合作是成功的,但中国却不是中亚唯一的成功的合作者。其他国家与中亚国家合作的成功经验,有值得学习和借鉴之处。因此,要与中亚国家加强安保合作、边防合作、基层警务机关之间的基层合作,制订具体务实的计划,建立更加密切的警务合作关系;同时,要注重创新合作模式,很多跨国案件受害人为不同国籍,犯罪活动的策划和实施结果涉及多国,任何国家难以单独实现案件的侦破。在跨国遣返和移交犯罪嫌疑人方面,探讨创新路径,在移交犯罪嫌疑人时,一并移交证据材料,这样犯罪嫌疑人可以被迅速起诉,提高合作效率。针对某些重大案件,可以在上合组织框架内建立双边、三边、多边的联合工作组,对新型的跨国犯罪活动实施专项打击。对跨国毒品犯罪、跨国走私和跨国网络犯罪组织有密切关系的犯罪,联合调研、推动部门合作、共同防范,建立常态化的联合遏制跨国犯罪的措施体系,摒弃单一的运动式合作。对运行良好的合作项目应该持续推行,不可半途而废。

中国可以立足自身优势，寻找切入点，推动上合组织朝着更加务实和具体的方向开展执法安全合作。积极开展成员国主管机关相关部门参加的多边合作，深化边防合作，召开以城市为依托的有上合组织成员国参加的主题会议；充分利用机构的资源，加强与成员国业务主管部门的联系，以人才为纽带，激发国际智库的创造力。

另外，加强对上合组织成员国警务人才的培训与援助，国际警察业务水平的培训空间是巨大的。外警培训，不仅要求量，还要求质。中国的长治久安为全球安定作了相当大的贡献。各国视地区秩序状况如自己国家的安危，在上合组织框架内推动培训和互换教育资源，谋求行动能力的共同提升。

各国的警察教育水平存在差异，可以通过上合组织框架积极填补各国人才培养需求的空间，通过交流和培训消除警察业务能力的不平衡。

各国对教育培训警力的需求有别，在充分调研的基础上互相补充教育资源的优势，例如，哈萨克斯坦总统为提高全社会对恐怖主义的预防能力，指示在全国和各州建立国家级和州级反恐指挥部和反恐委员会，在地方上开展一些演习、训练等，旨在加强反恐能力建设。但这还不够，他们认为自己还缺乏应急指挥、处置突发事件的人才和劫持谈判的复合型人才。

上合组织应着手研究如何优化对各国警察的教育领域的投入，制定面向成员国国家强力部门和执法队伍的系统的人才培养计划，这符合在对外教育人文领域的战略精神指引。以下方面应得到重视。

首先，讨论常态化的联合培养人才的教育教学方案；根据各国情况和人才需要，国际组织量化培养国际人才的计划，包含数量、群体、时间、目标等，设定课程，开设常态培训课堂；从短期培养开始逐步向中长期培养发展；深化警察院校之间人文教育的“软合作”，增强彼此之间的互信，弘扬“上海精神”，与其执法部门和高等院校进行交流与合作，定期派出外援教师，进行技能、语言、业务的培训。还可尝试联合培养地区执法合作的理论与实践人才，联合开展警务实战科目的训练，体系化设置国际合作类课程，加强科学研究，必要时建立跨国研究机构，通过警察人文和教育体系整合经验，形成体系化的执法经验，为执法合作实践提供参考和建议。

其次，培养有国际化视野的国际执法安全合作人才。充分利用各成员国家的资源和警务合作平台，培养有跨国执法合作经验、境外协调配合能力、国际视野和思维习惯的国际型复合人才。应制订计划，交流和派出不同层次的公安人才赴相关国家开展中长期的业务交流，发展对外实战教学，培养一批有国际视野，能“走出去”“走进去”“走上去”的人才，从而打造一支了解相关国家的业务运行机制和规律的队伍，以便更好地满足国际组织的工作需要。通过向国际组织推荐和输出、输入教育资源，向成员国家强力部门分配培训资源，分享有效的治安理念、社会长治久安的实绩，为需求国提供人才智力的资源和帮助，维护安全命运共同体。

再次，从社区群体角度提升低层次的国际人才的相互认知。当前各成员国已经就提升重大重要设施和利益的安全保护问题达成共识，推动相关国家的基层部门和机构落实顶层设计、高层意见较为关键。依赖组织框架，拓展双边、多边外交敦促和警务外交路径，以高层次执法安全合作带动低层次执法安全人才的交流互动。以中国为例，加强中亚国家的青年人对中国社会和文化的认同，让更多的中亚国家的中下级官员、承上启下的年轻一代认同中国，使其了解中国法制、熟悉国家间的合作成果，建立多元化、多层次的青年人沟通对话体系和计划。他们对中国的看法及印象可能会更加直接地影响他们在工作岗位中面对中资企业、公民执法的态度。关注社区和低层次人才，一方面是为了实现务实合作，另一方面是因为中亚国家的政坛纷争较大，人事变动比较频繁，人才培养层次和范围应尽量覆盖国家的各个层面，尤其针对中国与中亚双方青年群体沟通话语渠道单一的问题，应引起重视，实现与中亚的青年群体民心相同，架起顺畅沟通的桥梁。民间共通的话语交流基础薄弱，中亚青年人对“伊斯兰极端主义”的词汇充满反感，通过建立上合组织框架下的宗教团体交流互访机制，增进青年人之间的国际交流和相互认同。

现代全球性问题频发，但边界变得越来越透明。孤立的国家要想发展是不可能的，国家之间要进行互动。必须强调的是，国家之间的互动领域之一是信息领域。信息领域是国家间互动的关键场所。每个人都可以利用他人的信息对其造成损害，在信息空间中保护人权的问题目前备受关注，但是收集证据非常困难。当前，跨国犯罪威胁十分严峻，利用全球信息空间进行交流，对新信息的到来做出快速反应是十分必要的。因此，在信息空间探索打击恐怖主义的手段和方法，国家将比犯罪组织具有优势，在进一步的行动中超过他们，防止人员伤亡。

上合组织信息领域合作的网络法律基础的完善空间巨大。犯罪组织极尽可能地借用 21 世纪人类最伟大的发明——网络——来培植和发展自己的势力,并跨越了国家的地理边界,进行全球的、地区间的、国家间的各种组合和联合。因此,主权国家必须充分利用国家资源和地区性组织的资源,开展网络反恐。网络空间不是一个如同传统公海、极地、太空一样的全球公域,而是建立在各国主权之上的一个相对开放的信息领域。网络主权是管辖本国网络、维护本国网络安全的前提。各国政府均已认识到保障网络安全需要国际合作。

2006 年 10 月,上合组织成立网络安全问题专家小组,着手处理网络安全问题,“推进共同的行为准则”和促进相关合作。2007 年 8 月 16 日,上合组织成员国元首理事会批准了 2006 年 6 月 15 日签署的《上海合作组织成员国元首关于国际信息安全的声明》,制定了《上海合作组织成员国保障国际信息安全行动计划》。2009 年,上合组织通过了《上海合作组织成员国保障国际信息安全政府间合作协定》,在国际上这些法律文件是首次对信息相关概念进行了界定。该协定于 2011 年 6 月生效,它强调要解决“信息犯罪”威胁,防止网络空间的军事化以及打击损害其他国家在信息空间中主导地位及其利益和安全的行为,提出通过制定联络点清单、定期磋商以及利用机构条约对上合组织进行能力补充。信息合作领域的法律框架随着需求各方的实践而愈加成熟。网络信息安全包括网络信息安全的评估、网络与信息安全的相关标准、应急处置预案。

考虑到新的地缘政治、经济和技术现实,在全世界加速向数字化转型的背景下,技术和数字安全正成为任何国家的优先领域之一。网络安全及其保护是各国迫切关注的问题。为保障网络安全,识别、预防和抑制有利于计算机攻击准备和实施的条件,一些国家成立了网络安全协调中心。《吉尔吉斯斯坦 2019—2023 年网络安全战略》获得批准。哈萨克斯坦数字化转型之后的数字化水平在独联体国家中处于领先地位,在全球 193 个国家的联合国电子政务发展指数中排名第 29 位,在电子参与指数中排名第 26 位,领先于所有独联体国家。与此同时,随着数字技术的日益普及,网络防御水平必须适当提高。因此,应对日益增长的网络威胁,保护哈萨克斯坦人的个人数据和该国的信息基础设施是当务之急。这将在新战略的框架中得到特别关注。

由此可以看到关于各国网络空间立法的完善的思考。中亚国家对重点地区的社会治安较为重视,而对于网络空间的防控有些不力,防范洗钱活动的法律措施薄弱,而这些薄弱之处正是犯罪团伙善于利用的渗透通道。中亚一些国家如吉尔吉斯斯坦的网络开放程度高,开放早,而监管力度与之不匹配。因此,在网络反恐的阵线中加强与这类国家的合作显得非常必要,但面临的挑战是巨大的。执法依据的法律文件主要集中于对内部治安的治理,缺乏对国际性的跨国网络活动的限制性措施和惩处措施。

中亚国家的法律规定是一种具体模式,主要通过禁止性规范和命令性规范来规定对人员、信息、物品、资金和国边境的各项管制措施,以防范跨国犯罪的渗透活动。例如,吉尔吉斯斯坦、乌兹别克斯坦、塔吉克斯坦等国的法律规定,禁止恐怖组织运作实施恐怖活动,禁止开展与宣传恐怖主义相关的活动,禁止允许参与恐怖活动的人出入国境,禁止为参与恐怖活动的人提供居留证,不允许参与恐怖活动的人取得国籍,禁止公共汽车站、铁路、航空工作人员代旅客保存行李和随身行李(特别授权的除外),禁止在非规定地点举行群众性集会、游行、示威或实施纠察警戒。对重点目标加强警卫和保卫措施,根据国际法准则,要求外国主权机关对在该国领土上参与恐怖活动的人进行查问,通过手机分析和综合有关正在参与恐怖活动的组织和个人的资料,并报告数据库[1]。总体上看,对现实空间的行动实施监控具有一定的基础。共同促进网络安全领域立法完善,以形成法律空间的国际对接,对日后顺畅的执法安全合作将非常有利。

我国国内现有针对网络安全建设与发展的法律法规主要有:《中华人民共和国网络安全法》《中华人民共和国保守国家秘密法》《中华人民共和国计算机信息系统安全保护条例》等,明确了工信、通管、网信、电信、公安等部门的职能和职责。

最后,上合组织成员国防范核威胁的执法合作迫切需要加强。日本福岛核泄漏事件所引发的中国盐荒、世界公民的恐慌表明,人类在摆脱国家间对抗和威胁的同时,在面临核袭击的威胁与恐慌。在上合组织成员国中拥有核武器和核技术的国家占一半,重要基础设施众多。核威胁要求各国不仅要预防核技术落入恐怖分子手中,还应该"预防放射性恐怖主义"。在可能带来的各种性质和形式的核威胁情况下,上合组织在制定保护危险设施和居民免遭技术和恐怖威胁的政策法规方面有较大的合作空间,可在预防和消除核威胁的技术、消除自然灾害后果等方面完善主管机构的协作运行机制,尤其可对高风险目标集体建立防恐怖破坏体系,完善公民应对恐怖活动、自然和技术灾害的培训体系,培训和相互派遣相关专家。

---

[1] 参见赵秉志、杜邈:《中国反恐法治问题研究》,中国人民公安大学出版社2010年版,第306~329页。

第五章

国别执法安全合作实践

当今世界各国的执法安全合作通常是以国际组织框架下的合作模式与主权国家之间的合作模式交叉共存的形式呈现。在上合组织框架下的双边合作，特别是邻国之间的关系得到加强，提高了上合组织在地区和世界事务中的权威。一个国家的繁荣不仅取决于其本身的发展情况，还取决于邻国的稳定和繁荣。2012 年 6 月，上合组织成员国的元首签字通过了《上海合作组织成员国元首关于构建持久和平、共同繁荣地区的宣言》，其中强调了在组织框架下加强双边与多边合作："目的是在打击恐怖主义，分裂主义和极端主义，非法毒品和武器贩运活动，积极就打击其他类型的跨国犯罪活动，诸如非法移民以及其他新的挑战和安全威胁加强双边和多边合作。"〔1〕

成员国积极立法，以支撑双边或多边的执法安全合作的发展。中国参与国际执法安全合作的重要经验来自上合组织。中国公安部已与 113 个国家建立了密切的执法合作关系〔2〕，国际执法安全合作不断深入发展。其中，与上合组织成员国的执法安全合作是较成熟的模式之一，双边、多边法律基础的构建也得到发展。哈萨克斯坦表示以全球、地区和双边形式的合作来打击各种形式和现象的恐怖主义，签署了一系列的国际、地区和双边的反恐协约，已签署了联合国 16 个反恐公约，1999 年已经加入国际刑警组织。

〔1〕 Смотреть Искандаров Акбаршо，Безопасность и нитеграция в центральной Азии：Роль ОДКБ И ШОС ЖУРНАЛ，Центральная Азия и Кавказ，2013.

〔2〕 参见辛闻：《公安部已与 113 个国家建立密切执法合作关系》，载中国日报中文网，http://world.chinadaily.com.cn/2017－03/22/content_28643054.htm。

一、中亚国家的私人安保业的发展及应用的可能性与可行性

海外防恐安保的主力包括但不限于警察。海外私人武装安保作为次于国家垄断的武装力量,其行为是非国家行为,它将预防起点再度前移,安保成效价值凸显。2010 年以后,武装力量对海外安保的作用再次提升,在防范恐怖袭击上,它以私人安保的形式广泛存在,是指从威胁行动尚未发生时所预设的一种预先防范和保护措施的总称。海外私人安全保护的实际预防效果更实用于外交保护、领事保护、警务保护,更能给特定安保对象提供个性化的解决方案。

现代国际私人安保的特点有三个:(1)安保的私营化,如"戴阳""黑帝""泰坦"这些私人安保公司都具有私营化的特点。2006 年,国际和平行动协会成为保护海外利益的主角。很多国家海外企业利益的保护职责是靠私营安保公司来担负的,即安保的私营化、安全担保的当地化。例如,一些在阿富汗的外国企业在当地找一个安全保护的代理人。(2)安保的军事化。冷战结束后,西方各国裁掉的军事人员都是曾在伊拉克、阿富汗等地作战的人员。英国很多军人参战回家后,收入不高,马上又回到阿富汗,出现了大量来自各国、各民族的退役军人。(3)安保公司使用武器装备的军事化,可应对低烈度冲突。例如,"戴阳"国际的安保人员有 6000 多人,他们使用的火箭、敌我识别器、防弹背心等武器,配备级别达到了一个现代化小型军队的标准,甚至不低于美国正规军的标准。俄罗斯在非洲、索马里、埃塞俄比亚的雇佣军也在做这样的事情。冷战时期,苏联操纵当地的势力,在这些地区栽培大量顾问团(电影《战争之王》中布克扮演的角色就是当地的军火商),部分顾问团转化成当地安保企业的领军,现在已经建立了庞大的安保体系。俄罗斯在叙利亚建立安保公司的方式更是超出一般人的想象,海军陆战队一个营直接脱下军装变身为商业安保公司,和当地军队达成寻租的关系。这种安保军事化的效果非常好,但缺乏法律依据。很多国际安保企业和军队建立了良好的合作关系,比如,土耳其在阿富汗的安保企业和当地军队建立了良好关系。以上是西方国家在战乱地区保护本国利益的非常规方法,中国也可以尝试创新的道路。在上合组织成员国以及"一带一路"的沿线国家,大部分是恐怖主义藏匿地或战乱的"旋涡"。在阿富汗、非洲撒哈拉沙漠草原、博格圣地,到处存在寻租现象,定向恐怖袭击之后,国际安保公司抬高要价。因此,对上合组织私人安保市场可开发资源及其可用性的思考便会纳入议题。

中亚国家的安保机制和基础不同于其他地区。提升安全保护效果,最终要归集于保护的方式和途径上。在主权国家内的安全保护,一般由其国家内擅长安保、运用武装力量的主体实施。在中国不被准许持有武器的安保公司基本上可以满足企业、公民安全保护的需要。中亚社会的开放性、政治的动荡性、治安秩序的脆弱性以及东方国家对其知晓不多的客观性,使海外中资企业和公民对在中亚获得安全保护感到新鲜而陌生。首先,从中亚国家的安保后备人才资源来看安保资源是充足的。哈萨克斯坦和吉尔吉斯斯坦等国家在朝着精简警察编制的方向发展,被辞退或退休人员越来越多,他们很多人获得了在他国私人安保公司就业的机会。其次,中亚各国不断寻求能源资源对外市场的多样化,扩大新基础设施项目的投资,私人保安服务需求量大增。塔吉克斯坦和吉尔吉斯斯坦为了向巴基斯坦出口电力能源而迫切需要保护途经阿富汗的交通运输安全通道;乌兹别克斯坦对中国投资兴建的铁路也提供了私人安保服务的计划[1]。

成熟的安保机制是建立在完善的法律基础之上的。中亚法治社会需要不断修复瑕疵,减少执法机构的腐败,使法规更透明化、专业化。当前对私人武装安保公司行业的透明度之监督在全球领域内存在缺失。在与国际组织合作中可考虑参考关于私营军保公司遵守国际人道主义法的蒙特勒文件,并参加联合国私营军保公司的政府联合调解机制,以避免西方安保公司过去十年向伊拉克和阿富汗提供援助和安保类似情况的发生。

中亚国家私人安保企业的恢复与发展。苏联解体后,中亚各国私人安保企业逐步恢复,除土库曼斯坦外,都有私有安保公司,以便防止反对派的进攻。它们或在国家注册,或在欧美注册。中亚私人安保公司从雏形到逐步形成的过程中受到了反对派的影响,反对派当时为自身安保需要而发展私人武装力量。例如,塔吉克斯坦反对派在伊拉克和阿富汗的支持下建立了自己的武装护卫力量。吉尔吉斯斯坦反对派依靠私人武装力量积累了地方势力。随着中亚国家独立后形势逐步稳定,私人安保公司逐步向商业化方向发展。

为使私人安保服务更具国际水准,中亚国家亦将未注册的安保公司纳入管理范围,以缩小“影子”市场,促进正规安保公司在国际安保行业市场的竞争力,提高其为跨国安保服务的效力和灵活性,缩减开支。

---

〔1〕 Смотреть Из утечки информационных депеш из посольства США в Ташкенте, cable gate search, http://www.cablegatesearch.net/cable.php? id = 10KAB UL388.

2004 年哈萨克斯坦还允许公民建立巡逻队为大型私企做安全保护。公民巡逻队主要由地方政府监督。《哈萨克斯坦公民参与社会秩序治理法规》中对此有详细规定。英美国际安保公司的人员也大都是退伍军人。哈萨克斯坦的安保公司越来越多地和外国的安保公司合作，其中包括和俄罗斯的保安组织协会联合。哈萨克斯坦的保安组织协会建于 2002 年，截至 2012 年，正式注册的安保公司约 7000 家，安保人员 77,500 名，[1] 有两家大型国有安保公司员工达 21,500 名。哈萨克斯坦铁路公司聘雇的铁路武装军保公司为其派遣了 14,000 名安保人员；哈萨克斯坦国家石油天然气公司不仅下辖一个拥有 7500 名员工的谢幕谢尔·谢克尤利安保公司，还拥有 1667 名专职安保人员，他们在 214 个油气管线站点专司安全巡线任务。在大型安保公司倡议下，哈萨克斯坦于 2002 年成立安保协会，有时与内务部共研新法，并与国际事务、国防和安全事务委员会以及检察院合作，以开拓吉尔吉斯斯坦、乌兹别克斯坦、俄罗斯的国际安保市场，并定期开展射击实践研讨会、IFS2I 咨询会[2]等。

在吉尔吉斯斯坦和乌兹别克斯坦，独立于国家职能部门的私有小规模非武装或武装力量也逐步出现。吉尔吉斯斯坦的 350 个在册的安保公司中有 50 家较活跃，基本满足加油站、连锁超市等特定对象的安保需求。[3] 该国的私人安保发展优势显著，安保人员后备力量充足，社会对商业性安保公司的信任度高于对政府强力部门的信任度。

由于腐败现象严重，吉尔吉斯斯坦处于政权动荡交替的十余年中，街头抗议频发，社会对警察的信任度急剧下降。2010 年政权更迭后，内务部门曾因不能有效发挥作用而被精简，大量的退役军人、离退休警察有了用武之地，他们成为私人安保公司的不二人选，构成了保安队伍的中坚力量。2005 年 3 月和 2010 年 4 月两次政权更迭，使吉尔吉斯斯坦逐步在全国范围建成了社区安保自愿队，成员大多来自警察局退役人员。当时，这些人组建了不属于任何政权管辖的志愿队，作为首都比什凯克和全国的治安员，在总统巴基耶夫政府倒台后，志

---

〔1〕 Смотреть Хал Фостер, Новый закон Казахстана регулирует частный охранный сектор и вопрос вооружения, О лицензировании деятельности частных охранных предприятий, департамент Министерства внутренних дел в г. Атырау, Central Asia Newswire, http://dvd - atyrau. kz/content - view - 12. html. (19. января 2011).

〔2〕 Смотреть См. сайт Ассоциации охранных компаний Республики Казахстан, http://stc - aso. kz/ru/news/43.

〔3〕 Смотреть Интервью с Аскаром Насипкуловым, начальником департамента по частной охране министерства внутренних дел Кыргызской Республики, Бишкек, сентябрь 2011.

愿队帮助执法机关和安全机关抵制住了大规模的纵火和抢劫活动。[1] 因此,更多的人和企业为保护自己的财产,宁愿向私人安保公司寻求帮助,这一现象已不足为奇。吉尔吉斯斯坦内务部数据表明,该国有400多家私人安保公司,拥有"可持有武器许可证"的安保服务公司约30家(他们全年都在担任安保任务)[2]。

近年,比什凯克最富实力的13个安保公司是安保委员会成员,他们和警察代表定期举行会晤活动,以便讨论和安保有关的问题。这促进了私人安保市场的发展,分担了一些警务职能。私人安保公司代表除与内务部人员接触外,和国家机构就安保事务的合作还不多。吉尔吉斯斯坦私人安保公司巴拉库达的执行主任弗拉基米尔·贝萨拉波夫认为,警察把私人安保公司视为竞争者。一直以来,警察向社会机构和各种民企提供的安保活动也是有偿服务,与私人安保存在利益竞争关系。中亚国家允许私人安保公司在特定时期履行国家职能。同时,执法部门高度腐败,能源设施公司及其他大公司认为私人安保公司比执法部门更实用。如前所述,吉尔吉斯斯坦社会认为,私人企业提供了更好的、更专业的安保服务,使内务部门的安保服务显得逊色。用奥穆尔贝克·苏瓦纳里业夫(总统巴基耶夫当政时期的内务部部长)的话来说,"吉尔吉斯斯坦的警察的腐败,他们丧失了社会信誉度,有一段时间,护法机关更擅长为国家领导和其他高级政治活动做安保,而在保护公民安全方面的功能有变弱的可能。对警务资源垄断使执法人员懈怠,从而使相关人员岗位技能达不到安全保护职业标准,不能满足安保公司商业化的高水准的要求"。很多在比什凯克市的公民认为,护法机关人员有利用职务之便获得私人利益的行为,这使其变得不适合从事与保障公民安全有关的工作。上述情况刺激和推动了该国私人安保业的发展。例如,贝萨拉波夫建立的私人安保公司从30人发展到200人,他们为包括可口可乐公司在内的国际公司、组织提供安保服务。

塔吉克斯坦的私人安保业则是另一番景象。20世纪90年代塔吉克反对派在他国的支持下建立了自己的武装护卫力量。目前,该国有私人安保公司,但是没有公开宣传自己的功能,国家也并未规范管理这类企业。因此,塔吉克斯

---

〔1〕 Смотреть Дополнительную информацию по дружинам см, Oca Magazine, http://www.ocamagazine.com/seminar-aijan-sharshenova-druzhina-in-kyrgyzstan-src-auca-mar-23.

〔2〕 InoZpress. KG, *In Kyrgyzstan, Security Companies Become an Alternative to the Police*, Eurasianet, 5 November 2012.

坦和乌兹别克斯坦一样,对于跨国私人安保公司没有明晰的法律地位的规定,所以两国没有要求这类公司在国内活动要注册。国家管控能力薄弱,使一些具有安保功能的机构和组织的形态的合法性模糊,其行为近乎从事非法的活动。

塔吉克斯坦长期的武装冲突遗留了大量武装力量和富有战斗经验的无业者,1992—1997 年内战残余势力建成最大的地下私人安保服务市场。随着水电出口预期的增长,途径阿富汗电气线路的安保需求将增加,这或许会刺激塔吉克斯坦私人安保市场的发展。乌兹别克斯坦政府为提升安保企业的市场竞争力,允许其使用监控工具。私人安保服务对象非常广泛,包括国家机关、大学、工业设施等,一些安保公司还和国外主体合作,为运输系统、铁路、燃气管道和金融机构提供国际安全保护。综上所述,中亚国家的安保资源是比较丰富的,在中国“一带一路”倡议推动下,其商业安保资源必将进入华企的视野,中亚国家安保业将步入发展的黄金时期。

以上中亚国家的私人安保企业的蓬勃发展,有重要的国际机构进驻和外国企业、公司关注增多的现实因素。这为中国在此领域发展合作建立了前提。

与此同时,中亚国家继承了苏联注重教育和培训的传统,以哈萨克斯坦、吉尔吉斯斯坦为代表的国家,在私人安保的教育培训领域的投入较大,例如,哈萨克斯坦的私人安保公司非常注重培训,在常规的训练方面,哈萨克斯坦的安保人员必须在三个培训中心的其中一个训练期满三个星期方可上岗。他们还定期到欧洲和俄罗斯进行再培训,和国际安保公司一起进行上讨论实践课,开展30 天的训练。同时,哈萨克斯坦也有意提升本国安保公司的竞争力。

又如,吉尔吉斯斯坦和其他中亚国家一样,非常注重安保公司的培训,从事私人安保人员培训的专门机构是一家拥有 800 名员工的私人安保公司。培训课程包含《心理疏导》《训练紧急医疗救助方法》《武器使用》等。目前,私人安保业深入发展的阻碍是缺乏足够的技术装备和资金。

再有,中亚国家大部分的私人安保业务都置于内政部门的监管之下,如乌兹别克斯坦、哈萨克斯坦等。私人安保公司目前缺乏统一的学术术语。可以将其称作私人军事公司(ЧВК),有的地方称作私人安保企业(ЧОП 或者 ЧВОП)。二者在各国实践中有本质区别:(1)在很多国家,私人武装公司是不被允许的;(2)有的国家根据相关国内法来调节私人安保企业,如中亚、俄罗斯等独联体国家对私人安保企业有立法约束;(3)一些国家对二者的立法和实践不加以区分,如美国、英国。法律上允许私人军事活动存在的国家一般都允许在境外的私人军事活动，当然，主要是在境外通过注册军事企业的途径进行活动。

私人安保公司不是国际法的主体，他们根据需要出境到第三国活动，且一国也会有在外国注册的私人军事和安保公司，他们被视为一种军事服务的出口。他们被要求尊重遵守国家立法和国际法、道德和人权规定，尤其是日内瓦公约。2008 年 11 月 17 日举行的私人军事安保活动已扩大到全世界，世界上 80% 的军事企业都是英国和美国公司注册的。2009 年的数据显示，跨国私人安保人员有 224,000 人，他们大部分被投放到了阿富汗和伊拉克。私人安保公司之所以迅速得到发展，得益于他们从事的跨国性质的业务。对于处于中亚的中资企业和公民这一焦虑群体来说，解决焦虑的核心要素是提高对安全风险的控制力。新丝绸之路经济战略需要配套的安全保护战略与措施。任何制止恐怖行动的行为都是迟来的反应，唯有加强预防性安保措施、积极开展思想斗争，才是好的预防对策。人类进入了主权国家关注人类安全的时代。预防重于打击，安南所曾呼吁的"免于恐惧的诉求"的最好方法是预防。边界安全即利益安全，利益边界内的主体均纳入共享体系，以共担保护责任。外交保护、领事保护、执法保护不能完全满足海外保护的需要，人们更加关注安全以及安全获得的方式。

进入人们视野良久的私人安保之有用性和务实性如何？20 世纪后期，世界以军事力量作为治国手段的重要性下降。2010 年以后，武装力量对海外安保的有用性的重视程度重新提升，在防范境外各种袭击中，由于领土管辖权的限制，武装力量往往以私人安保的形式广泛存在。同时，私人武装安保以参与商业竞争的方式生存而获得客户较高的信赖感。欧美国家每年登记注册的安保公司的数量在大量增长，并成为补充正规武装力量的非正式力量。私人安保作为次于国家垄断的武装力量的非国家行为体，它的灵活性使安全防范的预防起点再度前移，这正是它优于国家行为体之处。

在中亚国家中私人安保的发展源于四种因素：第一，随着国家经济发展过程中企业的私有化，安全秩序的保护也逐渐商品化，在苏联联防队的模式下私人安保业应运而生；第二，中亚以哈萨克斯坦为首积极打造连接中国、俄罗斯、中亚国家的经济带，并建成安全的跨国能源输送带；第三，中亚传承苏联治安经验，建立类似保安人员的公民联防队，服务于本企业或公司，受地方政府监督；第四，一些介于违法和守法的"灰色地带"的私人武装组织为反政府提供保护。

关于中亚国家内部保卫的制度，一些安保人员的装备配备很高端，掌握了专门技能,有足够经验,对于一些政府而言,私人武装公司的活动是保护行动不可替代的资源。中亚各国所效仿的俄罗斯也在挖掘本国的私人安保企业,以运用在反恐战争中。中亚发展内部保卫有其自身的条件。

哈萨克斯坦的安保业最为发达。哈萨克斯坦对私人安保活动实施了管理与限制。值得一提的是,哈萨克斯坦和俄罗斯一样非常重视安保人员、公司、法人的培训和培养问题,除要求私人安保机构的安保人员不能低于21岁外,还必须通过专门安保人员培训课程。无论是专门的培训内容,还是专门的教学中心都必须由哈萨克斯坦政府确定。当然,心理有问题的人员和酗酒或吸毒、被起诉过的、犯过罪的人员是不可以被招聘的。私人安保人员应该是健康,会使用武器、热兵器和专门防身工具的人。

中亚国家的安保法律体系的缺陷是缺失私人安保公司和政府之间的责任义务关系的规范。在五个国家中,吉尔吉斯斯坦、塔吉克斯坦和乌兹别克斯坦独立后在不同时期建立了独立于国家的军事化的机构。

乌兹别克斯坦、土库曼斯坦和塔吉克斯坦则相对保留了更加传统的军事力量的存在形式,更多的资源被用于保护权力部门和机构。该国的私人安保活动法规定,公司的活动应该在相应的国家机关得到许可后方可活动,并且要获得内务部的许可,因为他们可以持有武器。阿力克说道,外国安保公司可以在吉尔吉斯斯坦,但是要得到内务部的允许。

乌兹别克斯坦禁止外国私人安保公司在本国经营活动。它是中亚国家中唯一参加了1989年联合国总部的《打击招募、利用、融资和培训雇佣军的国际公约》的国家,并且在国内法中对违反者给予惩罚。此外,乌兹别克斯坦强调安保公司有对员工进行技能培训的责任。

随着安保市场需求的快速增长,中亚国家私人安保领域的法律规范来不及同步完善。私人安保领域法制建设比较成熟的国家是哈萨克斯坦,他又与俄罗斯的相关法律有很大的相似性。哈萨克斯坦关于私人安保任务的法律释义为:保护生命、健康,保护自然人和法人的财产免遭侵犯,保护公民的权力和自由以及个人、社会、国家的重要利益,保护活动建立在宪法原则的基础上。

哈萨克斯坦的私人安保法律和俄罗斯有相似之处。它规定禁止外国国家的安保机构在哈萨克斯坦本国领土从事安保业务,禁止外国人以及无国籍的人在本国进行任何种类的安保活动,不允许他们成立私人安保机构或私营保安信托组织,禁止其建立私人企业等法人所属的安保机构。可见,哈萨克斯坦的法律对具有外国属性的法人和自然人参与私人安保活动的规定是严苛的。

目前,哈萨克斯坦具有安保职能的主体包括哈萨克斯坦内务部的专门安保机构、私人保护组织、私人安保人员、私人企业和法人所属的安保机构、国家机关的部门安保机构这五类。

第一类是哈萨克斯坦内务机关所属的专门安保机构。其安保活动特点有:(1)主要保护属于国家保护范畴的标的物,如国家重要设施,即便国家法律未预先规定需要保护,也可以受内务机关专门保护机关的规定,实施例外保护。(2)哈萨克斯坦政府确定要保护的对象包含秩序的维护和对象的保护。(3)法定保护主体有权与法人和自然人(客户)在签署条约协议[1]的基础上实施保护行为。

第二、三、四类是指私人安保公司,他和国家机关之间的关系为:(1)它有责任义务对在履行公职时的国家机关进行保护。(2)其有责任完成国家机关公务人员依法对他们提出的要求,包括暂时交出武器,以便完成必要的法律允许的搜查、侦查等活动。

第五类是指作为国家机关的组成部分、具有非法人性质的安保机构主要完成国家立法规定的任务。[2]

哈萨克斯坦私人安保公司的法律地位明确,被认定为是一种商业性组织,给自然人的生命健康和财产安全提供保护,也给可能由于人权被侵犯而导致法人的财产损失的事件提供预防和安保服务。私人保护组织有权力进行其他企业活动,但其职责必须是政府明确规定的。

根据立法,安保活动是要获得法律许可的,没有取得安保许可的公民、法人是不能从事安保活动的。但内务机关从事的专门的安保活动则不需要许可。

哈萨克斯坦的法律基础相对完备,2000 年起就建立了安保法律基础,颁布了《安保活动法》[3]2010 年年底,哈萨克斯坦前总统纳扎尔巴耶夫签署了关于

---

[1] 哈萨克斯坦的法律对保护服务的一般性协议所包含的内容作了明确规定,应该包括协议双方的日期、给予服务的消息、服务的种类、协议中对象的信息、协议期限和日期、各方责任措施。

[2] Смотреть Закон Республики Казахстан от 19. 10. 2000 N 85 – II“Об охранной деятельности”, КАМАп – Конатинг, http://www. pavlodar. com/zakon/? all = all&dok = 00329. (5. май 2019).

[3] Смотреть Хал Фостер, Новый казахский закон регулируетчастный охранный сектор и вооружение, О лицензировании и деятельности частных охранных предприятий, Офис МВД в Атирау, последний просмотр, Central Asia Newswire, http://dvd - atyrau. kz/content - view - ie-whtml. (19. августа 2011).

禁止安保人员携带远程武器以防止对无辜人群造成意外伤害的法律规定。[1] 2010 年,国家对安保公司的活动有了更加严格和规范的管理,对武器的规格进行了限定,旨在消除因距离太远视物不清时突然射击而造成的意外伤亡事件。这里再次体现了安保公司的功能重在“防”,而非进攻和打击,更不是反击。反击和打击的责任属于国家执法部门。阿斯塔纳模式因在私营安保服务市场发展中最显活力和积极性而被多数中亚国家追随。

吉尔吉斯斯坦安保立法主要参考俄罗斯安保法律框架,模仿哈萨克斯坦模式,规范本国私人安保活动。1996 年出台的修订版的《关于私人侦探和安保服务法》[2],纳入了大量有关私人安保公司武器使用、对员工生命保障、医疗保险方面的规定。该国私人安保企业要在国家内务部许可的前提下活动。

为降低犯罪率,塔吉克斯坦在 1998 年出台了《搜查活动法》(2002 年修订),其中提到为防范犯罪而提供私人保安服务是合法的。2011 年该国研究了与安保相关的立法,但未见公开。[3]

乌兹别克斯坦也未见公开的有关私人安保问题的法律规定,私人安保相关事务受内务部监管,注册成立私人安保公司须获国家许可。乌兹别克斯坦部长办公室决议《关于整顿在乌兹别克斯坦的安保活动秩序的措施》[4]中提到,自 2014 年 1 月 24 日起禁止其他法人和自然人对非国家组织和个人用户提供安全保障的活动。可见,该国禁止安保业私有化发展,防止有关保护人权、自由和保护法人、自然人利益的权益商业化。过去的各类私人安保功能,当下交由内务部门执行。内务部面向个人、非国家企业提供有偿安保服务。

二、主要国家积极化解治安秩序风险的举措

治安秩序风险化解是社会治安防控的基础,与传统灾害类的风险化解(如

---

[1] Смотреть Предварительные записи исследования Мишеля Гесса, ДКВС, также Хал Фостер, Новый закон Казахстана регулирует частный охранный сектор и вопрос вооружения. (лето 2011).

[2] Смотреть Закон Казахстана регулирует частный охранный сектор и вопрос вооружения. http://pravo. tazar. kg/index. php? newsid = 169. (лето 2011).

[3] Смотреть Доклад Асадулло Хакимова, начальника департамента Министерства юстиции Республики Таджикистан, рабочий семинар по документу Монтре в Улан – Баторе. (13. октября 2011).

[4] Смотреть D. Azizov (Trd), В Узбекистане запрещена деятельность частных охранных агентств, http://inozpress. kg/news/view/id/40969. 28. (января 2014).

自然灾害、事故灾难等）不同，前者在关注要点、评估要素等方面与后者存在很大的不同，不仅需要考虑事件的物理因素，更加需要关注事件中人和组织的因素，通过对事件物理因素与人的行为规律、组织的管理等相结合来识别和发现问题。因此，人和组织因素是目前化解治安秩序风险的重点。社会治安秩序风险的化解和预测预警方面，更需要运用大数据、信息化手段来分析影响社会治安稳定性的因素。社会治安秩序风险化解主要观察分析包括影响治安稳定的关注人群的管控情况、重点部位的防控情况、危险物品的管控情况、安保力量的培训情况等。

传统安全和非传统安全因素相互交织，各种问题和矛盾呈现多发态势，而腐败、贫富差距、就业困境、生产安全等社会问题引发的不安定因素潜藏着一定的社会风险，导致问题的解决变得复杂，如果得不到及时解决，风险累积到一定程度，就可能失控成为破坏社会秩序的危机。上合组织成员国大部分是苏联国家，尽管各自独立，但是在秩序安全方面采取的治理措施有相近之处，如俄罗斯和中亚国家都采取了扩大开放并加强国际合作，同时也加强了人口的住宿登记、反腐败、强力部门改革。当然，各国在特定国情基础上又采用了差异性的做法。

现有研究成果较多地着眼于中亚恐怖主义的发展态势、经济社会根源、政治效应、各国政府的应对举措等议题，其中多数属于描述性研究，但疏于对这些议题进行国别的比较。国别比较是指“比较不同国别的各种分析单位”，这种分析单位既可以是指民族国家，也可以是国家内部的社会制度、社会各部门或其他国家单位。中亚五国在政治体制上具有“家族相似性”，即各国均确立了相似的“强总统、弱议会、小政府”的政治模式，以维护统治精英的政治生存和既得利益为优先目标。在中亚各国政治生活中，“部族”扮演了至关重要的角色，涉及政治动员、资源分配、权力争夺等。

中亚地区开放的积极性与治安秩序风险的复杂性并存，各国实施政治体制的改革，经济结构逐步调整，使这一地区的社会经济和社会整体正在逐步发展，也吸引了更多的外资企业。2017 年 1 月至 11 月，哈萨克斯坦、乌兹别克斯坦两国犯罪率分别下降了 13.5% 和 14.6% 。哈萨克斯坦制定了 2050 战略，确立跨入世界 30 强；2017 年提出“第三次现代化”。中亚国家更加关注民生问题，相继出台了国家发展战略，重要内容是根据本国拥有的地缘优势和资源优势，改善经济结构，挖掘经济增长点，确保经济稳定增长。在治理跨国犯罪方面，成员国自身的力量有别,化解安全风险措施的效果和情况不同。

(一)哈萨克斯坦

哈萨克斯坦在自身的国史叙述中彻底抛弃了苏联时代的框架,开始将自身作为欧亚历史运动的中心之一来加以定位,作为中亚一部分的欧亚大草原是独立于黄河文明和多瑙河文明的具有自己特色文明的单元,各个时期都有若干非常活跃的族源中心,是欧亚大陆上不规则迁徙运动的中心地带。哈萨克斯坦是中亚国家的"领头羊",也是"一带一路"沿线的重要国家,地处中欧班列的枢纽。哈萨克斯坦的地缘政治地位决定了他是国际合作的重要角色[1]。随着其国际关系主体的作用增强,在国际舞台上的地位和在国际经济关系体系中的分量得到加强,其参与主要地缘政治和经济进程发展的程度加深。客观条件下这将给其带来外部威胁,内部威胁相应会受外部威胁影响。内外安全的相互关联性增强[2],其中包括非传统安全。

哈萨克斯坦在俄美大国之间扮演平衡的因素。俄罗斯卡内基中心主任亚历山德拉以及美国的乔治华盛顿大学的学者均认为,哈萨克斯坦领导层之间的关系由俄罗斯领导层决定。这种认识虽然未形成广泛共识,但是纳扎尔巴耶夫时代社会各层对俄罗斯关系较密切。哈萨克斯坦一再强调对俄罗斯关系是其外交关系的基石,十分注意与俄罗斯的广泛合作。哈萨克斯坦大量军官和学员被免费送到俄罗斯军事教育机构学习紧缺专业。俄方在能源开发、矿产勘探、俄族权利等方面受到高度关注,对哈萨克斯坦与西方私下"暗送秋波"等做法却冷眼旁观。为了平衡俄罗斯的影响,立国以来,哈萨克斯坦欣然接受美欧以及土耳其等域外势力的进入,对美国在反恐、禁毒领域的持续合作,并借助美方之力维护自身利益和大国均衡。西方势力主要以非政府组织或者民间组织的方式渗入哈萨克斯坦教育、媒体、女性、公共卫生、意识形态和社会等各个领域。哈萨克斯坦曾向美国开放其位于里海的港口,以便于美军在阿富汗作战;与美国在反恐、核扩散等问题上已结成伙伴关系;2018 年年初举行的双边会谈,涵盖了阿富汗反恐、贸易、网络安全、英语教育等一系列问题,进一步加强了两国的

---

〔1〕 Смотреть Дата публикации, Что угрожает национальной безопасности Казахстана? МИР ИМЫ, ПРАВДАИОБЪЕКТИВНОСТЬ, https://www.worldandwe.com/ru/page/Chto_ugrozhaet_nacionalnoy_bezopasnosti_Kazahstana.html. (13. марта 2013).

〔2〕 Смотреть Владимир Кузменкин, Что угрожает национальной безопасности Казахстана? The world andwe, https://www.worldandwe.com/ru/page/Chto_ugrozhaet_nacionalnoy_bezopasnosti_Kazahstana.html. (13. марта 2013).

“战略伙伴关系”。俄乌冲突以来,哈萨克斯坦与美国官方的合作频率更加密集。

哈萨克斯坦对美国干涉内政也保持高度警惕,对中国、土耳其、中亚国家、印度、巴基斯坦等在双边基础上也开展国际军事合作。哈萨克斯坦为在双边或多边框架内参与国际和区域组织,在联合国、欧安组织、亚信、集体安全条约组织、上合组织、独联体等众多国家组织框架下开展安全合作,并与外国伙伴的国防部门以双边和多边形式在军事教育和科学、战斗训练、军事技术合作和维和活动领域互动;与欧安组织开展关于小型武器和轻武器、安全政治军事方面的行为守则方面开展调研,定期进行相互检查,开展全球军事情报交流。作为亚信组织的重要成员国,哈萨克斯坦在该框架的政治军事层面的合作也在发展,每年就军事领导人传记和多边军控和裁军文书的参与或批准情况交换信息,并举行特别工作组和亚信高官委员会会议;与联合国合作重点是发展国家维和能力。2018 年以来,哈萨克斯坦与联合国驻黎巴嫩特派团的合作已成为历史性的一步,使哈萨克斯坦军事人员获得了必要的技能和经验。2021 年 3 月,根据与印方达成的协议,哈萨克斯坦特遣队再次轮换联合国驻黎巴嫩代表团。哈萨克斯坦正扩大维和特遣队参与地域,正在与外国伙伴联合部署最需要的专业部队(军事野战医院、工程部队、侦察部队、宪兵分队)的其中之一参与联合国特派团。为开发本国的维和潜力,交流维和行动经验,哈萨克斯坦武装力量每年与外国伙伴举行“草原之鹰”联合演习一直以来积极参与联合国维护和平与安全行动。2000 年,根据总统令成立哈萨克斯坦维和部队。2003 年经过训练的维和部队开始在伊拉克执行维和任务。持续 5 年维和中,轮换 10 次,共派出 270 多名军人,在伊拉克销毁了超过 450 万发地雷和炮弹,为受恐怖袭击影响的当地民众提供了医疗救助,并净化了 6700 多立方米的水。2014 年以来,哈萨克斯坦代表在西撒哈拉和科特迪瓦担任参谋和军事观察员。2018 年,哈萨克斯坦特遣队和参谋人员被派往联合国驻黎巴嫩临时部队(联黎部队),此间,有 6 批维和部队,共 500 多名军人参加了赴黎维和任务。[1] 在阿富汗问题上,“支持联合国的立场,建议建立向阿富汗提供援助的国际物流枢纽,阿富汗即使克服了

〔1〕 参见《国际维和人员日　哈萨克斯坦维和部队的任务是协助国际社会预防和结束武装冲突》,载哈通社中文网 2022 年 5 月 30 日,https://www.inform.kz/cn/article_a3938452。

危机,将仍需要联合国机构的进一步支持[1]”。

哈萨克斯坦独立以来奉行“先经济、后政治”的改革,在政治改革方面持谨慎态度,之后受2014年乌克兰危机和乌兹别克斯坦时任总统卡里莫夫骤然病故的影响,加快了政治体制改革。首先在执法部门实施改革。哈萨克斯坦的执法安全部门包括国家安全委员会、内务部和安全会议,其中国家安全委员会是保障国家安全的特种机关,直接对总统负责,主要负责参与制定和实施保障哈萨克斯坦国家、社会和个人的安全的国家政策,搜集涉及国家利益的侦查情报,查明、预防和制止他国、机构、组织和个人危害国家安全的侦查活动,预防和制止恐怖主义活动,保卫哈萨克斯坦国界等。中央机构包括边防局、反恐中心、反间司、打击国际恐怖主义和极端主义司、经济安全司、打击有组织犯罪和国际贩毒司、侦查司、“雄狮”特种部队、分析和战略规划司、政府联络保障中心、特种情报局、办公厅、干部司、财务后勤司、国安委直属企业等。之后又在阿斯塔纳、阿拉木图2个直辖市及其14个州设立国家全局,在市、区级设国家安全处,在阿拉木图有专门的边防军事学院和国安委学院。

哈萨克斯坦内务部是维护社会秩序与安全的执法部门。在治理犯罪领域担负着维护社会秩序,保障社会安全,预防、发现和制止犯罪及破坏社会治安的活动的任务,并承担侦破犯罪案件、缉捕犯罪分子、依法开展行政管理的任务,负责管理护照、签证工作,检查外国人和无国籍人在哈萨克斯坦遵守法律情况以及开展国际合作等工作。哈萨克斯坦内务部超过52,000名员工(内政机构的警务人员、救援人员,军事人员和医务人员)。根据哈萨克斯坦的法律规定,从2016年1月1日起,在地方内务机关中成立地方警察局,负责人由地方行政长官任免,地方警察局由社区警察、保护少年和妇女事务警察、交通巡逻警察、环保警察、接待处警察等部分组成。地方警察局的主要任务是:预防犯罪,保护公共秩序、道路安全,处理行政违法的诉讼,预防和制止刑事犯罪,预审,临时扣押人员以及完成直辖市、州级行政长官交办的其他任务。其主要职责包括:采取措施查明、研究和消除引发犯罪的原因和条件;维护社会秩序;管控道路交通,确保交通安全;开展刑事犯罪调查;确保被行政拘留人员、无固定住所人员以及无身份证件人员符合的拘留条件;执行哈法律规定的和政府及直辖市、州行政长官下达的其他任务。地方警察局从事的纯警察业务,不受其他事务干

---

[1] 参见《哈萨克斯坦总统:我们不能让阿富汗独自面临前所未有的困难》,载哈萨克国际通讯社网2021年10月15日,https://www.inform.kz/cn/article_a3849634。

扰,有助于更好地维护社会安全。

哈萨克斯坦安全会议成立于1991年8月,属于协商机构,负责协助国家元首制定并执行国防和国家安全决策,向总统就涉及国家安全的内政、外交、军事等领域方针政策的制定和执行以及提高国家机关保障公民、社会、国家相关安全领域提出建议和意见,就签订、执行涉及本国利益的国际条约提出建议,维护社会政治稳定,保障公民宪法权利和自由,协调强力部门、中央和地方执法部门的活动,在职权范围内监督法律文件的执行。安全会议主席为总统,其常委包括总理、总统、办公厅主任、总统助理安秘会秘书、国安委主席、外交部长、国防部长,委员包括下院议长、上院议长、对外侦察局长、内务部长、国防部第一副部长。

哈萨克斯坦加强了反腐败,执法实践的突破首先在反腐败领域。政治安全领域本身被认为是最脆弱的领域,与其他威胁相比,政治安全威胁具有了最高评级(腐败最为严重),而与2010年相比,专家对政治领域所面临的威胁的评估要低,反腐在不断取得成效。

整肃官僚体系是哈萨克斯坦行政体制改革的重头戏,也是提升政府工作效率与透明度的重要步骤之一。在反腐败问题上,哈萨克斯坦前总统纳扎尔巴耶夫的态度坚定而明确,他表示建立和维护公共服务的声誉是国家未来几年必须解决的战略问题,无论职位高下,对于腐败现象必须无情打击。他在1998年发表的国情咨文中表示,将发起一场全面打击各级腐败的运动,对哈萨克斯坦的官员腐败零容忍。1998年,哈萨克斯坦通过了《反腐败法》,是前苏联地区中首个通过《反腐败法》的国家。之后哈萨克斯坦成立了"打击经济和腐败犯罪署"专门机构,设立了隶属于总统的反腐败问题委员会以及隶属于国家公务员署的各州纪律委员会,专门负责查处中央和地方的腐败现象。在规范政府采购、税收、海关事务、许可证发放以及其他领域活动的一系列法律文件中规定了反腐败措施,对通过法律提拔法官担任法院领导职务做出更加透明的程序规定。2000年1月,总统签署了《法律公务总统令》,确定了一系列有关公务道德、公务员纪律处分、公务员考核以及建立行政公务员人力储备的规定[1]。对于中小企业发展制造的人为行政障碍,纳扎尔巴耶夫总统还提出,应当对所有法律效力进行强制性反腐败评估。他建议,通过议会的立法和监督从法律上确定该

〔1〕 Смотреть Владимир Спасибо, Эволюция государственной службы в РК, Дроза. ру, https://www.proza.ru/2010/04/04/778.

评估的地位,通过《游说活动法》消除依靠损害社会和国家利益来提升小团体利益的腐败行为的产生机制。[1]

哈萨克斯坦前总统纳扎尔巴耶夫特别关注司法体系现代化和护法机构改革,提出应当建立有利于投资者和企业经营活动的新的法律环境,优化国家检察体系并保证其清晰透明,要让它更加有效、开放,为人民的利益而工作,完善有关发现和遏制腐败行为的制度体系。目前,哈萨克斯坦已经在审判体制中取消了五级审批结构,代之以三级审批结构[2]。他还建议修订刑法,有必要压缩对具体罪行的追责种类,以减少产生腐败的条件;在《刑法》中明确列出可视为腐败犯罪的罪种,对受贿行为追究更为严厉的法律责任。对于曾因腐败而被解职的人,终身禁止其在国家机构和组织中担任公职。2005 年 4 月 14 日通过“加强打击腐败、加强国家机关和官员的纪律和秩序”总统令,即在阿斯塔纳和阿拉木图两地设立纪律委员会,负责审查公共服务纪律、遵守反腐败立法及公务员荣誉准则的落实情况[3]。在祖国之光党反腐败论坛上,强调了每个领导者都应对自己所领导部门的腐败状况负有个人责任。为此,应当全面施行国家机关腐败程度评价排名。打击经济和腐败犯罪署的主要任务不应当仅仅是采取惩罚措施,还要预防腐败现象,发现和根除实施腐败犯罪的各种可能性,同时应当与财政监督委员会密切合作,[4]建议建立对官员收入来源的有效监督机制,研究向普遍申报收入逐步过渡的问题,尤其不能容许官员利用职务之便谋求个人商业利益。2018 年哈萨克斯坦在政府权力的制约、根除腐败、公开政府、基本权力、秩序与安全、法规执行、民事司法、刑事司法 8 个项目中的排名均有所提高,在全球 113 个国家排名中位居第 64 位[5]。

为积极培养公民对一切腐败现象的零容忍意识,纳扎尔巴耶夫还提出,要加强社会舆论对腐败行为的监督作用,营造绝不容忍腐败的社会氛围。他指出,战胜腐败不能只靠国家机关和护法机构的力量,必须与公民社会的种种制

---

[1] 2008 年 11 月 6 日纳扎尔巴耶夫在祖国之光党反腐败论坛上的演讲,《纳扎尔巴耶夫文集》,人民出版社 2017 年版,第 161 页。

[2] 参见中国社科院俄罗斯东欧中亚研究所等联合课题组编译:《纳扎尔巴耶夫文集——哈萨克斯坦人民领袖的思想和智慧》,人民出版社 2017 年版,第 169 页。

[3] Эволюция государственной службы в РК, https://www.proza.ru/2010/04/04/778.

[4] 参见中国社科院俄罗斯东欧中亚研究所等联合课题组编译:《纳扎尔巴耶夫文集——哈萨克斯坦人民领袖的思想和智慧》,人民出版社 2017 年版,第 165 页。

[5] 参见《哈萨克斯坦廉政度指数在国际机构中正在不断上升》,载哈通社中文网 2018 年 2 月 2 日,https://www.inform.kz/cn/article_a3141576。

度结合起来,广泛吸收非政府组织参加专项工作,吸引社会广泛支持,让社会积极参与反腐败行动计划。纳扎尔巴耶夫总统还特别提出,祖国之光党应当从事对腐败现象进行社会监督的领导工作,发挥党内的监察委员会的作用[1]。

除完善和改革体制因素外,后备干部制度是一项可以有效减少潜在腐败分子进入国家机关的措施,官员的培训和选拔也是杜绝腐败行为的屏障。2016年,纳扎尔巴耶夫在祖国之光党反腐败论坛上指出:国家的战略任务就是造就新一代国家管理者。培养出这些应当经过职业培训,有文化、符合现代要求,诚实地为国家工作,不被各种利益所引诱的人才。应当提高国家公务机关的威望。吸收有才华的年轻人进入国家机构,对他们进行培训。同时坚决将各种腐败分子清除出去。为国家机关和政府培养和输送的人,应该是那些真正热爱祖国的人,能够为祖国的繁荣而竭尽全力的人。此外,总统还提出用高薪养廉的方式杜绝腐败滋生的土壤。哈萨克斯坦通过提高司法人员的工资待遇以降低腐败现象的发生概率,自 2009 年 1 月 1 日起,所有类别的国家公务员的工资都将提高 25%,地方法院法官的工资将增长 60%,交警的工资增长幅度增长将近 2 倍。哈萨克斯坦还为每个公务员实行三级薪酬制度,以激励工作高效的公务员执行不同程度的复杂工作。[2]

国家安全部门和执法机构作为公共管理系统的一部分,近年被指称效率不高,安全机构从业人员的专业水平减弱,专业人才流失趋势显现,内部精英群体的政治和经济利益受到影响,部门间的矛盾加剧。因此,经历了系统的整合和资源的重新调配,趋于集中式的发展模式。受宗族利益集团的影响,整个安全执法机构的公共行政体系的大框架已经形成,当务之急是消除威胁国家政权的外部和内部的风险,完善相关措施体系。

内务部定期开展专项行动。2015—2018 年哈萨克斯坦境内犯罪率下降了近 17.5%。2018 年 7 月 19 日哈萨克斯坦花滑名将、索契冬奥会铜牌得主丹尼斯·谭遇袭身亡事件,引起哈萨克斯坦总统及社会各界高度关注,并发出提高治安秩序管理水平的强烈呼吁。总检察长和内务部长深入彻底地开展案件调查,此案加快了哈萨克斯坦内务机关现代化改革的进度:加强了国内流动人口

---

[1] 参见中国社科院俄罗斯东欧中亚研究所等联合课题组编译:《纳扎尔巴耶夫文集》,人民出版社 2017 年版,第 167 页。

[2] Смотреть Владимир Спасибо, Эволюция государственной службы в РК, Дроза. ру, https://www.proza.ru/2010/04/04/778.

管理措施,强化人口登记制度,打击非法移民。内务机关开展的大规模、长时间的"罂粟"禁毒专项行动,有力地打击了涉毒违法犯罪活动;全国内务机关开展打击偷盗汽车零部件和整治汽车配件市场的专项行动,提高了汽车市场的安全性和有序性。

近年该国致力于从行动力、技术水平、应急、科技应用、网络安全等方面加强执法行动能力和水平,进一步削减机关警力,增加基层机构警力,将10%的机关警力下沉到基层,同时建立起较为完善的奖励机制,增加警察收入,每年额外划拨210亿坚戈用于增加警察工资。哈萨克斯坦的执法人员在识别和调查犯罪方面的专业培训水平不足;执法机构缺乏识别这些犯罪的目标导向的能力,这些犯罪往往与谋杀、抢劫、抢劫犯罪复杂地混在一起,被视为次要案件,没有得到应有的重视。

哈萨克斯坦内务部于2002年成立犬学中心。该中心旨在提高犬学专业人员的技能和进行再培训,并为哈萨克斯坦内务机关培养工作人员和警犬。自该中心成立以来,已培养了1040名犬学专业人员[1]。自2015年以来,哈萨克斯坦KazHemp有限责任公司一直在哈萨克斯坦境内从事大麻种植技术的研发。该项目借鉴了世界上在纺织、造纸和建筑业中使用非毒品型大麻品种的经验[2]。

在疫情期间加强了巡逻和社会层面的治安管控。自2020年年初以来,犯罪数量下降了38%,严重的身体伤害、抢劫、盗窃和流氓行为的数量有所减少,但是家庭和家庭领域的犯罪数量增加了25%。根据哈萨克斯坦总统托卡耶夫的命令,指示内务部所有部队加强防疫措施,保护公共秩序和公民安全,并确保遵守检疫措施。隔离系统中约有400个检查站在运作,涉及约6000名警官,约320万辆汽车和约500万人次受到检查。哈萨克斯坦疫情常态化下的社会安全治理颇有成效。

在维护安全与扩大开放之双重目标下,外国移民管理与应急管理目标相结合。2017年阿斯塔纳举办的世博会有上百个国家参加,此间,上合组织峰会也在阿斯塔纳举行。大型活动的举办引起了对预防警务理念的重视。便利性与

---

[1] 参见《上合组织地区禁毒斗争迈上新台阶:举行"蛛网"国际禁毒行动》,载上海合作组织网,http://chn.sectsco.org/news/20190712/565534.html。

[2] 参见《上合组织地区禁毒斗争迈上新台阶:举行"蛛网"国际禁毒行动》,载上海合作组织网,http://chn.sectsco.org/news/20190712/565534.html。

安保双重目标的要求给执法水平以及移民政策提出了挑战。在大举开放、参与国际合作的过程中,哈萨克斯坦调整了移民管理政策,管控与放开并举,在多重目标下实施多样化政策和临时性政策:外国人需得到哈萨克斯坦政府授权,方能前往中哈边境等部分地区,如江布尔州、卡拉干达州、克孜勒奥尔达州、西哈萨克斯坦州;需特别许可方能前往受限边境“禁区”25 公里范围以内区域,包括阿拉木图的 Gvardeyskiy 村庄、卡拉干达州、克孜勒奥尔达州、Bokeiordinsky 与 Zhangalinsky 地区等旅游景区。具体要联系阿拉木图移民警察局。违反签证条款可能导致监禁,最长 5 年内不得进入哈萨克斯坦。出行前请务必检查相关个人要求。对这些新近开放的地区加强人身、行李的安检,在包括 15 个比较重要的火车站(卡拉干达、阿克托别、阔科谢套、库斯塔奈、乌拉尔、克孜勒奥尔达、曼格什拉克、阿特劳、江布尔、起木肯特、别伊涅乌、楚城、塞米和巴甫洛达尔、阿斯塔纳、“光明大道”火车站)投入了预防安保措施。

反腐、改革、执法能力的提升的目的是提高国家执法安全,落实反恐观。哈萨克斯坦的反恐政策变化体现出三大特点:一是国家层面重视,二是以预防为主的对策,三是以更加开放的姿态加强国际反恐合作。这为中哈在上合框架内加强重要设施的双边安全保护提供了合作条件。一直以来,哈萨克斯坦高层表态肯定和积极,但是在具体执行过程中,涉及国安委、内政部门等具体部门时,还需要更实质性的对话并予以落实。

哈萨克斯坦的高层领导人及其国安委专家最近几年对本国的恐怖主义等跨国非传统安全形势的评价认为,它是一种现实的威胁,对形势之严峻性有了比任何时候更深刻、清醒的认识,与独立之初对反恐的被动态度截然不同。受复杂跨国犯罪发展形势所迫,以总统纳扎尔巴耶夫为首的高层开始重新认识反恐对本国发展的重要性、必要性和迫切性。哈萨克斯坦反恐专家认为暴力恐怖势力活动在国内会持续存在,为此而制定反恐要策是要实施预防。

基于以上认识,俄罗斯内务部落实了 2012—2013 年的总统令、2014—2018 年的总统令,旨在提前发现、打击、消除具有煽动社会、种族、民族和宗教仇恨并扩散极端主义思想的活动。[1] 采取维稳措施,严厉打击三股势力,严防域外势

---

〔1〕 Смотреть План деятельности МВД России по реализации указов Президента Российской Федерации от 7 мая 2012 года на 2013 год и плановый период 2014 - 2018 годов, Министерство Внутренних ДелРоссийской Федерации, https://xn - - b1aew. xn - - p1ai/plan - mvd - 2014 - 2018.

力干涉内政,一般能短时间内平息不利事态。打击用于实施极端主义活动的武器和爆炸物的非法走私,俄罗斯在信息层面加强与其他国家护法机关的反恐合作。[1]

哈萨克斯坦反恐工作机制的深化过程激励并强化了预防为主的思路。国家要求各地方要具有对恐怖主义活动和暴恐案事件的良好的预防能力和事先准备能力。2012 年至 2017 年 5 年间,哈萨克斯坦安全部门成功预防了 38 起恐怖事件,对 755 名潜在极端分子进行了思想转化,使 384 名就读于境外不良宗教学校的大学生返回国内[2]。具体从以下方面完善机制和职能建设:

第一,在全国范围内建立反恐的基层基础机构,各地分别建立了覆盖全国的反恐委员会。各州反恐委员会领导人是各州州长。该委员会的主要任务是通过政治、社会、经济、法律、教育、宣传等一系列手段来应对和防范恐怖主义问题,从而建立系统的扎实的反恐基础。与反恐指挥部相比,反恐委员会重在解决法律、宣传、经济、政治、社会等领域的问题,疏通反恐障碍,建立全社会反恐的保障体系和基础。

第二,建立覆盖全国的反恐指挥部,重在联合各强力部门,建立高效的反恐行动机制,以达到对恐怖主义预防的目的,提高预先发现和预防恐怖袭击发生的能力。哈萨克斯坦各州的城市和区成立的反恐业务指挥部是现行常设的反恐业务指导机关,其任务是提高反恐措施的预防性,开展对恐怖袭击事件的事前与事后的调查活动。国安委主席是国家反恐指挥部的领导,国安委地方机关领导是州业务指挥部领导,成员单位包括各强力部门、特种部队等,内务部干部是其中的主要组成人员。

第三,侧重于加强地方官员和干部以及机关、部门的反恐预防能力建设,各地建立了应对恐怖主义的快速医疗救援,应急与突发事件的心理协助和辅导,灾难、事故的救助,防火救火,遭受恐袭后的社会恢复能力,赔偿精神与物质损失的赔付机制,德育、道德的培育体系和机制等。尤其对基础设施、密集生活社区、交通运输系统的防恐怖袭击能力和保护能力的建设给予了特别关注。

2011 年 1 月 30 日,哈萨克斯坦总统纳扎尔巴耶夫在给人民新咨文《哈萨克

---

〔1〕 Смотреть План деятельности МВД России по реализации указов Президента Российской Федерации от 7 мая 2012 года на 2013 год и плановый период 2014 – 2018 годов, Министерство Внутренних ДелРоссийской Федерации, https://xn – – b1aew. xn – – p1ai/plan – mvd – 2014 – 2018.

〔2〕 参见孙力主编:《中亚国家发展报告—2019》,社会科学院文献出版社 2019 年版,第 273 ~ 287 页。

斯坦真理》和《哈萨克斯坦的新机遇——经济新腾飞——新十年》中提到，哈萨克斯坦护法机关在应对恐怖主义冲突等方面的体系改革和管理效率是令人不满意的。强力部门缺乏应有的经验；反恐在走形式主义而落实不到位；哈萨克斯坦的反恐更多地停留在理论层面，而实践能力的讨论比较少，一直以来忽视了将反恐作为一个体制、机制去建设。地区恐怖主义的发展是复杂的，而反恐是年轻尚不成体系的。

哈萨克斯坦国安委会根据纳扎尔巴耶夫总统的命令制定了2017—2020年《反极端宗教和恐怖主义》国家规划草案。2018年3月，哈萨克斯坦政府通过了新的五年反恐计划——《2018—2022年打击宗教极端主义和恐怖主义国家规划》，提出五年内实施80多项措施，拨款超过2700亿坚戈（约8.5亿美元），对执法部门武器装备进行现代化改造[1]，提升应急能力。据国安委公布的信息，2012年至2016年共有546名外国公民在哈萨克斯坦领土内因宣扬极端主义思想，试图拉拢哈萨克斯坦公民加入极端组织而被限制入境。自2013年至今，共有27起预谋中的恐怖袭击行为被提前阻止。相关部门根据国家新制定的规划，计划每年将受极端思想影响的公民人数降低5%，并增加城市监控摄像头的数量，以保障社会治安。2017年哈萨克斯坦出台了《哈萨克斯坦国安委制定反恐规划打击极端主义思想》。

哈萨克斯坦在完善反恐工作中做了如下努力：保障国安委机关的实战工作需要，为实战部门提供人才储备和实践条件，提高学生的战术和实战能力，不仅为实战部门培养防爆、应急等领域的反恐人才，也为国安委所属高等院校培养反恐专业的师资力量，为师生提供国际合作资源共享的平台，拓宽他们的视野。

2017年安全形势明显好转，安全部门统计，当年共制止了11起恐怖袭击图谋案件，逮捕了23名涉嫌传播恐怖主义和极端宗教主义思想、与境外恐怖组织有关联的本国公民。同年4月，哈萨克斯坦国安委与内务部合作在阿克纠宾和南哈州抓捕分属4个组织的11名激进分子，挫败了恐袭图谋；2018年1—8月逮捕了26名宣扬暴恐思想的极端分子和18名“伊斯兰国”等极端和恐怖组织成员，还在阿斯塔纳、阿拉木图和西北部城市乌拉尔斯克提前发现并挫败了3起恐怖袭击。2018年3月7日，哈萨克斯坦国家安全会议副主席比利斯别科夫表示，过去5年，哈萨克斯坦安全部门成功预防了38起恐怖事件，对755名潜在

---

[1] 参见孙力主编：《中亚国家发展报告—2019》，社会科学院文献出版社2019年版，第273~287页。

极端分子进行了思想转化，使 384 名就读于境外不良宗教学校的大学生返回国内；对 125 名从叙利亚、伊拉克战事地区归国人员进行了严密监控，其中 57 人因涉嫌恐怖犯罪被起诉。面对在全国范围内数量逐步增加到 2300 多座的清真寺，国家规定其需要在统一的“哈萨克斯坦的穆斯林谨慎协会”登记注册，服从大穆夫提的领导[1]。

2013 年，根据纳扎尔巴耶夫总统令，哈萨克斯坦在全国各地建立反恐委员会和反恐指挥部。国安委学院反恐培训中心就是专门负责培训反恐委员会的国家各机关的领导、官员的学府，以使各级反恐部门在地方上能正确地组织、开展反恐工作。反恐对哈萨克斯坦各地方干部来说是一项新的领域，以前从未接触过。因此，国安委学院承担了这一反恐培训任务。

哈萨克斯坦国家领导人和国家议会积极支持这一培训，通过完善立法和利用国际资源等途径加强人才培养，夯实反恐机构基础建设，努力消除公民社会中威胁安全的消极现象。哈阿雷斯丹反恐中心作为中亚地区的较为重要的反恐中心，是在苏联解体后成立的 23 局雄狮反恐部队，它是高等军事教学机构，可以实现突击、解救人质等目标，特种部队的人员参与打击恐怖组织、极端组织的活动。通过培训，目的是培养一批拥有高学历的、不同类型实战能力的、格斗技能的实战人才，包括警犬专家、拆弹专家等。在武装配备上，给予这些人精良的武器和装备，并积极用于教学培养人才之用。

上述政策变化与哈萨克斯坦在 2016 年 6 月 5 日发生的恐怖袭击案有关：西部经济文化中心阿克托别发生“宗教极端分子”恐袭事件，致多人死伤，全国进入 40 日“黄色”安全警戒期，阿克托别市则进入“红色”安全警戒级别。6 月 9 日为哈萨克斯坦“全国哀悼日”。2017 年大型国际活动增多，随之而来的是恐袭风险增高，国安委也增强了警惕性。2017 年 4 月 20 日，哈萨克斯坦国家安全委员会与内务部合作在阿克纠宾和南哈州抓捕分属 4 个组织的 11 名激进分子，挫败恐袭图谋。2017 年 6 月 2 日下午，哈萨克斯坦最大的城市阿拉木图市中心的警方收到威胁，称位于塞弗林大道的“住房建设储蓄银行”发现疑似炸弹的物品，当局紧急排险并疏散周边区域。

针对哈萨克斯坦 2022 年 1 月黑天鹅事件，社会与人民的反应是希望并怀疑。社会强烈期待政治、经济和社会领域的新的气象。1 月 5 日哈萨克斯坦现

---

[1] 参见刘怡：《功成身退，纳扎尔巴耶夫圆满交班》，载《三联生活周刊》2019 年第 14 期。

任总统下令削减燃料价格，并承诺实施政治改革，方案会很快公布，还承诺提高工资并努力降低必须商品的成本。托卡耶夫总统承诺建立一个“新哈萨克斯坦”，以新的社会契约为基础清除系统性腐败。美国乔治华盛顿大学的中亚问题专家布鲁斯认为，政府在未来几周和几个月内可能对哈萨克斯坦人民做出更多让步，然而，要避免对该国由此步入进步的时代做过多的想象。政权不寻求解决问题的长期方案是导致中亚国家经济或政治动荡、易发生动乱的主要原因。

哈萨克斯坦法治领域的持续发展、政治格局的变化以及社会经济改革使之面临前所未有的复杂局面。关于能源价格上涨的最初抗议似乎引发了跨地区更广泛的抗议，并反映了一个更加多样化和深入发展的“议程”，如果没有长期、认真和彻底的制度变革，就无法解决这一问题，很难保证不会再发生类似事件。1993 年纳扎尔巴耶夫倡议的哈萨克斯坦“未来奖学金”项目一直以来优先考虑美国的高校。“一月黑天鹅事件”后托卡耶夫总统对该项目进行调整，优先考虑俄罗斯的高校，以工程和技术学科为主，俄罗斯在科教合作方面胜了一筹。俄罗斯仅在原子能、机械制造、冶金、航空、地质和宇航等领域还保持一些技术优势，但在未来高新技术的领域俄罗斯无优势可言。哈萨克斯坦也希望通过修宪加强立法和司法机关权力，增加公民在国家治理过程中的作用，以显示哈萨克斯坦自上而下改革的决心和自下而上的对改革的期待。

网络安全是哈萨克斯坦执法安全实践的重要范畴。哈萨克斯坦的数字化产业正在蓬勃发展，许多部门正在积极致力于将所有数据转换为数字格式。随着便利性而来的是网络犯罪的新威胁。该国正在采取措施来确保互联网空间的安全。哈萨克斯坦网络安全状况以及解决 21 世纪网络犯罪挑战是哈萨克斯坦未来的关注点。

当今，哈萨克斯坦国防和航空航天工业部正在致力于研究安全使用信息和通信技术的一系列措施。首要是人才培养。“信息安全系统”项目 2018—2019 年、2019 年—2020 年、2020—2021 年各年度立项培养专业人才总数增至 500 人，硕士生受资助项目 165 项，博士受资助项目 10 项。自 2018 年 9 月 1 日起，哈萨克斯坦多所大学推出了新的实验教育项目，涉及大数据分析、网络安全、企业计算机系统和网络管理和保护、密码学、数字取证、硬件安全、计算机安全等领域。迄今为止，哈萨克斯坦总统下属的公共管理学院的 701 名公务员接受了“信息网络安全”和“网络安全基础”的主题再培训。

哈萨克斯坦网络安全建设的实施分两个阶段:第一阶段 2017 年至 2018 年,第二阶段 2019 年至 2022 年。第一阶段构建监管框架和购买设备。第二阶段的主要目标是由哈萨克斯坦信息技术公司(IT)公司参与国家信息安全和通信基础设施建设,国内电子行业企业收到政府机构和准公共部门采购电信设备的订单,制造产品,通过符合国内信息安全要求的认证程序,维护一个可信电子行业产品和软件的登记册,这是一份符合信息安全要求的信息通信技术(ICT)产品清单。哈萨克斯坦国防和航空航天工业部未对私营公司购买登记册中受信任设备的产品的行为进行立法约束。

为了实现最大的网络安全,哈萨克斯坦需要完成多项任务:提高公众对网络安全威胁的认识;增加该领域训练有素的专家的数量和质量;增加"信息安全系统"专业对高等教育和研究生教育人才的资助;根据专业标准更新教育计划;更新信息技术、信息安全领域的专业标准;统一国际标准,更新和制定信息通信技术、信息安全和网络安全领域的国家标准;在网络安全领域发展哈萨克斯坦公司;创建运营信息安全中心。

哈萨克斯坦的网络盾是挪威、爱沙尼亚、法国、德国和其他一些国家已经使用的许多网络安全策略的共生体。"数字哈萨克斯坦"已拨款 288 亿坚戈用于创建国家信息安全协调中心。其中,预算资金中 4420 万坚戈用于配备恶意代码研究实验室,12 亿坚戈用于信息安全手段研究,1.84 亿坚戈用于网络安全实验室,7.93 亿坚戈用于协调响应哈萨克斯坦互联网部分的网络安全事件。

哈萨克斯坦在信息通信技术和信息安全领域有统一的要求,网络安全战略越来越受重视。哈萨克斯坦第一任总统努尔苏丹·纳扎尔巴耶夫在 2017 年 1 月首次宣布数字化倡议:需要在哈萨克斯坦建立一个特殊的保护系统来打击网络犯罪,即"哈萨克斯坦网络盾"系统,该网络安全计划始于 2018 年,预计到 2022 年完成。"哈萨克斯坦网络盾"相关的多项立法法案和大量行业命令得以制定和批准,建立了恶意代码研究测试实验室,成立了国家信息安全协调中心,增加了专业项目的资助数量等。数字发展、创新和航空航天工业部副部长阿斯哈特·奥拉兹别克在努尔苏丹举行的美国商会网络安全论坛上说:在哈萨克斯坦网络盾计划的框架内,国家已经确定了 336 个网络安全的关键对象,其中包括政府机构、银行和工业企业,这些对象受到攻击产生的负面影响会波及国家或洲际。关键对象的名单还在不断增加,届时将启动整个基础防护设施。

基于网络受攻击的风险防范目标,哈萨克斯坦大力发展数字化体系。哈萨克斯坦共和国数字发展、创新和航空航天工业部副部长阿斯哈特·奥拉兹别克透露，自2018年以来国家信息安全协调中心基础设施已经击退了超过20亿次针对国内的网络攻击。2018—2019年哈萨克斯坦遭受22亿次网络攻击。政府机构、私人组织等的基础设施都是潜在的受攻击类型。花旗银行哈萨克斯坦总经理安德烈·库里林补充说，针对大型国际银行的网络攻击每秒都在发生。

2019年10月，第四届年度CAMP（Cybersecurity Alliance for Mutual Progress）会议在韩国举行。大会上，主办方正式宣布哈萨克斯坦成为联盟组委会成员之一。韩国互惠网络安全联盟包括来自45个国家的59个组织。此外，CAMP成员组织有机会交流关于网络安全问题的培训计划和信息，旨在将联盟转变为一个全球组织，以防止网络安全防护变得越来越复杂并转化为影响全球更多用户和组织的网络威胁。

2014年哈萨克斯坦在信息安全领域打击网络犯罪的立法得到完善，出台了新的刑法典，在信息和通信领域列入了一些刑事犯罪。

（二）乌兹别克斯坦

该国是中亚五国中唯一的农耕国家，公民受教育的基础较高，重视科技事业发展，全国有高校60多所，科研机构187个，治安秩序相对稳定。乌兹别克斯坦探索出“玛哈利亚”社会治理模式，执法不断适应国家扩大开放的政策，新推出了护照管理制度。

苏联解体后，乌兹别克斯坦一直在寻找适合自己的社会治理模式。“玛哈利亚”是1993年《公民自治机构法》（1999年、2002年、2004年、2007年、2008年、2010年修订）通过方案，2013年再次作出补充后，其地位、任务和职能在法律层面上得到了确认。它是一个集经济、宗教、文化、行政于一身的穆斯林社区行政机构，除接管政府的部分职能，分担工作压力外，还被赋予反恐和对抗宗教极端主义的新任务〔1〕。2013—2015年，乌兹别克斯坦主管机关共阻止恐怖主义和宗教极端主义预谋犯罪案件500余起，摧毁恐怖分子培训基地440余个，阻止了国际恐怖主义犯罪活动1050人次，缴获爆炸物46吨、弹药50余万发、自制爆炸装置654个、武器5000余支。〔2〕

---

〔1〕 参见阿依吐松·苏旦、潘志平：《传统与现代的融合——乌兹别克斯坦独特的社区自治："玛哈利亚"》，载《西北民族研究》2018年第3期。

〔2〕 Смотреть Директор Исполкома РАТС ШОС о новых вызовах и угрозах в сфере безопасности, Russian. News. Cn, http://russian.news.cn/2016-06/20/c_135451557.htm.

乌兹别克斯坦也非常重视禁毒。每年途经乌兹别克斯坦的毒品近百吨。1995 年 2 月乌兹别克斯坦加入了联合国禁毒公约,2000 年乌兹别克斯坦制定了《禁毒法》。仅在 2011 年一年内,乌兹别克斯坦国家安全局侦破了 112 个有组织犯罪团伙,破获了 608 起毒品犯罪案件,销毁毒品 1622 公斤[1]。2015 年执法部门缴获毒品 2.51 吨,2016 年缴获毒品超过 3.54 吨[2]。2021 年总统米尔济约耶夫与联合国共同提议,为中亚和南亚国家制定联合反毒品行动计划。乌兹别克斯坦国家麻醉品监管委员会成立于 1994 年 4 月 30 日,总理任国家麻醉品监管委员会主席。其职能是制定、协调、统筹禁毒计划与工作;保障各有关部委、独联体成员国以及其他国家执法安全部门间及时顺畅交换情报信息。委员会所属的常设机构国家麻醉品监管信息分析中心依据乌兹别克斯坦政府第 382 号令于 1996 年成立,职责是强化打击麻醉品非法走私活动,履行乌兹别克斯坦政府承担的国际禁毒义务,诸如研究国家间合作文件建议;完善国内外禁毒组织工作材料、建议;搜集、整理、完善、分析麻醉品数据库信息,向相关部委、机构及国际组织提供有关国内外麻醉品监管方面的信息;在职权范围内和他国中央机关、特种部队合作禁毒,保障禁毒机构与外国相关机构开展合作,采取联合措施堵截过境运到独联体和欧洲国家的毒品。乌兹别克斯坦内阁还设有直属的国家禁毒信息分析中心。

乌兹别克斯坦对治安秩序治理框架做了新探索,提出了肩负着许多现代社会治理功能的"玛哈利亚"社会治理模式,其本意就是社区、地方,比如出生地、受教育地、度过一生之地,这一概念的历史至少有上千年,由 1100 年前中亚历史学家纳尔沙希在《布哈拉史》中提出。喀什噶里的著作《突厥语大词典》将"玛哈利亚"解释为"地方贸易手艺活动中心",它在中亚地区有着丰富的历史底蕴。苏联解体后,乌兹别克斯坦一直在寻找适合自己的基层的社会治理模式。1993 年通过了《公民自治机构法》,2004 年前后得到更改和完善,2013 年再次作出补充[3],"玛哈利亚"的地位、任务和职能在法律层面得到了确认。其职能主要有:第一,接管三十多项政府职能,包括监督管理辖区内企业。第二,解

---

[1] 参见邵希炜:《乌兹别克斯坦公开燃毁毒品 1.65 吨》,载中国经济网,http://intl.ce.cn/specials/zxgjzh/201206/26/t20120626_23439249.shtml。

[2] 参见李遥远:《乌兹别克斯坦集中销毁近两吨毒品》,载搜狐网 2017 年 6 月 26 日,http://www.sohu.com/a/152098319_120702。

[3] 参见阿依吐松·苏旦、潘志平:《传统与现代的融合——乌兹别克斯坦独特的社区自治:"玛哈利亚"》,载《西北民族研究》2018 年第 3 期。

释宣传政府政策法令。第三,开展慈善工作,重点援助居民当中收入低或缺少社会保障的阶层。特别是有官方背景的"玛哈利亚"社区慈善基金会,旨在提升居民的社会、经济、文化水平,弘扬民族传统,协调和支持相关的委员会活动。除分担工作压力外,其还被赋予反恐和对抗宗教极端主义的新任务。

米尔济约耶夫总统继位后高举对外开放、对内改革的旗帜。乌兹别克斯坦实行了逐步开放的国策,经济市场趋于活跃,引资意愿强烈。早先米尔济约耶夫担任代理总理期间,曾对乌兹别克斯坦社会经济发展取得长足进步、GDP多年保持8%左右的高速发展作出贡献,以此赢得了民众的信任,其多次强调"和平与稳定"是"重中之重"[1]。米尔济约耶夫新政改为扩大对外开放合作,人员交往明显增多。该国现在已有800多家俄罗斯注资企业[2]。根据乌兹别克斯坦国家统计委员会数据,2016年乌兹别克斯坦新增外企503家,地域分布情况为:塔什干市351家、塔什干州48家、撒马尔罕州19家、安集延州18家、费尔干纳州14家、布哈拉州9家和锡尔河州各9家、苏尔汉河州7家、花拉子模州5家,卡拉卡尔帕克斯坦共和国10家等。[3]

在上述背景下,为适应对外开放的需要,国内的安全、内务、司法领域也逐步进行改革。乌兹别克斯坦的主要反恐、禁毒和打击有组织犯罪的部门是国家安全总局、内务部、国家海关委员会、国防部、紧急情况部和总检察院等。

乌兹别克斯坦国家安全总局作为禁毒、反恐和打击有组织犯罪的职能部门,在国家独立后继承苏联国家安全委员会的工作理念和模式,对维护国家安全、社会稳定起到了重要作用。然而,其体制机制弊端也逐步显现,权力过大,其执法仅仅依靠1991年乌兹别克斯坦政府批准的《国家安全总局条例》,缺少专门的法律和规范,导致国家安全总局深度介入国家政治生活领域。米尔济约耶夫上任后曾向议会发表国情咨文,批评国家安全总局权力过大、干预外交和

---

[1] 《乌兹别克斯坦共和国外国投资法》(1991年6月4日乌兹别克斯坦最高苏维埃通过)、《乌兹别克斯坦共和国外国投资法修改和补充的规定》(1992年7月2日通过)、《外国投资及保障外国投资法》(1994年5月5日)、《投资活动法》、《关于保护外国投资者权益条款及措施法》、《保护私有财产和保证所有者权益法》、《保证企业经营自由法》、《关于促进吸引外国直接投资补充措施》的总统令等。

[2] Смотреть Кондаков А. Москва – Ташкент, in: диалог во имя развития, Российская газета v. 31. 08. 2012.

[3] 参见《乌兹别克斯坦2016年新增外企503家》,载中华人民共和国商务部·中华人民共和国驻乌兹别克斯坦共和国大使馆经济商务处网,http://uz. mofcom. gov. cn/article/jmxw/201701/20170102500257. shtml。

高校工作。随后,乌兹别克斯坦削减了国家安全总局的权力,将其中维稳处突力量和内务部的特警队伍整合为国家近卫军,专门承担处置重大突发事件、保卫重点目标、抓捕重点犯罪嫌疑人和执行重大随行任务等。同时,由总统办公厅、国家安全局、内务部、国家禁卫军、国防部、总检察院和司法部共同完成《国家安全局法》草案的起草工作,议会立法院制定了《国家安全总局法》和配套法案,目的是清晰界定国家安全总局的法律地位、职能和方向,改进现行运行机制,以应对当代安全挑战,建立干部遴选和培训的新型体制。国家安全总局主要任务是:保护国家安全和利益免受内部和外部威胁,预防、发现和查处该领域的违法犯罪,守卫和保护国境,打击恐怖主义、极端主义、有组织犯罪、毒品犯罪的活动,保护经济、社会和信息领域的安全,反腐败等。

与此同时,内务部也进行了改革,重新界定的内务机关主要职能和任务是:保护宪法制度,公民权利、自由和合法利益,自然人和法人的财产安全;坚持法律至上,保障国家、社会和个人安全,预防违法犯罪;维护公共秩序,保障社会安全;打击犯罪和恐怖主义、极端主义;保障交通、消防等领域安全。通过改革扩大了反恐总局的人员编制,以加强反恐,增加工作透明度。自 2017 年 10 月起,各级内务机关接受社会各界监督,定期向同级议会和政府报告工作。其中内务部部长每年向议会上院报告两次工作,地方内务机关主官每年向同级政府和人民代表会议报告四次工作。注重预防违法犯罪,增加社区预防违法犯罪警察的数量,尤其针对乌兹别克斯坦年轻人占比大的特征,重视青少年的工作。在区、市内务处设立副处长级的青少年工作专员,防范青少年极端化和加入极端或恐怖组织,指导社区预防违法犯罪开展工作。

为适应旅游大发展的需求,2018 年 7 月初,乌兹别克斯坦增设旅游安全协调局。历史上乌兹别克斯坦未出台禁止、限制外国投资的法律,近年出台了一系列法律政策以吸引外资:提高私有经济在国家经济中的作用和地位,消除私有经济和私营企业发展道路上的障碍和制约因素,减少政府干预,促进包括外资企业在内的私有经济成分在乌兹别克斯坦国内生产总值中的持续增长。2015 年 5 月 15 日,乌兹别克斯坦总统卡里莫夫签署《关于切实保护私有财产、小型企业和私营企业,为加快其发展消除阻碍的保障措施》的总统令,其中明确要对非法干预企业的行为和损害私营企业权利的国家执法和监察机关的公职人员加强问责,直至追究刑事责任。《外国投资者权益保障及保护措施法》详细地规定了外国投资者的主要权利和义务、乌兹别克斯坦的国家责任与义务、外国投资者权益保障及保护措施、部分外国投资者和外资项目的补充保障及保护措施。乌兹别克斯坦对失去支付能力、破产的外资企业或为保护债权人权益的外资企业开展刑事调查，外国投资者违法或法院及仲裁机构认为有必要时，可根据国际法原则阻止外资撤离[1]。

在执法中注重违法行为的查处和犯罪的预防，执法理念从重打击、轻预防的传统观念向重预防逐步转变。2014—2015 年国家安全部门针对一些未登记注册的宗教与社会团体及其人员进行密集地监控，建立了全国自上而下、相互协调配合的较健全的预防违法犯罪工作机制和网络，加强对各类案件规律特点的分析，不断调整优化勤务模式，让警力随着警情走，并增加社区预防违法犯罪的警力部署，解决警务部门干部住房、用车等实际问题，奠定了维护了社会秩序的基础。

通过专门立法加强预防犯罪的效果。2013 年 10 月 30 日立法院通过、2014 年 4 月 10 日参议院批准了《乌兹别克斯坦共和国预防违法犯罪法》，其中提出了社会康复与社会适应力概念，它是指向违法犯罪受害人、具有反社会行为、有事实违法犯罪倾向、已实施违法犯罪的人员（包括有前科的人员和刑满释放的人员）提供法律、社会、心理、医疗、教育和其他系统的援助性措施，进行社会康复和社会适应，以培育其形成社会认可的行为规范和准则，降低自然人成为违法犯罪受害人的风险。预防违法犯罪的基本原则是优先采用合法性、人道性、系统性规劝方法，细分感化措施和区别对待。该法具有较强的操作性和明确的任务界定，将内务机关、检察机关、国家安全机关、司法机关、国家海关系统、国家税务机关和居民劳动和保障机关、国家教育管理机关和机构、国家卫生医疗管理机关和卫生医疗机构等纳入直接实施预防违法犯罪的机关和单位体系中。上述机关都具有发现、消除违法犯罪产生的原因及滋生的条件的职能以及收集和分析相关业务数据的职能。此外，各个主体预防违法犯罪的职能有别：内务机关主要对遵守护照签证制度、公民和法人持有武器的规定和秩序进行监管。检察机关的职能是预防包括税务、货币违法犯罪，犯罪收益合法化和资助恐怖主义的行为，发现和消除犯罪的原因和滋生条件等。国家安全机关的主要职能是负责收集和分析国际犯罪组织活动的情报信息，评估其威胁等级。另外，根据该法，在各级检察机关建立预防违法犯罪协调委员会，评估预防措施的有效

[1] 参见郭学兰：《中亚五国企业法律概论》，知识产权出版社 2013 年版，第 183 页。

性。非国家组织、非商业组织、公民自治机构可以通过必要途径提供协助并参与预防工作。乌兹别克斯坦属地预防警察和基层社区对释放人员负责管理,当这些群体申请出国时,乌兹别克斯坦内务部向其所在地预防犯罪的警察、单位和公民自治组织及这些群体的近亲属详细了解释放人员的思想动态和行为状况,然后决定是否准许其离境。

30 岁以下的青年人占乌兹别克斯坦国民的60%,是"国家战略资源",也是跨国犯罪预防的主要对象和力量。针对青年群体的预防,应紧密结合互联网和社交网络的管控,在议会下院(立法院)设立青年事务委员会,在各级政府专设一名分管社会、思想教育和青年工作的副职领导,在各级内务机关设置一名分管青年工作的领导,在最高审判委员会和最高法院设立青年权益保护领导人委员会。2010 年 9 月 29 日,乌兹别克斯坦颁布《防范未成年人监管缺失和违法犯罪法》。2011 年成立的塔什干市未成年人社会法律救助中心,负责与联合国儿童基金会等国际组织和外国机构联络合作。2018 年 11 月 2 日,乌兹别克斯坦主流媒体报道:上半年 30 岁以下青年涉恐案件立案数同比下降 65.7%。

乌兹别克斯坦旨在建立国家级信息指挥体系的"平安城市"项目启动,集成14 个国家部委的信息系统于指挥中心,下设两级指挥平台的国家级重大项目。目前,乌兹别克斯坦引进了视频监控系统,以满足交通管理、治安管理、应急指挥的综合治理需求。2017 年《内务机关法》实施以来乌兹别克斯坦制定出台一批涉及内务部门的法律法规,加强了执法规范化建设,警力下沉,新增预防违法犯罪警察 1102 名,增设 175 个派出所和 824 个值勤点,注重联防联控、优化警力配置、加强夜晚控制。全年刑事案件立案 73,692 起,同比下降 15.7%。同时,查处警察违法违纪 7500 多起,追究警察犯罪案件近 210 起。

加强反腐。为维护政权稳定,满足民众诉求,乌兹别克斯坦推出了《反腐败法》,希望以此来提升民众的法律意识,让民众参与到对政府工作的监督当中,使政府工作更加公开透明,以此来降低腐败犯罪,取得不错成效。乌兹别克斯坦总检察院公布,2018 年有 1561 名各级官员被追究刑事责任,138 人涉嫌行贿和索贿。强力部门进行了大规模的人事变动,对国家安全部门进行有限度的放松管制,并对司法体制和教育体制进行改革,希望以此来保障公民的权利和安全。新政府还提出了"平安城市"计划,希望从中国等国家引进现代化的安防系统,如监控摄像、自动报警器和消防装备等,进行安全防护技术改革。先小规模试点,最后覆盖全境,以此来建设"平安城市",保障居民安居乐业。

（三）吉尔吉斯斯坦

吉尔吉斯斯坦虽受多种因素影响，出现外资流出、外来投资大幅减少现象，但 2018 年的经济依然保持 3.5% 的增长。吉尔吉斯斯坦议会是最高立法机构。禁毒是吉尔吉斯斯坦执法安全部门的要务。毒品犯罪在各类犯罪的总量中占 5.67%（2017 年）。根据该国的法律，内务部、国安委、海关、边防总局等执法机关承担打击毒品犯罪的职责，内务部的禁毒总局牵头协调各执法部门预防、打击毒品犯罪问题，制定和落实国家禁毒政策法规，办理法律授权、内务机关管辖的毒品犯罪案件。内务部禁毒总局的前身是吉尔吉斯斯坦国家禁毒总局，2016 年年底，根据司法和警务改革的需要，效仿俄罗斯内务体系设置，不再单独设置国家禁毒机构，而是将之并入内务部，将其中对精神药物和前体物合法流通的监管业务移交给国家医疗卫生行政部门。改革后的内务部禁毒总局协调国家执法机关和地方自治机关，预防和打击毒品走私活动，办理法律授权管辖的毒品走私犯罪案件。

2013 年吉尔吉斯斯坦破获的毒品走私案和贩毒案少于往年，而非法种植和非法持有毒品案件较上一年增加。这说明毒品案件侦破效率赶不上毒品生产和制造的速度。2014—2015 年吉尔吉斯斯坦执法部门在奥什地区侦破了 5 个恐怖团伙。在吉尔吉斯斯坦政府下属的国家药物管制局联合举办的新闻发布会上，媒体代表向信息界、捐助界和民间社会介绍了毒品和犯罪问题办公室世界报告。2015 年上半年，麻醉药品、精神药品的缉获量增加，达到 3205 公斤，大大超过 2014 年同期缴获毒品 660 公斤的数量。

2017 年吉尔吉斯斯坦内务部、国安委、海关、边防总局侦破毒品犯罪 1500 余起，缴获毒品 14 多吨，比 2016 年下降 9.61%。被吉尔吉斯斯坦依法禁止的恐怖组织和极端组织 21 个，但是吉尔吉斯斯坦是中亚唯一不禁止“伊斯兰台比力克”组织的国家。

吉尔吉斯斯坦侦查部门根据本国刑法第 226 条第 1 款（资助恐怖主义）、第 229 条第 1 款（组织、煽动、民族、种族、宗教或区域间仇视）和第 350 条（伪造、制作、销售或使用伪造、制作、销售或使用伪造证件、国家奖章、印记、印章、表格）之规定开展了一系列反恐工作。为加强打击力度，吉尔吉斯斯坦还制定了《2017 年至 2020 年打击恐怖主义纲要》；在移民管理方面，逐步出台电子生物护照和身份证件，在首都玛纳斯机场试行开通自助通关系统，至 2021 年，19 个口岸大大提高了安全防范的能力和水平。

为提升警察行动力量的调配能力，前总统热恩别科夫于2018年签署颁布总统令，将内卫部队从国家武装力量组成部分之一的国民卫队中脱离出来，重新划入内务部管辖（内卫部队在2014年前隶属于内务部；2014年3月12日阿坦姆巴耶夫总统将内卫部队划入国民卫队）。根据《吉尔吉斯斯坦国家警卫法》的规定，国家警卫总局负责保卫国家警卫对象的安全，负责总统和政府的通信及授权范围内的反恐工作，预防、发现和打击针对警卫设施的违法犯罪问题。

在反腐败方面，前总统热恩别科夫曾公开表示，成立反腐败总局的初衷是打击国家权力内部特别是高层领导的腐败犯罪。2018年7月1日，吉尔吉斯斯坦开始全国性反腐。2018年查处2000多起刑事案件，988起与腐败有关（最终被起诉的只有29件），其中19起涉及前政府高官。然而，在揽财聚财上地方势力不逊色于中央势力，州长不如市长，市长不如长老。[1] 吉尔吉斯斯坦的教派斗争复杂，处于随时可能失控的危险之中。吉尔吉斯斯坦时至今日仍未能掌控国家所有的地方。例如，第二大城市奥什市市长梅利斯·梅尔扎克马托夫就曾挑衅般地无视国家元首的指令[2]。

近年吉尔吉斯斯坦着力深化法律建设，2022年5月18日，国会批准通过吉尔吉斯斯坦刑法典、行政法的修改法案，目的是加强打击违法走私活动（非法进出口货物和车辆），对走私行为制定有效、相称和劝阻性的制裁措施。根据《吉尔吉斯刑法》的规定，运输走私货物的运输工具应予没收。当然，吉尔吉斯斯坦在保障外国投资制度的良性环境方面缺乏法律规定，完善空间较大。

吉尔吉斯斯坦加强依法治国，执法系统采取富有创新的大接访活动。2022年国家总统指派总检察长和内务部部长访问各地，亲自从当地百姓口中确认对法院判决和执法人员违法行为的投诉问题的相关细节。

（四）塔吉克斯坦

塔吉克斯坦是世界上最不发达的国家之一，经济基础薄弱，结构单一，严重依赖外援，与哈萨克斯坦、土库曼斯坦外交关系良好，与吉尔吉斯斯坦存在边界争端，与乌兹别克斯坦存在民族与跨界水资源的争端。塔吉克斯坦在担任上合组织主席国期间发起了80项活动。发展经济是塔吉克斯坦维护社会稳定的途

---

〔1〕参见《吉国2018年反腐情况：查处相关刑事案件988起》，载微信公众号“丝路新观察”2019年2月8日，https://mp.weixin.qq.com/S/LQBoDXkKGD5THsaWQyydlg。

〔2〕参见粟瑞雪、李燕：《俄罗斯在中亚的利益：内容、前景、制约因素》，载《俄罗斯研究》2014年第2期。

径。2018 年塔吉克斯坦的 GDP 增加 7.3%，贫困率下降 29.5%，出境移民降低 25%。塔吉克斯坦的移民管理逐步有序，国家希望通过边境开放改善发展状态，和乌兹别克斯坦恢复了 16 个通关口岸。

犯罪团伙持有多国伪造护照，或经由阿富汗、塔吉克斯坦边境，或绕道俄罗斯、土耳其等国向塔吉克斯坦境内渗透，塔吉克斯坦加强边境地区的军事控制。该国还加大了禁毒力度。塔吉克斯坦与阿富汗长达 1350 公里的边界是主要的毒品走私路线，塔吉克斯坦边境警卫和阿富汗毒品走私犯在边境发生冲突极其常见，当然，毒贩穿过狭窄的山口或许会贿赂低薪边防警卫。塔吉克斯坦当局寻求多方合作，采取多种联合反恐以及禁毒措施控制毒品犯罪的猖獗势头，塔吉克斯坦毒品管控机构也与其他国家机构开展禁毒合作，并且塔吉克斯坦内务部还与欧安组织就预防毒品加大了宣传力度。21 世纪初至 2018 年，塔吉克斯坦总统直属禁毒署焚烧 20 多吨毒品[1]。2013 年该国进行了“古柯努尔”缉毒专项行动，并施行《塔吉克斯坦 2013—2020 年国家禁毒战略》，每年在阿塔边境缴获毒品 2000 公斤。自 2015 年以来，塔吉克斯坦已有 647 名公民因犯罪问题被遣返回国内。2016 年该国防止了 36 次恐怖袭击的发生，抓获了 50 名拟在杜尚别和其他城市发动恐怖袭击的人员。该国将“塔利班”等 15 个组织列入禁止的组织名单中。2018 年 11 月，塔吉克斯坦各部门共破获毒品案件 774 起。2021 年 6 个月时间内，该国逮捕了 143 名涉嫌参与恐怖主义和极端主义的人员。2021 年上半年塔吉克斯坦共登记 526 起恐怖主义或极端主义性质的犯罪，2 起恐怖袭击未遂事件，1 起恐怖袭击，共逮捕 1301 名被通缉的罪犯。[2]

为应对日益上升的恐怖主义威胁，塔吉克斯坦政府采取了多项防范措施：派遣工作组到叙利亚等中东国家鉴别被抓获的本国武装分子；为杜绝公民成为恐怖武装组织的追随者，关闭了国内宣传恐怖主义和极端主义的网站，从 2016 年开始，加入极端组织的塔吉克斯坦公民的数量越来越少，其中青年人加入极端组织的趋势在下降。

在法制建设方面，2015 年 11 月塔吉克斯坦在杜尚别召开了塔吉克斯坦议

---

[1] 参见戴瑶曦：《塔吉克斯坦 2017 年局势评析》，载《中亚研究》2018 年第 1 期。

[2] 其中有 3 名穆斯林兄弟会成员、2 名安萨鲁勒组织成员、3 名基地组织成员、26 名 ISIS 成员、25 名涉嫌隶属萨拉菲亚运动的成员、13 名 24 集团成员、6 名国际恐怖组织协助分子和 18 名乌兹别克斯坦伊斯兰运动组织成员被拘留。33 名被通缉的公民也被遣返回塔吉克斯坦。参见《塔吉克斯坦半年内逮捕 143 名涉嫌参与恐怖主义和极端主义的人员》，载卡巴网，http://cn.kabar.kg/news/cn2021-08-04-07/。

会,下院对《反恐法》《塔吉克斯坦刑法》等法律进行修订。新修订的刑法第401条规定,“自愿放弃到境外非法参加武装冲突的人员可以免除刑事责任,不悔改的人则将被监禁12年至20年”,确实刺激了一些不法分子回心转意。2016年到政府投案的60名回流的公民是为免除刑事责任而实施投案行为。

总而言之,中亚国家的举措取得了一定效果。哈萨克斯坦、乌兹别克斯坦两国2017年犯罪率分别下降13.5%和14.6%。就移民管理而言,中立国土库曼斯坦也在改善环境方面推陈出新,为便利投资,简化签证制度,给外国投资者、外资企业的自然人及家属颁发不少于1年的多次往返签证。

三、中国与上合组织主要成员国的双边执法安全合作实践

中国作为全球治理体系的重要参与者、建设者和贡献者,坚决维护以联合国为核心的国际体系、以国际法为基础的国际秩序、以《联合国宪章》宗旨和原则为基础的国际关系基本准则,坚持多边主义。“中国在国际合作主题方面重经济轻安全,2013—2018年中国参与或主场的机制会议多以经济发展为主题,面对因历史、宗教、资源等因素导致一些国家内部冲突频发,如果不关注安全议题,或仅仅力图运用经济吸引力来‘处理与周边国家的安全问题’”〔1〕是远远不够的。

在全球化时代,中国和上合组织成员国在尊重双边的领土完整、稳定与秩序安全上相互支持,在一系列双边法律条约框架下开展警务合作,在此基础上向多边警务合作程式以及组织框架下的合作程式发展。

上合组织地区警务合作的模式和理念、成果、经验在一定程度上展示了中国智慧以及中国应对新型跨国犯罪问题的敏锐性与地区引导力〔2〕。2012年,中方作为上合组织轮值主席国推动了上合组织执法安全合作的快速发展,先后成功举办了成员国北京元首峰会、安全会议秘书第七次会议、禁毒部门领导人第三次会议等重要活动。中国主管机关也曾多次通知相关成员国有关国际恐怖组织头目渗透进入中亚地区的犯罪计划和意图,及时抑制和预防了恐怖主义和极端主义的犯罪活动。〔3〕 哈萨克斯坦专家认为,本国在地区层面不存在严重

〔1〕 相关内容参见[美]罗伯特·基欧汉、[美]约瑟夫·奈:《权力与相互依赖》,门洪华译,北京大学出版社2012年版。

〔2〕 西班牙警方宣布,将把269名中国(包括200多名台湾人)电信诈骗嫌疑人遣返至中国。西班牙警方就在中国警方的合作下,成功捣毁了电信诈骗集团。

〔3〕 Смотреть Директор Исполкома РАТС ШОС о новых вызовах и угрозах в сфере безопасности, Russian. News. Cn, http://russian. news. cn/2016 - 06/20/c_135451557. htm.

的国家间关系体系框架冲突,但国家利益受到的外部威胁较大。局势极有可能只会朝着更替“老大哥”(俄罗斯)的方向改变。中亚地区的地区利益冲突,往往在中国作为利益相关方加入后才能得到解决,中国拥有足够的资源来解决中亚地区的问题,尤其在经济领域,如公路和铁路建设、发电厂和管道建设,解决方案会从中国本国利益出发,并会争取获得地区国家的支持,即便非最优解,也总比中亚国家自身没有方案的选择好。中国的中亚政策的主要方向是维护地区稳定,促进经济发展,确保国家间建立友好的双边和多边关系以及维护边境地区的安全,防止任何国家,尤其是不友好国家在该地区的垄断统治,确保中亚的能源和其他资源对中国开放。该政策是被各方普遍遵守、具有普遍效力的准则,尊重新兴市场国家的发言权,努力使全球治理体制满足大多数国家的治理诉求,摒弃不公正不合理的安排,推动全球治理法治化。在经济全球化的同时,秩序安全的风险也在全球化,为了规避风险,促进人类解放,以法治思维为基础,以科学方法为实践,从区域安全问题的各个方面,即军事和边界冲突问题、粮食安全和信息安全以及包括在新冠疫情大流行期间面临的民间社会发展前景等问题入手,关注中亚地区的水资源问题、移民问题以及影响该地区未来几十年进一步发展的中亚地区安全的新趋势,维护上合组织地区治安秩序的安全。成员国热衷于深化执法安全合作,对此有强烈需求。警务合作向来不乏实践问题的磨砺。近些年,跨国案件数量上升,案情更加复杂,各国警方共同关心的问题增多,如非法移民、贩毒、恐怖主义、有组织犯罪等问题。中国坚持多边主义,坚持包容,坚持与时俱进。利己是人民从事经济活动的动力。斯密先生在道德情操论中写道:利己只有在利他的基础上才能实现,卡尔拉伦斯德国民法发展特点是越来越注重社会因素,注重对社会弱势群体的保护以及强调社会公共利益。所有权的行使应服从于公共利益,在经济全球化,风险也全球化时代,应以促进人的解放和人类发展为共同准则。个人和社会攻克难关,为了实现全球化带来的更大利益,帮助在人与人、人与集体和人与国之间建立以解放和人类发展为目标的共同准则,以科学方法指导个人、社会、社区实践。

在国际法准则的基础上发展国家间关系已成为政策成功施行的保证,中国对此有较为清晰的认识,与成员国签署了一系列维护治安秩序的法律。基于治理非传统安全的需要,我国与相关 6 个国家(哈萨克斯坦、吉尔吉斯斯坦、塔吉克斯坦、乌兹别克斯坦、土库曼斯坦、巴基斯坦)均签订了“关于打击恐怖主义、分裂主义、极端主义”的双边合作协定。详见表 11。

表 11 中国在上合组织框架下与成员国、观察员国合作的法律基础

国别	签署的条约
塔吉克斯坦	中华人民共和国和塔吉克斯坦共和国关于民事和刑事司法协助的条约 / 1996.9.16
	中华人民共和国政府和塔吉克斯坦共和国政府关于禁止非法贩运和滥用麻醉药品、精神药物和管制化学品前体的合作协议/1999.8.13
	中华人民共和国和塔吉克斯坦共和国关于打击恐怖主义、分裂主义和极端主义的合作协定/2003.9.2
乌兹别克斯坦	中华人民共和国和乌兹别克斯坦共和国关于民事和刑事司法协助的条约 / 1997.12.11
	中华人民共和国和乌兹别克斯坦共和国引渡条约/1999.11.8
	中华人民共和国和乌兹别克斯坦共和国关于打击恐怖主义、分裂主义、极端主义的合作协定/2003.9.4
	中华人民共和国政府与乌兹别克斯坦共和国政府关于海关事务的互助协定/2005.5.25
	中华人民共和国政府和乌兹别克斯坦共和国政府关于对所得避免双重征税和防止偷漏税的协定/2011.4.18
吉尔吉斯斯坦	中华人民共和国和吉尔吉斯共和国关于民事和刑事司法协助的条约/1996.7.4
	中华人民共和国和吉尔吉斯共和国引渡条约/1998.4.27
	中华人民共和国和吉尔吉斯共和国关于打击恐怖主义、分裂主义和极端主义的合作协定/2002.12.11
	中华人民共和国公安部和吉尔吉斯共和国边防总局合作协议/2004.9.21
	中华人民共和国银行业监督管理委员会和吉尔吉斯共和国国家银行监管合作协议/2004.9.21
	中华人民共和国公安部和吉尔吉斯共和国国家安全委员会 2011—2012 年合作议定书/2011.4.27
	中华人民共和国公安部和吉尔吉斯斯坦国家安全委员会关于建立边防三级联系制度的协议书/2011.9.6
	中华人民共和国和吉尔吉斯共和国关于移管被判刑人的条约/2012.6.5
	中国公安部和吉尔吉斯共和国国家禁毒总局关于边境地区合作的协议/2014.5.18

续表

国别	签署的条约
哈萨克斯坦	中华人民共和国和哈萨克斯坦共和国关于民事和刑事司法协助的条约/1993.1.14
	中华人民共和国和哈萨克斯坦共和国引渡条约/1996.7.5
	中华人民共和国和哈萨克斯坦共和国关于打击恐怖主义、分裂主义和极端主义的合作协定/2002.12.23
	中华人民共和国政府和哈萨克斯坦共和国政府关于打击犯罪的合作协议/2005.5.19
	中华人民共和国和哈萨克斯坦共和国关于移管被判刑人的条约/2011.2.22
土库曼斯坦	中华人民共和国和土库曼斯坦关于打击恐怖主义、分裂主义和极端主义的合作协定/2006.4.3
阿富汗	中华人民共和国政府和阿富汗伊斯兰共和国政府关于禁止非法贩运和滥用麻醉药品和精神药物的合作协议/2006.12.5
沙特阿拉伯	中华人民共和国政府和沙特阿拉伯王国政府安全合作协定/2006.4.22
阿联酋	中华人民共和国和阿拉伯联合酋长国引渡条约/2002.5.13
伊朗	中华人民共和国和伊朗伊斯兰共和国关于移管被判刑人的条约/2012.9.10
约旦	中华人民共和国公安部和约旦哈希姆王国内政部安全合作协议/2009.5.23
巴基斯坦	中华人民共和国和巴基斯坦伊斯兰共和国引渡条约/2003.11.3
	中华人民共和国政府和巴基斯坦伊斯兰共和国政府关于打击恐怖主义、分裂主义、极端主义的合作协定/2005.4.5
	中华人民共和国政府和巴基斯坦伊斯兰共和国政府关于刑事司法协助的协定/2007.4.17
印度	中华人民共和国政府和印度共和国政府关于防止盗窃、盗掘和非法进出境文物的协定/2006.11.21

资料来源：中华人民共和国外交部网，https://www.fmprc.gov.cn/；中华人民共和国司法部网，http://www.moj.gov.cn/；中华人民共和国中央人民政府网，https://www.gov.cn/等。

注：中亚地区　　西亚地区　　南亚地区

中国警务工作逐步进入国际警务内化和国内警务国际化的新发展阶段。地区合作一方面以国家利益为根本，以保护海外利益与公民的安全为宗旨；另一方面维护共同的地区安全秩序，实现共同发展。驻外警务联络处应加速职能转型，向业务方向优先调整，从以警务外交为重转向以执法安全合作为重。

在国际警务合作中,中国对国际组织之贡献远大于对国际资源的索取和利用。要善用资源,为我所用,因为中国警务需要获得世界资源的给养,同时世界警务也需要中国智慧和中国方案的共享。中国立足上合组织,紧密依托组织的框架开展务实的国际执法安全合作,从综合、常态的警务信息交流合作向案情、民情等即时、动态的信息情报的交流合作的纵深阶段发展;通过上合组织加强成员国相互之间的协作力、吸引力,切实帮助彼此提升警务能力,提高上合组织在维护地区安全方面的作用。国际组织间的新型警务关系有成为世界新型国际关系的趋向,中国元素将对其发展起到特定作用。

(一)中俄执法安全合作

1996年中俄建立战略协作伙伴关系,2001年签署《中俄睦邻友好合作条约》,2011年建立平等信任、相互支持、共同繁荣、世代友好的全面战略协作伙伴关系,2014年中俄全面战略协作伙伴关系进入新阶段。中俄全面伙伴关系和战略互动关系使执法安全合作的方式更加灵活,双方能够克服分歧,将合作与竞争结合起来。中俄战略互动将对上合组织成员国的团结互信发挥重要作用,这种关系模式是上合组织的基础,使组织更加稳定,也使中俄两国在地区非传统安全领域的合作得到发展。中俄双边执法合作关系及其战略稳定性伙伴关系演变的结果是形成了“欧亚议程”,该议程在欧亚经济联盟和“一带一路”的“耦合”框架内提供了双边层面和集体形式,从长远来看对于大欧亚伙伴关系的形成具有决定性意义。大欧亚伙伴关系的提出在很大程度上是由于俄罗斯担心世界贸易组织的权威下降以及“封闭”的区域贸易协会的建立,目标是使拥有运输和物流走廊、跨境合作集群优势的“一带一路”倡议成为加强和改进欧亚经济联盟的工具,防止这两个项目之间产生竞争,并在未来利用中国倡议的资源,将其作为大欧亚大陆经济和政治共同体形成的基础。俄罗斯官方声明中指出,大欧亚伙伴关系倡议是开放的、非对抗性的、“不可分割”的,即经济空间的共同性原则不仅适用于经济关系领域,也适用于安全领域。俄罗斯基于该想法努力加强自身的重要性,与中国的分歧甚至潜在的竞争将被限制在各方都能接受的范围内。中国支持这个在宏观区域内合作的理念,因为它基于全面伙伴关系和开放的理念,在加强与欧亚大陆的关系中,中国不是以排他为主,而是以共存共生、共同发展的理念为指导。中国视俄罗斯为战略伙伴,期待与俄罗斯进一步发展欧亚大区域的联系。上合组织执法安全合作逐步形成进一步落实中俄和中亚国家共同维护安全理念的条件,上合组织国家地缘政治和地缘经济区位对于大欧亚大陆的成功建设具有重要的战略意义。

2009 年 12 月 8 日,中国公安部领导在会见俄罗斯安全会议秘书帕特鲁舍夫时曾强调,中俄执法安全部门合作在双边及上合组织框架内应加强打击国际恐怖主义、防止毒品泛滥等多领域的合作,以丰富中俄战略协作伙伴关系的内涵,为维护两国及地区安全与稳定发挥更大的作用。俄罗斯近年不断表达出加强与中国警务合作的意愿。未等中国请求,由俄罗斯方面主动就中国公民在俄罗斯的违法犯罪案予以协助的案件经常出现。

在 1998 年 5 月签署《中华人民共和国公安部和俄罗斯联邦安全总局加强合作的议定书》框架下,中俄通报互涉跨国犯罪案件及其线索,进行案件协查,警方确立了定期会晤机制,但中俄执法合作的法律基础的差异比较大。俄罗斯科学院远东研究所政治研究与预测中心的首席研究员、法学家特洛申斯基·巴维尔·弗拉基诺维奇在《现代中国的法律制度:法律监管的经验及其对后苏联空间的意义》一文中认为,中俄法律存在一定的差别,要相互补充和学习。他认为,中国的国内法地位在某些方面高于国际法,俄罗斯却是相反的,《俄罗斯联邦法律关于外国公民在俄罗斯的法律地位》是依据俄罗斯的《宪法》制定、出台的,是联邦法的组成部分,与俄联邦参与的国际公约具有同等法律效力。他不建议以西方国家的法学理论标准(态度)看中国,这是因为中国在成文法之外做了许多的法律调节和规定,且调整法十分发达,集体利益高于个人利益,实体法高于程序法。而俄罗斯则相反,较少出台法律调节和规定。俄罗斯有 4000 多部法律,中国不超过 300 部法律。但是,俄罗斯的法律释义经常变化,有时给外国投资者带来无所适从感。中俄合作更要看重相互的经验,而非孤立地强调自我个性、自我保护。同时,要与其他国家开展合作,中资企业和商人需要了解其他国家的法律非常之多。

2021 年 2 月 4 日拉夫罗夫表示,中俄战略合作永无止境,包罗万象。当然,部分人认为,中俄应该向结盟的方向发展,同时将来一旦需要,为结盟奠定基础。然而,结盟的一般都是有共同价值观的国家。现实中,不仅中俄之间,即便是中国与中亚国家之间也不见得存在共同价值观,共同价值观不是达成合作的必要要件。中俄结盟有可能产生世界大分化格局,演变为世界性全面冷战,中国可能会撕裂与美国的关系,甚至打破西方与美国的盟国关系,因为结盟会打乱中国现代化进程,中美两国现在经过一定时期交往虽然难以改变关系,但是也难以脱钩。从根本原因上讲,俄罗斯也不主张结盟,俄罗斯新闻发言人也曾表示中俄关系不针对第三方。然而,美国离岸重组亚洲的新意图,不排除将亚洲中东化。

俄罗斯三百年来面临前所未有的成为落寞国家的危险,因此提出了强国意识,有从同一性向多样性发展的趋向。从叶利钦时期俄罗斯执行大西洋主义,到 1996 年叶利钦大选,再到俄罗斯新思想民主思想,从保守主义到普京的文化主权体现了俄罗斯从西方化向俄罗斯化的发展进程。对最高权利、最高思想一以贯之的依赖,加之东正教思想的聚合性、共同性和人类中心论的思想辅助,这在俄罗斯政治中形成了控制力非常强的治理体系,在全球大背景下也形成了相对集权的体制。

中俄双边执法安全合作从形式到内涵有了较大突破,合作的层次从高层向中层和基层不断深入;联合办案中涉及的司法程序、法律手段和案件处理的程序越来越触及各方执法及司法机构的实质层面;合作地域从边境省份深入内地;合作领域从互训、情报信息交流到执法办案等深层次发展;合作方式从中央到地方不断深化。2009 年 5 月 19 日,在中俄公安内务部长会谈中双方均表示两国深化执法合作,在打击"三股势力"和其他跨国犯罪方面的务实合作进入了一个新阶段。中国希望俄罗斯继续切实保障在俄罗斯的中国公民的安全和合法权益。

随着合作的法律基础的完善,两国开展职能部门对口合作。1992 年我国与俄罗斯内务部合作协议中,重点规定了涉外案件和国际犯罪方面的刑事合作。因为中俄警务机构的职能与权限范围的不同,中国警务机构除和俄罗斯内务部开展合作外,还和俄罗斯检察机关、边防局、安全局开展交叉合作。由于两国侦查机关权限不同,两国检察机关的合作对警务合作也是相辅相成的。中国的警务机关通过加强与检察机关、安全机关的合作来促进国际警务合作。两国的警务机关及其人员对彼此警察体系、执法活动、遣返合作规则、追捕程序等有充分的认识、研究和调查,不断地摸索和查找亟待解决问题的办法。两国检察机关和警务机构的多元合作为共同维护边境秩序奠定了基础。中俄两国检察机关自 1998 年开始举行定期会晤,中国黑龙江、吉林、内蒙古和新疆维吾尔自治区检察机关的检察长与俄罗斯接壤的部分边境地区市、自治州(盟)检察院的检察长,俄罗斯滨海边疆区、哈巴罗夫斯克边区、犹太自治州、阿穆尔州、赤塔州和勘察加州检察院的检察长之间举行过若干次会晤,两国检察机关开展司法协助和个案协查的外部条件逐步趋好,在打击"恐怖主义、分裂主义和极端主义势力"

及其他边境地区跨国犯罪活动方面配合得更加密切。在《中华人民共和国和俄罗斯联邦关于民事和刑事司法协助的条约》和《中华人民共和国最高人民检察院和俄罗斯联邦总检察院合作协议》法律基础上，两国密切开展了边境地区的定期通报信息、交换犯罪动态信息、边境地区定期会晤活动等。

近年来，公安部与俄罗斯安全总局在边防和出入境管理领域，共同防范和打击边境地区违法犯罪活动，加强口岸边检协作，打击非法移民；公安部和俄罗斯边防总局签署了《中国公安部和俄罗斯联邦边防总局关于建立代表联系制度的议定书》；边防实行了三级代表联系制度，双方加强了情报交流，共同处置一些非法出入境行为，提高口岸边防检查效率和服务质量，加强多边框架下的协调配合，共同维护中俄边界安全和边境地区稳定，促进中俄人员交往和各领域合作。总之，中俄警方为维护两国的秩序稳定，取得了显著成果，建立了合作基础。

跨国追捕与遣返合作成果巨大。目前，从中央机关到边境、基层机关的警务合作，跨国追捕与遣返也日趋上升成为两国合作的要务之一。警务活动的性质，不仅包含预防和控制违法犯罪，还包括治理和惩处违法犯罪的行为。跨国追捕与遣返是实现上述目标的重要手段之一，其本质是通过一种域外管辖的方式来达到惩处跨国犯罪分子的目的，它不仅是震慑跨国犯罪的必要手段，而且是保护在两国境内的双方公民合法利益与安全的重要手段。

具体来说，中国与俄罗斯的跨国追捕与遣返，主要表现为两国的执法机关与司法机关在如下领域的合作：犯罪嫌疑人身份的认定，出逃境外犯罪嫌疑人的定位、追踪，境外相关证据的调查和获取，境外抓捕和遣返（刑事司法协助、引渡）。其中，两国地方机关之间的司法协助主要包括相互询问证人、被害人和讯问刑事被告人，进行搜查、检查以及其他与调查取证有关的诉讼行为，移交物证、书证，送达刑事诉讼文书，检查证件，刑事诉讼移管，引渡犯罪嫌疑人以及办理有关刑事诉讼手续方面进行的协助。俄罗斯和中国警务合作积累了丰富经验。2010 年 1—7 月，俄罗斯远东地区内务局在邻近地区调查和搜查逃犯时向中国发出 100 多次请求。广义上，中俄跨国追捕与遣返还包括对转移出境的犯罪所得的追缴。2005 年以前俄罗斯地方检察机关的数据显示，中俄司法协助中，尚没有就资产追回问题进行相互协助的。从国际趋势来看，随着国家间合作的密切性增加，刑事司法协助所包含的追回资产、提供资料等内涵将随着合作的正规化、有序化得到重视。

中国公安系统和俄罗斯安全总局、内务部、调查委员会、警卫局等开展执法安全合作，由于管辖的范畴不同，中国公安系统以交叉多向度的合作模式与俄罗斯合作。中俄现有的执法安全合作的法律基础完备，已经签署了《引渡条约》《民事和刑事司法协助条约》《移管被判刑人条约》《关于打击“三股势力”合作协定》，政府间签署了《关于禁止非法贩运和滥用麻醉药品和谨慎药物的合作协约》《关于合作打击非法移民活动的协议》《关于便利公民往来的协议》。中俄警方通过工作组、联络机制、会晤机制、联合行动等开展执法安全合作。

中俄开展刑事司法协助原则依据包括两国间的条约和双边互惠原则，直接或者在国际刑警组织的协调下进行。中国对潜逃到俄罗斯的中国籍犯罪嫌疑人或罪犯，发布国际通缉文件请求羁押，或者在互惠和礼让的基础上，俄罗斯司法机关等将被中国司法机关追捕、通缉或判刑的人，通过引渡或者驱逐出境的方式遣送给中国。从中俄两国地方机关之间的合作实践来看，大部分案件的相互调查取证是代为调查取证，主要就某一事实或某些证据予以协助。合作事项较多的是相互询问证人、鉴定人，移交物证，进行搜查、检查以及其他与调查取证有关的诉讼行为，这些合作内容占整个刑事司法协助内容的90%。

中俄两国通过开展司法合作和警务合作，依据条约和互惠原则，成功地侦破许多重大案件。根据俄罗斯远东海关部门提供的资料，1994 年至 1998 年，滨海边区各海关检查站共拘留 250 名企图运送麻醉品过境的中国公民，截获麻醉品 1 吨多。20 世纪 90 年代末毒品走私规模更大，几年间中俄两国护法机关合作办理毒品案 2 万件，逮捕毒贩 7000 人，没收麻醉品 10 吨。除重大案件，一般的刑事案件的跨国合作也显得日趋重要，只有将犯罪分子抓捕或遣返归案才是达到惩处犯罪分子的最终目的。

中俄警方的联合行动合作不断发展，中国内蒙古自治区、俄罗斯后贝加尔边疆区警方反恐防暴联合开展“利剑—2014”演练。[1] 上合组织成员国中国和俄罗斯主管机关边防部门“东方—2014”联合反恐处突演练，在中俄边境满洲里—后贝加尔斯克口岸举行。[2] 在后备人才的交流与培养方面，中俄公安、内务部门干部培训联合工作组系双方干部培训领域的重要合作机制，每年轮流在

---

〔1〕 参见《中俄警方举行“利剑—2014”反恐防暴联合演练》，载搜狐新闻网，http://news.sohu.com/20141021/n405302277.shtml。

〔2〕 参见何春中：《反恐“战斗”在“东亚之窗”打响——上合组织成员国中俄主管机关边防部门联合反恐处突演练侧记》，载《中国青年报》2014 年 8 月 27 日，第 1 版。

中俄两国召开会议，由双方干部教育管理部门、国际合作部门和有关警察院校派员参加。

两国维护毗邻地区秩序的边境警务合作也取得了丰硕成果。中俄边境警务合作是中俄警务合作实践中最重要的部分，也是中国较早的边境警务实践活动，可以成为我国与其他地区边境开展警务合作的借鉴。2009 年 5 月 19 日，中俄公安内务部长会谈中提出希望双方边境地区公安、内务部门密切合作，利用已经建立的各种工作机制，在交换情报信息、核查案件线索、相互协查办案以及人员培训等方面开展合作。其中规定了双方促进边境地区的公安机关和内务机关之间建立和发展直接联系，双方根据协议进行合作的内容、时间及实施办法，由我国公安部和俄罗斯内务部商定，并就打击非法贩运武器、毒品，拐卖妇女儿童，有组织犯罪，国际经济犯罪，走私等方面开展合作，建立双方警方的直接联系。[1]

中国的黑龙江省、吉林省和内蒙古自治区与俄罗斯的远东和外贝加尔地区接壤，边界线全长 4300 多公里。其中，黑龙江省与俄罗斯远东哈巴罗夫斯克边疆区、滨海边疆区、阿穆尔州和犹太自治州接壤，边界线长 3038 公里。因此，中俄边境警务合作是以黑龙江省公安厅和俄罗斯远东联邦内务总局的合作为主的，双方边境警务合作始于 2002 年。其中俄罗斯远东内务总局下辖若干内务局：雅库兹共和国内务局、阿穆尔州内务局、哈巴罗夫斯克边疆区内务局、滨海边疆区内务局、萨哈林州内务局、犹太自治州内务局、马咖达州内务局、堪察加边疆内务局、楚科兹自治州内务局。

一般而言，边境合作包括如下几部分内容。

第一，定期会晤和非定期会晤。定期会晤一般是一年一次，例如，中国黑龙江省和俄罗斯远东联邦区的内务机关每年举行一次会晤。1993 年以来，黑龙江省厅与俄罗斯远东联邦区内务机关先后签署了 37 份《合作协议》和《会晤纪要》，为开展国际执法合作提供了法律依据。[2] 不定期会晤是边境地区警务合作的常用方法，在必要时，根据工作需要举行。例如，2004 年 8 月，黑龙江省公安厅分别与俄罗斯远东联邦区内务、安全机关举行工作会晤，以《会谈纪要》形式确定下来。因为中俄执法体制的差异，会晤的对象可以更广泛，可是对方的

---

〔1〕 参见赵永琛主编：《跨国犯罪对策》，吉林人民出版社 2000 年版，相关内容。

〔2〕 参见张静：《黑龙江省厅国际合作总队在边境地区公安机关国际执法合作片会上介绍经验》，载中国法制新闻网 2009 年 12 月 24 日，http://hlj.chinalnn.com/Article/ShowInfo.asp? InfoID = 2757。

内务机关,必要时也可将安全机关纳入其中。当然,会晤机制广义上还包括两国检察机关的会晤。中俄检察机关的边境合作始于1998年的中俄边境地区检察长会晤,到2003年为止进行了三次会晤,并分别签署了会晤纪要。

第二,边境侦查协作机制。这是指在双方在各自职权范围内,任何一方在接到另一方协助请求后,应在双方事先商定好的日期内答复。协查机制开展中包括几个重要环节:一是确定回复请求的时间;二是针对紧急特急情况。例如,俄罗斯内务部资料显示,俄罗斯远东地区内务总局和中国黑龙江公安厅曾经在2008年12月中讨论打击犯罪的联合行动计划时确定:双方任何一方接到协助请求后,必须在10日内答复请求方。在紧急情况下,应急反应必须在2日内作出[1]。这种精确答复请求期限的做法往往是提高双边警务机关合作效率的方法。

第三,情报信息交流制度。国际警务合作中的信息情报交流类型大体分两种:第一种类型叫作以备案为目的交流,是国家间就在各自境内关注和关心的犯罪案件向对方进行通报。这种通报的目的,在于使对方国家了解掌握有关案件的审理情况并记录在案,所以通常也称之为以备案为目的的理性通报。一般情况下,进行通报的方式是按当事国之间的约定,每过一段时间汇总通报一次,期限根据案件的实际情况,一般是一年一次、半年一次或者以月为期限,必要时以周、日为单位。尤其在当前信息社会,期限的频率往往取决于合作的事务类型。相互请求协查的案件,通报频率可以加大。通报形式包括定期通报、不定期报或随时通报。定期通报更适合长期协作的主题,不定期通报或随时通报更适合于“更加急迫、紧急的”合作。第二种类型是指一国根据他国的请求通报他国国民在被请求国境内的犯罪记录及处理结果,该类交流信息一般就某具体案件进行,也可称为以告知犯罪嫌疑人及犯罪人前科为目的的逐案信息交流。为开展警务情报信息交流,双方警务机关应确定联络机构和人员,记录联系电话和国际传真。例如,1993年以来,中俄互建警务联络机构和联络官制度,双方开通了24小时国际电话和传真,做到了战时“联系得上、找得到人、办得成事”,极大地提高了双方的快速反应能力和打击跨国犯罪的效率。[2]

双方边境警务机关在共同打击跨国犯罪方面的合作越来越密切。中国黑

[1] 参见俄罗斯内务部网,http://www.mvd.ru,访问日期:2009年12月12日。

[2] 参见张静:《黑龙江省厅国际合作总队在边境地区公安机关国际执法合作片会上介绍经验》,载中国法制新闻网2009年12月24日,http://hlj.chinalnn.com/Article/ShowInfo.asp?InfoID=2757。

龙江省公安厅和俄罗斯阿穆尔州内务局经常互访和交流。“黑龙江省公安厅资料显示，自1993年至2007年，双方合作共破获各类跨国犯罪案件350余起，从俄远东地区抓获并遣返中国籍犯罪嫌疑人及逃犯133名，配合调查取证560余起，相互核查案件线索780余件。”[1] 双方协查事项的回复率达到80%以上。

两国警方互相通报本地区毒品违法犯罪情况以及打击毒品犯罪所采取的措施，定期交换案犯资料和毒品、精神药品、麻醉药品及易制毒化学品样品，打击毒品犯罪合作密切。2002年上半年，黑龙江省公安厅分别和俄罗斯哈巴罗夫斯克边疆区、阿穆尔州及滨海边疆区内务局签署了《边境地区打击跨国涉毒违法犯罪协议书》。[2]

2008年黑龙江省公安厅还与俄远东联邦区内务总局、哈巴罗夫斯克边疆区安全局就北京奥运会安保问题开展了合作，为此，俄罗斯和中国开展了密切的情报信息交流合作，俄罗斯及时向中国通报了其所掌握的远东联邦区内的恐怖组织、极端主义组织、非法武装成员名单，并在同年中俄联合的“秋风”行动中相互交换信息情报，遏制犯罪分子跨国潜逃。2009年2月在哈尔滨举办的世界大学生冬运会的安保合作中，两国也开展了默契的合作。[3]

中俄警务双边形式的合作是上合组织框架下执法安全合作的重要组成部分。中俄在上合组织和北太平洋地区海岸警备执法机构论坛框架内拓展了一系列合作。北太平洋地区海岸警备执法机构论坛发起于2000年。该论坛下设海上禁毒、联合行动、海上反偷渡、海上安全、信息交换、渔业执法共6个工作小组，分别由中国公安部、美国国土安全部海岸警卫队、韩国海洋警察厅、日本海上保安厅、俄罗斯安全总局边防局、加拿大海岸警卫署牵头负责。该机构论坛由中国、美国、俄罗斯、日本、韩国、加拿大六国海岸警备执法机构的专家参加，研讨内容包括加强多边海洋执法合作，打击海上犯罪活动，开展犯罪信息搜索、分析并研判，提高执法技能，维护海上安全，加强渔业执法，保护海洋资源，加强搜救合作等，并为该论坛高官会做准备。[4] 论坛每年召开一次专家会和一次高

---

[1] 靳会新：《中俄合作打击跨国犯罪的现状及中俄警务司法合作》，载中俄资讯网2011年8月4日，http://www.chinaru.info/News/zhongetegao/7060_4.shtml。

[2] 参见徐宜军、邹大鹏：《中俄边境地区加强打击毒品犯罪交流与合作》，载新浪军事网，http://mil.news.sina.com.cn/2003-11-28/166816.html。

[3] Россúя зáдействует китáйских волонтёров в зúмней Универсиáде - 2019 中国志愿者将参与俄罗斯2019年冬季大学生运动会，载 https://www.sohu.com/a/274122896_692236，2018-11-08。

[4] 参见郑良：《加强对话与合作，维护海洋和谐稳定》，载中华人民共和国中央人民政府网，http://www.gov.cn/jrzg/2012-03/22/content_2097531.htm。

官会,由成员国轮流主办。2001 年以来,我国公安部牵头,外交部、交通部、农业部、国家海洋局等部门联合组团,以观察员身份曾四次参加会议。2004 年 8 月,我国国务院批准公安部牵头正式加入该论坛,目的是促进国家涉海部门的协作,与各国海上执法部门加强联系与沟通,共同维护北太平洋地区的海上安全与稳定。[1]

中俄警务合作进一步密切,在双边、多边框架内的沟通协调,推动两国安全领域合作。中俄双边联合执法,在共同打击和调查犯罪事实的过程中,对双方执法体系和警务活动特征、办案程序、获取犯罪嫌疑人证据的程序和步骤的了解还需深入,以准确及时与各警方部门对接,防止案件调查受阻。已经签署的《中俄引渡条约》《中俄刑事司法协助条约》及各种合作协议还不能完全满足两国联合办案的需要。

此外,中俄开展反洗钱和反恐融资合作。两国均是全球反洗钱和反恐怖融资国际标准制定机构——金融行动特别工作组的正式成员和区域性反洗钱组织——欧亚反洗钱和反恐怖融资组织的创始成员。我国的中国人民银行和俄罗斯的联邦金融监测局分别是两国反洗钱和反恐融资的主管部门,在 FATF 和 EAG 等多边反洗钱和反恐融资组织框架下开展合作。2006 年和 2016 年,中国人民银行、俄联邦金融监测局、俄央行签署了《反洗钱(犯罪收益合法化)和反恐融资合作与信息交流协议》《反洗钱监管合作谅解备忘录》,就反洗钱监管合作、信息交流、现场检查安排、人员交流与培训等方面开展国际合作[2],这有助于两国执法部门广泛获取金融情报,打击腐败、非法集资、贩毒等洗钱的上游犯罪,提高追缴和没收犯罪收益的水平。

合作模式多元化,办案成本过高,案件的继续办理往往要上升级别,“特案特办”,投入了大量人力、物力和财力,追捕与遣返的成功率不高。一些中俄跨国追捕与遣返合作停留在个案合作中,以往个别大案通过特殊渠道特办,随着跨国案件数量的上升,亟待通过常规渠道处理。非常规方法将不能应对现实需要。应深入研究并逐渐摸索出将非常规化办案方法常规化的途径,以降低犯罪分子及其嫌疑人追捕与遣返的成本。

---

〔1〕 参见《北太平洋地区海岸警备执法机构论坛专家会议召开》载中国经济网,http://www.ce.cn/xwzx/shgj/gdxw/200603/31/t20060331_6557885.shtml。

〔2〕 参见《央行签署预防洗钱和恐怖融资谅解备忘录》,载手机凤凰网 2016 年 6 月 24 日,http://ifinance.ifeng.com/mip/14524286/news.shtml。

中俄移民问题领域的合作在2006年两国政府签署《关于成立移民问题联合工作组的议定书》后进入务实阶段。该议定书加强了两国移民问题的相互协作力，在规范移民流动、调节对外劳动移民和确保移民合法权益，以及制定预防和打击非法移民方面，获得了采取共同措施的法律基础。该议定书是2000年签署的关于两国公民开展临时劳务活动双边协议的具体落实。俄罗斯还希望与中国公安部门在证件防伪和证件识别方面推广生物测量技术，在完善边境交通基础设施等方面开展深入的执法安全合作[1]。2013年中俄两国签署了《关于合作打击非法移民活动的协议》和《关于便利公民往来的协议》(2014年生效)，为两国公民简化办理签证手续和往来便利提供了条件。2017年中俄移民问题联合工作组第十次会议在京举行。俄罗斯负责移民事务的部门主要包括内务部移民总局、劳动和社会保障部，双方在移民领域的法律变化和政策措施进行讨论，就加强双方公民在对方国家的权益保护、防范和打击非法移民活动、遣返双方在逃人员交换了意见。俄罗斯个别强力部门频繁对中资企业进行检查，勒令停业和处以巨额罚款，甚至敲诈勒索、钓鱼执法，诱使涉事企业通过不正当方式解决问题，进而进行现场抓捕。有的则属于官员腐败、索取贿赂。俄远东地区尤为严重。中方通过外交、商务、地方警务等多种渠道积极改善，但俄罗斯体制特殊，强力部门直接对总统负责，中央直辖，自成体系，地方政府部门对其影响和约束十分有限。

(二)中哈执法安全合作

中哈两国关系经历了两个阶段，20世纪90年代中哈关系处于积累经验的阶段。随着上合组织的建立中哈建立了睦邻友好关系，2002年12月两国签署《中哈睦邻友好合作条约》，基本建立了稳定的关系基础，2005年建立战略伙伴关系，2006年12月签署《中哈21世纪合作战略》，2011年发展到全面战略伙伴关系，再到2015年签署《中哈全面战略伙伴关系新阶段的联合宣言》，标志着永久战略关系的建立，两国关系发展稳定高效，当前处于历史最好时期，全面战略伙伴关系呈现快速发展势头，各领域合作顺利推进[2]。中国“丝绸之路经济带”建设与哈萨克斯坦“光明之路”新经济政策高度契合，哈萨克斯坦坚定支持

---

〔1〕 参见宋世益:《中俄联手打击跨境犯罪和非法移民　建移民工作组》，载搜狐新闻网，http://news.sohu.com/20060321/n242403279.shtml。

〔2〕 参见《中哈签署首个知识产权领域合作谅解备忘录》，载微信公众号“哈萨克斯坦资讯”2017年9月16日，https://mp.weixin.qq.com/s/E00uR78DSGgLXJX7vmZcyw。

中国提出的共建"一带一路"倡议,并愿深度参与其中。哈萨克斯坦作为中亚地区最大的经济体,是中国共建"丝绸之路经济带"的重要伙伴。两国全面战略伙伴关系进一步深化,政治、经济、科技等多个领域的合作取得全面发展。双方能在每个阶段出现问题后很好地解决,即使疫情暴发,双方也通过线上合作。[1] 2021年中哈贸易、经济、文化交流全面恢复,且在上合组织框架下解决安全问题,继续实施"一带一路"与"光明之路"对接,处理两国未解决的信息交流层面的问题,缓解哈萨克斯坦民众对中国的误解和对立情绪。

执法安全是哈中战略伙伴关系的重要组成部分。中哈在上合组织框架内就执法安全展开了良好合作。哈萨克斯坦积极评价上合组织自成立以来为维护地区稳定、促进成员国共同发展发挥了重要作用。2011年《中华人民共和国公安部和哈萨克斯坦共和国内务部会谈纪要》签署[2]。中哈双方执法安全部门领导人均表示,赞赏对方为上合组织安全维护事业所作的重要贡献,希望双方继续加强沟通协调,促进上合组织框架内的执法安全合作健康发展。[3] 中哈均主张维护多边主义和开放型世界经济,为推动构建更加公平公正合理的全球治理体系作出积极贡献。双方推动上合组织在地区和国际事务中发挥积极作用,积极践行共同、综合、合作、可持续的新安全观,加大安全合作,合力打击"三股势力",双方密切了在上合组织和亚信框架内的沟通协作,维护地区安全。[4]

哈方高度重视双跨机制,希望充分发挥机制作用推动中哈关系发展[5]。哈萨克斯坦内务部部长图尔古姆巴耶夫表示,愿同中方落实好两国元首共识,不断加强双方执法安全领域的务实合作[6]。中哈关于进一步深化全面战略伙

---

[1] 参见《中哈签署首个知识产权领域合作谅解备忘录》,载微信公众号"哈萨克斯坦资讯"2017年9月16日,https://mp.weixin.qq.com/s/E00uR78DSGgLXJX7vmZcyw。

[2] 参见《哈萨克斯坦总理马西莫夫会见中国国务委员孟建柱》,载中华人民共和国公安部网2011年4月29日,https://www.mps.gov.cn/n2255053/n5147059/c5164894/content.html。

[3] 参见《郭声琨与哈萨克斯坦执法安全部门负责人举行会谈》,载中华人民共和国中央人民政府网,http://www.gov.cn/guowuyuan/2017-04/07/content_5184269.htm。

[4] 参见《习近平同哈萨克斯坦总统托卡耶夫举行会谈》,载中华人民共和国中央人民政府网,http://www.gov.cn/xinwen/2019-09/11/content_5429250.htm。

[5] 参见《外交部涉外安全事务专员程国平会见哈萨克斯坦驻华大使柯依舍巴耶夫》,载中华人民共和国外交部网2021年1月27日,https://www.fmprc.gov.cn/web/gjhdq_676201/gj_676203/yz_676205/1206_676500/xgxw_676506/t1848886.shtml。

[6] 参见《赵克志同哈萨克斯坦内务部部长图尔古姆巴耶夫通电话》,载国家移民管理局网2021年6月8日,https://www.nia.gov.cn/n897453/c/416209/content.html。

伴关系的联合宣言中指出，双方在双边、联合国、上合组织、亚信及其他国际组织和多边机构框架内继续密切合作。加强防务部门和执法部门间信息交换及其他方面的合作，保障重大活动和共同经济项目、能源设施安全，打击“三股势力”及跨境、经济和刑事犯罪。

中哈保持经常性战略沟通，深化在打击恐怖主义和去极端化、重大活动安保、共建项目安保和边境地区执法等方面的务实合作。双方将加强执法安全部门接触，深化在情报交换、重大活动和共同经济项目安保方面的合作，加强在跨国经济犯罪和刑事犯罪信息交换领域的相互协作。

2003 年 4 月，哈萨克斯坦颁布新的《投资法》。哈萨克斯坦不断完善修订投资立法，已与中国、英国、美国、法国、俄罗斯等国家签订了保护投资的双边协议。

中哈双方一致认为，“三股势力”、贩毒、网络犯罪和各种形式的跨国有组织犯罪给两国安全与稳定造成威胁。[1] 在 2021 年中哈建交 30 周年之际，执法安全合作的必要性增大，面对地区安全形势发生的新变化，应逐步形成快捷、有效的中哈油气管道安保合作机制，继续扩大双方在禁毒、打击跨国有组织犯罪等方面的合作。[2] 安全合作是中哈全方位合作的重要组成部分，两国执法安全和防务合作成果丰硕。[3]

为有效应对上述威胁和挑战，两国不断深化执法部门合作，加强对口部门交流，加大情报信息共享，维护国家边境安全，共同打击“三股势力”、毒品走私、网络犯罪以及跨国有组织犯罪活动，维护两国安全和稳定。腐败威胁国家和地区稳定，阻碍社会经济发展进程。《联合国反腐败公约》将刑事诉讼移转视为独立于刑事司法协助的一项国际刑事司法合作制度。我国目前已经批准了该公约。中哈双方以《联合国反腐败公约》和相关双边文件为基础，开展包括反腐败经验交流、信息互换、追逃追赃执法合作在内的反腐败领域国际合作。[4]

在双边法律基础不断完善的背景下，中哈边境与移民管理领域的合作得到

---

〔1〕 参见《中华人民共和国和哈萨克斯坦共和国联合声明》，载中华人民共和国中央人民政府网，http://www.gov.cn/xinwen/2018-06/08/content_5296969.htm。

〔2〕 参见《中国与哈萨克斯坦警方开展执法合作相互移交一名犯罪嫌疑人》，载中华人民共和国公安部网 2013 年 7 月 8 日，https://www.mps.gov.cn/n2253534/n2253535/c4232878/content.html。

〔3〕 参见《中华人民共和国和哈萨克斯坦共和国联合声明》，载中华人民共和国中央人民政府网，http://www.gov.cn/xinwen/2018-06/08/content_5296969.htm。

〔4〕 参见《中华人民共和国和哈萨克斯坦共和国联合声明》，载中华人民共和国中央人民政府网，http://www.gov.cn/xinwen/2018-06/08/content_5296969.htm。

发展。中国与哈萨克斯坦边境线长达1800公里,是内陆相邻国家边境线较长的两个国家。中哈在狭长的边境线上设立了近20个口岸,涉及贸易物流安全等领域。口岸数量众多、地理位置敏感、管理成本较高等特点间接导致偷越中哈边境的暴恐案件的发生[1]。因此,双方加强中哈边境管控,防范打击涉恐人员在两国边境地区潜入潜出,打击毒品、武器弹药跨境走私。双方致力于深化口岸边境管控,打击违法犯罪,维护产业链供应链的开放和稳定,保障人员合法有序往来。2002年中国国家安全部与哈萨克斯坦安全部门联合签署了边境安全人才培养机制的相关文件,规定边境管理方面的人员定期交流机制。2007年之后,哈萨克斯坦在其与中国新疆维吾尔自治区对接的卡尔扎特口岸附近乡县连续破获多起危害国家安全的犯罪案件。[2] 因此中哈制定了边境口岸"巡防联防"制度。自此,新疆维吾尔自治区边境军分区每年都与相邻的哈萨克斯坦边防总队所属边防哨所至少进行一次"肩并肩"联合管控行动。中国与哈萨克斯坦两国分别于2005年、2008年、2009年三次就两国边境安全管理达成备忘录,就边境口岸通商管理、流动人口管控、旅游业务作出规定。2003年12月、2005年1月、2007年12月中国新疆维吾尔自治区与哈萨克斯坦阿拉木图州在对中哈公路口岸霍尔果斯流动人口以及安全防范方面分别签署了《关于霍尔果斯口岸安全管理问题的会议纪要》《中哈霍尔果斯国际边界合作中心安全发展战略规划报告》《中哈霍尔果斯国际边境合作中心危安人员定期排查机制备忘录》三个文件,给中哈执法部门的实践活动提供了法律依据。[3] 2012年中国与哈萨克斯坦共同签订了《中哈政府关于中哈边境口岸及管理制度的协定》,规定当出现对国家安全、社会秩序构成威胁的情况时,一方可临时关闭、推迟开放口岸或限制口岸通行。[4] 两国都认为要不断完善上述领域合作的法律基础,治理非法移民问题,两国主管部门的相互协作也得到加强。两国还在联合国、上合组织、亚信会议和"中亚—中国"对话等多边机制框架内加强移民、边境管控领域的合作。

---

[1] 参见张立哲:《中哈联合开展打击恐怖主义犯罪警务合作法律保障机制研究》,载《伊犁师范学院学报(社会科学版)》2016年第4期。

[2] 参见张立哲:《中哈联合开展打击恐怖主义犯罪警务合作法律保障机制研究》,载《伊犁师范学院学报(社会科学版)》2016年第4期。

[3] 参见张立哲:《中哈联合开展打击恐怖主义犯罪警务合作法律保障机制研究》,载《伊犁师范学院学报(社会科学版)》2016年第4期。

[4] 参见张立哲:《中国与哈萨克斯坦地区稳定法律保障机制研究》,载《宁夏社会科学》2016年第2期。

另外,中哈两国基于2003年的共识并依据《关于建立中哈霍尔果斯国际边境合作中心的框架协议》(2004年签署)建立了中哈合作中心,以作为两国的"自贸区",维护治安秩序的法律基础逐步得到完善。我国执法部门为保障中哈合作中心出入境、维护治安秩序、预防和取缔犯罪和其他危害个人和公民的权利和自由、社会和国家利益行为而与哈萨克斯坦开展执法安全合作,基础性的国际协定是两国政府于2005年7月5日签署的《关于霍尔果斯国际边境合作中心活动管理的协定》。该中心采取"境内关外"的模式进行管理,两国的管辖范围以边境线为界,中国范围受中国司法制度管辖,哈萨克斯坦范围受哈萨克斯坦国家司法制度管辖,中心区域内发生的违法和犯罪,由发生的主管部门依据本国法律进行司法管辖。另外,根据《中国—哈萨克斯坦霍尔果斯国际边境合作中心出入境检验检疫监督管理办法》,我国公安边防派出机构应当加强中心中方区的治安管理,按照法定权限和程序,调查、处理违法行为。公安部的移民管理局负责出入园区管理查验和治安案件管辖,海关总署主要负责对进出境的货物进行监管、征税以及人员、动植物产品的检验检疫,财税部门负责中央贴息、商品退税政策制定。双方在各自区域内相互独立适用本国法律开展司法管辖和行政执法工作。根据属地管辖原则,犯罪嫌疑人作案后潜逃至中哈合作中心区域内,中哈双方主管机关均不得到对方区域进行传唤。2019年9月,双方第一次召开中哈霍尔果斯国际边境合作中心部级协调机制的会议,一致同意建立中央政府层面、地方政府层面及合作中心层面的三级联动工作机制,加大对《关于霍尔果斯国际边境合作中心活动管理的协定》的执行力度,推动双方区域信息共享和执法合作。

两国在反洗钱领域也建立了法律基础。2013年11月13日,在欧亚反洗钱和反恐融资组织第19届全会暨工作组会议期间,中国人民银行中国反洗钱监测分析中心与哈萨克斯坦财政部金融监控委员会签署并交换了《关于反洗钱和反恐怖融资金融情报交流合作谅解备忘录》[1]。

中国与哈萨克斯坦两国警方开展引渡合作,相互移交犯罪嫌疑人。1996年我国与哈萨克斯坦签订了双边引渡条约,双方围绕重罪引渡、徒刑引渡、政治庇护不引渡、利害关系不引渡、同国籍人申请不引渡等原则作出相应的规定。1993年中哈签署两国民事刑事司法协助条约,就司法保护的范围、司法协助的

---

[1] 参见《中哈签署反洗钱和反恐融资金融情报交流合作谅解备忘录》,载网易财经网2013年11月20日,http://163.com/money/article/qE46E5LH00253BOH.html。

联系途径、结果的执行、证据固定与证人保护、情报的相互交换作出规定。[1] 哈萨克斯坦总检察院曾于2013年将涉嫌2008年抽逃注册资本罪的犯罪嫌疑人李某引渡并代为押解回中国,该案中,我方协调外交部和驻哈使馆通过外交途径正式提出了引渡请求;2013年我国公安部收到哈萨克斯坦国家安全委员会和内务部国际刑警组织哈萨克斯坦国家中心局请求中国警方协查抓捕涉嫌利用职务之便伙同他人诈骗公司2.09亿坚戈(约900万元人民币)的哈萨克斯坦籍经济犯罪嫌疑人移交哈萨克斯坦的信函。嫌犯窝藏在中国4年之久。2013年6月17日,北京市公安局成功抓获该犯罪嫌疑人,7月7日在首都国际机场将其依法移交哈萨克斯坦押解小组,由其带回哈萨克斯坦[2],哈萨克斯坦在执法安全等各领域表现出对"丝绸之路经济带"建设积极支持的态度,表示愿意加强打击犯罪,促进两国和地区安全的合作。[3]

为进一步推进禁毒合作,中哈双方交流了各自在打击毒品犯罪方面的经验和成果。中国两国在打击毒品走私和跨国有组织犯罪等问题上立场一致。上海警方在公安部禁毒局指挥协调和新疆公安机关禁毒部门的大力配合下,与哈萨克斯坦联合开展国际缉毒执法合作,成功侦破一起跨国走私毒品案,缴获毒品海洛因30余千克。2015年1月,哈萨克斯坦执法部门得到侦查线索,将有一批毒品通过"金新月"地区经过哈萨克斯坦走私贩运到中国,目的地可能是上海。公安部禁毒局立即部署上海市公安局对该条物流渠道进行重点查控,锁定了一名外籍男子。上海警方在公安部禁毒局协调下与哈萨克斯坦开展跨国执法合作,确认该男子确有贩毒嫌疑,1月30日,快递公司对犯罪嫌疑人运输的货物进行查验,缴获毒品海洛因30余千克。[4]

司法领域合作是中哈关系的重要组成部分。哈萨克斯坦立法机构实行一院制,但没有规定从最高苏维埃过渡到一院制议会的程序,未对有关提前终止最高苏维埃以及总统解散最高苏维埃等程序问题作出规定,也没有规定弹劾程序。宪法仍旧规定最高苏维埃是国家最高权力机构。哈萨克斯坦的司法权仅

---

[1] 参见张立哲:《中哈联合开展打击恐怖主义犯罪警务合作法律保障机制研究》,载《伊犁师范学院学报(社会科学版)》2016年第4期。

[2] 参见《中国与哈萨克斯坦警方开展执法合作相互移交一名犯罪嫌疑人》,载中华人民共和国公安部网2013年7月8日,https://www.mps.gov.cn/n2253534/n2253535/c4232878/content.html。

[3] 参见《哈萨克斯坦总理马西莫夫会见郭声琨》,载中华人民共和国公安部网2014年12月4日,https://www.mps.gov.cn/n2255053/n5147059/c5167919/content.html。

[4] 参见《上海与哈萨克斯坦合作破获跨国贩卖毒品案》,载中华人民共和国公安部网2015年3月17日,https://www.mps.gov.cn/n2253534/n4904351/c5073366/content.html。

属于常任法官代表的法院，国家司法仅由法院管理。执行司法的法官是独立的，仅服从宪法和法律。哈萨克斯坦的司法系统应理解为哈萨克斯坦所有法院的总和，由最高法院、地方法院和其他法院组成。司法权仅由法院行使，其他人无权执行司法。司法体制改革是哈萨克斯坦法律改革的重要组成部分。所有法院和法官共同确保司法系统统一的司法原则，司法原则由哈萨克斯坦宪法确立。哈萨克斯坦的检察官办公室代表国家，在法律规定的范围和形式内，对哈萨克斯坦境内法治遵守情况进行最高监督，在法庭上代表国家的利益，代表国家进行刑事起诉。检察院是一个统一的中央系统。检察官办公室依法独立于其他国家机构、官员，仅对哈萨克斯坦总统负责和行使权力。检察官办公室无权干涉商业实体、组织和国家机构的活动，无权以法律未规定的理由对其活动进行检查和要求提供信息或文件。检察机关应当在不违背保护人权、保护公民权利和自由、保护国家秘密和其他受法律保护的秘密的基础上，在立法允许的范围内公开行事。

检察院在法律规定的范围内依法对下列事项的合法性实施最高监督：监督国家、地方代表，监督执行机构、地方自治机构及其官员的活动；监督已经发生法律效力的司法行为；监督行政违法案件的程序；监督执法部门和特殊国家机构的审前调查、行动搜索和反情报活动及其执行刑事处罚和采取强制措施活动中遵守国际条约的情况。

检察官有权对遵守哈萨克斯坦所参加的国际条约的情况进行监督，参与哈萨克斯坦国际条约草案的制定；有权以法律规定的方式，缔结引渡、刑事案件法律援助条约，与国际条约的相关国家和国际组织的主管当局互动与合作；有权审议引渡申请，将罪犯移送监禁以进一步服刑以及涉及对精神、行为障碍（疾病）、强制治疗、过境人员执行必要的程序性行动的申请；有权在外国主管当局的刑事诉讼问题上代表哈萨克斯坦的利益，行使哈萨克斯坦法律和国际条约规定的其他权力。检察官在法庭和刑事诉讼中代表国家利益。检察院根据刑事和刑事诉讼法代表国家进行刑事起诉，以确保法律和秩序协调活动以及打击犯罪、协调和其他国家机构的执法活动的合法性，确保这些机构的互动、信息的相互交流的一致性。该活动由检察机关在总检察长办公室、地区检察官办公室和与其等同的检察官办公室下设立的常设协调委员会框架内开展。在法律规定的案件中，检察官应授权（同意）采取某些具有法律限制性质的行为，以获取包含受法律保护的秘密的信息。

总检察长在法律规定的范围和形式内行使权力，对哈萨克斯坦境内抗议违反宪法、法律、共和国总统法令的规范性行为和哈萨克斯坦批准的国际条约和国际条约法律行为的合法性遵守情况进行最高监督；总检察长发布的命令对检察官办公室的所有雇员和机构、部门、教育组织的雇员具有约束力；在其权限范围内，监管刑事诉讼立法、业务搜索活动的立法规范的适用；监督来自执法部门、特别政府和其他机构的信息交换系统的信息的形成、访问、使用、存储、保护和销毁；确定检察官办公室官员亲自履行个人和法律实体代表的程序。

最高法院是最高司法机构，管辖地方法院和其他法院，处理与之相关的最高上诉案件，并通过监管决定来指导司法实践。最高法院的机关包括全体会议、全体会议主席团、民事案件司法合议庭、刑事案件司法合议庭和专门的司法合议庭。哈萨克斯坦所有法院法官的法律地位由宪法决定。

中哈两国最高法院于 2010 年签署司法合作备忘录，为双边合作奠定了坚实基础。随后，双方在审判经验交流、法官培训以及举办相关国际会议等方面开展了多种形式的合作。中哈不断加强两国司法机关的沟通交流，扩大合作，增进友谊，为中哈各领域的务实合作提供有力的司法保障。在中哈全面战略伙伴关系蓬勃发展的大背景下，两国司法机构的交流与合作不断拓展，为推动双边务实合作、促进共同发展发挥了积极作用〔1〕。两国在司法领域一直保持着密切交往，双边交流进一步巩固和发展两国司法界的友好合作关系，尤其在司法改革、信息化等方面分享经验、深化交流，促进两国司法事业发展，为推动两国友好关系发展进步作出贡献〔2〕。在哈萨克斯坦举行的上合组织成员国第九次最高法院院长会议上，中哈法院机关密切沟通，及时协商议题和做好各项筹备工作，确保了会议顺利举行并富有成果。

2016 年 9 月中国最高人民法院与哈萨克斯坦最高法院在阿拉木图会晤，肯定了中哈司法机关之间的良好合作是两国多年来友好合作的一个重要方面。中国最高人民法院与哈萨克斯坦最高法院全面加强司法领域务实合作，进一步完善双边、多边交流与合作机制，相互学习借鉴，共同提高司法能力水平。双方一致认同，全面提升和深化两国最高法院合作交流的广度和深度，共同开展更

---

〔1〕 参见《乐玉成大使会见哈萨克斯坦最高法院院长》，载中华人民共和国外交部网 2014 年 2 月 14 日，https://www.fmprc.gov.cn/ce/ceka/chn/sgxx/sgdt/t1127741.htm。

〔2〕 参见罗书臻：《周强：深化交流促进中哈两国司法事业发展》，载微信公众号“最高人民法院司法案例研究院”2017 年 4 月 1 日，https://mp.weixin.qq.com/s/7v5Y5j74krg5smpLQM1z9Q。

加广泛而务实的合作。[1]

中哈均处于法院及司法改革的历史时期。中国对全面深化改革、全面依法治国作出重要部署,法治建设进入新的历史阶段。中国法院从立案、审判到执行各环节全面深入推进司法体制改革,着力解决影响司法公正、制约司法能力的体制机制性障碍,改革力度、深度、广度前所未有。针对案件数量大幅上升的情况,中国法院优化司法资源配置,大力加强信息化建设,积极推进多元化纠纷解决机制改革,努力为人民群众提供优质高效的司法服务。中国法院正加快建设智慧法院,充分借助现代科技手段构建开放、动态、透明、便民的阳光司法机制,不断提升司法能力和水平,促进审判体系和审判能力现代化,努力实现让人民群众在每一个司法案件中感受到公平正义的目标。目前司法改革正在积极稳妥推进,改革成效已初步显现,改革试点法院的审判质量和效率有了新的提升,司法公信力进一步增强,将进一步加大力度,继续推进司法人员分类管理、司法责任制、司法人员职业保障、省以下地方法院人财物统一管理等四项改革试点,积极推进以审判为中心的诉讼制度改革,加快建设公正高效权威的社会主义司法制度。

哈萨克斯坦法律制度、信息化建设制度正在改革。该国前总统提出,国家建设"百步计划"涉及哈萨克斯坦司法体系的相关改革进程,哈萨克斯坦的法院正在进行改革。第 7 届哈萨克斯坦法官大会通过了新《职业道德规范》。

在经济全球化背景下,各国司法机关面临很多共同的问题和挑战。两国交流可促进两国司法机关为交流合作作出积极努力。中国正在进行的司法体制改革十分注重学习借鉴其他国家法治建设的有益经验,愿与哈萨克斯坦加深司法交流与合作,特别是加强两国最高法院之间的高层交往。[2]

哈萨克斯坦向中国提议,优先发展两国在法官培训、信息化建设和外商投资司法保护等领域的合作[3]。为进一步加强中哈两国司法领域的交流与合作,增进了解与互信,在法官培训、司法案例研究、司法改革等方面两国可深入交流互鉴,加强裁判文书互认、调查取证、执行等方面的合作,共同促进两国司

---

〔1〕 木合塔尔·木拉提编译:《中哈两国将全面提升司法领域合作水平》,载微信公众号"哈通社"2016 年 9 月 23 日,https://mp.weixin.qq.com/s/6xcu_gxGfWvPOtG29lrq_A。

〔2〕 参见《乐玉成大使会见哈萨克斯坦最高法院院长》,载中华人民共和国外交部网 2014 年 2 月 14 日,https://www.fmprc.gov.cn/ce/ceka/chn/sgxx/sgdt/t1127741.htm。

〔3〕 木合塔尔·木拉提编译:《中哈两国将全面提升司法领域合作水平》,载微信公众号"哈通社"2016 年 9 月 23 日,https://mp.weixin.qq.com/s/6xcu_gxGfWvPOtG29lrq_A。

法工作发展。中哈司法合作关系的深入发展有助于促进两国友好关系的构建。

2018 年 8 月中哈边境地区检察机关在新疆维吾尔自治区乌鲁木齐市举行主题为“推进中哈边境地区检察机关直接合作机制的形成与实施”的会晤，旨在协商中哈两国边境地区检察机关实施直接合作的办法，沟通中哈两国边境地区需要协调解决的具体问题，对中哈两国边境地区检察机关长期合作提出远景规划，以更好地促进中哈两国边境地区经济发展，维护边境地区繁荣稳定，推进中哈边境地区检察机关直接合作机制的形成与实施，并协商中哈两国边境地区检察机关实施直接合作的办法，维护边境地区繁荣稳定。哈萨克斯坦总检察院国际合作局、最高人民检察院国际合作局、自治区检察院及相关部门负责人、部分分州市检察院领导参加了会晤。[1]

为维护边境地区正常秩序，中方建议加大打击犯罪的力度，共同维护边境地区和平稳定；加大案件协查力度，突出中心区域开展司法合作；拓展国际交流渠道，共同提升中哈两国检察司法水平。哈萨克斯坦总检察院副总检察长阿赫马特江诺夫认为，双方检察部门之间业已形成良好关系，具有可期待的司法合作的前景，就司法合作的各领域可开展建设性对话。中哈两国地方检察机关之间的合作也更加密切。新疆维吾尔自治区检察院检察长和阿拉木图州检察院检察长热勒克巴耶夫、东哈萨克斯坦州检察院第一副检察长马比耶夫分别就加强边境地区检察机关具体合作提出建议。[2]

哈萨克斯坦在欧亚区域的知识产权事务中具有举足轻重的地位，中哈在知识产权领域开展务实合作，为两国企业和投资人提供了良好的知识产权环境。2017 年 9 月 15 日，中国国家知识产权局官员和哈萨克斯坦司法部磋商并签署了首个中哈知识产权领域合作谅解备忘录。哈萨克斯坦司法部下属的国家知识产权局、哈萨克斯坦司法部、哈萨克斯坦国家知识产权局等具有对此类业务的管辖权限。两国开启了知识产权领域的合作，在知识产权相关数据等领域交换了信息，在专利检索、人员培训、审查结果共享、知识产权转化、知识产权商业化运等方面合作。[3]

---

〔1〕 参见何海燕：《中哈边境地区检察机关举行第二次定期会晤》，载《检察日报》2018 年 8 月 31 日，第 1 版。

〔2〕 参见何海燕：《中哈边境地区检察机关举行第二次定期会晤》，载《检察日报》2018 年 8 月 31 日，第 1 版。

〔3〕 参见《中哈签署首个知识产权领域合作谅解备忘录》，载微信公众号“哈萨克斯坦资讯”2017 年 9 月 16 日，https://mp.weixin.qq.com/s/E00uR78DSGgLXJX7vmZcyw。

此外,哈萨克斯坦内政部为应对疫情而采取了措施,根据哈萨克斯坦总统的命令,指示内政机构的所有部队保护公共秩序和公民安全,并确保遵守检疫措施。超过52,000名员工(内政机构的警务人员、救援人员,军事人员和医务人员)在检查站为看守重要生命支持设施、医疗机构和检疫区提供服务。为了更好地维护公共秩序,哈萨克斯坦增加了巡逻次数,增加了警察和国民警卫队的人数。街道、公园、广场、居民区和贸易对象尽可能地被覆盖。由于采取了自我隔离和限制措施,哈萨克斯坦的犯罪率下降了26%。自2020年年初以来,哈萨克斯坦的犯罪数量下降了38%。对他人身体实施的伤害、抢劫、盗窃和流氓行为的数量有所减少,但是家庭和家庭领域的犯罪数量增加了25%。在隔离期间,约有400个检查站在运作,涉及约6000名警官,约320万辆汽车和约500万人次受到检查。

中国向哈萨克斯坦提供防疫援助。2020年4月2日,中国政府向哈萨克斯坦提供的人道主义援助物资运抵阿拉木图国际机场。物资包括热像仪、检测盒、医用手套、鞋套、护目镜和医用防护服等。2020年4月4日,中国山东省和新疆维吾尔自治区援助的物资抵达阿克纠宾,包括口罩、医用防护服等。物资包装上用汉语和俄语写着哈萨克斯坦著名诗人阿拜的诗句:“知心朋友,守望相助。”

中哈执法合作总体呈现良好态势。当然,这里也面临着一些不确定性因素。哈萨克斯坦的中层社会组织和机构的精英受美西方的文化、教育影响越来越大,其司法体系改革过程深受西方司法体制思想的影响。在执法活动中,检察部门的影响力越来越大,司法活动由检察部门主导,并深刻影响着国际执法合作。中哈执法活动的程序及其内涵的异质性增大,执法合作面临的程序等差异越来越多,同时由于哈萨克斯坦的地方政府以及中层权力机构人员广受西方人文、教育影响,在落实国家高层对外的承诺、达成的合作意向时显得不那么积极和顺畅,因此促进与该国社会中层精英的沟通与互动应该是未来可作之为。

(三)中国与其他中亚国家的执法安全合作

1. 与吉尔吉斯斯坦的合作

吉尔吉斯斯坦在地理上与中国、哈萨克斯坦、乌兹别克斯坦和塔吉克斯坦接壤,历史上与中国有着深厚的交往关系,加强和深化吉中关系是两国外交政策的优先考虑内容。2018年中吉签署了关于建立全面战略伙伴关系的联合声明。

两国在维护安全和打击犯罪领域积极合作并深入发展。20多年来,两国签署了170多项双边条约和协定。从该国独立至2012年,中吉高层互访达30多次[1]。2002年10月,中吉两国军队在边境地区举行上合组织框架内首次双边反恐联合军事演习。这是我军历史上第一次出境演习。同年12月,双方签署《中吉关于打击恐怖主义、分裂主义和极端主义的合作协定》。前总统热恩别科夫曾呼吁,所有国家机构、公共协会以及地区层面感兴趣的主体和社会协调力量应一致克服宗教极端主义问题[2]。中吉合作主要的法律基础包括《中国公安部和吉尔吉斯共和国国家禁毒总局关于边境地区合作的协议》《中华人民共和国公安部和吉尔吉斯共和国国家安全委员会2011—2012年合作议定书》等。在三级合作机制框架下,中国新疆公安边防总队与吉尔吉斯斯坦纳伦、奥什、伊塞克湖州边防总队在打击"三股势力"、打击跨境有组织犯罪、维护社会治安、保障正常出入境秩序等方面开创了中吉边防执法合作的新模式。为使双方特战队员能够做到协调配合,2014年两国特战队员联合训练,联合提高边防检查水平,打击走私偷渡,防范武器弹药、毒品和反动宣传品等各类违禁物品出入境,这为中吉两国经济社会发展和丝绸之路经济带建设创造了良好的边境治安环境[3]。

吉尔吉斯斯坦国家安全委员会呼吁外国公民在吉尔吉斯斯坦境内逗留期间遵守吉尔吉斯斯坦国家立法的要求,建议教育机构的管理部门开展解释和预防工作,以防止外国学生参与非法宗教活动。[4] 最近几年吉尔吉斯斯坦开始关注到本国的境外非政府组织对安全的影响,并加强了对其对管理。

吉尔吉斯斯坦执法机构包括国家安全委员会、内务部、国家安全会议。国家安全委员会是吉尔吉斯斯坦的强力部门,主要负责国家安全、反恐、对外情报搜集、反间谍工作,直属单位包括办公厅、侦查总局、反间谍总局、反恐总局、技术侦查总局、行动局、反腐败总局、国家警卫总局、国家反恐中心、国际合作局、

---

〔1〕 Смотреть Отчет Правительства Кыргызской Республики в Жогорку Кенеше Кыргызской Республики по итогам работы за 2012 год. Одобрен постановлением Правительства Кыргызской Республики от 30 апреля 2013 года № 217. Официальный сайт парламента Жогорку Кенеш КР, www. kenesh. kg (01. февраль 2016).

〔2〕 Смотреть Жээнбеков Э. Т, Религиозный экстремизм, 2011, S. 17.

〔3〕 参见何春中:《中吉边防部门反恐特战队员同台竞技》,载《中国青年报》2014年11月1日,第1版。

〔4〕 Смотреть Пресечена незаконнаядеят ельность иност ранных религиозных миссионеров, KABAR, https://kabar. kg/news/gknb – presechena – nezakonnaia – deiatel – nost – inostrannykh – religioznykh – missionerov/. (2. Июль 2022).

行政财务局、特种部队、国安委学院，对地方国家安全机关垂直领导，是上合组织地区机构吉尔吉斯斯坦的主管机关。

吉尔吉斯斯坦的内务部包括的机关有治安局、刑侦局、交巡警局、禁毒局（2016 年国家禁毒总局与内务部原禁毒局合并）、打击极端主义与非法移民局、干部安全局等，对地方内务机关实行垂直领导。

吉尔吉斯斯坦的国家安全会议是国家安全领域统一施政的咨议机构，根据《吉尔吉斯斯坦国家安全会议法》规定，由主席和会议成员组成，主席由总统兼任，成员包括议长、总理、武装力量总参谋长、负责安全与法制工作的副总理、议会多数党团联盟领袖、议会最大反对党团领袖、议会国防安全委员会主席、总统办公厅、国防会议秘书、总检察长、外交部长、财政部长、内务部长、紧急情况部长、国安委主席、国防部长、国家边防总局长。国家安全会议下设常设机构国家安全会议秘书，依照《吉尔吉斯共和国安全会议秘书处条例》运转，主要负责制定国家安全内外政策并监督落实，落实集体安全防卫措施并作出决定；就快速应对国家安全面临的威胁作出决策；落实安全和防卫领域的其他任务等。

2. 与乌兹别克斯坦的合作

2004 年上合组织把地区反恐机构设在塔什干，可见各成员国对乌兹别克斯坦的信任以及乌兹别克斯坦的积极态度。作为常设机构，它的主要任务就是协助成员国共同维护地区的安全稳定，包括协同打击恐怖主义，协调各成员国收集并分析成员国提供的反恐情报等工作。乌兹别克斯坦在应对比如恐怖主义犯罪、人口贩卖犯罪、毒品犯罪以及水资源危机这些问题上态度鲜明，一直保持高度警惕，并迫切地希望解决这类问题，但是仅靠自身的力量是十分薄弱的。乌兹别克斯坦如果想摆脱这些心头病痛，发展经济，促进社会转型，就必须要积极与其他国家开展合作。

中乌两国自古就是好邻居、好伙伴，古丝绸之路就是两国联系的纽带。乌兹别克斯坦的天然气将通过“D”线出口到中国。而今面对复杂的国际地区形势，中乌两国更加高瞻远瞩、高度互信，将中乌两国关系推向更高的位置。2006 年开始中国公安部与乌兹别克斯坦内务部每两年签署一次合作的相关协议[1]，明确合作的具体项目和措施。2013 年《中乌友好合作条约》的签署确立了两国的战略伙伴关系。2016 年两国元首一致决定将中乌关系提升为全面战略伙伴

[1] 参见《〈合作议定书〉中国与乌兹别克斯坦共和国的关系》，参见新浪新闻网，https://news.sina.com.cn/c/2006-05-31/113110024311.shtml。

关系。自上合组织成立后，乌兹别克斯坦作为成员国，在首都塔什干承办了2004年、2010年及2016年的上合组织峰会，对上合组织高度重视，成果丰硕。如在乌兹别克斯坦签署了联合打击非法贩运麻醉、精神药品的相关协议，批准了接受新成员条例和发表《上海合作组织成立十五周年塔什干宣言》等重要文件，意义重大。另外，随着乌兹别克斯坦人口跨境流动管制的放宽，预防和打击跨国犯罪的任务更加艰巨，中乌出入境管理机构都处于改革的发展阶段，双边业务交流的迫切性和必要性增强，进一步加强入境检查的控制经验交流十分必要。

中国所倡导的"一带一路"倡议，旨在建立一个政治互信、经济融合、文化包容的利益共同体、命运共同体和责任共同体。乌兹别克斯坦对融入世界经济体抱有良好的期待，中乌对当前的发展需求不谋而合。在经济的合作项目与领域中，乌兹别克斯坦非常支持传统双边形式的合作。中乌执法安全合作比较密切，除中国向乌兹别克斯坦内务部赠送刑侦设备外〔1〕，两国逐步在反恐、打击跨国犯罪、禁毒、维护大型活动安保、维护跨国油气管道安保、加强执法能力建设等领域开展务实、高效的合作〔2〕。

3. 与塔吉克斯坦的合作

中塔2007年签署睦邻友好合作条约，2013年5月建立战略伙伴关系，2017年8月建立全面战略伙伴关系。中塔边界长495公里。中塔已经签署反恐合作协定和贩毒合作协议。中国国家禁毒委员会办公室与塔吉克斯坦禁毒署于2014年10月至11月在互通航线的机场开展缉毒联合行动，在中塔陆路口岸加大对毒品的查缉力度。中国公安禁毒、边防、海关、民航等部门人员和塔吉克斯坦人员同步组织协助本国相关执法部门开展查缉行动，在乌鲁木齐机场、喀什机场、卡拉苏口岸及其公路延长线和杜尚别机场、阔勒买口岸、加卡拉梅克口岸、克日尔—阿尔特口岸及其公路延长线打击走私贩运毒品和易制毒化学品等活动，锤炼了两国间的情报交流机制、行动协调机制、侦查跨国毒品大要案件的协作机制〔3〕。

---

〔1〕 参见《我国公安部向乌兹别克斯坦赠送先进刑侦设备》，载新浪新闻网，https://news.sina.com.cn/w/2003-02-21/033155598s.shtml。

〔2〕 参见《公安部副部长会见乌兹别克斯坦内务部部长》，载百色政法网2014年6月19日，http://baisezfw.gov.cn/show.php?id=4074。

〔3〕 参见《中塔两国启动打击跨国毒品犯罪联合查缉行动》，载中华人民共和国中央人民政府网，https://www.gov.cn/xinwen/2014-10/27/content_2771160.htm。

中塔在上合组织框架下开展加全面的双边、多边执法安全合作,在警用技术装备和能力建设方面开展交流合作,共同提升维护安全稳定的能力。2021 年中国公安部在塔吉克斯坦杜尚别市举行了和塔吉克斯坦内务部“反恐协作—2021”联合反恐演习。

在和塔吉克斯坦的执法安全合作领域加强人员培训、能力建设,增进联合办案效率。在塔吉克斯坦执法部门协助下,2018 年中国公安部门参加的“猎狐”工作组成功将外逃 5 年之久、涉嫌非法吸收公众存款的犯罪嫌疑人许某从塔吉克斯坦缉捕并押解归案,这是自开展“猎狐行动”以来中国警方第一次从塔吉克斯坦成功缉捕境外逃犯[1]。

新冠疫情暴发以来,国际关系紧张,疾病大肆流行,人类社会与环境之间的矛盾问题愈加严峻。在此情况下,上合组织争取共同发展,促进国际进步、国际安全对话,建立地区和国际安全机构,及时消除各种安全隐患,共同参与联合国框架下的全球联合维和行动,提升上合组织框架下的执法安全合作水平,扩大在警务合作和警务技术领域的交流与合作,积极扮演大国角色,坚定不移地为人类集体安全做出贡献。

---

〔1〕 参见《警方首次从塔吉克斯坦“猎”回一重大经济逃犯》,载中国法院网 2018 年 3 月 21 日,https://www.chinacourt.org/article/detail/2018/03/id/3245055.shtml。

结　语

新世界的形成,特别是欧亚新世界的形成是一个漫长而多元的过程。它正式确立为一个由战略伙伴组成的国家间以应对地区的非传统安全问题为核心的多边共同体,合作特点在于符合原则的战略伙伴的多边主义。尤其是中国和俄罗斯是影响该区域的现代国际结构重新格式化的重要组成部分的主体,两国正式宣布上合组织不是军事政治集团,关于上合组织不是军事政治集团的内涵,在上合组织官方文件《上海合作组织宪章》《上海合作组织至2025年发展战略》中也有明确的表述。上合组织所在地区的跨国犯罪活动发生结构性改变,传统犯罪形态持续发生演进的背景下,非传统安全的跨国犯罪的主体更新换代,犯罪活动翻转于现实与虚拟两重空间,网络犯罪常态化,专业化犯罪链条藏匿于正常的经济组织及其活动中,难以预防、发现和认定。

上合组织进一步制度化、结构化、扩大化。它的一项重要执法安全合作的任务是消除该地区的治安秩序的困扰因素,以尽量减少其对成员国发展的负面影响,使组织成员逐步能够自行解决本地区出现的非传统安全问题。2017年我国国务院新闻办公室发布的白皮书进一步表明中国对地区安全政策的思考在不断转变,"维护亚太地区长治久安的关键是构建一个面向未来的安全框架"。该文件承认上合组织等现有框架的核心地位,并澄清构建安全框架"并不意味着从头开始,而是改进和升级现有机制"。该组织在有效应对新的跨国犯罪的挑战与威胁方面潜力巨大。各国推动组织发展,在上合组织区域内建设持久和平、共同繁荣的和谐地区[1]。各方将秉持"上海精神",尽最大努力,不断深化和发展上合组织框架内的执法安全合作。

本书写作也是为了纪念上合组织成立20周年,中国与中亚国家建交30周

---

[1] 参见《中华人民共和国和哈萨克斯坦共和国关于全面战略伙伴关系新阶段的联合宣言》,载中华人民共和国中央人民政府网,http://www.gov.cn/xinwen/2015-09/01/content_2922700.htm。

年,同时纪念中亚国家独立30周年。它积极扩大了预防和治理本地区非传统安全犯罪的范围和地理空间,战略上强化了上合组织维护地区安全的角色和定位,全面系统地构建了线上线下反恐、禁毒、打击非法移民、打击有组织犯罪等综合的安全命运共同体。安全命运共同体是人类命运共同体的一个组成部分。它在维护地区非传统安全问题上涵盖了利益安全的共同体、安全保护的共同体。各国的利益、安全相互承载,境内、境外安全相连,国内与国外安全互相影响,新的安全观与安全保护密不可分。以人类命运的发展为基本命题的共同体决定了上合组织地区安全秩序的维护体系是一个以人类文明发展为使命的综合的应对体系。安全命运的共同体的建设以人心相同为基础,以人文相似为土壤,以执法相助为动力。上合组织在安全领域能取得成效的很大原因在于该组织持续构建和完善法律基础。法律基础的构建成为组织框架下的协约式合作机制的核心要务,这不仅丰富了上合组织安全合作的行动依据,而且促进了各个成员国之间的国内法的发展,同时为上合组织与其他国际组织的合作打开了合作的空间。

上合组织框架内的执法安全合作已成为公安工作国际化的重要实践,成员国开展地区警务合作的方式、机制、运行规律、合作体系存在巨大的可作为的空间。海外安全保护变得前所未有地重要。联合防范和打击恐怖主义,消除安全威胁因素是海外安全体系构建的重要组成部分。执法安全合作的主权国家主管机构与跨国犯罪组织在技术研发与应用方面展开了较量。科技进步的成果应该尽可能被正义的世界应用,因此国家之间采取常态的联合的执法安全合作措施势在必行:通过技术创新实现资源的共享,积极发展大数据警务;在虚拟空间与现实空间、有形可视的固定场所和移动空间等同时防范;加强情报信息交流,共同提升反恐、禁毒等技术,提高基层安全防护的能力;从高级警务向低级警务发展,从各国高层警务互访关系向基层反恐实战部门互助协作关系迈进,从资源导向思维模式向目标导向思维模式转变,从协约式执法合作方式逐步向执法式、常态式执法合作方式发展。

参 考 文 献

1. 曹益民:《反恐:国际合作不可或缺》,载《环球军事》2005 年第 16 期。

2. 外交部欧亚司编:《上海合作组织文献选编》,世界知识出版社 2006 年版。

3. 刘建、白洁:《中南亚地区建立多边引渡合作制度可行性分析——以恐怖主义犯罪、毒品犯罪、洗钱犯罪多边引渡合作为例》,载《四川警察学院学报》2010 年第 2 期。

4. 中国现代国际关系研究所反恐怖研究中心编:《世界主要国家和地区反恐怖政策与措施》,时事出版社 2002 年版。

5. 陈虹伟等:《反恐立法背后的中国反恐格局》,载《保定晚报》2009 年 8 月 3 日,第 10 版。

6. 赵秉志、杜邈:《我国反恐怖主义立法完善研讨》,载《法律科学(西北政法学院学报)》2006 年第 3 期。

7. 张杰:《论中国在上海合作组织框架内的目标导向与反恐警务合作模式》,载《江西警察学院学报》2012 年第 6 期。

8. 姜鹏:《伊斯兰世界 U 型认同与恐怖组织类型关联性研究》,载《国际安全研究》2018 年第 1 期。

9.《巴基斯坦警方在卡拉奇击毙 12 名武装分子》,载人民网,http://world.people.com.cn/gb/n1/2016/0224/c1002 – 28144576.html。

10. 李雅菲、唐文睿:《"新丝绸之路"计划与美国中亚战略走向探析》,载《北华大学学报(社会科学版)》2016 年第 5 期。

11. 孙壮志主编:《中亚国家跨境合作研究》,上海大学出版社 2014 年版。

12. 国务院新闻办公室编著:《"东突"恐怖势力难脱罪责》,五洲传播出版社 2002 年版。

13. 张杰:《中亚有组织犯罪发展的潜在危险性分析》,载《新疆大学学报(哲学人文社会科学版)》2008 年第 3 期。

14. 李光钰:《"东突"跨境恐怖主义犯罪及其警务合作防控机制研究》,载《山东警察学院学报》2017 年第 1 期。
15. 刘中民:《2017:"伊斯兰国"外溢风险加大》,载《新京报》2017 年 1 月 17 日。
16. 罗沙:《中国警方从东南亚遣返多批企图参加"圣战"的偷渡人员》,载中华人民共和国中央人民政府网,http://www.gov.cn/xinwen/2015 - 07/11/content_2895548.htm。
17. 康杰:《2016 年世界反恐形势盘点》,载《中国国防报》2016 年 12 月 30 日。
18. 傅梦孜:《"一带一路"沿线中国企业经营意识问题》,载《大陆桥视野》2017 年第 17 期。
19. 包毅:《中亚国家政治发展进程中的政治稳定与政治危机》,载《俄罗斯东欧中亚研究》2016 年第 1 期。
20. 邵秀巧:《特质焦虑者对威胁信息注意偏向的实验研究》,天津师范大学 2008 年博士学位论文。
21. 张宇燕、李增刚:《国际经济政治学》,上海人民出版社 2008 年版。
22. 曾向红:《恐怖主义的全球治理:机制及其评估》,载《中国社会科学》2017 年第 12 期。
23. 张恒龙主编:《"一带一路"与中亚的繁荣稳定》,上海大学出版社 2017 年版。
24. 张鸣:《当法治也有"此路不通"的时候》,载《党的生活(黑龙江)》2010 年第 7 期。
25.《美国上诉法庭下令暂缓释放关塔那摩"东突"分子》,载中国新闻网,https://www.chinanews.com/gj/ywdd/news/2008/10 - 09/1406116.shtml。
26. 杨陶、丛培兵:《打击"东突"恐怖势力国际刑事合作的现状、困境及对策研究》,载《喀什师范学院学报》2009 年第 4 期。
27. 孙壮志:《开启上合组织的"中国时间"》,载《中国投资》2018 年第 1 期。
28. 栗长江、张杰:《加拿大之恐怖威胁与反恐战略及启示》,载《江西警察学院学报》2015 年第 6 期。
29. 卢汉欣:《中国警方向美国遣返一名严重暴力犯罪红通逃犯》,载搜狐网 2017 年 8 月 25 日,http://www.sohu.com/a/167101364_267106。
30. 袁国礼:《中美对话将商议网络安全保护》,载人民网,http://it.people.com.cn/n1/2016/0614/c1009 - 28442445.html。
31. 朱永彪、魏月妍:《上海合作组织的发展阶段及前景分析——基于组织生命周期理论的视角》,载《当代亚太》2017 年第 3 期。
32. 王晨星:《美国对上海合作组织的最新认知及原因》,载《俄罗斯学刊》2018 年第 6 期。
33. 王向东等:《中国力量带动中亚五国　提供贷款援建大批基础设施》,载新浪网新闻中心,https://news.sina.com.cn/o/2010-06-11/102917644358s.shtml。
34. 王树春、张娜:《安全观转型与上合组织联合军演》,载《亚太安全与海洋研究》2018 年第 6 期。
35. 孙壮志:《"一带一路"合作空间拓展的着力点探究》,载《新疆师范大学学报(哲学社会科学版)》2018 年第 1 期。
36. 王兵、吴大愚、邓波:《网络化条件下"三股势力"暴恐活动趋势及应对策略研究》,载《中国信息安全》2015 年第 5 期。
37. 赵秉志、杜邈:《中国反恐法治问题研究》,中国人民公安大学出版社 2010 年版。
38. 黄风:《国际刑事司法合作的规则与实践》,北京大学出版社 2008 年版。
39. 刘海平:《完善我国反恐警察体制的思考》,载《江苏警官学院学报》2006 年第 3 期。
40. 黄明:《公安机关是应急救援的重要力量》,载《中国应急管理》2010 年第 8 期。
41.《俄内务部队 09 年在北高加索打死 230 非法武装人员》,载搜狐网, http://news.sohu.com/20100113/n269560936.shtml。
42. 刘钢:《中国主张加强国际合作打击跨国犯罪》,载中国法院网 2008 年 10 月 9 日,https://www.chinacourt.org/article/detail/2008/10/id/325375.shtml。
43. 参见《2017 年全球清廉指数排名:哈国上升 9 位,榜首是哪国?》,载微信公众号"哈萨克斯坦新观察"2018 年 2 月 23 日,https://mp.weixin.qq.com/s/UdNziVDuRiuPm_1E-xhFUg。
44. 欧俊、邢群麟编著:《每天学点管理博弈学》,电子工业出版社 2010 年版。
45.《我国加强反恐国际合作　确保国庆 60 年活动顺利举行》, 载中华人民共和国中央人民政府网,http://www.gov.cn/govweb/gzdt/2009-09/27/content_1427885.htm。
46. 张杰:《中国海外公民与利益免受恐怖袭击的执法保护问题研究》,载《新疆警官高等专科学校学报》2011 年第 3 期。

47.《公安部公布 2016 年“猎狐行动”二十大经典案例》，载央视网，http://news. cctv. com/2017/03/25/ARTIG712ZKTzLs4MW397gjqE170325. shtml。

48. 李建：《我国警务联络官现状分析与前景展望》，载《安徽警官职业学院学报》2014 年第 3 期。

49.《揭公安部驻外警务联络官：要找得到人说得上话》，载中国青年网，https://t. m. youth. cn/transfer/index/url/news. youth. cn/gn/201601/t20160128_7576901. htm。

50. 张杰：《国际警务合作成本论》，载《中国人民公安大学学报（社会科学版）》2008 年第 5 期。

51. 张杰：《中国与吉尔吉斯斯坦警务合作面临的几大难点》，载《新疆大学学报（哲学人文社会科学版）》2007 年第 1 期。

52. 储昭根：《当前西方的反全球化浪潮：成因及未来走向》，载《人民论坛·学术前沿》2017 年第 3 期。

53. 王一：《德难民营犯罪率明显增加　警方忧极右翼恐怖组织出现》，载环球网 2016 年 1 月 18 日，https://world. huanqiu. com/article/9CaKrnJTeyD。

54. 张敏卓、李宗泽：《英警方：IS 计划在英国发动巴黎式袭击　欲挑战西方生活方式》，载环球网 2016 年 3 月 8 日，https://world. huanqiu. com/article/9CaKrnJUnXR。

55. 吴如加、汪格屹、索菲娅：《西南边境偷渡事件调查》，载《凤凰周刊》2014 年第 17 期。

56. 刘华清：《吉尔吉斯将向中吉边境战斗猎人授奖　11 人被击毙》，载搜狐网，http://news. sohu. com/20140125/n394167894. shtml。

57. 韩树举、王洪涛、张军、贺红旭：《中国石油天然气集团公司海外防恐安全培训》，载《中国安全生产科学技术》2010 年第 3 期。

58. 刘怡：《功成身退，纳扎尔巴耶夫圆满交班》，载《三联生活周刊》2019 年第 14 期。

59. 刘雁军：《哈驻华使馆愿为中方处理泥石流灾难善后提供便利》，载北方网，http://news. enorth. com. cn/system/2004/03/15/000750537. shtml。

60. 张杰：《中国公民湄公河被害案对海外公民安全的执法保护之启示》，载《四川警察学院学报》2012 年第 5 期。

61.《驻外警务联络官工作剪影》,载网易网 2012 年 12 月 28 日,https://www.163.com/news/article/8JR0B62S00014JB5.html。

62. 张蕴岭、任晶晶:《中国周边安全形势评估报告(2015 ~ 2016)》,载《中国周边外交学刊》2016 年第 1 期。

63. 刘传春、刘宝平:《"一带一路"倡议下的中国对外合作机制建设:进展、问题与对策》,载《西安交通大学学报(社会科学版)》2019 年第 2 期。

64. 沙达提、陈俊锋:《做地区安全体系的"主骨架"——访上合组织地区反恐怖机构执委会主任叶夫根尼·瑟索耶夫》,载《经济日报》2016 年 6 月 24 日,第 11 版。

65. 张杰:《中国与俄罗斯警务合作与警务比较》,中国人民公安大学出版社 2012 年版。

66. 陈志敏:《次国家政府与对外事务》,长征出版社 2001 年版。

67. [美]彼得·卡赞斯坦:《地区构成的世界:美国帝权中的亚洲和欧洲》,秦亚青、魏玲译,北京大学出版社 2007 年版。

68. [美]海伦·米尔纳:《利益、制度与信息》,曲博译,上海人民出版社 2010 年版。

69. [英]本·鲍林、[英]詹姆斯·谢普蒂基:《全球警务机制研究》,倪铁译,法律出版社 2014 年版。

70. [英]基斯·哈特利、[美]托德·桑德勒主编:《国防经济学手册》(第 1 卷),姜鲁鸣等译,经济科学出版社 2001 年版。

71. [美]罗伯特·基欧汉、[美]约瑟夫·奈:《权力与相互依赖》,门洪华译,北京大学出版社 2012 年版。

72. [俄]中共中央马克思恩格斯列宁斯大林著作编译局编:《列宁选集》(第 4 卷),人民出版社 1965 年版。

73. Terrorism Knowledge Base, *Global Terrorist Incldents and Organizations*, http://www.tkb.org/RWExecquery.jsp? sLibraryType = Info_Terr_Gr&QueryString = central%20asia.

74. MIPT Terrorism Knowledge Base, *Global Terrorist Incldents and Organizations*, http://www.tkb.org/RWExecquery.jsp? sLibraryType = Info_Terr_Gr&QueryString = central%20asia.

75. Шавкат Арифханов, Центральная Азия, ТАШКЕНТ, 2010.

76. Васильев Леонид Евгеньевич, Российско – китайсткое сотрудничество в борьбе против терроризама, Китай в мировой и региональной политике. История и современность, Выпуск 19(2014).

77. 10 наиболее важных событий в Центральной Азии в 2016 году, http://in-ozpress. kg/news/view/id/48108, (13. января 2016).

78. Робет Оганян, Театр террора , Москва Грифон, 2006.

79. Валерий Журавель, Наталья Король, Александр Полуев, Противодействие терроpзму, Москва, Издательство Дом, 2007.

80. Рахмон: ШОС стала действенным механизмом регионального сотрудничества, http://ru. sputniknews – uz. com/world/20160429/2659116. html.

81. Cain, Orientalism, *Occiden and the Sociology of Crime*, British Journal of Criminology, Vol. 40:2(2000).

82. Moens, Alexander and Collacott, Martin, *Immigration Policy and the Terrorist Threat in Canada and the United States* (*R*), Fraser Institute Press, 2008.

83. Из утечки информационных депеш из посольства США в Ташкенте, cable gate search, http://www. cablegatesearch. net/cable. php? id = 10KAB UL388.

84. Хал Фостер, Новый закон Казахстана регулирует частный охранный сектор и вопрос вооружения, О лицензировании деятельности частных охранных предприятий, департамент Министерства внутренних дел в г. Атырау, Central Asia Newswire, http://dvd – atyrau. kz/content – view – 12. html. (19. января 2011).

85. О лицензировании деятельности частных охранных предприятий, департамент Министерства внутренних дел в г. Атырау, http://dvd – atyrau. kz/content – view – 12. html.

86. Фостер, Новый закон Казахстана регулирует частный охранный сектор и вопрос вооружения, О лицензировании деятельности частных охранных предприятий, департамент Министерства внутренних дел в г. Атырау, Central Asia Newswire, http://dvd – atyrau. kz/content – view – 12. html. (19. января 2011).

87. Интервью с Аскаром Насипкуловым, начальником департамента по

частной охране министерства внутренних дел Кыргызской Республики, Бишкек, сентябрь 2011.

88. InoZpress. KG, *In Kyrgyzstan, Security Companies Become an Alternative to the Police* ,Eurasianet, 5 November 2012.

89. Смотреть Закон Республики Казахстан от 19. 10. 2000 N 85 – II "Об охранной деятельности" ,КАМАп – Конатинг, http://www. pavlodar. com/zakon/? all = all&dok = 00329. (5. май 2019).

90. Хал Фостер,Новый казахский закон регулирует частный охранный сектор и вооружение, О лицензировании и деятельности частных охранных предприятий, Офис МВД в Атирау, последний просмотр,Central Asia Newswire, http://dvd - atyrau. kz/content - view - iewhtml. (19. августа 2011).

91. Предварительные записи исследования Мишеля Гесса, ДКВС, также Хал Фостер, Новый закон Казахстана регулирует частный охранный сектор и вопрос вооружения. (лето 2011).

92. Доклад Асадулло Хакимова, начальника департамента Министерства юстиции Республики Таджикистан, рабочий семинар по документу Монтре в Улан – Баторе. (13. октября 2011).

93. D. Azizov (Trd), В Узбекистане запрещена деятельность частных охранных агентств, http://inozpress. kg/news/view/id/40969. 28. (января 2014).

94 Рахмон: ШОС стала действенным механизмом регионального сотрудничества, http://ru. sputniknews – uz. com/world/20160429/2659116. html.

95. Anderson M. &Den Boer M. et al. ,*Policing the European Union: Theory, Law and Prlpctice*, Oxford University Press. 1995.

96. *The Accountability of Transnational Policing Institutions: The Strange Case of Interpo*,Canqdiar loutzal of Law and Sociery,Vol. 19:1(2004).

97. Эксклюзив: Директор Исполкома РАТС ШОС о новых вызовах и угрозах в сфере безопасности, Russian. News. Cn, http://russian. news. cn/2016 – 06/20/c_135451557. htm.

98. А. И. Буркин, Трансформация концепций национальной безопасности

России, Угрозы и безопасность 18(2007).

99. Brain Hocking, *Localizing Foreign Policy: Non - central Governments and Multilayered Diplomacy*, St. Martin's Press, 1993.